BDZ 15

Exner

Der Unternehmensberatungsvertrag

AF869689

AUSGESONDERT

PELTZER & RIESENKAMPFF
- Rechtsanwälte -
Niedenau 68 - Tel. 069 / 71 73 66
6000 Frankfurt / Main

Der Unternehmens-beratungsvertrag

Vertragsanbahnung · Vertragsschluß
Fehlerhafter Vertrag · Vertragsstörungen
Vertragsanpassung · Vorzeitige Beendigung
Vertragsmuster

von

Rechtsanwalt

Dr. Stefan Exner

Verlag Dr. Otto Schmidt KG · Köln

Die Deutsche Bibliothek – CIP-Einheitsaufnahme

Exner, Stefan:
Der Unternehmensberatungsvertrag / Stefan Exner. –
Köln: O. Schmidt, 1992
Zugl.: Augsburg, Univ., Diss., 1991
ISBN 3-504-45041-X

Verlag Dr. Otto Schmidt KG
Unter den Ulmen 96–98, 5000 Köln 51
Tel.: 0221/3498-0, Fax: 0221/3498-203

© 1992 by Verlag Dr. Otto Schmidt KG, Köln
Das Werk einschließlich aller seiner Teile ist urheberrechtlich geschützt. Jede Verwertung, die nicht ausdrücklich vom Urheberrechtsgesetz zugelassen ist, bedarf der vorherigen Zustimmung des Verlags. Das gilt insbesondere für Vervielfältigungen, Bearbeitungen, Übersetzungen, Mikroverfilmungen und die Einspeicherung und Verarbeitung in elektronischen Systemen.

Gesamtherstellung: Bercker Graphischer Betrieb GmbH, Kevelaer

Printed in Germany

Meinen Eltern

Vorwort

Den Anstoß zur Themenstellung der vorliegenden Arbeit gab, daß von juristischer Seite der rapide wachsenden Bedeutung der Unternehmensberatung bisher kaum Rechnung getragen wurde. Während allenfalls die Gestaltung von Unternehmensberatungsverträgen näher erörtert wurde, will sich die vorliegende Arbeit mit der zivilrechtlichen Bewältigung solcher Vertragsstörungen auseinandersetzen, die die Parteien im Unternehmensberatungsvertrag gerade nicht geregelt haben. Die zentrale Frage dieser Untersuchung ist daher, wie sich mit den Regelungen des bürgerlichen Rechts insbesondere diejenigen Probleme lösen lassen, die aus dem immateriellen Charakter der Beratungsleistung, ihrer nur rahmenmäßigen Festlegung bei Beratungsbeginn, aus der ausgedehnten vorvertraglichen Phase, der mitunter erheblichen Beratungsdauer sowie der notwendigerweise engen Kooperation zwischen Unternehmensberater und Klient erwachsen. Ein besonderes Anliegen war es dabei, nicht bei theoretischen Erörterungen stehen zu bleiben, sondern ein möglichst breites Spektrum praxisrelevanter Rechtsprobleme abzudecken und mit Beispielen greifbar zu machen.

Die Arbeit hat im Sommersemester 1991 der Juristischen Fakultät der Universität Augsburg als Dissertation vorgelegen. Meinem Doktorvater, Herrn Prof. Dr. Helmut Köhler, danke ich herzlich für seine wertvollen Anregungen und seine vielfältige Unterstützung bei der Erstellung der Dissertation und auch dafür, daß er den Abschluß des Promotionsverfahrens noch im Sommer 1991 ermöglichte. Danken möchte ich ihm an dieser Stelle auch für sein wohlwollendes Begleiten während meines gesamten Studiums in Bayreuth. Mein Dank gilt darüber hinaus Herrn Prof. Dr. Jürgen Basedow, der die Mühe des Zweitgutachtens auf sich genommen hat. Schließlich danke ich Frau Caroline Mutter für ihre tatkräftige Hilfe bei der Zusammenstellung der Literatur.

Dessau, im Juni 1992 Stefan Exner

Inhaltsverzeichnis

§ 3 Vertragsanbahnung und Vertragsschluß

§ 4 Der fehlerhafte Unternehmensberatungsvertrag

§ 5 Die Vertragsstörungen

Seite

§ 6 Die Vertragsanpassung

§ 7 Die vorzeitige Vertragsbeendigung

Abkürzungsverzeichnis

a. A.	anderer Ansicht
AbzG	Abzahlungsgesetz vom 16. 5. 1894
AcP	Archiv für die civilistische Praxis
a. E.	am Ende
AG	Amtsgericht, Aktiengesellschaft
AGBG	Gesetz zur Regelung des Rechts der Allgemeinen Geschäftsbedingungen vom 9. 12. 1976
AHB	Allgemeine Versicherungsbedingungen für Haftpflichtversicherung
AktG	Aktiengesetz vom 6. 9. 1965
Alt.	Alternative
Anm.	Anmerkung
AnwBl.	Anwaltsblatt
AöR	Archiv des öffentlichen Rechts
AP	Arbeitsrechtliche Praxis
Art.	Artikel
AT	Allgemeiner Teil
Aufl.	Auflage
BAG	Bundesarbeitsgericht
BAGE	Entscheidungen des Bundesarbeitsgerichts
BauR	Zeitschrift für das gesamte öffentliche und zivile Baurecht
BB	Der Betriebs-Berater
BBauBl.	Bundesbaublatt
Bd.	Band
BDU	Bundesverband Deutscher Unternehmensberater BDU e. V.
Beil.	Beilage
Beschl., B	Beschluß
Betr	Der Betrieb
BetrVG	Betriebsverfassungsgesetz vom 15. 1. 1972
BFH	Bundesfinanzhof
BFHE	Entscheidungen des Bundesfinanzhofs
BFuP	Betriebswirtschaftliche Forschung und Praxis
BGB	Bürgerliches Gesetzbuch vom 18. 8. 1896
BGH	Bundesgerichtshof
BGHSt	Entscheidungen des Bundesgerichtshofs in Strafsachen
BGHZ	Entscheidungen des Bundesgerichtshofs in Zivilsachen
BRAO	Bundesrechtsanwaltsordnung vom 1. 8. 1959
BRAGO	Bundesgebührenordnung für Rechtsanwälte vom 26. 7. 1957

BStBl	Bundessteuerblatt
BT	Besonderer Teil
BVerfG	Bundesverfassungsgericht
BVerfGE	Entscheidungen des Bundesverfassungsgerichts
bzw.	beziehungsweise
ca.	circa
cic	culpa in contrahendo
CR	Computer und Recht
ders.	derselbe
d. h.	das heißt
dies.	dieselbe
DNotZ	Deutsche Notar-Zeitschrift
DStR	Deutsches Steuerrecht
EFG	Entscheidungen der Finanzgerichte
EGBGB	Einführungsgesetz zum Bürgerlichen Gesetzbuche vom 18. 8. 1896
EStG	Einkommensteuergesetz vom 7. 9. 1990
etc.	et cetera
e. V.	eingetragener Verein
ff., f.	folgende
FG	Finanzgericht
Fn.	Fußnote
FS	Festschrift
GastG	Gaststättengesetz vom 5. 5. 1970
GebrMG	Gebrauchsmustergesetz vom 28. 8. 1986
GewO	Gewerbeordnung in der Fassung vom 1. 1. 1978
GewStG	Gewerbesteuergesetz vom 14. 5. 1984
g. h. m.	ganz herrschende Meinung
GG	Grundgesetz
GmbH	Gesellschaft mit beschränkter Haftung
GmbHR	GmbH-Rundschau
GoA	Geschäftsführung ohne Auftrag
GRUR	Gewerblicher Rechtsschutz und Urheberrecht
GSZ	Großer Senat in Zivilsachen
HandwO	Gesetz zur Ordnung des Handwerks (Handwerksordnung) in der Fassung vom 28. 12. 1965
HausTWG	Gesetz über den Widerruf von Haustürgeschäften und ähnlichen Geschäften vom 16. 1. 1986

HGB	Handelsgesetzbuch vom 10. 5. 1897
HOAI	Verordnung über die Honorare für Leistungen der Architekten und der Ingenieure (Honorarordnung für Architekten und Ingenieure) vom 17. 9. 1976
Hrsg.	Herausgeber
HS	Halbsatz
i. d. R.	in der Regel
i. e. S.	im eigentlichen Sinne
i. S. d.	im Sinne des
i. S. v.	im Sinne von
i. V. m.	in Verbindung mit
JA	Juristische Arbeitsblätter
JherJb	Jherings Jahrbücher für die Dogmatik des bürgerlichen Rechts
JR	Juristische Rundschau
Jura	Jura (Zeitschrift)
JuS	Juristische Schulung
JW	Juristische Wochenschrift
JZ	Juristenzeitung
KG	Kammergericht
LG	Landgericht
LM	Nachschlagewerk des Bundesgerichtshofs, herausgegeben von Lindenmaier, Möhring und anderen
LS	Leitsatz
m. Anm.	mit Anmerkung
MDR	Monatsschrift für Deutsches Recht
m. krit. Anm.	mit kritischer Anmerkung
MünchKomm	Münchener Kommentar zum Bürgerlichen Gesetzbuch
MuW	Markenartikel und Wettbewerb (Zeitschrift)
m. w. N.	mit weiteren Nachweisen
m. zust. Anm.	mit zustimmender Anmerkung
NdsRpfl	Niedersächsische Rechtspflege
NJW	Neue Juristische Wochenschrift
NJW-RR	NJW-Rechtsprechungs-Report Zivilrecht
Nr.	Nummer
NZA	Neue Zeitschrift für Arbeits- und Sozialrecht

oHG	offene Handelsgesellschaft
OLG	Oberlandesgericht
OLGE	Entscheidungen des Obersten Gerichtshofs für die Britische Zone im Zivilrecht
OLGZ	Entscheidungen der Oberlandesgerichte in Zivilsachen einschließlich der freiwilligen Gerichtsbarkeit
o. V.	ohne Verfasser
PatG	Patentgesetz vom 16. 12. 1980
Personal	Das Personal
pVV	positive Vertragsverletzung
Rationalisierung	Die Rationalisierung
RBerG	Rechtsberatungsgesetz vom 13. 12. 1935
rechtl.	rechtlich
RFH	Reichsfinanzhof
RFHE	Entscheidungen des Reichsfinanzhofs
RG	Reichsgericht
RGRK	Das Bürgerliche Gesetzbuch mit besonderer Berücksichtigung der Rechtsprechung des Reichsgerichts und des Bundesgerichtshofs
RGZ	Entscheidungen des Reichsgerichts in Zivilsachen
RIW/AWD	Recht der internationalen Wirtschaft/Außenwirtschaftsdienst des Betriebs-Beraters
RKW	Rationalisierungskuratorium Wirtschaft
Rn.	Randnummer
RStBl	Reichssteuerblatt
S.	Satz, Seite
SchR	Schuldrecht
sog.	sogenannte/r/s
Sp.	Spalte
StA	Staatsanwaltschaft
StB	Der Steuerberater (Zeitschrift)
StBerG	Steuerberatungsgesetz vom 4. 11. 1975
StBerGebVO	Gebührenverordnung für Steuerberater, Steuerbevollmächtigte und Steuerberatungsgesellschaften (Steuerberatergebührenverordnung) vom 17. 12. 1981
Stbg	Die Steuerberatung (Zeitschrift)
StuW	Steuer und Wirtschaft
st. Rspr.	ständige Rechtsprechung
u. ä.	und ähnliches
Überbl.	Überblick

UrhG	Gesetz über Urheberrecht und verwandte Schutzrechte vom 9. 9. 1965
u. U.	unter Umständen
Urt. v., U	Urteil vom, Urteil
UWG	Gesetz gegen den unlauteren Wettbewerb vom 7. 6. 1909
v.	von, vom
VersR	Versicherungsrecht
VOB/B	Verdingungsordnung für Bauleistungen, Teil B: Allgemeine Vertragsbedingungen für die Ausführung von Bauleistungen
vgl.	vergleiche
wistra	Zeitschrift für Wirtschaft, Steuer, Strafrecht
WiWo	Wirtschaftswoche
WM	Wertpapier-Mitteilungen
Wpg	Die Wirtschaftsprüfung (Zeitschrift)
WPO	Gesetz über eine Berufsordnung der Wirtschaftsprüfer (Wirtschaftsprüferordnung) vom 5. 11. 1975
WRP	Wirtschaft, Recht und Politik
WuW	Wirtschaft und Wettbewerb
WuW/E	Wirtschaft und Wettbewerb, Entscheidungssammlung zum Kartellrecht
z. B.	zum Beispiel
ZfA	Zeitschrift für Arbeitsrecht
ZfBR	Zeitschrift für deutsches und internationales Baurecht
ZGR	Zeitschrift für Unternehmens- und Gesellschaftsrecht
ZHR	Zeitschrift für das gesamte Handelsrecht und Wirtschaftsrecht
Ziff.	Ziffer
ZIP	Zeitschrift für Wirtschaftsrecht und Insolvenzpraxis
zit.	zitiert
ZO	Zeitschrift für Organisation
ZPO	Zivilprozeßordnung vom 30. 1. 1877
zugl.	zugleich
ZZP	Zeitschrift für Zivilprozeß

§ 1 Einführung

A. Grundsätzliches zur Unternehmensberatung

Die Beschleunigung des technologischen Wandels und die wachsende Dynamik des wirtschaftlichen Geschehens stellen an die Führungsfähigkeiten der Unternehmer steigende Anforderungen. Aus Zeitmangel oder wegen fehlender Spezialkenntnisse sind jedoch viele Unternehmer darin überfordert, den in immer kürzer werdenden Abständen auftretenden und an Komplexität zunehmenden Anpassungsnotwendigkeiten nachzukommen. Zum Ausgleich dieser Zeit- und Wissensdefizite greifen die Unternehmer auf externe Unternehmensberater zurück.

Dementsprechend ist die Unternehmensberatung zu einem bedeutenden Wirtschaftszweig geworden.[1] Nach Schätzungen des Bund Deutscher Unternehmensberater (BDU) sind auf dem Unternehmensberatungsmarkt in der Bundesrepublik Deutschland etwa 35 000 Unternehmensberater[2] in ca. 8160 Unternehmensberatungsgesellschaften oder freiberuflichen Praxen tätig.[3] Sie erzielten mit einem durchschnittlichen Pro-Kopf-Umsatz je Berater in Höhe von 133 746 DM[4] im Jahr 1988 einen Gesamtumsatz von 3,5 Mrd. DM.[5] Mit zweistelligen Zuwachsraten des Honorarvolumens pro Jahr[6] gehört die Unternehmensberatung heute zu den dynamischen Wachstumsbranchen.

Unternehmensberater beraten bei volks- und betriebswirtschaftlichen sowie technischen Problemen mit dem Ziel, durch Verbesserung der Unternehmenspolitik sowie der Führungs- und Betriebsprozesse Leistung, Sicherheit und Ertrag privater und öffentlicher Unternehmen, teils auch der

---

1 Vgl. *Biallo,* WiWo 89, Nr. 42; *Goldbeck,* S. 33; *Ibielsky,* Rationalisierung 79, 135; *o. V.,* WiWo 83, Nr. 36, 77 (78).

2 Zum Vergleich: 51 952 Rechtsanwälte, 35 409 Steuerberater und 5590 Wirtschaftsprüfer.

3 Der deutsche Unternehmensberatungsmarkt ist mittelständisch strukturiert. Zwar entfällt allein auf die 20 größten Beratungsgesellschaften etwa ein Viertel des Umsatzes, dominierend bleiben aber die auf Unternehmensberatung ausgerichteten mittleren und kleinen Beratungsgesellschaften sowie die Einzelberater.

4 Das ergibt sich aus der Kostenstrukturstatistik 1986, nach der der Gesamthonorarumsatz der 6960 erfaßten Berater bei 930 Mio. DM lag.

5 Zum Vergleich: Honorarumsätze der Rechtsanwälte ca. 10,5 Mrd. DM, der Steuerberater ca. 12,35 Mrd. DM und der Wirtschaftsprüfer ca. 2,13 Mrd. DM.

6 1986: 15%; 1988: 11,2%. Vgl. *Winters,* S. 141.

öffentlichen Verwaltung, zu erhöhen.[7] Dabei vermitteln sie je nach Aufgabenstellung wirtschaftswissenschaftliche und gesellschaftspolitische, betriebspsychologische und soziologische sowie technische Kenntnisse und Erfahrungen, bereiten Unternehmensentscheidungen vor, wirken an ihnen mit oder helfen bei ihrer Realisierung. Kennzeichnend für ihre Tätigkeit ist, daß sie alleine der Wahrung und Durchsetzung von Interessen des Beratenen dient (unabhängige Beratung).[8] Aufgrund der Orientierung unternehmensberaterischer Tätigkeit an globalen Unternehmenszielen gehören hierher nicht die Rechtsberatung, Steuerberatung, Wirtschaftsprüfung sowie die allein auf Systeminstallationen ausgerichtete technische Beratung.[9]

B. Das Beratungsverhältnis

Die Zusammenarbeit zwischen Unternehmensberater und Ratsuchendem, der im folgenden als „Klient" bezeichnet wird, kann zweierlei Ausprägung haben.

I. Projekt- und Dauerberatung[10]

Nach der Aufgabenstellung kann man unterscheiden zwischen „Projektberatung" und „Dauerberatung".

Bei der Projektberatung handelt es sich um eine einmalige Beratung, die auf die Lösung eines speziellen vom Klienten vorgegebenen Problems abzielt und meist die Durchführung eines umfangreichen Beratungsprojekts zum Gegenstand hat. Beispiele sind: der Auftrag, das Vorschlagswesen des Klientenunternehmens neu zu organisieren, ein Konzept zur Unternehmensnachfolge zu erarbeiten oder das Informationssystem zu modernisieren.

7 Vgl. den Entwurf des Bundesverbandes Deutscher Unternehmensberater (BDU) zum Berufsbild des Unternehmensberaters vom 24. 10. 1988; *Keill*, S. 108 ff.

8 Unternehmensberatung ist daher nicht die Beratung durch potentielle Lieferanten oder Abnehmer bzw. die Beratung durch (halb-)staatliche Beratungsstellen, die die Beratung mit wirtschafts- und sozialpolitischen Zielsetzungen wahrnehmen (sog. Zweckberatung).

9 Hauptziel ist hier nämlich die Durchsetzung von Rechten, Steuervorteilen u. ä. bzw. das Funktionieren einer technischen Anlage.

10 *Hauschild*, S. 8.

Eine Dauerberatung ist dadurch charakterisiert, daß der Unternehmensberater während der Vertragslaufzeit voraussichtlich eine Vielzahl von Beratungsaufgaben wahrzunehmen hat. Sie liegt beispielsweise vor, wenn der Unternehmensberater sich verpflichtet, alle während der Laufzeit eines Vertrages vom Klienten an ihn herangetragenen Unternehmensprobleme zu lösen.

II. Die Durchführung von Beratungsaufträgen

1. Der Beratungsprozeß bei Projektberatungen

Die Abwicklung eines Beratungsprojekts erfordert die Abfolge einer Vielzahl meist aufeinander aufbauender Arbeitsschritte. Trotz der sehr unterschiedlichen Beratungsaufgaben, der vielfältigen Rollen des Unternehmensberaters im Beratungsprozeß[11] und des großen Spektrums möglicher Ausgestaltung der Zusammenarbeit kann der Beratungsprozeß im wesentlichen in sieben Phasen eingeteilt werden.[12]

1. Phase: Kontakt. Der Beratungsprozeß beginnt mit der Kontaktaufnahme zwischen Unternehmensberater und Klient. Dabei kann die Initiative vom Klienten ausgehen, etwa weil Mängel im Unternehmensgeschehen zutage getreten sind, die er allein nicht mehr beheben kann. Sie kann aber auch vom Unternehmensberater ausgehen, der neue Aufträge sucht. Häufig kommt der Kontakt auf Empfehlung von Dritten zustande.

2. Phase: Grobanalyse und Grobdiagnose. Nachdem Unternehmensberater und Klient Kontakt aufgenommen haben, ist zunächst die Beratungsaufgabe im Sinne einer Zwecksetzung näher zu umreißen.[13] In diese Phase fallen folgende Arbeitsschwerpunkte des Unternehmensberaters: Er muß dem

11 Je nach Phase und Beratungsaufgabe kann dies reichen vom reinen Beobachter über Rechercheur oder Mitarbeiter an Problemlösungen bis hin zum Verteidiger bestimmter Vorgehensweisen. Dazu ausführlich: *Lippit/Lippit,* S. 45 ff.

12 So im wesentlichen *Lippit/Lippit,* S. 18 ff. Diese differenzierte Aufgliederung des Beratungsprozesses dürfte als Grundlage für die rechtlichen Erörterungen am zweckmäßigsten sein. Vor allem läßt sich dadurch eine Neueinteilung unter zivilrechtlichen Gesichtspunkten vermeiden. Einfachere Gliederungen finden sich bei *Pougin/v. Wysocki,* Wpg 70, 149 (151), die eine Dreiteilung in (1) Anregungsphase, (2) Suchphase und (3) Optimierungsphase vorschlagen, sowie bei *Pickert* (S. 12), die nur zwischen Konzeptions- und Implementierungsphase unterscheidet. Ohne entsprechende Einteilung *Wässerle,* S. 39 und *Ibielski/Küster,* Nr. 2000, die allein auf den „Beitrag" des Beraters abstellen.

13 *C. W. Meyer,* S. 491.

Klienten zunächst helfen, das Problem überhaupt richtig zu erkennen, und sich selbst die für die Beratung erforderlichen Informationen beschaffen.[14] Dann muß der Unternehmensberater gemeinsam mit dem Klienten dessen Veränderungsbereitschaft sowie die seiner Mitarbeiter eruieren, d. h. inwieweit sie bereit sind, Zeit und Energie in den Problemlösungsprozeß zu investieren. Dabei haben beide Seiten Gelegenheit zu prüfen, wie sie miteinander in der Zusammenarbeit auskommen.[15] Am Ende dieser Phase steht die Planung der Auftragsdurchführung.[16] Die Zielsetzung, die zum Erreichen dieser Ziele auszuführenden Arbeiten, deren Terminierung und der zu ihrer Bewältigung erforderliche Arbeitseinsatz muß detailliert festgelegt werden.[17]

3. Phase: Abschluß des Beratungsvertrages. Aus den ersten beiden Phasen wird sich eine Entscheidung beider Parteien ergeben, das Beratungsprojekt entweder hier wieder zu beenden oder irgendeine Übereinkunft über die Art, die Ziele und die Bedingungen einer Arbeitsbeziehung anzustreben.[18] Die in der vorvertraglichen Phase erarbeiteten groben Lösungsvorschläge bilden zusammen mit dem vorläufigen Arbeitsplan und den Honorarvorstellungen des Unternehmensberaters das Beratungsangebot. Erhält er den Zuschlag, sind die im folgenden dargestellten Phasen zu durchlaufen.

4. Phase: Die Beratung. Sie bildet den Schwerpunkt des Beratungsprozesses. Man kann hier wiederum verschiedene Arbeitsschwerpunkte unterscheiden. Dazu gehört als erstes die Problemdiagnose, d. h. die nähere Durchleuchtung des jeweiligen Beratungsgebietes hinsichtlich der aufgetretenen und zu lösenden Probleme.[19] Durch Befragung des Klienten sowie von Mitarbeitern, die entweder in den für die Beratung bedeutsamen Bereichen tätig oder für sie funktional zuständig sind, versucht der Unternehmensberater den tatsächlichen Zustand des Beratungsobjektes zu ermitteln. Dem gleichen Ziel dient die Einsichtnahme in Dokumente, wie z. B. Organisationspläne, die Inaugenscheinnahme von Gegenständen sowie die Beobach-

---

14 *Lippit/Lippit,* S. 22 f.

15 *Lippit/Lippit,* S. 24.

16 Dazu ausführlich *Wässerle,* Agplan, Abt. 2871.

17 *Lippit/Lippit,* S. 22 f.

18 *Lippit/Lippit,* S. 26.

19 Die Diagnose in der vorvertraglichen Phase weist regelmäßig einen niedrigeren Detaillierungsgrad auf, weil der Unternehmensberater bei der Erarbeitung von vorläufigen Problemlösungen die Kosten möglichst niedrig halten will und der Klient wiederum ein Interesse daran hat, dem Unternehmensberater vor Abschluß des Vertrages nicht unnötige Informationen über sein Unternehmen bekannt werden zu lassen.

tung von Arbeitsabläufen. Zur befriedigenden Erfüllung dieser Feststellungsaufgabe kann die Erstellung eines Gutachtens durch den Berater oder die Einholung von Gutachten Dritter angebracht sein. Daran schließt sich als zweiter Arbeitsschwerpunkt die Problemdefinition an (diagnostische Analyse).[20] Hierzu ist aus den Zielen, die der für die Beratung relevante Unternehmensbereich zu erfüllen hat, das Soll-Objekt abzuleiten, d. h. der Zustand, der nach Ansicht des Unternehmensberaters am besten zur Erreichung des vom Klienten angestrebten Ziels geeignet ist. Anhaltspunkte darüber, welche Ziele mit einem Beratungsobjekt verfolgt werden sollen, erlangt der Berater z. B. durch Interviews der das Unternehmen leitenden Personen sowie aus Dokumenten.[21] Neben der Erforschung solcher Ziele ist besonders bedeutsam, entsprechende Gedanken beim Klienten anzuregen. Um sinnvolle Ziele setzen zu können, müssen allerdings klare Vorstellungen herrschen, welche Zukunft zu erwarten und welche vorzuziehen ist.[22] Der Unternehmensberater vergleicht sodann den von ihm ermittelten realen Zustand mit dem anzustrebenden Zustand, eruiert die Ursachen für Soll-Ist-Differenzen und beurteilt eventuell auftretende Abweichungen hinsichtlich ihrer Tolerierbarkeit.[23] Bei diesem Arbeitsschwerpunkt kommt vor allem das Know-how des Unternehmensberaters zur Geltung, das aus dem Wissen und der Erfahrung des Beraters sowie aus der Verarbeitung vorhandener Erkenntnisse, z. B. anhand von Literatur, hervorgeht.[24] Liegen nicht tolerierbare Abweichungen vor, sucht der Berater im dritten Arbeitsschwerpunkt nach möglichen, die gefundenen Schwachstellen beseitigenden Verbesserungsvorschlägen. Sie müssen dazu geeignet sein, das existierende Beratungsobjekt in Richtung auf den angestrebten Soll-Zustand zu ändern. Bei der Suche nach Problemlösungen finden wissenschaftliche Erkenntnisse ebenso Anwendung wie Kreativitätstechniken oder von den Mitarbeitern des Klienten vorgebrachte Anregungen. Auch in diesem Zusammenhang kann die Erstellung von Gutachten durch den Berater oder die Einholung von Gutachten Dritter in Betracht kommen. So kann etwa die Inanspruchnahme eines Marktforschungsinstituts erforderlich sein, wenn abgeschätzt werden muß, wie sich der Marktanteil des zu beratenden Unternehmens bei der Neueinführung eines Produkts ändern wird.[25] Die Durchführung dieses Arbeitsschritts mündet in die Auflistung

20 *Lippit/Lippit,* S. 29; *C. W. Meyer,* S. 491.
21 *Lippit/Lippit,* S. 32.
22 *Lippit/Lippit,* S. 32.
23 *Pickert,* S. 14.
24 *C. W. Meyer,* S. 491.
25 Beispiel bei *Pickert,* S. 14 Fn. 28.

sämtlicher denkbarer Problemlösungen und der aus ihnen resultierenden Handlungskonsequenzen sowie einer anschließenden Bewertung der Handlungsfolgen.[26]

5. Phase: Die Entscheidung. Das unmittelbare Ergebnis der Beratung ist die Darstellung der Problemlösung und der zugehörigen Maßnahmen, die üblicherweise in Form eines Berichts erfolgt. Der Klient hat nun die Entscheidung über die weitere Vorgehensweise, gegebenenfalls unter Mithilfe des Unternehmensberaters zu treffen.

6. Phase: Die Realisierung.[27] Der Unternehmensberater plant nun die Umsetzung der Entscheidung in die Praxis. Er legt fest, welche Schritte in sachlicher, zeitlicher und personeller Hinsicht nötig sind, damit das bestehende Beratungsobjekt den angestrebten Zustand erreicht. Anschließend veranlaßt er die Änderungen oder führt sie persönlich durch.[28] Hier ist (zumindest) eine überwachende Mitwirkung bei der Einführung bzw. den Umstellungsarbeiten notwendig. Parallel dazu hat der Unternehmensberater zu prüfen, ob die vorgenommenen Handlungen den Vorgaben des Durchführungsplans entsprechen bzw. ob diese Vorgaben oder die zu realisierenden Problemlösungen weiter geeignet sind, trotz eventuell veränderter wirtschaftlicher Verhältnisse die angestrebten Ziele zu erreichen. Bei Anpassungsbedarf sind die durchgeführten Aktionen, der Durchführungsplan oder die von der Unternehmensleitung gebilligten Handlungsalternativen zu korrigieren.[29]

7. Phase: Sicherung der Kontinuität. Wurde die Problemlösung realisiert, so bleibt noch ihre Kontrolle. Häufig werden nämlich kurzfristig erreichte Veränderungen durch Rückgriff auf alte Verhaltensmuster zunichte gemacht. Dann kann es zweckmäßig sein, einen Plan zur periodischen Feststellung von Veränderungen oder zur Gewinnung von Feed-Back- Informationen aus dem Mitarbeiterkreis des Klientenunternehmens aufzustellen.[30]

---

26 Die Darstellung ist freilich idealtypisch. Zwischen den einzelnen Arbeitsschwerpunkten werden in der Praxis vielfältige Rückkopplungen auftreten und ständig Korrekturen anzubringen sein.

27 Geläufig ist für diese Phase auch der Begriff „Implementierung".

28 *Pickert,* S. 16.

29 *C. W. Meyer,* S. 492.

30 *Lippit/Lippit,* S. 27.

2. Der Ablauf von Dauerberatungen

Bei einer Dauerberatung sind mehrere Beratungsaufgaben (nacheinander) zu lösen. Die einzelnen Beratungen können dabei wie bei einer Projektberatung (4.–6. Phase) ablaufen. Im Regelfall indessen wird die Abwicklung dem Erscheinungsbild der Erbringung anderer (beratender) Dienstleistungen entsprechen.[31]

C. Gegenstand der Darstellung

Während bereits umfangreiche betriebswirtschaftliche Literatur vorhanden ist,[32] wurde der wachsenden Bedeutung der Unternehmensberatung von juristischer Seite kaum Rechnung getragen.[33] Zivilrechtlich sind – soweit ersichtlich – bisher vor allem Fragen der Vertragsgestaltung erörtert worden, während Vertragsstörungen bei Unternehmensberatungsverträgen allenfalls sehr oberflächlich behandelt wurden.[34] Um ihre Bewältigung mit dem allgemeinen zivilrechtlichen Instrumentarium soll es im folgenden gehen.

Dabei will die vorliegende Untersuchung vor allem auf rechtliche Konsequenzen eingehen, die generell aus dem immateriellen Charakter der Beratungsleistung und speziell bei Projektberatungen aus der ausgedehnten vorvertraglichen Phase, der mitunter langen Beratungsdauer, einer nur rahmenmäßigen Festlegung der Beratungsleistung sowie der engen Zusammenarbeit zwischen Unternehmensberater und Klient erwachsen. Dabei soll ein möglichst breites Spektrum beratungsrelevanter Rechtsprobleme abgedeckt und mit Beispielen greifbar gemacht werden.

31 Vgl. *Potthoff*, Unternehmensberatungsbetriebe, Sp. 4056.

32 Vgl. nur die 544 bei *Elfgen/Kanzow/Klaile/Klein* zusammengestellten Titel.

33 *Pickert*, Die steuerbilanzielle Behandlung unfertiger Beratungsleistungen beim Unternehmensberater; *Schlüter*, Management- und Consulting-Verträge; *Zeiger*, Der Management-Vertrag als internationales Kooperationsinstrument; *Ibielski/Küster*, Abschnitt G; *Scherer/Wässerle*, S. 186 ff.

34 Vgl. nur *Schlüter*, 3. Teil (S. 162 ff.)

§ 2 Der Unternehmensberatungsvertrag

A. Vertragsinhalt und Vertragsfreiheit

Die Vertragsfreiheit[1] ermöglicht Unternehmensberatern und Klienten, frei darüber zu entscheiden, ob sie einen Beratungsvertrag abschließen wollen (Abschlußfreiheit) und mit welchem Inhalt sie eine vertragliche Bindung erstreben (Inhalts- oder Gestaltungsfreiheit).[2]

Dementsprechend können die Parteien im Beratungsvertrag nach ihren Vorstellungen die Rechte und Pflichten festlegen, die bei der Durchführung der Beratung gelten sollen. Sie können vor allem vereinbaren, welche Problemstellung untersucht und welche Ergebnisse angestrebt werden sollen,[3] ob der Unternehmensberater nur problemadäquate Verhaltensempfehlungen erarbeiten oder auch an der Auswahl der zu realisierenden Handlungsalternativen beteiligt sein oder vielleicht sogar die Umsetzung der ausgewählten Problemlösung planen, vornehmen und überwachen soll. Sie können die Zusammenarbeit während der Vertragsdurchführung im einzelnen festlegen, etwa Zeitpläne erstellen und Zuständigkeiten verteilen, bestimmen, an wen und für welches Honorar die Beratungsleistungen zu erbringen sind. Darüber hinaus können sie auch Vorschriften darüber aushandeln, an welchem Ort die Pflicht erfüllt werden muß, was zu geschehen hat, wenn ein Vertragspartner seine Pflichten nicht, nicht ordnungsgemäß bzw. nicht rechtzeitig erbringt, welcher Haftungsmaßstab zu gelten hat oder wie der Unternehmensberater für Mitarbeiter einstehen muß, die er zur Vertragserfüllung heranzieht. Die Vertragsfreiheit erlaubt den Parteien aber auch, auf die in den §§ 433 ff. BGB gerelten Vertragstypen zurückzugreifen, sie in einzelnen Punkten abweichend vom gesetzlichen Leitbild zu regeln, sie zu mischen, zu verbinden, zu spezialisieren oder neue Vertragstypen zu kreieren.[4] Sie können auch über Beratungslei-

---

1 Zur Vertragsfreiheit allgemein: *Köhler,* AT, § 12 I (S. 105). Ausführlich: *Merz,* Privatautonomie heute – Grundsatz und Rechtswirklichkeit, m. umfangreichen Nachweisen sowie *M. Wolf,* Rechtsgeschäftliche Entscheidungsfreiheit und vertraglicher Interessenausgleich.

2 Das stellt für vertragliche Abreden über Rat und Empfehlung § 676 BGB klar, indem er eine vertragliche Haftung für falschen Rat uneingeschränkt zuläßt. Vgl. RGRK/*Steffen,* § 676 BGB Rn. 26 ff.

3 Z. B. Umsatzsteigerung, Veränderung des Images, Steigerung der Motivation von Mitarbeitern im Klientenunternehmen. Vgl. im einzelnen *Lippit/Lippit,* S. 26.

4 *Engisch,* S. 268; *Esser/Schmidt,* SchR AT, § 10 (S. 132 ff); *Werp,* S. 48.

stungen einheitliche oder getrennte Verträge (mit demselben oder verschiedenen Unternehmensberatern) abschließen und mehrere Verträge in ihrem Bestand und ihrem wirksamen Zustandekommen völlig miteinander verknüpfen oder Zwischenlösungen zwischen völliger Unabhängigkeit und völliger Abhängigkeit vereinbaren. Es steht ihnen auch frei, den Beratungsvertrag jederzeit mit Rückwirkung oder nur für die Zukunft aufzuheben.[5]

Begrenzt wird die Vertragsfreiheit allein durch die gesetzlichen Verbote (§ 134 BGB), die Rechts- und Sittenordnung (§ 138 BGB) bzw. den Grundsatz von Treu und Glauben (§ 242 BGB).[6] Hinzu kommen die einzelnen zwingenden Vorschriften, vor allem im Besonderen Schuldrecht.[7]

B. Die Rechtsnatur des Unternehmensberatungsvertrages

I. Vorbemerkung

Wie die zum Teil umfangreichen Vertragsmuster belegen,[8] nutzen die Parteien in der Praxis die Vertragsfreiheit und legen ihren Unternehmensberatungsverträgen mitunter detaillierte Regelungen zugrunde. Darin sollen alle Störungen erfaßt werden, die im Ablauf des Beratungsprozesses erfahrungsgemäß auftreten können. Trotzdem können nicht alle Punkte bei Beginn der Zusammenarbeit festgelegt werden, weil der Inhalt der sich als notwendig erweisenden Regelung nicht immer absehbar ist oder weil die Parteien eine Vertragsstörung nicht vorhersehen konnten. Insbesondere bei kleineren Aufträgen[9] gehen die Verträge vielfach bewußt überhaupt nicht ins einzelne, weil der Rat oft schnell erteilt sein muß und langwierige Vertragsverhandlungen häufig außer Verhältnis zu der für die Auftragsdurchführung benötigten Zeit und dem Risiko stehen, das mit einer nur oberflächlichen Regelung der Vertragsbeziehung eingegangen würde. Selbst bei umfangreichen Aufträgen legen die Parteien häufig nur Beratungsleistung und Honorar fest, der Klient im Vertrauen auf eine reibungslose Vertragsabwicklung, der Unternehmensberater aus Angst, der Klient könnte abgeschreckt durch „Kleingedrucktes" seinen Auftrag einem anderen Unterneh-

---

5 BGH U 16. 6. 78 (V ZR 115/77), NJW 78, 2198.

6 Zu den Grenzen der Vertragsfreiheit vgl. die umfangreichen Nachweise bei *Larenz,* SchR I, vor § 4 (S. 39).

7 Z. B. §§ 248, 276 II, 619, 637 BGB.

8 Vgl. etwa den Textanhang bei *Schlüter,* S. 215 ff.

9 Honorarvolumen von ca. 500–1000 DM.

mensberater erteilen, aber auch in der Überzeugung, bei der Vertragsdurchführung auftretende Schwierigkeiten gütlich und ohne juristisches Instrumentarium lösen zu können.

Sieht der Unternehmensberatungsvertrag für eine aufgetretene Vertragsstörung keine Regelung vor, so kann in der Rechtspraxis Streit darüber entstehen, wie diese Störung rechtlich zu bewältigen ist. Da weder das BGB noch die zivilrechtlichen Nebengesetze den Vertragstyp eines speziellen Unternehmensberatungsvertrages kennen, müssen die Parteivereinbarungen zunächst dem Dienst- oder Werkvertragsrecht zugeordnet werden.[10]

II. Methodisches zur Vertragseinordnung

Zur vertragstypologischen Einordnung von Parteiabreden sind zwei dogmatisch sehr unterschiedliche Methoden entwickelt worden.

Die klassische Form der Vertragsqualifizierung greift aus den Parteivereinbarungen diejenigen Vertragspflichten heraus, die die Eigenart des geschlossenen Vertrages prägen (essentialia negotii), und subsumiert sie unter die sog. Eingangsparagraphen (§§ 611, 631 BGB). Die typologische Methode[11] dagegen stellt auf die Typuskonzeption im Besonderen Schuldrecht ab und will die Einordnung im Wege einer Gesamtbetrachtung danach vornehmen, ob die Parteiabreden mit dem als wesentlich erkannten Leitgedanken eines Vertragstyps, seiner „Idee", übereinstimmen. Dazu seien zunächst aus dem gesamten Normenkomplex eines Vertragstyps die ihn kennzeichnenden Züge herauszuarbeiten und zu gewichten und im Anschluß daran die Parteivereinbarungen mit dem zuvor gewonnenen Merkmalskomplex auf ihre Ähnlichkeit und Entsprechung in seinen wesentlichen Zügen hin zu vergleichen.[12]

---

10 Anders als etwa bei Anleitungsbüchern und anderen Druckwerken, bei denen der „Warencharakter" des zur Verfügung gestellten Wissens im Vordergrund steht (*Köhler*, Software Herstellung, Rn. 17) und die dementsprechend dem Kaufrecht unterworfen werden, steht bei Beratungsverträgen das Tätigwerden des Unternehmensberaters, die eigenverantwortliche „Herstellung" speziellen Wissens und die Anwendung von Fachkenntnissen auf konkrete Sachverhalte im Vordergrund, so daß nur Dienst- und Werkvertrag in Betracht kommen. Zur Abgrenzung zu Know-how-Verträgen *Böhme*, S. 23.

11 Grundsätzlich dazu *Larenz*, Methodenlehre, S. 207 ff., 443 ff.; speziell für den Werksvertrag: *ders.*, SchR II/1, § 53 I (S. 342); vgl. auch *Leenen*, S. 148 ff.

12 Ausführlich *Leenen*, S. 177 ff.

Obgleich beide Methoden völlig verschiedene dogmatische Wege beschreiten, ist ihre praktische Auswirkung doch gering. Beide Methoden behandeln nämlich die letztlich schwierige Frage, ob bestimmte Normen eines Vertragstyps auf die Parteivereinbarungen nicht anzuwenden bzw. ob die eines anderen Vertragstyps zur rechtlichen Beurteilung heranzuziehen sind, nur in unterschiedlichem dogmatischem Zusammenhang. Während nämlich die Subsumtionsmethode darin ein Problem der teleologischen Reduktion bzw. der Analogie sieht, fragt die typologische Methode danach, ob die den Merkmalskomplex eines Vertragstyps definierenden Normen in ihren Rechtsfolgen angemessen sind.[13] Der entscheidende Nachteil der typologischen Methode liegt aber darin, daß die insbesondere bei Dienst- und Werkverträgen theoretisch einleuchtende Abstufung eines „mehr oder weniger" an tätigkeits- und erfolgsbezogenen Momenten gerade offen läßt, welcher Gesichtspunkt für die Einordnung im Einzelfall ausschlaggebend war, und daher in der praktischen Anwendung zu erheblicher Rechtsunsicherheit führt.[14] Zu folgen ist daher der Subsumtionsmethode.

Im Einzelfall sind demnach die konkreten Vereinbarungen des Beratungsvertrages (= Lebenssachverhalt) den in den Eingangsparagraphen (§§ 611, 631 BGB) beschriebenen Tatbeständen zuzuordnen (Subsumtion). Zu beachten ist nur, daß im Unterschied zur Rechtsanwendung im allgemeinen nicht die einen Lebensvorgang ausmachenden Fakten,[15] sondern die Vertragsabreden der Parteien, also ihre Aussagen über das vorgestellte Vertragsverhältnis und den Vertragsgegenstand im besonderen, zu subsumieren sind. Soweit Unklarheiten bestehen, sind diese durch Vertragsauslegung nach §§ 133, 157 BGB zu beseitigen.

Da das Gesetz selber Dienst- und Werkvertrag klar danach trennt, ob Gegenstand der Hauptleistung „Dienste jeder Art" (§ 611 II BGB) oder ein „durch Arbeit oder Dienstleistung herbeizuführender Erfolg" (§ 631 II 2. Alt. BGB) sein soll, wird die eigentliche Schwierigkeit durch die Frage gebildet, ob die Parteien nun das eine oder das andere gewollt haben.[16]

13 Eingehend *Larenz,* Methodenlehre, S. 289 f. und *Pawlowski,* Rn. 148 ff.

14 *Esser,* AöR 96, 140 f.; a.A. *Hildebrand,* S. 103.

15 Genau genommen werden auch hier nicht die Fakten subsumiert, sondern Aussagen über einen geschehenen Sachverhalt. Dazu ausführlich *Larenz,* Methodenlehre, S. 262 f.

16 Vgl. Motive, Bd. II, S. 471; zur Regelungstechnik: *Amann,* S. 13 ff.

III. Die Ermittlung des Parteiwillens

Besteht Unklarheit darüber, ob nun ein Dienst- oder Werkvertrag gewollt ist, so müssen die Vorstellungen der Parteien anknüpfend an den Wortlaut unter Berücksichtigung der Parteiinteressen, der Begleitumstände und des Vertragszwecks ermittelt werden.[17]

Vergleichsweise einfach ist es, wenn die Parteien beispielsweise Gewährleistung bzw. Nachbesserung vereinbart oder die Leistungsstörungsrechte auf Ansprüche aus positiver Vertragsverletzung beschränkt haben. Dann wird im ersten Fall viel für Werk-, im zweiten Fall viel für Dienstvertrag sprechen.

Am schwierigsten wird es, wenn sich die Parteien alleine über den Beratungsgegenstand (und die Honorarzahlung)[18] verständigt haben. Dann bleiben nämlich für die Auslegung ausschließlich die Leistungsbeschreibung,[19] die Honorarvereinbarung, die Vertragsdurchführung und die Interessenlage als Anknüpfungspunkte übrig. Diesen Fall haben die folgenden Überlegungen im Auge.

1. Auslegung der Leistungsbeschreibung

Der Beratungsvertrag wird die Aufgabenstellung des Unternehmensberaters mehr oder weniger detailliert umschreiben. Das kann reichen von der globalen Vereinbarung einer „Beratung" über die Festlegung der Ziele, die mit der Beratung verwirklicht werden sollen, bis hin zu einer eingehenden Beschreibung der einzelnen Beratungsschritte.

Zunächst darf keinesfalls von der Gestaltung der Leistungsbeschreibung ohne weiteres auf den Vertragstyp geschlossen werden, etwa indem aus den Zielvorgaben ein geschuldeter Erfolg (Werkvertrag) oder aus der Darstellung der Beratungsschritte eine geschuldete Tätigkeit (Dienstvertrag) gefolgert würde. Das „äußere System"[20] der Leistungsbeschreibung wird nämlich entscheidend davon abhängen, ob sich die im einzelnen noch nicht vorhersehbaren Beratungsaufgaben besser durch die Zielsetzung oder die Vorge-

17 Vgl *Palandt/Heinrichs,* § 133 Anm. 5 (Rn. 14 ff.).

18 Die Honorarvereinbarung kann nach §§ 632 I, 612 I BGB entfallen.

19 Darin wird festgehalten, welche Probleme zu bewältigen sind, welche Ergebnisse erreicht werden könnten oder erstrebenswert wären und wer in welchem Umfang welche Aufgaben während des Beratungsprozesses zu erfüllen hat. Vgl. *Lippit/Lippit,* S. 26.

20 *Larenz,* Methodenlehre, S. 311.

hensweise definieren lassen. Auch der Vertragswortlaut wird kaum sichere Rückschlüsse zulassen. Das liegt zum einen (semantisch) daran, daß Verben wie „beraten", „leisten" etc. tätigkeitsorientierte Handlungen begrifflich nicht von den erfolgsbezogenen unterscheiden[21] und Verbalsubstantive wie „Beratung" oder „Leistung" sowohl den tatsächlichen Handlungsvorgang, das Handlungsergebnis als auch das körperliche Substrat des Handelns bezeichnen.[22] Zum anderen werden die Verträge meist ohne große Sorgfalt abgefaßt, so daß der Verwendung einzelner Worte oder ihrem Sinnzusammenhang nur geringe Bedeutung zukommt.

Auch wenn in der Leistungsbeschreibung ein einzelnes Projekt näher festgehalten ist, läßt dies keine sicheren Rückschlüsse auf einen Werkvertrag zu. Denn auch Dienstverträge können auf die Verfolgung eines zeitlich und sachlich begrenzten Zweckes gerichtet sein (vgl. § 620 II BGB).

Der Leistungsbeschreibung kann also nur indizielle Bedeutung zukommen.

2. Auslegung der Honorarvereinbarung

Den Parteien steht es frei, ihrer Honorarvereinbarung denjenigen Berechnungsmodus zugrunde zu legen, der ihnen am praktikabelsten erscheint. In der Praxis wohl am gebräuchlichsten sind sog. Stundenlohnvereinbarungen.[23] Dabei wird das für jede geleistete Beratungsstunde[24] zu entrichtende Honorar vereinbart und das Gesamthonorar als Produkt aus dem Stundenpreis und der Anzahl der geleisteten Beratungsstunden ermittelt.[25] Anzutreffen ist aber auch die Vereinbarung eines Betrages, der bereits bei Vertragsschluß fixiert wird. Aus der einen oder anderen Vereinbarung lassen sich indessen keine sicheren Rückschlüsse auf den Vertragstyp ziehen. So wird beispielsweise häufig ein an sich für Werkverträge typisches Fixum vereinbart, selbst wenn der Beratungsauftrag noch unbestimmt oder eine Inanspruchnahme des Beraters überhaupt ungewißt ist.[26] Dann wird der Berater, der nicht einmal die Beratungsaufgabe kennt, kaum einen Beratungserfolg schulden wollen, und daher wird eher ein Dienstvertrag anzu-

21 Ausnahme: Eine Problemlösung „suchen" bzw. „finden". Allerdings wird selbst bei Verwendung dieser Begriffe fraglich sein, ob die Parteien eine so feine Unterscheidung bewußt getroffen haben.

22 Ausführlich dazu *G. Müller*, S. 68.

23 *Kienbaum/Meissner*, BFuP 79, 109 (109).

24 Bemessungsgrundlage sind häufig auch Projekttage oder Beratungsmonate mit einer festgelegten Anzahl von Beratungsstunden pro Monat.

25 Ausführlich *Grimme*, S. 34.

26 Man denke nur an die Beraterverträge der Politiker.

nehmen sein. Umgekehrt: Selbst wenn das Beratungsprojekt (Problem + Lösungsweg) feststeht und ohne weiteres die Herbeiführung eines Erfolges gewollt sein kann, werden wegen der hohen Personalkosten Stundenlohnvereinbarungen getroffen, die an sich auf einen Dienstvertrag hindeuten.

Auch aus der Honorarhöhe (Stundensatz) lassen sich keine gesicherten Erkenntnisse gewinnen. Man könnte zwar in einem hohen Honorar ein Äquivalent für die Übernahme von Erfolgsrisiken sehen. Der Honorarsatz bildet sich jedoch entscheidend nach der Qualifikation des Unternehmensberaters und der Nachfrage nach Beratungsleistungen und wird vom Unternehmensberater meist einheitlich für alle Beratungsaufträge festgelegt (sog. Honorartafeln).

Die Honorarvereinbarung kann also nur als Indiz für die Vertragseinordnung herangezogen werden.

3. Berücksichtigung der Vertragsdurchführung

Ist es bereits zur Vertragsdurchführung gekommen, so kann unter Umständen die Art und Weise der Abwicklung zur Erhellung des vereinbarten Vertragstyps beitragen.

Als Ansatzpunkt kann zwar grundsätzlich die Eingliederung des Unternehmensberaters in den Betrieb des Klienten dienen.[27] Daß dieses Kriterium indessen nicht weiterführt, belegen die beiden folgenden Beispiele: Hat der Unternehmensberater im Klientenunternehmen den Bereich „Absatz" leistungsfähiger zu gestalten (Projektberatungsvertrag), so wird diese Aufgabe eine enge Kooperation mit dem Klienten und damit Eingliederung erfordern,[28] soweit es um Lagerwirtschaft, Vertrieb und Versand geht, während Marktforschungs-, Werbungs- und Verkaufsfragen ohne weiteres von seinem Büro aus gelöst werden können. Im Falle einer Dauerberatung würde man generell zu einer Qualifizierung als Werkvertrag kommen, nur weil der Unternehmensberater an ihn ausgegliederte Unternehmensaufgaben wahrnimmt bzw. die routinemäßigen check-ups und short briefings per Telefon oder Fax-Brief ausführt.

27 Dazu *Larenz,* SchR II/1, § 52 I (S. 307). Vgl. auch *Nicklisch,* NJW 85, 2361 (2363).

28 Gegen die Eingliederung spricht nicht, daß der Unternehmensberater eine selbständige Aufgabe im Bereich Absatz zu erfüllen hat. Vgl. *Larenz,* SchR II/1, § 52 I (S. 307); *Weber,* S. 90.

Ähnlich ist es mit dem Umfang der Weisungsgebundenheit.[29] Maßgebend für die Vertragseinordnung ist nämlich die Weisungsgebundenheit hinsichtlich der Beratung. Aufgrund seiner Fachkompetenz wird der Unternehmensberater diesbezüglich aber kaum Weisungen des Klienten unterworfen sein, so daß der unterschiedliche Weisungsumfang durch die Verschiedenartigkeit der Beratungsaufgaben, vor allem durch eine nur rahmenmäßig festgelegte Beratungsleistung bedingt sein dürfte. Nicht heranzuziehen indessen sind „Weisungen", die er erhält, um seine Beratung an den Unternehmenszielen des Klienten orientieren zu können.[30]

Nachdem auch die Vertragsdurchführung allenfalls in Ausnahmefällen Anhaltspunkte für die Vertragseinordnung bieten kann, kommt der Interessenlage im Unternehmensberatungsvertrag die entscheidende Bedeutung zu.

4. Die Interessenlage als Auslegungskriterium

Dienst- und Werkvertragsrecht stellen jeweils eine Vertragsordnung auf, die für den Fall von Vertragsstörungen einen angemessenen Ausgleich der widerstreitenden Parteiinteressen gewährleisten soll. Die entscheidende Frage ist daher: Lassen sich die Interessengegensätze zwischen Unternehmensberater und Klient bei Schwierigkeiten der Vertragsabwicklung besser nach den Regeln des Dienstvertragsrechts oder besser nach den Regeln des Werkvertragsrechts entscheiden?[31] Zur Beantwortung ist zweckmäßigerweise in einem ersten Schritt anhand der einzelnen Vertragsrisiken zu klären, wie Dienst- bzw. Werkvertragsrecht diese jeweils rechtlich bewertet haben und welcher Vertragstyp für beide Seiten insofern die bessere Regelung enthält. In einem zweiten Schritt ist dann eine Gesamtabwägung vorzunehmen, bei der insbesondere die vertragstypischen Risiken zu gewichten sind.[32]

---

29 BAG U 8. 6. 67 (5 AZR 461/66), BAGE 19, 324 (329).

30 Beispiel: Wünscht der Klient, eine Investitionsentscheidung unter Erfolgsgesichtspunkten zu treffen, so hat der Unternehmensberater dies zu respektieren (oder den Auftrag abzulehnen) und kann nicht etwa am Gesichtspunkt der Sozialverträglichkeit die Beratung ausrichten.

31 *Schiemann,* JuS 83, 650 (651).

32 Vgl. zur Methodik *Eckert,* S. 41.

a) Die Vertragsrisiken

Bei der Abwicklung von Unternehmensberatungsverträgen können mannigfaltige Störungen auftreten, die die Vertragspartner in ihren Erwartungen enttäuschen. Zwischen folgenden vier Risiken ist zu unterscheiden.

aa) Das Fehlerrisiko

Das Fehlerrisiko besteht darin, daß der Unternehmensberater seine Beratung nur mangelhaft erbringt.

Das Dienstvertragsrecht hat diesen Fall nicht gesondert geregelt, so daß der Unternehmensberater aus positiver Vertragsverletzung haftet. Nach Werkvertragsrecht dagegen kann der Klient bis zur Abnahme bzw. Konkretisierung auf das hergestellte Werk[33] Neuherstellung (§§ 631, 633 I BGB) oder Mängelbeseitigung (§§ 633 II BGB) und danach Wandelung/Minderung (§ 634 BGB) oder, soweit der Unternehmensberater den Mangel zu vertreten hat, Schadensersatz (§ 635 BGB) verlangen.

Zwei entscheidende Unterschiede bestehen demzufolge zwischen dienst- und werkvertraglicher Mängelhaftung. Zum einen haftet der Unternehmensberater nach Dienstvertragsrecht nur bei Verschulden, während das Werkvertragsrecht eine verschuldensunabhängige Haftung[34] vorsieht. Zum anderen ist die Gewährleistungsproblematik im Werkvertragsrecht erheblich differenzierter ausgestaltet als im Dienstvertragsrecht und ermöglicht daher beiden Parteien, entscheidenden Einfluß auf die Fehlerbehebung zu nehmen.[35] Das Dienstvertragsrecht belastet also den Klienten entscheidend mit dem Fehlerrisiko, weil der Unternehmensberater nur bei Verschulden haftet. Genau umgekehrt ist es im Werkvertragsrecht.

Für die Interessenlage, die weitgehend von der Vorhersehbarkeit und Beherrschbarkeit des Fehlerrisikos bestimmt wird,[36] ergibt sich: Sofern es um eine Projektberatung geht, bei der das Beratungsproblem zumindest in den Grundzügen bekannt ist, dürfte es interessengerecht sein, den Unternehmensberater mit dem Fehlerrisiko zu belasten, weil er aufgrund seines Fachwissens die Beratungsrisiken und damit auch die Fehlerrisiken besser vorhersehen und beherrschen kann. So kann er beispielsweise bei sich abzeichnenden Schwierigkeiten Befragungen im Klientenunternehmen durch-

33 Vgl. § 634 I 1 BGB.
34 Ausnahme: § 635 BGB.
35 Zur Gewährleistung im einzelnen unten § 5 I 3.
36 *Köhler,* Software Herstellung, Rn. 17.

führen, weiteres statistisches Material heranziehen etc. Umgekehrt erwartet auch der Klient eine fachgerechte Arbeit, was darin zum Ausdruck kommt, daß er zur Problembewältigung einen Fachmann hinzuzieht. Im übrigen darf nicht außer acht gelassen werden, daß es bei komplexen Beratungsprojekten zu unterschiedlichsten Fehlern mit den verschiedensten Auswirkungen auf das Klientenunternehmen kommen kann. Daher ist es für beide Seiten von Bedeutung, ein differenziertes rechtliches Instrumentarium zur Verfügung zu haben, um eine im Einzelfall sachgerechte Bewältigung der Vertragsstörung herbeiführen zu können.

Beispiel: Ist der Unternehmensberater Organisationsspezialist, so wird der Klient unter allen Umständen Erfüllung verlangen, wenn er keinen adäquaten Berater finden kann. Anders etwa, wenn sich die „Stoßrichtung" der Problemlösung abzeichnet. Hier kann es sachgerecht sein, abzunehmen und zu mindern. Entsprechendes gilt für den Unternehmensberater: Er wird zwar schon wegen eventueller Ersatzansprüche sich um ordnungsgemäße Erfüllung bemühen. Indessen wird er Minderungs- und Schadensersatzansprüche in Kauf nehmen, wenn er sich mit dem Beratungsprojekt „übernommen" hat und ohnehin zur ordnungsgemäßen Erfüllung nicht in der Lage ist.

Allein der Schadensersatzanspruch aus positiver Vertragsverletzung ermöglicht so differenzierte Reaktionen nicht.

Anders ist die Situation bei Dauerberatungsverträgen. Sie wird dadurch geprägt, daß dem Unternehmensberater die sich während der Vertragslaufzeit stellenden Probleme noch unbekannt sind. Insofern sind auch für ihn die Fehlerrisiken bei Vertragsschluß noch nicht erkennbar. Dies rechtfertigt, nur eine verschuldensabhängige Haftung anzunehmen, zumal der Klient auch kaum erwarten wird, daß der Unternehmensberater ohne Rücksicht auf die auftauchenden Einzelfragen verschuldensunabhängig für Fehler einstehen will.[37] Auch dürfte bei Dauerberatungsverträgen die einfache Rechtsfolge des Schadensersatzes wiederum sachgerechter sein. Zum einen werden die Fehlerursachen und ihre Auswirkungen weniger komplex sein als bei Dauerberatungsverträgen. Zum anderen wird das Beratungsverhältnis nicht auf lange Zeit durch wiederholte Nachbesserungsversuche etc. belastet. Hinzu kommt, daß der Klient mit der Verschuldensvoraussetzung nicht ungebührlich belastet wird. Denn er muß im Streitfalle (nur) die objektive Pflichtverletzung des Unternehmensberaters nachweisen,[38] und

37 Man kann hier allerdings nicht argumentieren, daß der Klient, der sein Unternehmen und damit auch die ständig auftretenden Probleme kennt, besser vorsorgen kann. Denn um der Lösung der Probleme willen hat er den Unternehmensberater gerade eingeschaltet.

38 *Palandt/Heinrichs*, § 282 Anm. 2c (Rn. 11).

dies dürfte bei Dauerberatungsverträgen keine unüberwindliche Hürde darstellen.[39]

Festzuhalten bleibt: Hinsichtlich des Fehlerrisikos ist Werkvertragsrecht für Projektberatungsverträge und Dienstvertragsrecht bei Dauerberatungsverträgen für beide Seiten interessengerechter.

bb) Das Zeitrisiko

Ein anderes Risiko besteht in der Verzögerung oder Unterbrechung der Beratung. Zwar haben meist beide Seiten schwerwiegende wirtschaftliche Interessen an der Einhaltung des für die Bewältigung des Beratungsauftrages vereinbarten Zeitplans. Jedoch haftet der Unternehmensberater für Verzögerungen unabhängig vom Vertragstyp nach §§ 284, 286 BGB. Auf die Bestimmung des Vertragstyps hat das Zeitrisiko keine Auswirkung.

cc) Das zufällige Risiko

Im Rechtssinne „zufällig" sind Risiken, wenn sie nicht vom Unternehmensberater, aber auch nicht vom Klienten zu vertreten sind.[40] Grundsätzlich haben beide Seiten unabhängig vom Vertragstyp ihre daraus entstandenen Risiken selbst zu tragen.[41] In Dienst- und Werkvertragsrecht unterschiedlich bewertet wird aber die zufällige Unmöglichkeit (Gefahrtragung i. e. S.).[42]

Bei Dienstverträgen hat der Unternehmensberater nach § 323 BGB die Vergütungsgefahr und der Klient die Leistungsgefahr zu tragen („Ohne Arbeit kein Lohn").[43] Beruht die Unmöglichkeit jedoch auf dem Wegfall des Leistungssubstrats,[44] kann der Klient unter Einhaltung der ordentlichen gesetzlichen Kündigungsfrist (§ 621 BGB) aus minder wichtigem Grund außerordentlich kündigen.[45] Nach Werkvertragsrecht hingegen trägt der Un-

39 Anders ist dies bei Projektberatungen, deren Erfolg in erheblich größerem Umfang vom Ideenreichtum und der Kreativität des Beraters abhängt.

40 Beispiele: Erkrankung des Unternehmensberaters, Zerstörung des Klientenunternehmens durch Blitzschlag u. ä.

41 *Köhler*, Software Herstellung, Rn. 92.

42 Ausführlich zur Gefahrtragung *Veelken*, S. 9 ff.

43 Vgl. etwa *Söllner*, AcP 167 (1967), 132 (134) m. w. N.

44 Leistungssubstrat sind die Gegenstände, an denen oder mit denen die Leistung (hier: die Beratung) vorzunehmen ist (vgl. *Köhler*, Geschäftsgrundlage, S. 37 a. E.). Beispiel: das Klientenunternehmen.

45 Vgl. *Köhler*, Geschäftsgrundlage, S. 60 ff.

ternehmensberater grundsätzlich bis zur Abnahme (§ 640 BGB) Leistungs- und Vergütungsgefahr, § 644 I 1 BGB. Die Vergütungsgefahr geht aber dann vor der Abnahme auf den Klienten über, wenn die Unmöglichkeit auf Lieferung eines fehlerhaften Stoffes (§ 645 I 1 1. Alt. BGB)[46] oder auf eine fehlerhafte Anweisung (§ 645 I 1 2. Alt. BGB) zurückzuführen ist oder wenn das Leistungssubstrat, soweit es sich im Herrschaftsbereich des Klienten befunden hat, weggefallen ist, § 645 BGB analog.[47]

Zur Beurteilung der Interessenlage ist zweckmäßigerweise zunächst zwischen Projekt- und Dauerberatungen und darüber hinaus jeweils wiederum zwischen Unmöglichkeit und Wegfall des Leistungssubstrats zu unterscheiden. Liegt eine Projektberatung zugrunde und tritt Unmöglichkeit ein, so müßte der Klient – Dienstvertrag unterstellt – das bis zum Unmöglichkeitszeitpunkt angefallene Honorar zahlen und bekäme dafür die bis dahin erbrachten Beratungsleistungen. Nach Werkvertragsrecht hätte er bei noch möglicher Neuherstellung einen Anspruch auf die Gesamtberatung, müßte dafür das volle Honorar zahlen sowie zusätzlich eine der bereits geleisteten Beratung entsprechende Teilvergütung, sofern die Voraussetzungen des § 645 BGB vorliegen. Der Vorteil des Werkvertragsrechts für den Klienten besteht im Neuherstellungsanspruch, da er mit dem „Beratungstorso" nichts anfangen kann. Werkvertragsrecht ist hier aber auch für den Unternehmensberater günstiger. Er erhält nämlich im Gegensatz zum Dienstvertragsrecht das volle Honorar, das bei größeren Beratungsprojekten die innerbetrieblichen Dispositionen des Unternehmensberaters mitunter nicht unerheblich beeinflußt,[48] und je nach Einzelfall zusätzlich nach § 645 BGB ein Teilhonorar. Daß er mit Risiken aus seiner Sphäre über § 644 BGB belastet wird, erscheint unter dem Beherrschbarkeitsgedanken nur sachgerecht. Fällt während einer Projektberatung das Leistungssubstrat weg, so erhält der Unternehmensberater nach Dienstvertragsrecht das Honorar noch über den Zeitpunkt des Wegfalls des Leistungssubstrats hinaus bis zum Ablauf der gesetzlichen Kündigungsfrist. Nach Werkvertragsrecht erhält er bei möglicher Neuherstellung den vollen Vergütungsanspruch sowie zusätzlich ein Teilhonorar plus Auslagen gemäß § 645 I BGB. Neben dem Vorteil, bei Neuherstellungsmöglichkeit das volle Honorar zu erhalten, ist für ihn

---

46 Z. B. fehlerhafte Daten.

47 Nahezu einhellige Ansicht; vgl. etwa *Köhler,* Geschäftsgrundlage, S. 35 ff.; *Larenz,* SchR I, § 21 Ic (S. 314); *Flach,* S. 63, mit einer ausführlichen Zusammenstellung der von der Rechtsprechung entschiedenen Fälle (S. 52 ff.); a. A. nur *Beuthien,* S. 89.

48 Man denke nur an die Einstellung weiterer Berater für die Projektdurchführung oder die Liquiditätseinbußen durch den teilweisen Honorarausfall.

der werkvertragliche Auslagenersatz angesichts der mitunter sehr langen und kostenaufwendigen vorvertraglichen Phase (2. Phase) bzw. der sonstigen teuren Vorarbeiten wesentlich günstiger als die eintägige Kündigungsfrist des § 621 Nr. 1 BGB. Für den Klienten liegt auch hier der entscheidende Vorteil im Neuherstellungsanspruch. Bei Projektberatungen ist somit Werkvertragsrecht für beide Seiten günstiger.

Bei Dauerberatungsverträgen ist die Situation dadurch geprägt, daß mit jeder Einzelleistung die Interessen des Klienten befriedigt werden, weil diese für ihn regelmäßig selbständig verwertbar ist. Dem Klienten nutzt also grundsätzlich auch eine nur teilweise Durchführung des Dauerberatungsvertrages, so daß der für ihn entscheidende Vorteil eines werkvertraglichen Neuherstellungsanspruchs nicht zum Tragen kommt. Hinsichtlich des Honoraranspruchs muß man unterscheiden. Legt man zugrunde, daß dem Klienten die erbrachte Beratung Nutzen gestiftet hat, so ist es nur billig, wenn der Unternehmensberater dafür auch sein Honorar erhält. § 323 I BGB führt damit zu einem gerechten Interessenausgleich. Indessen ist kein Grund ersichtlich, den Unternehmensberater mit dem Vergütungsrisiko nach § 644 BGB zu belasten. Bei Unmöglichkeit ist Dienstvertragsrecht daher für beide Seiten interessengerecht. Schwieriger wird es, wenn das Leistungssubstrat wegfällt. Da das Klientenunternehmen unter der Leitung des Klienten und damit in dessen Sphäre bleibt, wird zunächst § 645 BGB regelmäßig vorliegen. Dann besteht zwischen Dienst- und Werkvertrag nur der Unterschied, daß der Unternehmensberater bei Dienstvertrag nach § 621 Nr. 3 BGB[49] je nach Kündigungszeitpunkt zwischen einem halben und einem ganzen Monatshonorarsatz zusätzlich erhält, während er nach Werkvertragsrecht die tatsächlichen Auslagen ersetzt verlangen kann, § 645 BGB.[50] Nun dürfte hier der tragende Gesichtspunkt zugunsten des Dienstvertragsrechts sein, daß die dienstvertragliche Lösung beiden Seiten eine (fast) exakte Vorausberechnung der aus dem Wegfall des Leistungssubstrats erwachsenden Risiken ermöglicht.[51] Bei Dauerberatungsverträgen ist also Dienstvertragsrecht insgesamt angemessener.

---

49 Es wird hier die übliche Honorarbemessung nach Kalendermonaten zugrunde gelegt.

50 Der Teilvergütungsanspruch steht dem Unternehmensberater im Ergebnis nach § 323 BGB und nach § 645 BGB zu.

51 Anders als bei Projektberatungen wird bei Dauerberatungen der Unternehmensberater regelmäßig keine außergewöhnlichen Aufwendungen für das betroffene Dauerberatungsverhältnis machen, so daß auch insofern keine unzumutbaren Belastungen durch die dienstvertragliche Lösung zu erwarten sind.

dd) Das Abwicklungsrisiko

Die Beratung setzt voraus, daß der Klient den Unternehmensberater umfassend über alle für die Beratung maßgebenden Umstände informiert. Vor allem im Zuge von Projektberatungen kann die Mitwirkung des Klienten und die Kooperation mit dem Unternehmensberater so weit gehen, daß er zu dessen „Mitarbeiter" und „Kooperationspartner" wird. Die nicht ordnungsgemäße Mitwirkung des Klienten kann daher erhebliche Auswirkungen auf die Beratungsdurchführung haben.

Kommt der Klient seinen Mitwirkungspflichten nicht nach und kommt er dadurch mit der Annahme der Beratung in Verzug,[52] so kann der Unternehmensberater nach Dienstvertragsrecht für die infolge des Verzugs nicht erbrachte Beratung das vereinbarte Honorar verlangen, ohne zur Nachleistung verpflichtet zu sein, § 615 S. 1 BGB. Unter denselben Voraussetzungen kann der Unternehmensberater nach Werkvertragsrecht entweder neben dem Honorar[53] Entschädigung für Nachteile verlangen, die er durch die unnütze Leistungsbereitschaft erlitten hat (§ 642 I BGB).[54] Oder er kündigt (§ 643 S. 1 BGB) und beansprucht das der bereits erbrachten Beratung entsprechende Honorar (§ 645 I 2 BGB) sowie die Entschädigung nach § 642 I BGB.

Die Interessengerechtigkeit der werk- bzw. dienstvertraglichen Lösung wird am deutlichsten durch den Fall erhellt, daß der Klient unverschuldet in Annahmeverzug gerät. Der auffälligste Unterschied zwischen beiden Vertragstypen besteht dann darin, daß der Unternehmensberater im Gegensatz zum Dienstvertragsrecht beim Werkvertrag eine Kündigungsmöglichkeit hat, § 643 S. 1 BGB. Das hat bei Projektberatungsverträgen für den Klienten den Nachteil, daß er bei längerem Annahmeverzug[55] der Gefahr einer vorzeitigen Vertragsbeendigung ausgesetzt ist und unter Umständen nur einen wirtschaftlich wertlosen „Beratungstorso" erhielte. Insofern ist zwar die dienstvertragliche Regelung günstiger, belastet den Klienten allerdings mit dem Risiko, während eines Annahmeverzugs das volle Honorar weiter-

52 Dazu muß der Unternehmensberater leistungsbereit sein und die Aufnahme bzw. Fortsetzung der Beratung anbieten, §§ 293 ff. BGB.

53 MünchKomm/*Soergel,* § 642 Rn. 8.

54 Beispiel: Bereithalten seiner Mitarbeiter, Beeinträchtigung seiner zeitlichen Dispositionen.

55 Der Unternehmensberater muß zum einen erst Nachfrist setzen und die Vertragsbeendigung androhen, zum anderen wird ihn ein unbedeutender Annahmeverzug nicht zur Kündigung veranlassen, weil damit das Projekt und sein Gesamthonoraranspruch ausfallen würden.

zahlen zu müssen, während bei Werkvertragsrecht zumindest die Möglichkeit besteht, daß der Unternehmensberater von seinem Kündigungsrecht Gebrauch macht und dadurch den Klienten von seiner Honorarzahlungspflicht entlastet. Eine eindeutige Aussage zugunsten des einen oder anderen Vertragstyps ist angesichts der Unwägbarkeiten im Konfliktfall daraus allerdings noch nicht abzuleiten. Stellt man auf das Honorar ab, so hat der Klient nach Dienstvertragsrecht das vereinbarte Honorar, nach Werkvertragsrecht Entschädigung für Bereithaltung von Arbeitskraft und Kapital sowie für die Durchkreuzung der zeitlichen Dispositionen zu leisten. Wirtschaftlich gesehen dürfte die Entschädigung für Arbeitskraft und Kapital beim Werkvertrag auf den Honoraranspruch beim Dienstvertrag hinauslaufen, so daß der Unternehmensberater durch die werkvertragliche Regelung bevorzugt ist, weil er Schäden aufgrund zeitlicher Umdisponierung zusätzlich ersetzt bekommt. Damit den Klienten zu belasten, ist aber sachgerecht, weil der Annahmeverzug seiner Sphäre zuzurechnen und grundsätzlich von ihm besser beherrschbar ist. Tendenziell dürfte daher Werkvertragsrecht bei Projektberatungen besser passen. Anders ist es bei Dauerberatungsverträgen. Zunächst spielt hier der Annahmeverzug eine wesentlich geringere Rolle als bei Projektberatungen, weil zumeist zeitabschnittsweise Beratungsleistungen anfallen, die nicht ohne weiteres nachholbar sind. Im übrigen besteht auch hier für den Klienten der entscheidende Vorteil des Dienstvertragsrechts in der fehlenden Kündigungsmöglichkeit, weniger wegen der Gefahr unvollständiger und damit wirtschaftlich wertloser Beratungsleistungen als vielmehr, weil auf der einen Seite die „Beratungsbereitschaft" des Unternehmensberaters während der vereinbarten Vertragsdauer für den Klienten die tragende Rolle für den Vertragsschluß spielen dürfte und weil auf der anderen Seite die Ursache für den Annahmeverzug der einen Beratungsleistung meist keine Auswirkungen auf die folgenden Leistungen hat. Auch der werkvertragliche Ersatz für durchkreuzte zeitliche Dispositionen dürfte kaum relevant sein, weil entsprechende Schäden nur im Falle des Annahmeverzugs am Ende der Vertragslaufzeit bei einer nachholbaren Beratungsleistung auftreten können. Für Dauerberatungsverträge dürfte daher Dienstvertragsrecht interessengerechter sein.

b) Gewichtung der Vertragsrisiken

Bei der Vertragseinordnung im Einzelfall können sich Abweichungen von dem idealtypischen Bild der Projekt- und Dauerberatungen ergeben, so daß die Beurteilung der einzelnen Risiken und ihrer Auswirkungen nicht – wie hier – eindeutig zur Einordnung der Projektberatung in das Werkvertragsrecht und der Dauerberatung in das Dienstvertragsrecht führen wird. Gelangt man bei den Einzelrisiken zu dem Ergebnis, daß die einen eher eine dienstvertragliche, die anderen eher eine werkvertragliche Einordnung nahelegen würden, so müssen die einzelnen Risiken nach ihrer Bedeutung im Einzelfall gewichtet werden. Daraus ist dann die endgültige Einordnung des Beratungsvertrages vorzunehmen. Abwägungsregeln lassen sich im Rahmen dieser theoretischen Untersuchung allerdings kaum aufstellen. Zur Verdeutlichung mag als Beispiel dienen, daß in der Praxis Fehlerrisiken wahrscheinlicher auftreten als Unmöglichkeitsrisiken.

5. Bewertung

Von den verschiedenen Indizien, die für eine Vertragseinordnung von Unternehmensberatungsverträgen heranzuziehen sind, hat die Interessenlage die sichersten Anhaltspunkte geliefert. Nun könnte man gegen die Berücksichtigung der Interessenlage nach dem hier skizzierten Verfahren einwenden, daß dies zum Zirkelschluß führe, weil zur Einordnung Vertragsrisiken herangezogen werden, die die gesetzlichen Regelungen im Einzelfall gerade bewältigen wollen. Indessen greifen diese Bedenken nicht durch. Zum einen ist die Interessenlage bei den Einzelrisiken abstrakt anhand der Vorhersehbarkeit bzw. Beherrschbarkeit potentieller Risiken zu ermitteln, ohne daß es auf die aktuelle Vertragsstörung ankäme. Zum anderen wird die Interessenlage nicht nur durch das Risiko, das sich später realisiert hat, bestimmt, sondern durch alle denkbaren Risiken (Fehlerrisiko, zufällige Risiken, Abwicklungsrisiko) und deren Gewichtung.

IV. Die Vertragseinordnung durch die Parteien

Häufig beschränken sich die Parteien nicht darauf, ihre jeweiligen Rechte und Pflichten festzulegen, sondern kennzeichnen den Beratungsvertrag mit Überschriften wie „Dienstvertrag" bzw. „Werkvertrag" oder bezeichnen sich als „Unternehmer" und „Besteller". Häufig schreiben auch Vertragsklauseln vor, daß im Konfliktfall Dienst- oder Werkvertragsrecht gelten soll. In diesen Fällen stellt sich die Frage, ob die Parteien den Beratungsvertrag ohne weiteres dem einen oder anderen Vertragstyp unterstellen können.[56]

Ohne Schwierigkeit ist es, wenn aus den vertraglich vereinbarten Rechten und Pflichten einerseits und aus der Vertragsbezeichnung bzw. den ent-

56 Ausführlich *Sigulla,* S. 121 ff.

sprechenden Klauseln andererseits derselbe Vertragstyp folgt, etwa wenn ein Dauerberatungsvertrag als Dienstvertrag bezeichnet wird.[57] Dann hat die rechtliche Wertung der Parteien klarstellende Funktion und kann als wichtiges Indiz für die Vertragseinordnung herangezogen werden.

Probleme treten indessen auf, wenn im umgekehrten Fall ein Vertragstyp heranzuziehen sein soll, der sich aus dem Vertragsinhalt gerade nicht ergibt, wenn also etwa ein Projektberatungsvertrag als Dienstvertrag bezeichnet wird.

Da die Vertragspartner in der Regel keine Juristen sind, ist vor allem bei Überschriften wie „Dienstvertrag" oder „Werkvertrag" bzw. bei ihrer gegenseitigen Bezeichnung als „Unternehmer – Besteller" oder „Dienstberechtigter – Dienstverpflichteter" zu klären, ob damit überhaupt eine rechtliche Einordnung gewollt war. Es ist nämlich gut denkbar, daß die Parteien die Bezeichnungen allein zur Vereinfachung der Vertragsformulierung verwendet haben, ohne damit eine rechtsgeschäftliche Bedeutung zu verbinden. Fehlt einer Partei demzufolge das Erklärungsbewußtsein, so kann sie in Analogie zu § 119 I 2. Alt. BGB anfechten.[58] Genausogut kann es vorkommen, daß beide Seiten mit den rechtlichen Begriffen nicht das Zutreffende verbunden haben, etwa wenn sie einen Werkvertrag in der Annahme vereinbaren, dort seien die dienstvertraglichen Regelungen getroffen. Dann liegt eine unbeachtliche Falschbezeichnung vor und es ist der wirklich gewollte Vertragstyp anzuwenden („falsa demonstratio non nocet").

Haben die Parteien – was gewiß die Regel ist – frei von Willensmängeln einen bestimmten Vertragstyp vereinbart, so ist ihre Qualifikation grundsätzlich unabhängig von der Rechtsnatur des Beratungsvertrages, wie sie sich aus den gegenseitigen Rechten und Pflichten ergibt, wirksam.[59] Denn es kann keinen Unterschied machen, ob die Parteien die Vertragsfolgen

57 Beispiel: Auf einen Projektberatungsvertrag wird Werkvertragsrecht für anwendbar erklärt.

58 BGH U 7. 6. 84 (IX ZR 66/83), BGHZ 91, 324 (327); *Palandt/Heinrichs,* vor § 116 Anm. 4b (Rn. 17); *Köhler,* AT, § 14 II 2 (S. 125).

59 BGH U 26. 11. 59 (VII ZR 120/58), BGHZ 31, 224 (226); BGH U 28. 6. 52 (II ZR 263/51), LM § 611 BGB Nr. 3; *Palandt/Heinrichs,* Überbl. vor § 433 Anm. 3 (Rn. 3); a. A. OLG Karlsruhe U 8. 7. 70 (5 U 29/70), NJW 70, 1977 m. Anm. *Piek;* LG Berlin U 20. 4. 77 (54 S 129/76), NJW 77, 1826; so früher auch das Reichsgericht: RG U 15. 12. 31 (III 10/31), RGZ 135, 104 (107); *Flume,* AT, § 20, 2a (S. 406); *Fenn,* Bosch-FS, S. 171 (177), die die Vertragsqualifikation für unbeachtlich halten. Zur zivilprozessualen Problematik: *Baumgärtel,* ZZP 87, 121 (134); *Baur,* Böttcher-FS, 1 (10).

durch Übernahme des Gesetzestextes in die Vertragsurkunde, durch Einzelverweisungen oder – wie hier – durch eine Generalverweisung festlegen. Das gilt allerdings nur, soweit nicht zwingende Bestimmungen des tatsächlichen Vertragstyps entgegenstehen. Sie beschränken nämlich die Vertragsfreiheit[60] und treten an die Stelle der abweichenden Parteivereinbarungen.[61] Allerdings sind die praktischen Konsequenzen bei Unternehmensberatungsverträgen gering. Als zwingende Vorschriften greifen nämlich nur aus dem Dienstvertragsrecht § 618 i. V. m. § 619 BGB (Pflicht zu Schutzmaßnahmen) und § 626 BGB (Fristlose Kündigung aus wichtigem Grund) sowie aus dem Werkvertragsrecht § 637 BGB (Vertraglicher Haftungsausschluß) ein.[62]

V. Zusammenfassung

Die Überlegungen zur Rechtsnatur haben zu einem eindeutigen Ergebnis geführt: Vorbehaltlich abweichender Parteivereinbarung ist auf Projektberatungsverträge Werkvertragsrecht und auf Dauerberatungsverträge Dienstvertragsrecht anzuwenden. Davon gehen die weiteren Untersuchungen aus.

---

60 So BGH U 28. 4. 54 (II ZR 8/53), BGHZ 13, 179 (184); BGH U 14. 10. 63 (VII ZR 33/62), BGHZ 40, 156 (160); *Palandt/Heinrichs,* § 134 Anm. 1 a (Rn. 1); *Larenz,* AT, § 22 II (S. 418); *Staudinger/Dilcher,* § 134 Rn. 2; *Soergel/Hefermehl,* § 134 Rn. 2.; a. A. *Staudinger/Coing,* § 134 Rn. 2; *Stolterfoht,* S. 205; MünchKomm/*Mayer-Maly,* § 134 Rn. 43, die im zwingenden Recht Verbotsgesetze nach § 134 BGB sehen.

61 Die Parteien können den tatsächlichen Vertragstyp ihres Beratungsvertrages nicht abbedingen und dadurch die zwingenden Vorschriften umgehen. Denn die in den Eingangsparagraphen normierten Tatbestände können je nach Lebenssachverhalt vorliegen oder entfallen, aber nicht bei andersartigem Sachverhalt durch Parteiqualifikation zur Anwendung gebracht werden. Vgl. *Larenz,* Methodenlehre, S. 194 f.

62 Insgesamt ergibt sich folgende Normenhierarchie: (1) Zwingende Normen des tatsächlich vorliegenden Vertragstyps, (2) besondere Absprachen, (3) zwingende und (4) dispositive Vorschriften des vereinbarten Vertragstyps mit der Maßgabe, daß die Regelungen (2) bis (4) nur insoweit gelten als sie gegen (1) verstoßen.

§ 3 Vertragsanbahnung und Vertragsschluß

A. Situationsbeschreibung

Der vorvertraglichen Phase kommt hauptsächlich bei Projektberatungsverträgen maßgebende Bedeutung zu, weil hier die Weichen für die eigentliche Vertragsdurchführung gestellt werden. Der Klient muß sich in dieser Phase darüber klar werden, ob der Unternehmensberater für die Beratungsaufgabe geeignet ist, eine insofern schwierige Entscheidung als für eine erfolgreiche Zusammenarbeit neben der Leistungsfähigkeit des Unternehmensberaters weitere, nur schwer quantifizierbare Faktoren, wie gegenseitiges Vertrauen, Einstellung des Beraters zur übernommenen Aufgabe, Erfahrungen im Umgang mit gleichartigen Projekten u. ä., ausschlaggebend sind und daher eine ausschließlich am Preis orientierte Vertragsvergabe kaum sinnvoll ist.[1] Gleichermaßen muß sich der Unternehmensberater Klarheit verschaffen, ob er selber für die Aufgabenstellung die notwendigen fachlichen Kenntnisse und Erfahrungen mitbringt und ob der Klient überhaupt die notwendigen Voraussetzungen für eine Projektdurchführung bietet.[2] Der dritte Problemkreis umfaßt die genaue Beschreibung der vom Unternehmensberater zu übernehmenden Aufgaben, die präzise Feststellung der verfolgten Zielsetzungen und erwarteten Arbeitsergebnisse, die Dauer der Zusammenarbeit u. ä. (Leistungsbeschreibung). Dabei liegt der Kern der Problematik darin, daß der Klient seine Vorstellungen problemorientiert vorträgt und eine Problemlösung erwartet, der Unternehmensberater zwar wirtschaftliche Lösungsmöglichkeiten aufgrund seines Fachwissens kennt, aber nicht die spezifischen betrieblichen Probleme, jedenfalls nicht in allen Einzelheiten. Unternehmensberater und Klient müssen daher in einem ausführlichen Dialog erst den Vertragszweck herausarbeiten. Dazu muß sich der Unternehmensberater mit Hilfe des Klienten über dessen betrieblichen Abläufe kundig machen, und der Klient muß erfahren, wie eine Problemlösung aussehen könnte. Dementsprechend ergeben sich für beide Seiten umfangreiche Aufklärungspflichten. Vor allem um ihren Inhalt und die Rechtsfolgen ihrer Verletzung soll es im folgenden gehen.

---

1 Ausführlich dazu *Schlüter*, S. 117 f.; *Klaile*, WiWo 83, Nr. 36, 83; *Laager*, Management Zeitschrift 80, 269.

2 Vgl. *Fieten*, ZO 79, 395; *Kayser*, WiWo 83, 86.

B. Die vorvertraglichen Rechtsbeziehungen

I. Vertragliches oder gesetzliches Schuldverhältnis?

Zunächst fragt sich, ob Rechtsgrundlage für die vorvertraglichen Pflichten ein selbständiger, im Vorfeld des eigentlichen Unternehmensberatungsvertrages geschlossener weiterer Beratungsvertrag[3] oder das gesetzliche Schuldverhältnis aus Vertragsverhandlungen (culpa in contrahendo) ist.[4,5] Entscheidend ist, ob die Parteien nach den Gesamtumständen und dem objektiven Inhalt ihrer Erklärungen die Aufklärungspflichten zum Gegenstand vertraglicher Leistungspflichten machen wollten. Das wird regelmäßig zu verneinen sein, weil die potentiellen Vertragspartner gerade einen anderen, nämlich den Unternehmensberatungsvertrag anbahnen und dazu ihren Informationsstand erweitern wollen, um eine sichere Entscheidungsgrundlage über das Ob und Wie des intendierten Unternehmensberatungsvertrages zu bekommen.[6] Auf der anderen Seite ist damit aber ein eigener Vertrag nicht generell ausgeschlossen. Dies ist dann vorstellbar, wenn der Unternehmensberater als Grundlage für eine Zusammenarbeit zunächst bestimmte Informationen einholen soll (z. B. Durchführung einer Umfrage) und der Klient ein besonderes Interesse an diesen Informationen hat. In einem solchen Fall wird aber stets zu prüfen sein, ob es sich dabei nicht um Informationen bzw. Kenntnisse des Unternehmensberaters handelt, die üblicherweise von jedem Unternehmensberater zu erwarten sind. An einen

3 Eine Nebenpflicht des ins Auge gefaßten Unternehmensberatungsvertrages kann jedenfalls nicht angenommen werden, da die Pflichtverletzung bereits vor Abschluß erfolgt und bei pflichtgemäßem Verhalten der Vertrag gerade nicht oder nicht mit diesem Inhalt geschlossen worden wäre.

4 Von dieser Frage hängt ab, ob die vorvertraglichen Aufklärungspflichten selbständig einklagbar sind und ob als Schadensersatz das positive (pVV des Beratungsvertrages) oder nur das negative Interesse (culpa in contrahendo) durchgesetzt werden kann.

5 Mangels Bindungswillens kommt auch regelmäßig kein Vorvertrag in Betracht. Vgl. *Ritzinger,* NJW 90, 1201 (1201 a. E.).

6 Davon zu unterscheiden sind die Auskunftsverträge: Verlangt etwa der Käufer von einem Fachberater Auskunft über Eigenschaften des Kaufgegenstandes, geht es im Grunde um eine Auskunft auf Anfrage, die einen Vertrag begründet, aber nicht – wie hier – um spontan zu erfüllende Aufklärungspflichten. Vgl. LG Tübingen U 15. 8. 89 (2 O 142/87), NJW-RR 89, 1504 (1504), Fachberater für Baustoffe sowie *Breidenbach,* S. 2. Anders ist die Situation auch in den Fällen des sog. Einmalkontakts. Dort will der Auskunftsempfänger eine Auskunft, z. B. Kreditwürdigkeit eines Dritten, ohne aber mit dem Auskunftgeber einen darauf aufbauenden Vertrag zu beachsichtigen.

eigenen Vertrag kann aber auch dann zu denken sein, wenn der Unternehmensberater (etwa aus Zeitgründen) bereits vor dem eigentlichen Vertragsschluß mit Voruntersuchungen oder Pilotstudien beginnt. Abzugrenzen ist dann danach, ob die Beratung ein vorgezogener Teil der eigentlichen Beratung ist oder ob sie nur das Ziel verfolgt, dem Klienten eine Entscheidungsgrundlage für den Vertragsschluß zu liefern.

II. Der Entstehungszeitpunkt

Ein vorvertragliches Schuldverhältnis entsteht, wenn Unternehmensberater und Klient Verhandlungen oder Kontakt aufnehmen, um einen Beratungsvertrag abzuschließen oder vorzubereiten.[7]

Geht die Initiative vom potentiellen Klienten aus, wird er in jedem Fall vor der Kontaktaufnahme zumindest grobe Vorstellungen vom Ziel der Beratung und den in Betracht kommenden Beratern haben,[8] so daß mit Herstellung des geschäftlichen Kontakts (Anruf, Betreten der Geschäftsräume, Anschreiben etc.) auch das vorvertragliche Schuldverhältnis entsteht.

Geht umgekehrt die Initiative vom potentiellen Unternehmensberater aus, indem er sich etwa durch Zeitungsanzeigen oder durch Übersendung von Werbematerial ganz allgemein an potentielle Klienten („an alle, die es angeht") wendet, so entsteht damit noch kein vorvertragliches Schuldverhältnis. Mit der Werbung soll nämlich nur ein erster Anstoß für eine Beratung gegeben werden, der aber noch keine unmittelbare Grundlage für die zu führenden Vertragsverhandlungen bildet.[9] Das vorvertragliche Schuldverhältnis entsteht erst, wenn daraufhin der potentielle Klient auf den Unternehmensberater zugeht.[10] Nimmt der Unternehmensberater dagegen in einem speziellen Anschreiben oder durch Telefonanruf[11] mit einem Klien-

7 Einhellige Ansicht; statt aller: *Palandt/Heinrichs*, § 276 Anm. 6 A (Rn. 65).

8 Zu den internen Entscheidungsprozessen ausführlich *Schlüter*, S. 117 ff.

9 Soweit das Schalten von Anzeigen oder die Übersendung von Werbematerialien als Kontaktaufnahme angesehen wird, handelt es sich um diejenigen Bereiche des Massengeschäfts, in denen ein „Vorverkauf durch Werbung" stattfindet, d. h. in denen eigentlich kaufentscheidende Informationen und Argumente dem Nachfrager durch Sprungwerbung übermittelt und dem Handel nur noch bloße Verteilungsaufgaben überantwortet werden. Vgl. dazu ausführlich *Lehmann*, NJW 81, 1233 (1239 f.) m. w. N.

10 Ausführlich dazu *Erman*, AcP 139 (1934), 273 (319 ff.).

11 Zu beachten ist aber, daß Telefonanrufe zu Werbezwecken nur zulässig sind, wenn der potentielle Klient entweder den Anruf gewünscht hat oder der Unternehmensberater davon ausgehen konnte, daß der Klient mit einem Werbeanruf

ten Kontakt auf, so wird er dies nur tun, wenn er einen Vertrag ins Auge gefaßt hat.[12] Mit der Herstellung des Kontakts entsteht dann das vorvertragliche Schuldverhältnis. In allen anderen Fällen ist die ernsthafte Aufnahme von Vertragsverhandlungen entscheidend.

III. Die Pflichten des Unternehmensberaters

1. Aufklärungspflichten

Der Unternehmensberater muß nach Treu und Glauben (§ 242 BGB) den Klienten über die für das Zustandekommen und die Abwicklung des Beratungsprojekts wesentlichen Umstände unterrichten und ihn über bestehende Gefahren aufklären. Diese Aufklärungspflicht besteht jedoch nur insoweit, als der Klient nach Treu und Glauben auch darauf vertrauen durfte, unterrichtet zu werden. Die Annahme von Aufklärungspflichten setzt also Aufklärungsbedürftigkeit auf der einen und Zumutbarkeit der Aufklärung auf der anderen Seite voraus.[13] Sie erfordert im Einzelfall eine Interessenabwägung.

a) Aufklärung über die Vertragsdurchführung

Klärt der Unternehmensberater bei den Vertragsverhandlungen den potentiellen Klienten über die Projektdurchführung auf, so muß er dies wahrheitsgemäß und sorgfältig, insbesondere richtig und vollständig tun,[14] un-

einverstanden ist (Vgl. *Baumbach/Hefermehl,* § 1 Rn. 56). Das wird allerdings regelmäßig zu verneinen sein, weil der unerbetene Werbeanruf des Unternehmensberaters nicht die eigentliche geschäftliche Tätigkeit, den Gegenstand des Klientenunternehmens betrifft (OLG Hamburg U 3. 7. 86 (3 U 55/86), GRUR 87, 60 = WRP 87, 41) und der Klient daher erwartet, Angebote schriftlich zu erhalten (OLG Hamburg U 10. 4. 75 (3 U 187/74), GRUR 77, 225 (225), um sie anhand der Unterlagen sorgfältig prüfen zu können. Ausführlich dazu *Wüst,* JZ 89, 67 (70).

12 Vgl. *Lehmann,* NJW 81, 1233 (1235), der auf den Willen, sich rechtlich binden zu wollen, abstellt.

13 BGH U 12. 11. 69 (I ZR 93/67), NJW 70, 653 (655); BGH U 5. 3. 76 (V ZR 106/74), LM § 242 (Be) Nr. 36; *Soergel/Wiedemann,* vor § 275 Rn. 316; *Palandt/Heinrichs,* § 242 Anm. 3 B d (Rn. 37); *Teichmann,* JA 84, 709 (711).

14 BGH U 22. 2. 73 (VII ZR 119/71), BGHZ 60, 221 (223 f.); BGH U 27. 2. 74 (V ZR 85/72), NJW 74, 849 (851); OLG Düsseldorf U 12. 6. 84 (21 U 20/84), VersR 85, 370; OLG Düsseldorf U 27. 1. 76 (24 U 35/75), NJW 77, 1064 (1065); BGH U

abhängig davon, ob er dazu verpflichtet ist oder nicht.[15] Richtig ist die Aufklärung, wenn sie nur auf der Grundlage bereits bekannter oder ermittelter, entscheidungsrelevanter Daten und Fakten über das Klientenunternehmen, also nicht „ins Blaue hinein" erfolgt.[16] Dabei ist von zentraler Bedeutung, daß der Klient deutlich und unmißverständlich aufgeklärt wird. Klärt der Unternehmensberater etwa über den erwarteten Beratungserfolg auf und ist dieser von vornherein höchst zweifelhaft – man denke nur an Sanierungsberatungen –, so ist eine eindringliche Belehrung erforderlich. Der bloße Hinweis auf ein Risiko und den offenen Ausgang der Beratung reicht dabei nicht.[17] Vollständig ist die Aufklärung, wenn sie alle Umstände und Gefahren beinhaltet[18] die für die Entscheidung über den Vertragsschluß wesentliche Bedeutung haben oder haben können.[19] Auf fernliegende Eventualitäten und Risiken braucht der Unternehmensberater den Klienten indessen nicht hinzuweisen, insbesondere wenn dadurch die Aufklärung unnötig umfangreich und kompliziert wird und keineswegs Gewähr für eine bessere Entscheidungsgrundlage bietet.[20] Soweit beim Klienten in diesen Fällen noch Unklarheiten bestehen, kann der Unternehmensberater nämlich erwarten, daß dieser von sich aus um nähere Hinweise bittet.[21]

---

23. 5. 77 (II ZR 46/76), NJW 77, 1536 (1537); BGH U 20. 11. 87 (V ZR 66/86), NJW-RR 88, 458 = WM 88, 95 = WuB I G 7 – 16.88 *v. Heymann.*

15 OLG Düsseldorf U 12. 6. 84 (21 U 20/84), VersR 85, 370.

16 OLG München U 10. 1. 89 (18 U 4940/87), NJW-RR 90, 438 (439), Umschuldung. In diesen Fällen sind zwei Fragen zu unterscheiden: zum einen, ob die Aufklärung des Unternehmensberaters der Wahrheit entspricht oder nicht. Zum anderen, ob der Unternehmensberater erklärt hat, er habe die wirtschaftlichen Verhältnisse genau untersucht (vgl. BGH U 24. 3. 77 (III ZR 198/74), NJW 78, 41 (42)).

17 Vgl. BGH U 16. 3. 89 (IX ZR 171/88), NJW 89, 1605 (1606), zur Verniedlichung wirtschaftlicher Gefahren einer Bürgschaft, OLG Celle U 7. 1. 87 (3 U 31/86), AnwBl 87, 491 (491), betreffend den Umfang der Aufklärung durch Anwälte. Vgl. auch BGH U 11. 1. 88 (II ZR 134/87), NJW-RR 88, 544 (544).

18 BGH U 6. 4. 81 (II ZR 84/80), NJW 81, 1440 (1441); LG Flensburg U 11. 12. 86 (1 S 69/86), AnwBl 87, 193, Rechtsanwalt, m. krit. Anm. *Bönker,* AnwBl 87, 492. A. A.: BAG U 18. 12. 84 (1 AZR 176/82), Betr 85, 1293 (1294) und BGH U 30. 10. 87 (V ZR 144/86), Betr 88, 176 (176): Der Steuerberater habe in allen Angelegenheiten zu beraten.

19 *V. Heymann,* NJW 90, 1137 (1140).

20 OLG Stuttgart U 26. 1. 78 (6 U 163/77), DStR 78, 376 m. zust. Anm. *Späth,* DStR 78, 376; ebenso OLG Frankfurt U 27. 1. 88 (21 U 201/86), Betr 88, 437, Steuerberater.

21 OLG Stuttgart U 26. 1. 78 (6 U 163/77), DStR 78, 376 m. zust. Anm. *Späth,* DStR 78, 376.

Richtet der Klient Fragen an den Unternehmensberater, so muß dieser ohne „Verschleierung" mit „ja", „nein", „weiß ich auch nicht" antworten.[22] Soweit aus den Fragen des Klienten mangelndes Problembewußtsein erkennbar wird, muß der Unternehmensberater von sich aus über die Beantwortung der Frage hinaus alle für das Verständnis erforderlichen Umstände darlegen,[23] Widersprüche aufdecken und gegebenenfalls richtigstellen.[24]

Davon zu unterscheiden ist die Frage, inwieweit der Unternehmensberater von sich aus zur Aufklärung verpflichtet ist. Zur Bewältigung des Interessenwiderstreits zwischen der Belastung des Klienten mit dem Geschäftsrisiko einerseits[25] und seiner Aufklärungsbedürftigkeit andererseits[26] wird man den Grundsatz aufstellen können, daß eine Aufklärungspflicht umso eher besteht, je wichtiger und entscheidender die Information für den konkreten Vertragszweck ist (Informationsbedarf) und je eher der Unternehmensberater in der Lage ist, die Informationen zu liefern (Informationsmöglichkeit).[27] Das bedeutet im einzelnen:

Zunächst ist der Unternehmensberater verpflichtet, den Klienten darüber aufzuklären, daß das Beratungsziel nur in einem eingehenden Dialog zwischen beiden Vertragsparteien konkretisiert werden kann und er muß dann von sich aus auch die Konkretisierung anbieten,[28] also die Initiative übernehmen. Er kennt nämlich die Kommunikationsprobleme und verfügt über das bessere Fachwissen. Ausgangspunkt hat die Aufforderung an den Klienten zu sein, seine Vorstellungen über das Beratungsergebnis zu formulieren. Wie weit der Unternehmensberater dann im Einzelfall aufklären muß, hängt freilich von den Umständen ab.[29] Eine Aufklärungspflicht besteht nicht, soweit Unternehmensberater und Klient über denselben Wis-

---

22 So die plastische Formulierung bei *Wüst,* JZ 89, 67 (69).

23 *Wüst,* JZ 89, 67 (69).

24 BGH U 2. 2. 83 (IVa ZR 118/81), NJW 83, 1730 = WM 83, 263 = Betr 83, 984 = ZIP 83, 433 = VersR 83, 445, Anlageberatung.

25 Vgl. BGH U 12. 11. 69 (I ZR 93/67), NJW 70, 653 (655).

26 BGH U 13. 7. 88 (VIII ZR 224/87), NJW 89, 763; BGH U 8. 12. 89 (V ZR 259/87), WM 90, 479 (481); MünchKomm/*Emmerich,* vor § 275 Rn. 43; *Soergel/Wiedemann,* vor § 275 Rn. 36; *Larenz,* SchR I, § 9 I 2 (S. 110).

27 So die zutreffende Zusammenfassung bei *Breidenbach,* CR 89, 600 (601); *Grunewald,* JZ 82, 627 (627).

28 OLG Stuttgart U 18. 10. 88 (6 U 64/88), NJW-RR 89, 1328 (1328) = CR 89, 598 (Kauf einer EDV-Anlage einschließlich Software) m. Anm. *Breidenbach,* CR 89, 600.

29 *Lehmann,* NJW 81, 1233 (1239).

sensstand und dieselben Erkenntnismöglichkeiten verfügen.[30] Das gilt insbesondere für die allgemeinen wirtschaftlichen Risiken und Umstände[31] sowie für die betriebsinternen Vorgänge oder Zusammenhänge, über die die Unternehmensleitung kraft ihrer Stellung innerhalb des Klientenunternehmens ein besseres Wissen haben muß.[32] Hat sich die Unternehmensleitung dieses Wissen pflichtwidrig nicht verschafft, so kann sie sich jedenfalls redlicherweise nicht darauf berufen, falsch aufgeklärt zu sein.[33] Aufzuklären hat der Unternehmensberater dagegen, soweit er über einen konkreten Wissensvorsprung verfügt, etwa wenn Umstände aus dem Rahmen fallen,[34] wenn er (aufgrund seiner Tätigkeit) dem Klienten nicht allgemein zugängliche Informationen erlangt hat[35] oder wenn er aufgrund allgemein wirtschaftlicher Entwicklungen spezifische Gefahren für die Vertragsdurchführung erkennt.[36] Im übrigen wird entscheidend sein, inwieweit der Unternehmensberater für sich Vertrauen in Anspruch nimmt. Ansatzpunkte dabei können Erklärungen, Werbeaussagen, Marktusancen, das Vorweisen besonderer Einrichtungen u. ä. sein, soweit sie Rückschlüsse auf eine besondere Qualifikation zulassen.[37] Besondere Sachkunde kann auch durch Auftreten als Diplom Kaufmann und „beratender Betriebswirt" in Anspruch genommen werden.[38] Damit korrespondiert, inwieweit der Klient seinerseits dem Unternehmensberater persönliches Vertrauen entgegenbringt. Das wird grundsätzlich schon deswegen weitreichend sein, weil er den Unternehmensberater als unabhängigen und individuellen Berater hinzuzieht.[39] Darüberhinaus wird sein Vertrauen in den Unternehmensberater um so größer sein, je geringer seine eigenen wirtschaftlichen und

30 Vgl. BGH U 12. 5. 86 (II ZR 81/85), NJW-RR 86, 1478 (1479).

31 *Vortmann*, WM 89, 1557 (1558).

32 BGH U 12. 5. 86 (II ZR 81/85), NJW-RR 86, 1478 (1479).

33 So BGH U 12. 5. 86 (II ZR 81/85), NJW-RR 86, 1478 (1479). Regelmäßig wird in diesen Fällen schon der Informationsbedarf des Klienten für den Unternehmensberater nicht erkennbar sein.

34 BGH U 18. 4. 88 (II ZR 251/87), NJW-RR 88, 1071 (1072); vgl. auch *v. Heymann*, NJW 90, 1137 (1140).

35 *Vortmann*, WM 89, 1557 (1558).

36 Vgl. BGH U 18. 4. 88 (II ZR 251/87), NJW-RR 88, 1071 (1072), Auskunft eines Bankbeamten. Der BGH nimmt darüberhinaus sogar eine Nachforschungspflicht an, soweit diese zumutbar ist.

37 Korrespondierend wird der Klient im Vertrauen darauf auf eigene Maßnahmen (beispielsweise auf Informationsbeschaffung) verzichten. Vgl. dazu *Breidenbach*, CR 89, 600 (601).

38 OLG Köln U 10. 6. 87 (16 U 192/86), NJW-RR 88, 1113 (1113).

39 BGH U 27. 9. 88 (XI ZR 4/88), NJW-RR 89, 150.

geschäftlichen Kenntnisse sind.[40] Selbst bei im Handelsregister eingetragenen Kaufleuten oder mittelständischen Unternehmern wird man dabei keine allzu hohen Kenntnisse voraussetzen können, weil sie sich mit dem Beratungsgegenstand beruflich nicht befassen.[41] Indessen können natürlich – auch bei selbständigen Handwerkern – Grundkenntnisse in kaufmännischen Fragen und Sachverhaltsabläufen erwartet werden.[42] Daß der Klient schon vor Aufnahme der Geschäftsbeziehung Erfahrungen im Umgang mit anderen Unternehmensberatern sammeln konnte, wird regelmäßig keine Rolle spielen.[43] Je nachdem, wie weit im Einzelfall das schutzwürdige Vertrauen des Klienten reicht, können Nachforschungen anzustellen sein.[44] Die erforderlichen Daten und Fakten hat sich der Unternehmensberater dann zu beschaffen.[45]

Gegen Ende der vorvertraglichen Phase wird er dem Klienten den ins Auge gefaßten Lösungsweg zu skizzieren und – soweit er einen weniger sicheren Weg wählt – über bestehende Gefahren zu belehren haben.[46]

b) Aufklärung über fehlende Sachkunde

Aufklärung ist auch geboten, wenn der Unternehmensberater durch sein Verhalten einen speziellen Gefährdungstatbestand schafft. Das ist denkbar, wenn er zwar als „Fachmann" auftritt, aber nicht die zur Durchführung des Beratungsauftrages notwendigen Fachkenntnisse besitzt.[47]

Ein praktisch häufiger Fall wird auch sein, daß der Unternehmensberater mit aufwendiger Gestaltung seiner Werbung,[48] Hinweis im Briefkopf auf die angesehene Hausbank (obwohl dort nur ein Kontokorrentkonto unterhalten wird), klangvollem Firmennamen, der auf Sicherheit, Rendite und Beständigkeit schließen läßt, u. ä. seine besondere Sachkunde unterstrei-

---

40 OLG München U 10. 1. 89 (18 U 4940/87), NJW-RR 90, 438 (439).

41 Zu diesem Gesichtspunkt: BGH U 6. 4. 81 (II ZR 84/80), NJW 81, 1440 (1441).

42 *Späth,* DStR 78, 376 (376).

43 BGH U 6. 4. 81 (II ZR 84/80), NJW 81, 1440 (1441).

44 BGH U 27. 9. 88 (XI ZR 4/88), NJW-RR 89, 150 = WM 88, 1685 = BB 88, 2270 = Betr 88, 2629 = ZIP 88, 1464 = WuB I G 7. – 1. 89 *v. Heymann.*

45 *V. Heymann,* NJW 90, 1137 (1139).

46 BGH U 31. 10. 85 (IX ZR 175/84), VersR 86, 297 m. w. N., Rechtsanwalt.

47 BGH U 8. 12. 89 (V ZR 259/87), NJW 90, 1661 (1662) = JZ 90, 340 m. krit. Anm. *Medicus,* JZ 90, 342; vgl. auch BGH U 16. 1. 85 (VIII ZR 317/83), NJW 85, 1769 (1771) = LM § 454 BGB Nr. 76.

48 Großes Format, teures Hochglanzpapier, aufwendiges Druckverfahren, besonders gefällige Schrifttypen, Mehrfarbigkeit, viele Bilder u. ä.

chen will.[49] In diesen Fällen ist folgendes zu bedenken: Die Intention von Prospekten liegt weniger in einer umfassenden Information als primär in der Werbung. Daher ist zwischen haftungsrechtlich unverbindlicher Reklame und rechtsrelevanter Information genau zu unterscheiden. Maßgebend ist die Gestaltung der Werbemaßnahme (Prospekt etc.). Ihr Erklärungswert ist nach Treu und Glauben und der Verkehrsauffassung aus der Sicht eines objektiven Klienten zu ermitteln.[50] Nur wenn sich unter Berücksichtigung eines gewissen haftungsmäßigen Freiraums der Werbung ein rechtsrelevantes Verschweigen ungünstiger Umstände ergibt, hat der Unternehmensberater darüber aufzuklären.[51]

c) Aufklärung über die Honorargestaltung

Auch ohne besondere Aufforderung kann sich im Einzelfall aus Treu und Glauben (§ 242 BGB) eine Pflicht zur Aufklärung über die Höhe der voraussichtlich anfallenden Beratungskosten ergeben.[52] Zu denken ist an den Fall, daß ein als Rechtsanwalt, Steuerberater oder Wirtschaftsprüfer zugelassener Unternehmensberater in seiner Eigenschaft als Unternehmensberater angegangen wird und über das Honorar für die Unternehmensberatung hinaus ein Anwalts-, Steuerberater- oder Wirtschaftsprüferhonorar nach den einschlägigen Gebührenordnungen erwartet, soweit er eine entsprechende Tätigkeit ausüben wird.[53] Dann muß er den Klienten, dem die Unterschiede zwischen der rechts-, steuer- bzw. wirtschaftsprüfenden Tätigkeit einerseits und der unternehmensberatenden andererseits nicht geläufig sein werden,[54] über die im einzelnen anfallenden Honoraransprüche aufklären.[55]

Auf der anderen Seite ist der Unternehmensberater aber nicht verpflichtet, bei einem Beratungsproblem mit erheblich rechtlichen oder steuerrechtlichen Bezügen den Rat suchenden Klienten unter Hinweis auf die Entstehung doppelter Kosten von vornherein an einen Rechtsanwalt oder Steuerberater zu verweisen. Denn der Klient, der einen Unternehmensberater

---

49 *Wüst,* JZ 89, 67 (70); *Nirk,* FS Hefermehl, S. 189 (192).

50 *Wüst,* JZ 89, 67 (70).

51 Zur Frage der Haftung aus Selbstbindung, stillschweigender Zusicherung und pVV bei Werbeangaben ausführlich *Herrmann,* AcP 183 (1983), 248 ff.

52 LG Flensburg U 11. 12. 86 (1 S 69/86), AnwBl 87, 193, Rechtsanwalt, m. krit. Anm. *Bönker,* AnwBl 87, 492.

53 Vgl. OLG Hamm U 16. 2. 84 (28 U 252/83), DNotZ 85, 182 (182), Anwaltsnotar.

54 Zur diffizilen Abgrenzung vgl. unten unter § 4 A II 6.

55 OLG Hamm U 16. 2. 84 (28 U 252/83) DNotZ 85, 182 (185).

aufsucht, gibt damit zu erkennen, daß er primär über die wirtschaftlichen Aspekte eines aufgetretenen Problems beraten werden möchte.[56]

2. Beratungspflichten?

Eine andere Frage ist, ob der Unternehmensberater schon im Rahmen eines vorvertraglichen Schuldverhältnisses über eine Aufklärung hinaus auch zur Beratung des Klienten verpflichtet ist.

Wenngleich eine allgemeine Beratungspflicht im vorvertraglichen Schuldverhältnis nicht besteht,[57] könnte sie sich im vorliegenden Zusammenhang aus der bereits engen Zusammenarbeit der potentiellen Vertragsparteien ergeben. Dabei darf man aber nicht übersehen, daß sich Unternehmensberater und Klient noch im vorvertraglichen Stadium befinden und gerade noch keinen Beratungsvertrag schließen wollten. Sie hätten es nämlich selbst in der Hand, die vorvertragliche Phase durch Vertragsschluß zu beenden. Tun sie dies nicht, so kann der Klient auch nicht auf eine (allgemeine) Beratung vertrauen, die erst aufgrund des ins Auge gefaßten Beratungsvertrages geschuldet wird.

Nichts anderes kann im Ergebnis hinsichtlich der Verpflichtung des Unternehmensberaters gelten, dem Klienten zum Abschluß eines Beratungsvertrages zuzuraten oder von ihm abzuraten. Denn die Vertragsparteien haben über einen Vertragsschluß selbstverantwortlich zu entscheiden. Die vorvertraglichen Pflichten sollen nur die Selbstbestimmung schützen, ohne aber vor den Risiken eines Vertragsschlusses zu bewahren.[58] Der Unternehmensberater als beigezogener Fachmann bleibt Entscheidungsgehilfe. Er schuldet nur eine die Entscheidungsbasis erweiternde Information, aber keine die Vertragsentscheidung determinierende Beratung.[59] Die Not der Entscheidung und das damit verbundene wirtschaftliche Risiko kann er

---

56 OLG Düsseldorf U 7. 6. 84 (8 U 150/83), MDR 84, 844 (844), Verhältnis Rechtsanwalt/Notar.

57 BGH U 16. 4. 64 (VII ZR 221/62), WM 64, 609, Bank; ebenso *Canaris*, Bankvertragsrecht, Rn. 109.

58 *Breidenbach*, S. 12; *v. Heymann*, NJW 90, 1137 (1139).

59 *Breidenbach*, S. 12. Soweit die Rechtsprechung bei Anlageempfehlungen im Einzelfall auch eine Beratung annimmt, ist für diese Fälle charakteristisch, daß der Anleger über keinerlei wirtschaftlichen Kenntnisse verfügt. Das kann aber bei selbständigen Unternehmern keinesfalls angenommen werden. Zur Anlageberatung vgl. etwa BGH U 7. 10. 87 (IVa ZR 67/86), NJW 88, 556 = WM 87, 1557 = Betr 87, 2560 = ZIP 88, 108; BGH U 27. 9. 88 (XI ZR 4/88), NJW-RR 89, 150 = WM 88, 1685 = BB 88, 2270 = Betr 88, 2629 = ZIP 88, 1464.

dem Klienten nicht abnehmen.[60] Im übrigen steht einer Beratungspflicht das legitime Eigeninteresse des Unternehmensberaters an der Vertragsgestaltung entgegen.[61]

3. Sonstige Pflichten

Neben den Aufklärungspflichten trifft den Unternehmensberater auch die Pflicht, Sachen des Klienten, die in seinen Gewahrsam gelangt oder seiner Einwirkung unmittelbar ausgesetzt sind, vor Schaden zu bewahren (sog. Schutzpflichten),[62] und zwar so lange noch in der Schwebe ist, ob es zum Abschluß eines Beratungsvertrages kommen wird.[63] Spezifische Probleme treten hier nicht auf.

Auch wenn der Unternehmensberater schon seit längerem und ernsthaft mit dem Klienten Vertragsverhandlungen geführt hat, kann er jederzeit vom Vertragsschluß Abstand nehmen.[64] Erst wenn er das Vertrauen erweckt, der Beratungsvertrag werde mit Sicherheit abgeschlossen, kann er ohne triftigen Grund die Vertragsverhandlungen nicht mehr beenden. Ein solches Vertrauen erweckt er etwa, wenn er ein Vertragsangebot abgibt, das durch bloße Annahme des Klienten zum Vertragsschluß führen könnte,[65] oder wenn er versichert, die Einschaltung eines anderen Unternehmensberaters sei nicht notwendig.[66] Als triftiger Grund kann ausreichen, daß sich dem Unternehmensberater die Möglichkeit bietet, einen Vertrag zu günstigeren Bedingungen mit einem anderen Klienten zu schließen.[67]

60 *Wüst*, JZ 89, 67 (69).

61 *Vortmann*, WM 89, 1557 (1557).

62 OLG Karlsruhe U 5. 6. 85 (13 U 199/83), VersR 86, 708 (708); BGH U 2. 12. 76 (VII ZR 302/75), VersR 77, 370 = NJW 77, 376; BGH U 23. 9. 82 (VII ZR 82/82), VersR 82, 1196 = NJW 83, 113; BGH U 5. 12. 63 (VII ZR 91/62), VersR 64, 238; BGH U 19. 9. 66 (VII ZR 186/64), VersR 66, 1154 (1155); BGH U 2. 6. 69 (VII ZR 76/67), VersR 69, 827.

63 BGH U 2. 12. 76 (VII ZR 302/75), NJW 77, 376 (377).

64 St. Rspr.; zuletzt: BGH U 22. 2. 89 (VIII ZR 4/88), NJW-RR 89, 627 = WM 89, 685 (686).

65 BGH U 22. 2. 89 (VIII ZR 4/88), NJW-RR 89, 627.

66 BGH U 17. 10. 83 (II ZR 146/82), NJW 84, 866 (867).

67 *Palandt/Heinrichs*, § 276 Anm. 6 B a (Rn. 72).

IV. Die Pflichten des Klienten

Korrespondierend mit den Aufklärungspflichten des Unternehmensberaters hat auch der Klient seinerseits die volle Information, insbesondere Daten und Fakten über sein eigenes Unternehmen, „auf den Tisch" zu legen.[68] Nur so kann der Unternehmensberater sinnvoll seinen Aufklärungspflichten nachkommen.[69]

Stellt der Klient seinerseits schon zu Beginn der Zusammenarbeit eine Lösungskonzeption zur Diskussion, muß er auch bei mangelnder eigener Sachkunde den Unternehmensberater nicht gesondert dazu veranlassen, sich selbst von der Tragfähigkeit des Vorschlags zu überzeugen.[70] Denn bei Projektberatungsverträgen[71] trägt nach der Konzeption des Werkvertragsrechts der Unternehmensberater das Risiko der Realisierbarkeit der Beratung.[72]

Ebensowenig muß der Klient über geschäftstypische Risiken, insbesondere über eine eigene wirtschaftliche Bedrängnis, aufklären. Etwas anderes ist es bei Projektberatungsverträgen, wenn die Verschuldung seines Unternehmens bereits zur Konkursreife geführt hat, weil der Unternehmensberater (werkvertragsbedingt) vorleistungspflichtig ist.[73] Entscheidende praktische Bedeutung wird dieser Fall nicht haben. Der Unternehmensberater wird nämlich meist selbst Einblick in die wirtschaftlichen Verhältnisse erhalten.

Hinsichtlich der Schutzpflichten sowie der Pflicht, Vertragsverhandlungen nicht grundlos abzubrechen, gilt für den Klienten dasselbe wie für den Unternehmensberater. Daß sich dadurch u. U. erhebliche Aufwendungen des Unternehmensberaters als nutzlos erweisen, fällt in dessen Risikosphäre.[74]

---

68 Vgl. *Bönker,* AnwBl 87, 492 (492), Mandant eines Rechtsanwalts.

69 OLG Stuttgart U 18. 10. 88 (6 U 64/88), NJW-RR 89, 1328 (1329) = CR 89, 598, EDV-Erstanwender, m. Anm. *Breidenbach,* CR 89, 600.

70 *Graf von Westphalen,* BB 75, 1316 (1317); a. A. OLG Karlsruhe U 21. 3. 75 (8 U 68/73), BB 75, 1316, technische Großanlage.

71 Bei Dauerberatungsverträgen wird diese Konstellation kaum vorkommen.

72 *Graf von Westphalen,* BB 75, 1316 (1317), zugleich Anmerkung zu OLG Karlsruhe U 21. 3. 75 (8 U 68/73).

73 Vgl. BGH U 23. 2. 83 (VIII ZR 325/81), NJW 83, 1607 (1609); OLG Karlsruhe U 26. 11. 87 (9 U 251/85), NJW-RR 88, 999 (999), allerdings für den Fall einer Lieferung auf Kredit.

74 Vgl. BGH U 22. 2. 89 (VIII ZR 4/88), NJW-RR 89, 627.

V. Die Haftung bei Verletzung vorvertraglicher Pflichten

Hat eine der Vertragsparteien seine vorvertraglichen Pflichten verletzt, so stellt sich die Frage, ob die andere Seite sie deswegen aus culpa in contrahendo (cic) in Anspruch nehmen kann.

1. Konkurrenzen

Hat der Unternehmensberater seine Aufklärungspflichten verletzt, ist zunächst zu fragen, ob dem Klienten nicht schon Gewährleistungsansprüche zustehen. Ist ein Projektberatungsvertrag (= Werkvertrag) vereinbart, so ist es auf der Grundlage des weiten Fehler- bzw. Eigenschaftsbegriffs in § 633 I BGB möglich, den subjektiven Verwendungszweck des Klienten bei der Mängelgewährleistung zu berücksichtigen.[75] Im Einzelfall kann eine unrichtige Zusicherung oder das arglistige Verschweigen eines Fehlers bzw. das Vorspiegeln einer nicht vorhandenen Eigenschaft vorliegen.[76] Die Haftung aus § 635 BGB reicht weiter als die Haftung aus culpa in contrahendo, weil sie auf den Ersatz des positiven Interesses und nicht bloß des Vertrauensschadens geht.[77]

Die Rechtsprechung[78] und ein Teil der Lehre[79] nehmen darüberhinaus an, daß die Gewährleistungsvorschriften eine abschließende Sonderregelung beinhalten, wenn der Unternehmensberater fahrlässig falsche Angaben über die Beschaffenheit oder die Eigenschaften der Beratungsleistung gemacht oder eine Offenbarungspflicht im Hinblick auf diese Umstände mißachtet hat. Eine Haftung aus culpa in contrahendo ist daher ausgeschlossen, wenn den Unternehmensberater lediglich der Vorwurf trifft, er hätte die Unrichtigkeit seiner Angaben kennen müssen.[80]

Ist dagegen ein Dauerberatungsvertrag (= Dienstvertrag) anzunehmen, so treten die Rechtsfolgen der positiven Vertragsverletzung ein, wenn beim Vertragsschluß unzutreffende Erklärungen zu Beratungsfehlern geführt haben. Diese reichen insofern weiter, als sie auf Ersatz des positiven Interesses gehen.

---

75 BGH U 30. 3. 90 (V ZR 13/89), NJW 90, 1658 (1659), Umsatz einer Gaststätte; Karassis, S. 81.

76 Dazu ausführlich unten unter § 5 A I 1 a und § 4 B II.

77 *Köhler*, Software Herstellung, Rn. 41.

78 Zuletzt BGH U 30. 3. 90 (V ZR 13/89), NJW 90, 1658 (1659).

79 *Palandt/Putzo*, vor § 459 Anm. 2 c (Rn. 7); *Staudinger/Honsell*, Vorbem. zu § 459 Rn. 33, 39; *Müller*, JZ 88, 381 (387); *Tiedtke*, JZ 90, 75 (82 f.); a. A. *Knöpfle*, NJW 90, 2497 (2500 ff.).

80 *Köhler*, Software Herstellung, Rn. 41 a. E.

In allen anderen Fällen steht einer Haftung aus culpa in contrahendo nichts im Wege, soweit nur ihre Voraussetzungen im Einzelfall zu bejahen sind.

2. Voraussetzungen

a) Pflichtverletzung

Voraussetzung für eine Haftung aus culpa in contrahendo ist zunächst, daß eine der aufgeführten Aufklärungspflichten verletzt wurde. Das zentrale Problem in der Praxis besteht darin, die Grenzen der Aufklärungspflicht des Unternehmensberaters zu bestimmen und (was noch schwieriger sein dürfte) die Pflichtverletzung zu beweisen.[81] Der Klient wird einen Prozeß nur bei faßbarer Fehlinformation, also unzutreffenden Daten, offensichtlichen Informationslücken und gravierenden Plausibilitätsfehlern gewinnen können.

Behauptet der Unternehmensberater, den Klienten über die Aussichtslosigkeit des Beratungsausgangs aufgeklärt zu haben, so dürfte der trotzdem erfolgte Vertragsschluß ein gewichtiges Indiz dafür sein, daß die Aufklärung nicht in der gebührenden Weise erfolgt ist.[82]

b) Kausalität und Verschulden

Die Pflichtverletzung muß weiterhin für den Schaden kausal sein. Das ist der Fall, wenn sich die betroffene Vertragspartei entweder von der Aufklärung bei ihrer Entscheidung über den Vertragsschluß hat leiten lassen oder sich insoweit zwar keine näheren Gedanken gemacht hat, bei Kenntnis der Umstände jedoch von Abschluß eines Beratungsvertrages Abstand genommen hätte.[83] An der Kausalität fehlt es indessen, wenn die Pflichtverletzung erst nach Vertragsschluß erfolgt oder wenn der Beratungsvertrag auch ohne die Pflichtverletzung mit gleichem Inhalt und zum gleichen Zeitpunkt geschlossen worden wäre.[84]

81 *Wüst,* JZ 89, 67 (69).

82 Vgl. LG Tübingen U 15. 8. 89 (2 O 142/87), NJW-RR 89, 1504 (1504 f.). Dort hatte ein Berater behauptet, den Vertragspartner über die „Unkalkulierbarkeit" des Einsatzes eines Pflanzenschutzmittels aufgeklärt zu haben, gleichzeitig aber auch den Einsatz empfohlen.

83 Vgl. BGH U 17. 5. 82 (II ZR 9/82), NJW 82, 2815 (2816).

84 *Soergel/Hefermehl,* § 123 Rn. 21.

Was den Verschuldensmaßstab angeht, so reicht bereits leichte Fahrlässigkeit aus.[85] Erforderlich ist, daß der Betroffene seine Aufklärungspflichtverletzung erkannt hat oder bei pflichtgemäßer Prüfung hätte erkennen müssen. Zu berücksichtigen ist u. U. ein Mitverschulden der anderen Seite, sei es, daß sie selbst nicht vollständig aufgeklärt hat, sei es, daß sie ihrer Verpflichtung zur Beschaffung von Informationen nicht oder nicht gehörig nachgekommen ist.

Steht eine Aufklärungspflichtverletzung des Unternehmensberaters fest, so muß er Verschulden und Kausalität beweisen (Umkehr der Beweislast analog § 282 BGB). Das wird ihm nur dann gelingen, wenn feststeht, daß sich der Klient auch bei entsprechender Beratung über jeden Rat oder Hinweis hinweggesetzt hätte.[86]

c) Haftungsausschluß

Auch für das vorvertragliche Schuldverhältnis kann ein Haftungsausschluß vereinbart werden. Zu beachten ist aber, daß einer entsprechenden Klausel deutlich zu entnehmen sein muß, daß eine Haftung gerade für Aufklärungspflichtverletzung ausgeschlossen sein soll. Ein vorgedruckter Vermerk, etwa am unteren Rand des vom Unternehmensberater verwendeten Papiers, mit dem Inhalt „Diese Angaben bitten wir als vorläufige Information zu betrachten, die wir ohne Rechtsverbindlichkeit geben", entbindet nicht von vorvertraglichen Sorgfaltspflichten.[87] Das durch die Aufnahme von Vertragsverhandlungen entstehende gesetzliche Schuldverhältnis kennt nämlich ohnehin keine primären Leistungspflichten, sondern nur Pflichten zur gegenseitigen Rücksichtnahme, Fürsorge und Loyalität.

d) Pflichtverletzung durch Vertreter[88]

Führt der Unternehmensberater die Vertragsverhandlungen nicht selbst, sondern setzt er einen Vertreter ein, so gilt folgendes:

---

85 Zum Ganzen vgl. *Palandt/Heinrichs,* § 276 Anm. 4 (Rn. 12 ff.).

86 OLG Bamberg U 7. 11. 86 (6 U 38/86), AnwBl 87, 331 (332), Rechtsanwalt; BGH U 11. 1. 88 (II ZR 134/87), NJW-RR 88, 544 (545).

87 OLG Düsseldorf U 12. 6. 84 (21 U 20/84), VersR 85, 370.

88 Ausführlich dazu *Ballerstedt,* AcP 151 (1950/51), 501 ff. Die Fälle, in denen ein Dritter im eigenen Namen für und im Interesse des künftigen Unternehmensberaters Vertragsverhandlungen führt (= Sachverwalter), dürften äußerst selten sein und werden daher nicht gesondert behandelt. Zum Begriff des Sachwalters: *Worms,* S. 159; ebenso *Scholz,* Jura 83, 1 (3); *Wittmann,* Betr 80, 1579 (1584 f.); *Nirk,* Hauß-FS, 267 (271 f.); vgl. auch *Hermann,* JZ 83, 422 (423).

Grundsätzlich trifft die Verletzung vorvertraglicher Pflichten durch einen Mitarbeiter den Unternehmensberater, auch wenn dieser seinerseits als Vertreter für einen Dritten handelt.[89] Der Unternehmensberateer hat sich das Verhalten seiner Mitarbeiter anrechnen zu lassen, soweit es im Zusammenhang mit den Vertragsverhandlungen steht, mit denen er die Mitarbeiter betraut hat, § 278 BGB analog.[90] Im einzelnen ist zu unterscheiden: Geht es um Schutzpflichtverletzungen, so hat der Unternehmensberater für das Verhalten aller im Klientenunternehmen eingesetzten Mitarbeiter einzustehen. Sind dagegen Aufklärungspflichten verletzt worden, wird er sich uneingeschränkt nur das Verhalten des Verhandlungsführers bzw. des Projektleiters seines Beratungsteams zurechnen lassen müssen.[91] Inwieweit dies auch für die übrigen Mitglieder des Beratungsteams gilt, hängt vom Einzelfall ab. Selbst wenn das ganze Beratungsteam Kontakt mit dem Klienten und seinen Mitarbeitern hat, haben die einzelnen Teammitglieder damit noch keinen Auftrag zu Vertragsverhandlungen.[92] Allenfalls kann ein eng begrenzter Spielraum zu Mitteilungen über tatsächliche Abwicklungsmaßnahmen, eventuell auch über Ergebnisse durchgeführter Analysen, eingeräumt sein.[93] Weitergehende Befugnisse wird der Unternehmensberater schon zur Vermeidung von Irreführungen des Klienten durch widersprüchliche Äußerungen seiner Mitarbeiter nicht erteilt haben.

Dementsprechend ist auch der Wissensstand des Verhandlungsführers bzw. Projektleiters entscheidend.[94] Auf die Kenntnisse des vertretenen Unternehmensberaters kommt es nicht an, § 166 I BGB analog. Das hat vor allem Bedeutung für die Ermittlung des konkreten Wissensvorsprungs des Beraters gegenüber seinem Klienten.

Davon zu unterscheiden ist die Frage, unter welchen Voraussetzungen die Mitarbeiter selbst neben dem Unternehmensberater aus culpa in contrahendo haften. Das ist nur in den Fällen anerkannt, in denen der Mitarbei-

89 BGH U 4. 7. 83 (II ZR 220/82), NJW 83, 2696.

90 BGH U 9. 7. 84 (II ZR 193/83), NJW 85, 2584 (2585) m. Anm. Assmann, ZHR 152 (1988), 371 ff.

91 BGH U 9. 7. 84 (II ZR 193/83), NJW 85, 2584 (2585) m. Anm. *Assmann*, ZHR 152 (1988), 371 ff.

92 Der Rechtsgedanke des § 54 HGB findet hier keinesfalls Anwendung.

93 BGH U 9. 7. 84 (II ZR 193/83), NJW 85, 2584 (2585) m. Anm. Assmann, ZHR 152 (1988), 371 ff.

94 BGH U 1. 6. 89 (III ZR 277/87), NJW 89, 2882 (2882).

ter in besonderem Maße persönliches Vertrauen in Anspruch nimmt.[95] Alleine der Eindruck eigener Sachkunde reicht dazu nicht. Denn der Klient kann ohnehin erwarten, daß der Unternehmensberater qualifizierte Mitarbeiter einsetzt.[96] Für eine Eigenhaftung muß der Mitarbeiter vielmehr eine zusätzliche, von ihm persönlich ausgehende Gewähr für die Erfüllung des Beratungsvertrages bieten, die auch für den Willensentschluß des Klienten bedeutsam ist. Dies ist ausnahmsweise vorstellbar, wenn ein Berater bereits früher ein Beratungsprojekt erfolgreich durchgeführt hat. Im Regelfall indessen wird der Klient dem (renommierten) Beratungsunternehmen das entscheidende Vertrauen entgegenbringen. Eine Eigenhaftung kommt aber auch in Betracht, wenn der Mitarbeiter ein eigenes wirtschaftliches Interesse am Vertragsschluß hat, also bei wirtschaftlicher Betrachtungsweise in Wahrheit selbst Vertragspartner ist.[97] Da ein bloßes wirtschaftliches Interesse des Mitarbeiters am Abschluß des Vertrages – etwa das Interesse, das jeder Gesellschafter an den Geschäften „seiner" Gesellschaft hat – nicht ausreicht, wird selbst bei den Partnern einer Beratungsgesellschaft keine Eigenhaftung begründet. Der Partner müßte vielmehr eine so enge Beziehung zum Gegenstand der Vertragsverhandlungen haben, daß er wirtschaftlich praktisch in eigener Sache beteiligt ist.[98]

---

95 BGH U 16. 10. 87 (V ZR 153/86), NJW-RR 88, 328; BGH U 23. 10. 85 (VIII ZR 210/84), NJW 86, 586 (587); OLG Hamburg B 22. 2. 85 (11 W 86/84), GmbHR 85, 222 = ZIP 85, 352; *Staudinger/Löwisch,* Vorbem. §§ 275–283 Rn. 65; *Palandt/Heinrichs,* § 276 Anm. 6 C b (Rn. 93); *Soergel/Wiedemann,* vor § 275 Rn. 83; *Erman/Battes,* § 276 Rn. 115.

96 Vgl. BGH U 17. 10. 89 (XI ZR 173/88), NJW 90, 506. Deshalb verbieten sich auch Rückschlüsse von der Schwierigkeit der Beratungsaufgabe auf die außergewöhnliche Sachkunde des Beraters oder umgekehrt von der Kompetenz auf das Gelingen der in Aussicht genommenen Beratung.

97 BGH U 23. 10. 85 (VIII ZR 210/84), NJW 86, 586 (587); BGH U 2. 3. 88 (VIII ZR 380/86), NJW 88, 2234; BGH U 17. 10. 89 (XI ZR 173/88), NJW 90, 506 m.w.N.; BGH U 11. 10. 88 (X ZR 57/87), NJW-RR 89, 110 (111); *Palandt/Heinrichs,* § 276 Anm. 6 C b aa (Rn. 94); *Soergel/Wiedemann,* vor § 275 Rn. 80; *Erman/Battes,* § 276 Rn. 115; kritisch: *Ballerstedt,* AcP 151 (1950/51), 501 (524 f.); *Schulze,* JuS 83, 81 (82); *Steininger,* BB 86, 1045, die annehmen, daß allein ein starkes wirtschaftliches Eigeninteresse keine ausreichende Grundlage für eine Vertrauenshaftung nach cic sei.

98 *Ebenroth/Kräutter,* BB 90, 569 (570).

3. Rechtsfolgen

Verletzt der Unternehmensberater seine Aufklärungspflichten, so hat er den Klienten so zu stellen, wie er stünde, wenn er richtig aufgeklärt bzw. nichts verschwiegen hätte.[99] Zu vergleichen ist dazu die aktuelle Vermögenslage (mit Pflichtverletzung) mit der hypothetischen Vermögenslage (ohne Pflichtverletzung).

Im wesentlichen können vier Konstellationen auftreten: Hätte der Klient den Vertrag auch ohne die Pflichtverletzung zu gleichen Bedingungen geschlossen, so ist ihm durch die Pflichtverletzung kein Schaden entstanden.[100] Hätte er dagegen bei wahrheitsgemäßer Aufklärung einen Vertragsschluß zu günstigeren Bedingungen verlangt und wäre der Unternehmensberater damit einverstanden gewesen, so kann er eine entsprechende Anpassung des Vertrages verlangen.[101] Eine solche Zustimmung des Unternehmensberaters wird man aber nur ausnahmsweise annehmen können. Als dritte Variante kommt in Betracht, daß der Unternehmensberatungsvertrag bei zutreffender Aufklärung nicht zustande gekommen wäre. Dann könnte zwar der Klient Aufhebung des Unternehmensberatungsvertrages und gemäß § 249 S. 1 BGB auch die Rückabwicklung der beiderseits erbrachten Leistungen verlangen.[102] Das eigentliche Problem besteht aber darin, daß dem Klienten die Herausgabe der Beratungsleistungen unmöglich ist. Bei Dauerberatungsverträgen schon deswegen, weil sich Arbeitsleistungen (tatsächlich) nicht herausgeben lassen, bei Projektberatungsverträgen, weil nicht die eigentliche Beratungsleistung, sondern allenfalls ihre Verkörperung (Gutachten etc.) herausgegeben werden kann. Selbst wenn man darauf abstellt, daß der Klient das aus der Beratung erworbene Wissen reproduzieren könnte, so wäre dies kein echter Herausgabevorgang, weil der Klient trotz allem sein Wissen behalten und der Unternehmensberater ausschließlich bereits vorhandenes Wissen zurückerhalten würde. Entscheidend dürfte folgendes sein: einerseits besteht kein Grund, die Rechtsstellung des schweigsamen oder unzutreffend aufklärenden Unternehmensberaters dadurch zu verbessern, daß sein Verhalten ohne Sanktionen

99 Zur anschaulicheren Darstellung wird dieser Fall herausgegriffen. Die folgenden Ausführungen gelten entsprechend für Aufklärungspflichtverletzungen des Klienten.

100 *Tiedtke,* JZ 89, 569 (569).

101 BGH U 25. 5. 77 (VIII ZR 186/75), BGHZ 69, 53 (56) = NJW 77, 1536 (1538); zuletzt: BGH U 27. 9. 88 (XI ZR 4/88), NJW-RR 89, 150 (151); *Köhler,* Software Herstellung, Rn. 44; *Hadding,* Anm. zu BAG AP 2 zu § 306 BGB.

102 *Tiedtke,* JZ 89, 569 (569).

bleibt, wenn der Klient die Beratungsleistung nicht zurückgeben kann. Andererseits kann der Klient aber nicht verlangen, im Ergebnis wirtschaftlich besser gestellt zu werden, als wenn der Vertrag ordnungsgemäß zustande gekommen wäre.[103] Demnach kann der Klient nicht nach § 249 S. 1 BGB das geleistete Beratungshonorar herausverlangen. Ein solches Begehren würde gegen das Bereicherungsverbot verstoßen. Er muß sich aber auch nicht am Vertrag festhalten lassen, so wie er ursprünglich geschlossen wurde. Daher wird man dem Klienten das Recht zubilligen müssen, am Vertrag festzuhalten und als Schaden den Ausgleich des Minderwertes der übertragenen Leistungen zu verlangen.[104] Zur Schadensberechnung ist dann aber nicht auf die Wiederherstellung des ohne Beratungsvertrag bestehenden Zustandes abzustellen. Zu fragen ist vielmehr, wie sich die Vermögenslage des Klienten nach dem gewöhnlichen Gang der Dinge entwickelt hätte.[105] Hätte der Klient mit seinem Vertragspartner nicht kontrahiert, so hätte er entweder einen anderen Unternehmensberater verpflichtet oder auf eine Beratung gänzlich verzichtet. Im ersten Fall hätte er aller Wahrscheinlichkeit nach einen Beratungsvertrag mit günstigerem Inhalt geschlossen. Da Beratungsleistungen Speziesleistungen sind und die Konditionen von vielen individuellen, nicht exakt quantifizierbaren Faktoren abhängen, werden Marktpreis bzw. marktübliche Konditionen nur im Ausnahmefall Rückschlüsse auf den hypothetischen Verlauf zulassen. In allen anderen Fällen wird man auf eine normative Bestimmung zurückgreifen müssen.[106] Dann bemißt sich der Schaden nach dem Unterschiedsbetrag zwischen der Beratungsleistung, die der Klient nach den Angaben des Unternehmensberaters zu Recht erwarten konnte, und denen, die der Unternehmensberater tatsächlich erbracht hat.[107] Hätte der Klient indessen auf eine Beratung gänzlich verzichtet, so liegt der Schaden im gezahlten Honorar.

Ist der Unternehmensberatungsvertrag zwar tatsächlich nicht geschlossen worden, wäre er aber bei pflichtgemäßer Aufklärung zustande gekom-

103 *Tiedtke,* JZ 89, 569 (570 f.).

104 Wohl h.M.; vgl. BGH U 25. 5. 77 (VIII ZR 186/75), BGHZ 69, 53 (57); BGH U 2. 6. 80 (VIII ZR 64/79), NJW 80, 2408 (2409); BGH U 8. 12. 88 (VII ZR 83/88), NJW 89, 1793 (1794) m.w.N.; MünchKomm/*Emmerich* vor § 275 Rn. 89; *Staudinger/Löwisch,* Vorbem. §§ 275–283 Rn. 66; a.A.: *Willemsen,* AcP 182 (1982), 515 (552 ff.) und jüngst *Tiedtke,* JZ 89, 569; so früher auch BGH U 18. 3. 77 (I ZR 135/75), NJW 77, 1538 (1539).

105 *Esser/Schmidt,* SchR AT, § 52 IV 2 (S. 379).

106 *Basedow,* NJW 82, 1030 (1030).

107 BGH U 27. 9. 88 (XI ZR 4/88), NJW-RR 89, 150 (151).

men,[108] so kann der Klient verlangen, wirtschaftlich so gestellt zu werden, wie er bei einem Vertragsschluß gestanden hätte. Den Vertragsschluß selbst oder die Erfüllung des – nicht geschlossenen – Beratungsvertrages kann er allerdings nach § 249 S. 1 BGB nicht verlangen, da der Unternehmensberater sonst zu einem Vertragsschluß gezwungen würde, zu dem er selbst bei wahrheitsgemäßer Aufklärung nicht verpflichtet wäre. Der Klient kann daher (nur) gemäß § 251 I BGB Schadensersatz wegen Nichterfüllung in Geld fordern.

Keine spezifischen Probleme wirft der Schadensersatzanspruch bei Schutzpflichtverletzungen auf. Diejenige Vertragspartei, die Rechtsgüter des Vertragsgegners verletzt hat, muß den dadurch zurechenbar verursachten Schaden ersetzen, § 249 BGB.

Wurden Vertragsverhandlungen grundlos abgebrochen, so ist der Schaden zu ersetzen, der infolge des Vertrauens auf den in Aussicht gestellten Vertragsschluß entstanden ist. Verlangt werden kann auch hier nicht das Erfüllungsinteresse, also der Abschluß des Beratungsvertrages, sondern alleine Schadensersatz in Geld, etwa für Schäden, die dadurch entstanden sind, daß sich der Verhandlungspartner nicht rechtzeitig anderweitig um einen Vertragsschluß bemühen konnte,[109] sowie Kosten, die aus Anlaß des Vertragsschlusses entstanden sind, wie Auslagen für Vertragsverhandlung und ähnliche Unkosten.[110]

C. Der Vertragsabschluß

Der Abschluß des Unternehmensberatungsvertrages selbst wirft keine spezifischen Probleme auf. Die Vertragsparteien müssen sich darauf geeinigt haben, daß der Unternehmensberater für den Klienten Beratungsleistungen, sei es als Dienst- oder Werkleistung, erbringen soll.

Die Feststellung dieses Konsenses kann in der Praxis durchaus Schwierigkeiten bereiten. Lehnt nämlich der Klient, vor allem bei umfangreichen Klauselwerken[111] die Vereinbarung einzelner Bestimmungen im Angebot des Unternehmensberaters in seiner Annahmeerklärung ab, so kommt der Vertrag zunächst nicht zustande, §§ 150 II, 154 I BGB. Der vertraglose Zu-

108 Vgl. dazu BGH U 16. 11. 67 (III ZR 12/67), BGHZ 49, 77 (82 f.).
109 BGH U 22. 2. 89 (VIII ZR 4/88), NJW-RR 89, 627 (628).
110 *Hadding,* Anm. zu BAG AP 2 zu § 306 BGB.
111 Instruktiv dazu die Vertragsbeispiele bei *Schlüter,* S. 215 ff. (Anhang).

stand kann nur dadurch beendet werden, daß die Parteien später doch noch eine Einigung über die Geltung der streitigen Vertragsbestimmung herbeiführen, sei es auch konkludent etwa dadurch, daß der Unternehmensberater mit der Durchführung des Vertrages beginnt und eine von beiden Vertragsparteien ihre Forderung fallen läßt. Besteht indessen für eine solche Bereitschaft kein Anhalt, ist die Vermutung des § 154 I 1 BGB nicht ausgeräumt und beide Parteien haben durch ihr Verhalten gezeigt, daß sie den Vertrag ohne den jeweils erstrebten Inhalt nicht schließen wollten. Erbringen die Parteien in dieser Situation ihre Leistungen (Beratung, Honorar), so können sie diese nach ungerechtfertigter Bereicherung herausverlangen.[112]

Ist ein Unternehmensberater als Rechtsanwalt, Steuerberater oder Wirtschaftsprüfer zugelassen und soll er über die Unternehmensberatung hinaus auch dementsprechend beratend tätig werden, so kann eine konkludente Auftragserteilung als Anwalt, Steuerberater oder Wirtschaftsprüfer nicht ohne weiteres angenommen werden.[113] Denn der Klient wird regelmäßig in der Meinung handeln, der Unternehmensberater werde insgesamt in seiner Eigenschaft als Unternehmensberater tätig. Nur wenn der Unternehmensberater, dem die Unterschiede klar sind, eine entsprechende Klärung herbeigeführt hat, kann eine über den Beratungsvertrag hinausgehende Beauftragung als Rechtsanwalt, Steuerberater oder Wirtschaftsprüfer angenommen werden.[114]

112 Zur Rückabwicklung vgl. unten § 4 B III 1 (S. 71 ff.).
113 OLG Hamm U 16. 2. 84 (28 U 252/83), DNotZ 85, 182 (182).
114 OLG Hamm U 16. 2. 84 (28 U 252/83), DNotZ 85, 182 (185).

§ 4 Der fehlerhafte Unternehmensberatungsvertrag

A. Die Nichtigkeit

Genügt ein Beratungsvertrag nicht den rechtlichen Anforderungen, so erkennt ihn die Rechtsordnung bei besonders schwerwiegenden Fehlern nicht an. Er ist nichtig. Folgende Situationen sind zu unterscheiden.

I. Unmöglichkeit nach § 306 BGB

Ein Unternehmensberatungsvertrag ist nichtig, wenn er auf eine Beratung gerichtet ist, die von vornherein überhaupt nicht, auch nicht von einem Dritten, erbracht werden kann, § 306 BGB. Bei Projektberatungsverträgen ist dabei auf den Beratungsenderfolg, bei Dauerberatungsverträgen dagegen auf die geschuldeten Beratungshandlungen abzustellen.[1] Maßgebend ist der Zeitpunkt des Vertragsschlusses.[2] Ob die Beratungsleistung später noch möglich wird[3] oder ob sich die Parteien der Unmöglichkeit bewußt waren,[4] spielt keine Rolle.

Nichtig sind demnach zunächst Beratungsverträge, die über die bloße Beratung hinaus auf die Herbeiführung einer vom Gesetz nicht zugelassenen Rechtsfolge gerichtet sind,[5] etwa wenn sich ein Unternehmensberater zur Herbeiführung einer öffentlich-rechtlichen Genehmigung[6] verpflichtet, deren Erteilung aber auf rechtsfehlerfreie Weise mangels persönlicher Merkmale des Klienten (z. B. Zuverlässigkeit, Sachkunde) nicht erwirkt werden

---

1 Diese Unterscheidung hat praktische Bedeutung, da ein „Hinarbeiten" auf einen – an sich schon eingetretenen – Erfolg ohne weiteres möglich sein kann und daher keine Unmöglichkeit vorliegt. Vgl. *Köhler*, Geschäftsgrundlage, S. 79.

2 H. M.; BGH U 31. 1. 67 (V ZR 125/65), BGHZ 47, 48 (50); BGH U 30. 11. 72 (VII ZR 239/71), BGHZ 60, 14 (16); OLG Hamm U 4. 11. 87 (12 U 28/87), NJW-RR 88, 1117 (1119); *Palandt/Heinrichs*, § 306 Anm. 2 a (Rn. 3); *Larenz*, SchR I, § 8 I (S. 98); *Soergel/Wolf*, § 306 Rn. 5; *Staudinger/Löwisch*, § 306 Rn. 28. Demgegenüber stellen auf den Zeitpunkt der Fälligkeit der Leistung ab: MünchKomm/*Söllner*, § 306 Rn. 6; *Erman/Battes*, § 306 Rn. 5; RGRK/*Ballhaus*, § 306 Rn. 2 f.

3 A. A.: 5. Senat: RG B 24. 5. 24 (VB 1/24), RGZ 108, 176 (180); RG U 16. 1. 39 (V 75/38), RGZ 159, 193 (202).

4 *Larenz*, SchR I, § 8 I (S. 94).

5 Vgl. *Larenz*, SchR I, § 8 I (S. 95).

6 Z. B. Transportgenehmigung, Gewerbe- oder Gaststättenerlaubnis.

kann.[7] Indiz für solche Vertragsgestaltungen sind besonders hohe, meist außer Verhältnis zur behaupteten Beratungstätigkeit stehende Honorare.[8]

Auf eine objektiv unmögliche Leistung gerichtet sind Unternehmensberatungsverträge auch, in denen Beratungsmethoden vereinbart werden, die mit wissenschaftlichen Erkenntnissen der Neuzeit abzulehnen sind und offensichtlich den Fakten bzw. den Regeln der Logik widersprechen.[9] Das gilt unabhängig davon, ob die Parteien übereinstimmend eine sinnvolle Anwendung solcher Methoden für möglich gehalten haben.[10] Beispiele sind: die Verpflichtung des Unternehmensberaters zur telepathischen Behandlung des Klienten,[11] zur Beratung bei geschäftlichen Planungen allein auf astrologischer Grundlage,[12] zur Willensbeeinflussung eines Dritten nur mit mentalen Kräften ohne jegliche Kontaktaufnahme[13] oder zu einer Konjunkturprognose nach der Sonnenflecken-Wetter-Ernte-Theorie von Jevons und H. L. Moore.[14] Da es dem Klienten gerade auf die objektiv unmögliche Leistung ankommen wird, ist regelmäßig der gesamte Unternehmensberatungsvertrag nichtig, § 139 BGB.

Scharf zu trennen sind davon die Fälle, in denen Beratungsmethoden vereinbart werden, die wirtschaftswissenschaftlich (noch) nicht abgesichert sind. Denn der Vertragsfreiheit würde es widersprechen, die abgesprochene Beratung an Kriterien zu messen, die die Parteien gerade für sich als nicht verbindlich angesehen haben.[15]

Die Frage, ob etwa die Erkrankung oder Verletzung des Unternehmensberaters bei einem Autounfall anfängliche objektive Unmöglichkeit begründen kann, wird man differenziert beantworten müssen: Waren für den Ver-

---

7 OLG Hamm U 4. 11. 87 (12 U 28/87), NJW-RR 88, 1117 (1118), Transportgenehmigung.

8 OLG Hamm U 4. 11. 87 (12 U 28/87), NJW-RR 88, 1117 (1118).

9 OLG Düsseldorf U 27. 2. 53 (5 U 319/52); NJW 53, 1553 (1553).

10 OLG Düsseldorf U 27. 2. 53 (5 U 319/52), NJW 53, 1553 (1553).

11 Vgl. LG Aachen U 12. 2. 88 (5 S 414/87), MDR 89, 63 (63).

12 OLG Düsseldorf U 27. 2. 53 (5 U 319/52), NJW 53, 1553 (1553) m. abl. Anm. *Voss,* ebenda, der die Nichtigkeit damit verneint, daß der Betroffene das gewünschte, nämlich ein nach den Lehren der Astrologie ausgestelltes Gutachten erhielt.

13 LG Kassel U 26. 5. 88 (1 S 483/87), NJW-RR 88, 1517 (1517).

14 Vgl. dazu *G. Haberler,* Prosperität und Depression, Deutsche Ausgabe, Bern 1948.

15 LG Braunschweig U 28. 11. 85 (7 S 327/84), NJW-RR 86, 478 (479).

tragsschluß seine speziellen Fähigkeiten entscheidend,[16] so kann nur er persönlich die geschuldete Leistung erbringen.[17] Sein Unvermögen begründet zugleich objektive Unmöglichkeit. Steht dagegen nicht die Kompetenz eines einzelnen Beraters, sondern die (umfassendere) Beratungsmöglichkeit eines ganzen Beratungsteams im Vordergrund, wie dies regelmäßig bei größeren Projekten und der Beauftragung großer Beratungsgesellschaften anzunehmen ist, so führt die Verhinderung eines einzelnen Beraters nicht zur Nichtigkeit des Beratungsvertrages. Hier wird es schon am Unvermögen der Beratungsgesellschaft fehlen, weil sie andere Berater einsetzen kann.

Besteht umgekehrt in der Person oder Sphäre des Klienten schon vor Vertragsschluß ein dauerndes Hindernis, sei es, daß das Klientenunternehmen abgebrannt, sei es, daß es bereits in Konkurs gegangen ist, so würde die anfängliche Unmöglichkeit an sich nach § 306 BGB zur Nichtigkeit und zum Ersatz des negativen Interesses (§ 307 BGB) führen. Das ist aber wenig sachgerecht, wenn man bedenkt, daß der Unternehmensberater häufig schon vor Vertragsschluß umfangreiche Vorarbeiten (Analysen, Problemstrukturierungen, Beratungszielfestlegung, Durchführungsplanung etc.) erbringen wird, die sich dann als unnütz erweisen. Daher ist § 645 BGB analog auf die anfängliche Unausführbarkeit der Beratung anzuwenden, weil es keine Rolle spielen kann, ob die Beratung daran scheitert, daß der Klient das Leistungssubstrat nicht oder nicht mangelfrei liefert.[18]

Hat die Beratung nicht den Aufschluß gebracht, den sie nach dem Vertrag hätte bringen sollen, und sind weitergehende Erkenntnisse auch durch keinen Dritten zu erwarten, so ist zwar an das Vorliegen von Unmöglichkeit zu denken. Doch greifen insoweit die Grundsätze über die positive Vertragsverletzung bei Dienstverträgen bzw. die werkvertraglichen Gewährleistungsvorschriften als die speziellere Regelung ein.[19] Entscheidend ist nämlich, daß dem Klienten die Beratungsleistung überlassen wird, nur daß sie eben gebrauchsuntauglich ist.[20] Folglich kommt Unmöglichkeit auch nicht

---

16 Für Ärzte: *Caemmerer*, NJW 56, 569 (569); für Wissenschaftler: MünchKomm/*Emmerich*, § 275 Rn. 49; für Vorstandsmitglieder: BGH U 11. 7. 53 (II ZR 126/52), NJW 53, 1465. Vgl. auch RG U 27. 9. 1881 (IVa 760/80), RGZ 5, 278, Errichtung und Leitung einer Privatschule.

17 *Ermann/Battes*, vor § 275 Rn. 28 und § 275 Rn. 46; a. A. MünchKomm/*Emmerich*, § 275 Rn. 49 ff.; *Staudinger/Kaduk*, § 306 Rn. 3.

18 *Köhler*, Geschäftsgrundlage, S. 67.

19 H. M.; vgl. statt aller *Erman/Battes*, § 306 Rn. 9; BGH U 9. 7. 70 (VII ZR 70/68), BGHZ 54, 235 (238).

20 *Köhler*, Software Herstellung, Rn. 35.

in Betracht, wenn der Unternehmensberater lediglich infolge mangelnden fachlichen Könnens außerstande ist, seine Arbeit vertragsgemäß zu erbringen.[21]

II. Verstoß gegen gesetzliche Verbote

Nach § 134 BGB ist ein Unternehmensberatungsvertrag nichtig, wenn er gegen ein gesetzliches Verbot verstößt.

1. § 1 Rechtsberatungsgesetz

Am häufigsten werden Verstöße gegen Art. 1 § 1 I 1 RBerG sein. Rechtsberatung bzw. die geschäftsmäßige Besorgung fremder Rechtsangelegenheiten dürfen Unternehmensberater nämlich nur betreiben, sofern sie Rechtsanwälte sind (§ 3 I BRAO)[22] oder eine behördliche Erlaubnis nach Art. I § 1 I RBerG haben. Sie wird allerdings kaum vorliegen, da die Unternehmensberatung keinem der in Art. 1 § 1 I 2 RBerG genannten Sachbereiche unterfällt.

Rechtsbesorgung nach Art. 1 § 1 I RBerG ist jede Tätigkeit, die auf die unmittelbare Förderung konkreter fremder Rechtsangelegenheiten gerichtet ist.[23] Darunter fallen vor allem folgende wirtschaftsjuristische Maßnahmen: Vertragsberatung (Formulierung von Kauf-[24] oder Gesellschaftsverträgen[25] sowie deren Änderung[26]), Hinweise zur Firmenstrukturwandlung und Firmenneugründung[27], Unterrichtung des Klienten über die Rechtslage im Einzelfall sowie die zu ergreifenden Maßnahmen, die rechtliche Vorprüfung konkreter Einzelfragen, um dem Klienten die Beiziehung eines Anwalts oder die Einschaltung einer anderen (zuständigen) Stelle anzuraten,[28] die Vertretung des Klienten gegenüber Dritten, soweit sie weniger auf wirtschaftlichem Gebiet liegt, sondern wesentlich auf eine Umgestaltung rechtlicher Verhältnisse zielt, etwa auf Stundung, Ratenzahlung, Herabsetzung

21 Dazu *Schmalzl*, Rn. 247.
22 Zur Unternehmensberatung durch Rechtsanwälte ausführlich unten unter § 4 A II 6.
23 *Berger*, NJW 90, 2355 (2356).
24 LG Braunschweig U 4. 7. 61 (6 S 140/61), MDR 61, 935 m. w. N. in einer Anm. der Schriftleitung auf S. 936.
25 OLG Hamburg U 21. 10. 70 (5 U 64/70), BHStB R 153.2.
26 LG Bremen U 22. 11. 73 (6 O 1051/73), AnwBl. 74, 52.
27 LG Bremen U 22. 11. 73 (6 O 1051/73), AnwBl. 74, 52.
28 LG Bremen U 22. 11. 73 (6 O 1051/73), AnwBl. 74, 52 (53).

von Schulden[29] oder Einziehung von Erstattungsansprüchen.[30] Gleiches gilt für die Beantwortung der im Klientenunternehmen alltäglich auftauchenden arbeitsrechtlichen (Mutterschutz, Lohnfortzahlung, Kündigungsrecht) und sozialversicherungsrechtlichen Fragen (Versicherungspflicht von Arbeitnehmern, Befreiungsmöglichkeiten etc.), wie sie insbesondere im Zuge von Dauerberatungen an Unternehmensberater herangetragen werden.[31] Indessen liegt keine Rechtsberatung vor, soweit der Unternehmensberater die wirtschaftlichen Folgen einer zivilrechtlichen Gestaltung darlegt[32] oder rein ausführende Tätigkeiten, wie die bloße An- und Abmeldung von Arbeitnehmern u. ä.,[33] wahrnimmt.

Die rechtsberatenden Tätigkeiten sind auch regelmäßig nicht nach Art. 1 § 5 Nr. 1 RBerG erlaubnisfrei. Danach können Unternehmensberater zwar für ihre Klienten rechtliche Angelegenheiten erledigen, soweit diese mit der Unternehmensberatung in unmittelbarem Zusammenhang stehen. Ein solcher Zusammenhang wird aber nur anerkannt, wenn eine sachgemäße Berufsaufübung ohne Rechtsberatung in unangemessener Weise erschwert oder gar unmöglich gemacht würde.[34] Indessen liegt bei Unternehmensberatungen das Schwergewicht auf betriebswirtschaftlichen Untersuchungen, die die wirtschaftliche Betätigung des Klientenunternehmens effektivieren sollen und daher ohne Rechtsberatung und -besorgung ohne weiteres durchgeführt werden können.[35] Daß damit Rechtsfragen in Zusammenhang stehen, die auf die wirtschaftliche Gestaltung mittelbaren Einfluß haben, spielt keine Rolle.[36]

---

29 BGH U 1. 2. 61 (VII ZR 212/60), BHStB R 152.1; AG Heidelberg U 25. 7. 68 (23 C 193/68), AnwBl 69, 64; AG Siegen U 4. 4. 68 (6 C 2005/67), Betr 68, 1854.

30 OLG Karlsruhe U 10. 7. 87 (14 U 103/86), NJW-RR 88, 569 (569).

31 LG Limburg U 2. 5. 86 (4 O 551/85), BHStB R 567.24.

32 *Streck/Schwedhelm,* Stbg 89, 379 (379).

33 *Späth,* Rn. 279.

34 Vgl. dazu BGH U 9. 5. 67 (Ib ZR 59/65), NJW 67, 1558 (1563); LG Bremen U 22. 11. 73 (6 O 1051/73), AnwBl. 74, 52 (53), Unternehmensberater; LG Braunschweig U 4. 7. 61 (6 S 140/71), MDR 61, 935 m.w.N. in einer Anm. der Schriftleitung auf S. 936, Buchprüfer; OLG Karlsruhe U 4. 12. 64 (8 U 121/64), BB 65, 602 = OLGZ 65, 2 (3), Steuerbevollmächtigter.

35 LG Bremen U 22. 11. 73 (6 O 1051/73), AnwBl. 74, 52 (53).

36 Gleiches gilt für unternehmensberatende Steuerberater. Vgl. BGH U 27. 5. 63 (IVa ZR 168/61), NJW 63, 2027; BGH U 10. 11. 77 (VII ZR 321/75), BGHZ 70, 12 (15). Demgegenüber läßt der BGH (zu Unrecht) bei Wirtschaftsprüfern Rechtsberatung auch bei wirtschaftsberatender Tätigkeit zu. Dies dürfte aber mit dem Normzweck des Art. 1 § 5 Nr. 2 RBerG, nämlich Rechtsberatung nur von

Ein unter Mißachtung des Rechtsberatungsverbots geschlossener Unternehmensberatungsvertrag ist nichtig,[37] und zwar zumindest hinsichtlich der Vereinbarungen über die Rechtsberatung.[38] Kann eine wirtschaftliche Beratung ohne Verstoß gegen das Rechtsberatungsgesetz kaum durchgeführt werden[39] oder war für den Klienten erkennbar die Wahrnehmung seiner rechtlichen Interessen entscheidend,[40] so ist der Beratungsvertrag insgesamt nichtig (§ 139 BGB).

Eine zugleich betriebswirtschaftliche, steuerliche und rechtliche Fragen berücksichtigende Beratung kann man in der Praxis ohne weiteres dadurch erreichen, daß der Unternehmensberater den Juristen auf die entscheidenden Gesichtspunkte hinweist, insbesondere die wirtschaftlich und steuerlich bedeutsamen Passagen eines Vertrages vorformuliert. Dem stehen Sinn und Zweck des Rechtsberatungsgesetzes icht entgegen.[41] Keinesfalls reicht es aber aus, daß sich der Unternehmensberater selbst bei der Rechtsberatung seiner Klienten im Innenverhältnis von einem Rechtsanwalt beraten läßt.[42]

2. § 4 Arbeitsförderungsgesetz

Vor allem Unternehmensgründungen, aber auch größere Umstrukturierungen des Klientenunternehmens machen zumeist die Einstellung neuer Arbeitskräfte notwendig. Dann ist durch Vertragsauslegung (insbesondere

---

fachlich dazu besonders Ausgebildeten ausüben zu lassen, kaum vereinbar sein. Vgl. einerseits BGH U 4. 11. 87 (IVa ZR 158/86), BGHZ 102, 128 (128), Sanierungsübernahme, und andererseits *Zuck,* JZ 88, 558 (559).

37 Obgleich sich das Rechtsberatungsverbot nur gegen den Unternehmensberater richtet, erfordert der Schutz des Klienten vor Gefahren unzureichender Rechtsberatung über Bußgeldsanktionen (Art. 1 § 8 I Nr. 1, II RBerG) und Schadensersatzpflichten (§ 823 II BGB) hinaus die Nichtigkeit, weil andernfalls der Klient aufgrund seines Erfüllungsanspruchs den Unternehmensberater zur Ausübung und Fortsetzung unerlaubter Tätigkeit verpflichten könnte. Vgl. BGH U 25. 6. 62 (VII ZR 120/61), BGHZ 37, 258 (262) sowie MünchKomm/*Mayer-Maly,* § 134 Rn. 81.

38 BGH U 4. 11. 87 (IVa ZR 158/86), BGHZ 102, 128 (128) und BGH U 29. 4. 68 (VII ZR 9/66), BGHZ 50, 90 (92); a. A. *Palandt/Heinrichs,* § 134 Anm. 3a dd (Rn. 21).

39 Vgl. dazu OLG Karlsruhe U 28. 12. 67 (8 U 34/67), AnwBl 68, 117; BGH U 4. 11. 87 (IVa ZR 158/86), BGHZ 102, 128 (130).

40 Dazu zuletzt: BGH U 10. 1. 90 (VIII ZR 337/88), NJW-RR 90, 442 (443).

41 *Pestke,* Stbg 89, 411.

42 OLG Hamm U 28. 8. 85 (25 U 273/84), Betr 86, 32; OLG Hamm U 7. 10. 88 (25 U 59/88), StB 89, 48.

bei Implementierungsvereinbarungen) zu klären, ob sich der Unternehmensberater auch zur Vermittlung der notwendigen Arbeitskräfte verpflichtet hat.[43] Indizien für solche Vereinbarungen sind die Honorarbemessung nach dem Bruttojahreseinkommen der vermittelten Arbeitnehmer[44] sowie erfolgsabhängige Provisionsabreden,[45] und zwar auch dann, wenn sie in Raten nach Teilabschnitten fällig werden.[46]

Mit der Vermittlung von Arbeitskräften verstößt der Unternehmensberater gegen das Arbeitsvermittlungsmonopol der Bundesanstalt für Arbeit (§ 4 AFG),[47] sofern er Arbeitsuchende mit Arbeitgebern zur Begründung von Arbeitsverhältnissen, insbesondere durch Zeitungsanzeigen, durch Sichtung des Bewerbungsmaterials, durch Vorauswahl oder durch Bewerbungsgespräche zusammenführt (§ 13 AFG).[48] Von diesem Verbot ist er auch bei nur gelegentlicher und unentgeltlicher Empfehlung gemäß § 13 III Nr. 2 AFG nicht ausgenommen.[49] Dagegen steht dem Vermittlungsverbot nicht entgegen, wenn der Unternehmensberater im Rahmen des Beratungsvertrages ohne besondere Vergütung bei der Sichtung von Bewerbungsunterlagen (nur) mitwirkt oder Bewerbungsgesprächen beiwohnt.[50] Ebensowenig gesetzeswidrig ist die Vermittlung von Führungskräften mit einem Jahreseinkommen von über 120000 DM[51] im Rahmen genereller Personalverträge (Personalberatung).[52]

---

43 BGH U 27. 6. 73 (IV ZR 117/71), LM Nr. 70 = MDR 73, 1010 = WM 73, 1024.

44 BGH U 27. 6. 73 (IV ZR 117/71), LM Nr. 70 = MDR 73, 1010 = WM 73, 1024.

45 BGH U 12. 4. 78 (IV ZR 157/75), WM 78, 949 (949) = Betr 78, 1881 (1881 f.).

46 Dazu LG Baden-Baden U 4. 7. 86 (1 O 26/86), NZ 87, 142 (142).

47 Vgl. zum Arbeitsvermittlungsmonopol die Rechtsprechungsübersicht bei *Döser,* Personal 80, 300 (301).

48 LG Münster B 15. 9. 89 (7a StL 11/89), StB 90, 238 (239); LG Baden-Baden U 4. 7. 86 (1 O 26/86), NZ 87, 142 (142).

49 Von dieser Vorschrift werden nur befürwortende Hinweise von Verwandten, Freunden, Bekannten, Berufsverbänden etc. erfaßt. Vgl. *Schönefelder/Kranz/Wanka,* § 13 Nr. 77.

50 *Döser,* Personal 80, 300 (300).

51 Vgl. den Runderlaß 88/90 der Bundesanstalt für Arbeit vom 5. 7. 1990, abgedruckt in: NZA 90, 804 f.

52 Zur Personalberatung allgemein: *Henke,* S. 548; speziell zu den Rechtsproblemen: *M. Huber,* Rechtliche Aspekte der Personalberatung; speziell zu betriebswirtschaftlichen Aspekten: *Gaugler/Weber,* Die Personalberatung, Aufgaben – Leistungsangebot.

Ein gegen das Vermittlungsmonopol verstoßender Unternehmensberatungsvertrag ist nichtig.[53]

3. Berufsgrundsätze des BDU

Der Bundesverband Deutscher Unternehmensberater BDU e. V. hat Berufsgrundsätze über die fachliche Kompetenz, seriöses und effektives Vorgehen, objektive Beratung, angemessene Preisbildung etc. entwickelt, zu deren Einhaltung sich jedes BDU-Mitglied verpflichtet, § 4 Ziffer 1.5 der BDU-Satzung.

Verletzt ein Mitglied diese Berufsgrundsätze, so verstößt es damit noch nicht gegen ein Gesetz i. S. d. § 134 BGB. Darunter fallen nämlich nur Rechtsnormen (Art. 2 EGBGB), die aufgrund staatlicher Rechtssetzungsbefugnis erlassen worden sind.[54] Der BDU ist aber als rechtsfähiger privater Verein weder Träger staatlicher Gewalt noch wurden ihm hoheitliche Befugnisse übertragen.[55] Etwas anderes ergibt sich auch nicht aus der verbandsinternen Allgemeinverbindlichkeit, die durch die freiwillige Unterwerfung aller Mitglieder erzielt wird, da verbandsintern gesetztes „Recht" keine Allgemeingültigkeit zur Folge hat.[56] Vielmehr handelt es sich bei den Berufsgrundsätzen um rechtsgeschäftliche Verhaltensanweisungen, deren Verletzung Verbandssanktionen bis hin zum Ausschluß durch den Ehrenrat des BDU nach sich ziehen kann, § 32 Nr. 3 Ehrengerichtsordnung. Auf die Wirksamkeit des Beratungsvertrages haben sie keine Auswirkung.[57]

---

53 BAG U 8. 3. 72 (5 AZR 378/70), NJW 72, 973; BGH U 27. 6. 73 (IV ZR 117/71), LM Nr. 70 = MDR 73, 1010 = WM 73, 1024; BGH U 12. 4. 78 (IV ZR 157/75), WM 78, 949 (949) = Betr 78, 1881 (1881 f.); OLG Düsseldorf U 6. 11. 75 (8 U 19/75), NJW 76, 1638 f. Von der Nichtigkeit nicht erfaßt wird hingegen der vermittelte Arbeitsvertrag. Dazu BGH U 27. 6. 73 (IV ZR 117/71), LM Nr. 70 = MDR 73, 1010 = WM 73, 1024.

54 RG U 18. 2. 32 (VIII 537/31), RGZ 135, 242 (245); OLG Köln U 12. 12. 79 (2 U 81/78), VersR 80, 539 (539); *Kirchhoff*, S. 267 ff.

55 Ebenso beim Deutschen Institut für Normung (DIN) und beim Verband Deutscher Elektrotechniker (VDE). Vgl. ausführlich dazu *Sonnenberger*, BB Beilage 4/85, 3 ff.

56 OLG Karlsruhe U 9. 11. 77 (6 U 110/72), NJW 78, 324 (324).

57 Zur rechtlichen Relevanz vgl. aber unten unter § 5 A I 3a und 3b aa aaa.

4. Umgehungsgeschäfte

Verstößt der Beratungsvertrag zwar nicht gegen den Wortlaut, wohl aber gegen den Zweck einer Norm, so kann sich durch Auslegung der Vorschrift ergeben, daß das Verbotsgesetz auch der nach dem Wortlaut scheinbar zulässigen Regelung entgegensteht.[58] Eine solche Konstellation läßt sich denken, wenn etwa ein konzessionspflichtiges Gewerbe[59] gegründet werden soll, ohne daß der Klient die persönlichen Voraussetzungen dazu erfüllt, oder wenn dem Klienten die erforderliche Konzession entzogen wurde und der Unternehmensberater „auf dem Papier" das Gewerbe betreiben soll.[60] Ähnlich wäre es, wenn der Konzessionserteilung gewisse, wenngleich behebbare Hindernisse entgegenstehen und der Unternehmensberater diese Zeit überbrücken soll. Damit würde gegen gewerberechtliche Verbotsnormen ein relevanter Schneintatbestand geschaffen,[61] der als Umgehungsgeschäft zur Nichtigkeit des Unternehmensberatungsvertrages führt. Bei Dauerberatungsverträgen ist gemäß § 308 i. V. m. 309 BGB zu beachten. Sie sind allerdings nicht geeignet, eine nichtige Übergangsregelung wirksam werden zu lassen.[62]

5. Beratung bei Gesetzesverstößen

Von den Beratungsverträgen, die selbst gegen gesetzliche Verbote verstoßen, sind die Fälle zu unterscheiden, in denen die Beratung gerade auf künftige Gesetzesverstöße oder rechtswidrige Gesetzesumgehung zielt, etwa wenn der Unternehmensberater Schwarzarbeiter besorgen, eine wettbewerbswidrige Werbeaktion durchführen oder Beamte (§ 331 StGB) bzw. Angestellte bestechen (§ 12 UWG) soll. Die entscheidende Frage ist, ob auch Unternehmensberatungsverträge, die der Vorbereitung von Gesetzesverstößen dienen, nichtig sind.[63] Anzuknüpfen ist an den gesetzlichen Regelungen der Verbotsnormen. Der Gesetzgeber hat übereinstimmend im Strafrecht in den §§ 26, 27 StGB, im Ordnungswidrigkeitenrecht in § 14 I 1 OWiG und für unerlaubte Handlungen in § 830 BGB Anstifter und Gehil-

58 *Palandt/Heinrichs,* § 134 Anm. 4; *Soergel/Hefermehl,* § 134 Rn. 52; a. A. MünchKomm/*Mayer-Maly,* § 134 Rn. 11 ff., der ein eigenständiges Rechtsinstitut annimmt.

59 Vgl. etwa die §§ 30 ff. GewO, §§ 2, 3 GastG.

60 Zur Konzessionsumgehung im Gaststättengewerbe: OLG Hamm U 22. 5. 86 (2 U 277/85), NJW 86, 2440.

61 OLG Hamm U 4. 11. 87 (12 U 28/87), NJW-RR 88, 1117 (1118).

62 OLG Hamm U 22. 5. 86 (2 U 277/85), NJW 86, 2440 (2441).

63 *Köhler,* JR 84, 324 (324).

fen zur Rechenschaft gezogen. Da mit der Beratung der Verstoß des Klienten gegen Verbotsnormen gefördert wird, handelt auch der Unternehmensberater, wenn es zum Gesetzesverstoß kommt, verbotswidrig. Dies legt es nahe, Unternehmensberatungsverträge, die eine Beratung bei verbotswidrigem Verhalten vorsehen, als verbotene Geschäfte und damit als nichtig anzusehen.[64] Durch solche Verträge wird die Gefahr verbotenen Verhaltens begründet und dem gilt es auch mit den Mitteln des Zivilrechts entgegenzuwirken.[65] Dabei ist unerheblich, ob das (angeratene) Rechtsgeschäft des Klienten nichtig[66] oder ob der Verstoß lediglich bußgeldbewehrt bzw. schadensersatzpflichtig ist.[67]

Von diesen „Vorbereitungsverträgen" sind freilich die Situationen zu unterscheiden, in denen der Unternehmensberater bei der Raterteilung Verbotsnormen übersieht und infolgedessen verbotswidriges Verhalten anrät. Dann nämlich hat er sich zu keiner verbotswidrigen Beratung verpflichtet, sondern allein einen Beratungsfehler begangen, der nach Gewährleistungsrecht zu beurteilen ist.[68]

6. Sonderproblem: Unternehmensberatung durch Rechtsanwälte, Steuerberater und Wirtschaftsprüfer

Da wirtschaftliche Entscheidungen häufig rechtliche, insbesondere steuerrechtliche Konsequenzen haben, werden oft Rechtsanwälte, Steuerberater[69] oder Wirtschaftsprüfer[70] zur Unternehmensberatung herangezogen. Dazu sind Rechtsanwälte ohne weiteres[71] und Steuerberater bzw. Wirtschaftsprüfer insoweit befugt, als es sich um keine gewerbliche Tätigkeit handelt.[72]

64 OLG Hamm U 29. 9. 89 (26 U 96/89), MDR 90, 243.

65 OLG Hamm U 29. 9. 89 (26 U 96/89), MDR 90, 243.

66 Z. B. Schwarzarbeitsverträge, wenn beide Parteien Kenntnis vom Gesetzesverstoß haben; dazu zuletzt OLG Hamm U 29. 9. 89 (26 U 96/89), MDR 90, 243.

67 Z. B. bei Importbeschränkungen: BGH U 10. 2. 69 (VIII ZR 5/67), MDR 69, 659 (660) = WM 69, 530 = LM Nr. 59 zu § 134; BGH U 8. 6. 83 (VIII ZR 77/82), NJW 83, 2873 (2873); bei Verstoß gegen § 1 I HandwO: BGH U 22. 9. 83 (VII ZR 43/83), NJW 84, 230 (231) = JR 84, 322 m. Anm. *Köhler,* JR 84, 324.

68 Vgl. dazu BGH U 8. 6. 83 (VIII ZR 77/82), NJW 83, 2873 (2873).

69 Zum Verhältnis Steuer- und Unternehmensberatung vgl. *Buchholz,* StB 87, 261; *Fischer,* Stbg 79, 222; *Strobel,* BB 87, 699; *Vormbaum,* Stbg 82, 345.

70 Zum Verhältnis Wirtschaftsprüfung und Unternehmensberatung vgl. *Klebba,* Betr 62, 877; *Potthoff,* BFuP 79, 117.

71 Vgl. nur *Borgmann/Haug,* § 6, 1 und 2 (S. 18 ff.) m. umfangreichen Nachw.

72 Ausdrücklich für Steuerberater: § 57 III Nr. 3, IV Nr. 1 StBerG, § 7 I der Richtlinien für die Berufsausübung der Steuerberater und Steuerbevollmächtigten (Stan-

Da diese Schranken zugleich Verbotsgesetze i. S. v. § 134 BGB darstellen,[73] ist zu klären, wann Unternehmensberatung als (verbotswidrige) Gewerbetätigkeit und wann sie als (zulässiger) Freiberuf zu qualifizieren ist.[74]

Diskutiert wird die Frage vor allem im Steuerrecht bei der Ermittlung der Einkunftsarten (§ 18 EStG). Der Bundesfinanzhof[75] setzt in Übereinstimmung mit dem Bundesverfassungsgericht[76] für freiberufliche Tätigkeit die Beratung auf einem betrieblichen Hauptgebiet (z. B. Absatzwesen) voraus („Ausschnittstheorie"), hat aber Werbeberater,[77] Public-Relations-Berater[78] und Organisationsberater für Datenverarbeitung[79] als Gewerbetreibende mit der Begründung angesehen, daß das Gesamtbild ihrer tatsächlich ausgeübten Tätigkeit nicht entscheidend durch die Beratung in betriebswirtschaftlichen Fragen geprägt gewesen sei. Die Instanzgerichte[80] und das

---

desrichtlinien); für Wirtschaftsprüfer: § 43 III Nr. 1, IV Nr. 1 WPO. Zum Grundgedanken dieser Regelung ausführlich BGH U 23. 10. 80 (IVa ZR 28/80), NJW 81, 399 (399) = BGHZ 78, 263 (267).

73 BGH U 23. 10. 80 (IVa ZR 28/80), NJW 81, 399 (399) = BGHZ 78, 263 (267).

74 Für Rechtsanwälte hängen von dieser Abgrenzung die Anwendbarkeit der Gebührenordnung, Haftungsumfang und der Sorgfaltsmaßstab ab.

75 BFH U 16. 1. 74 (I R 106/72), BFHE 111, 316 = BStBl 74 II, 293 = StRK EStG § 18 R. 498. Früher hat er Unternehmensberatung nur dann als freiberufliche Tätigkeit qualifiziert, wenn sie sich auf alle Fragen der Unternehmensleitung erstreckte. Vgl. BFH U 12. 8. 65 (IV 61/61, 100/61, 336/64), BFHE 83, 237 = BStBl 65 III, 586 = StRK EStG § 18 R. 361. Ebenso der Reichsfinanzhof: RFH U 13. 11. 40 (VI 405/40), RFHE 49, 295 = RStBl 41, 179 = StuW 41, Nr. 156 unter Bezugnahme auf RFH U 9. 12. 38 (V 335/37), RStBl 39, 373 = StuW 39 Nr. 263; RFH U 10. 12. 41 (VI 420/41), RStBl 42, 78 für einen Werbeberater; RFH U 10. 8. 38 (VI 452/38), RStBl 38, 1069 für die Beratung in Lieferungs- und Versendungsfragen.

76 BVerfG B 25. 10. 77 (1 BvR 15/75), BVerfGE 46, 224 = BStBl 78 II, 125 (129 f.) = StRK GewStG § 2 Abs. 1 R. 348 mit krit. Anm. *Orth*, StuW 79, 77.

77 BFH U 16. 1. 74 (I R 106/72), BFHE 111, 316 = BStBl 74 II, 293 = StRK EStG § 18 R. 498.

78 BGH U 25. 4. 78 (VIII R 149/74), BFHE 125, 369 = BStBl 78 II, 565 = StRK EstG § 18 R. 498.

79 Zuletzt: BFH U 20. 7. 76 (I 63/75), BFHE 120, 253 = BStBl 77 II, 34 = StRK EStG § 18 R. 481.

80 FG Düsseldorf U 20. 5. 70 (VII 89/68), EFG 70, 559 (559), Unternehmensberater; FG Düsseldorf U 26. 4. 73 (V 124/68), EFG 73, 492 (LS), Marktforscher; FG Hamburg U 15. 4. 70 (II 363/66), EFG 70, 389 (389), Marktforscher; FG München U 7. 7. 70 (II 68/67), EFG 71, 25, Meinungsforscher; Hessisches FG U 22. 10. 71 (IV 73, 74/70), EFG 72, 71, Werbeberater, der Werbekampagnen entwarf und durchführte.

Schrifttum[81] sind der höchstrichterlichen Rechtsprechung nicht gefolgt und haben unter Hinweis auf die mit den Freiberuflern vergleichbaren Arbeitsmethoden eine Qualifizierung als Gewerbetätigkeit abgelehnt. Jüngst ist wiederum das OLG Hamm[82] ohne nähere Begründung bei einer Existenzgründungsberatung von einer gewerblichen Tätigkeit ausgegangen.

Sieht man davon ab, daß die Beratung auf einem betrieblichen Hauptgebiet weder für Steuerberater, Steuerbevollmächtigte, Wirtschaftsprüfer noch für Rechtsanwälte charakteristisch ist, kann die Auffassung des Bundesfinanzhofs schon deswegen nicht überzeugen, weil man konsequenterweise um so eher eine gewerbliche Tätigkeit annehmen müßte, je spezieller die Beratungsaufgabe und damit auch die intellektuellen Anforderungen an den Berater sind. Daher wird man im Einzelfall Gegenstand und geistiges Niveau der unternehmensberaterischen Tätigkeit sowie ihr methodisches Vorgehen mit derjenigen eines Freiberuflers zu vergleichen haben. Für freiberufliche Beratung dürfte vor allem die Arbeitsmethode der Erstattung von Gutachten[83] sowie eine höherwertige Berufsausbildung oder vergleichbare Berufserfahrung[84] als Voraussetzung für die Bewältigung der konkreten Beratungsaufgabe sprechen.[85] Indessen stehen Implementierungsaufgaben einer freiberuflichen Tätigkeit nicht entgegen, weil auch sie durch die intellektuelle Hilfe zur Lösung von betrieblichen Problemen geprägt wird, die allein zu bewältigen der Klient aufgrund seiner fachlichen Qualifikation und Erfahrung außerstande ist oder sich nicht zutraut.[86] Beispiele für freiberufliche Tätigkeit sind: Durchführung von Marktanalysen und Meinungsforschungen, die Schaffung eines neuen und prägnanten Markenzeichens, das Verfassen von Werbeversen[87] oder die Planung eines Werbefeldzuges. Umgekehrt legt die Teilnahme am wirtschaftlichen Verkehr durch fachmännische Beratung und im Namen des Klienten, gewissermaßen als „rechte Hand des Klienten", gewerbliche Tätigkeit nahe.[88] Gleiches gilt für Beratungen allein auf der Basis einer gewerblichen und/oder handwerklichen Ausbildung. In jedem Fall muß jedoch die Tätigkeit auf eine beraten-

81 Vgl. die Darstellung des Meinungsstandes bei *Grube,* StuW 81, 34 (37 f.).

82 OLG Hamm U 25. 4. 89 (4 U 107/88), NJW-RR 89, 1061.

83 *Grube,* StuW 81, 34 (40).

84 Vgl. BFH U 16. 1. 74 (I R 106/74), BFHE 111, 316 (318).

85 *Littmann/Grube,* § 18 Rn. 60.

86 *Grube,* StuW 81, 34 (40).

87 FG Münster U 20. 10. 66 (VI-II C 318–319/60), EFG 67, 417.

88 BFH U 25. 10. 55 (I 206/53), BFHE 61, 484 = BStBl 55 III, 386; BFH U 23. 2. 56 (IV 228/54), StRK GewStG § 2 Abs. 1 R. 89.

de Funktion zielen.[89] Die bloße Informationsvermittlung, wie etwa bei Auskunfteien, kann indessen keinesfalls freiberufliche Tätigkeit begründen.[90]

Insgesamt wird Unternehmensberatung regelmäßig freiberufliche Betätigung darstellen. Gewerbliche Tätigkeit wird in Betracht zu ziehen sein, wenn die Unternehmensberatung als Dauerberatung ausgestaltet ist und gewissermaßen Funktionsbereiche des Klientenunternehmens zum Unternehmensberater ausgelagert sind.

III. Verstoß gegen die guten Sitten

Unternehmensberatungsverträge sind auch nichtig, wenn sie gegen die guten Sitten verstoßen, § 138 BGB. Die Sittenwidrigkeit ist im Wege einer Gesamtwürdigung festzustellen. Dabei sind der Inhalt und die Begleitumstände der Beratung sowie die Vorstellungen, Beweggründe und Zwecke der Beteiligten zu berücksichtigen.[91]

1. Wucher

Erste Voraussetzung für Wucher ist, daß ein „auffälliges Mißverhältnis" zwischen Beratungsleistung und Honorar besteht. Dazu ist der objektive Wert der beiderseitigen Leistungen zu vergleichen.[92] Maßgebend für die Bewertung der Beratungsleistung sind die individuell geschuldeten Einzelleistungen, die Schwierigkeit der Beratungsaufgabe und welche Qualifikation des Unternehmensberaters zur Erbringung erforderlich ist.[93] Bei der Ermittlung ist äußerste Sorgfalt angezeigt. Mitunter verbergen sich nämlich hinter dem vielversprechenden Angebot von Beratungsleistungen[94] einfachste manuelle oder bloße Botentätigkeiten.[95] Welches Honorar für die ermittelte Beratungsleistung auf einem vergleichbaren Beratungsmarkt zu erbrin-

89 BVerfG B 25. 10. 77 (1 BvR 15/75), BVerfGE 46, 224 = BStBl 78 II, 129 (130) = StRK GewStG § 2 Abs. 1 R. 348.

90 *Grube,* StuW 81, 34 (40).

91 BGH U 25. 10. 79 (III ZR 182/77), NJW 80, 445 (446).

92 BGH U 1. 12. 88 (I ZR 190/87), NJW-RR 89, 746 (747); BGH U 10. 7. 87 (V ZR 284/85), NJW 88, 130) = LM § 781 BGB Nr. 16 m.w.N.

93 MünchKomm/*Mayer-Maly,* § 138 Rn. 102.

94 Welche Leistungen im Rahmen des Vertragsverhältnisses tatsächlich erbracht wurden, ist dabei irrelevant. Dazu: BGH U 1. 12. 88 (I ZR 190/87), NJW-RR 89, 746 (748).

95 Dazu instruktiv: AG Siegen U 4. 4. 68 (6 C 2005/67), Betr 68, 1854 (1855).

gen ist, wird sicherlich am schwierigsten festzustellen sein.[96] Keinesfalls kann als Vergleichsmaßstab die Rechtsanwalts- oder Steuerberatergebührenordnung herangezogen werden, da ihre Geltung ausdrücklich auf die Beratung und Vertretung in Rechtsangelegenheiten bzw. die Hilfeleistung in Steuersachen beschränkt ist.[97] Ob das Mißverhältnis „auffällig" ist, muß unter Würdigung des Gesamtcharakters des Beratungsvertrages, insbesondere der von den Parteien übernommenen Risiken, ermittelt werden,[98] wobei der zutreffenden Einordnung als Werk- oder Dienstvertrag entscheidende Bedeutung zukommt.[99]

Hinzukommen muß eine Zwangslage oder Unerfahrenheit des Klienten.[100] Eine Zwangslage setzt eine wirtschaftliche Bedrängnis des Klienten[101] voraus, die ein zwingendes Bedürfnis nach Beratung entstehen läßt. Sie muß nicht unbedingt in Vermögenslosigkeit ihre Usache haben, sondern kann auch bei vermögenden Klienten[102] auf Liquiditätsengpässen, besonders scharfem Wettbewerb, Wegfall des Hauptkunden u. ä. beruhen, wenn nur daraus erhebliche Nachteile für den Klienten drohen. Eine Existenzgefährdung, wie sie häufig bei Sanierungsberatungen bestehen wird, ist indessen nicht erforderlich. Ausreichen kann sogar die bloß subjektive Vorstellung des Klienten von einer Zwangslage.[103] In der Praxis ist häufig der Fall aufgetreten, daß der Unternehmensberater nach oberflächlicher Besichtigung des Betriebes und kurzer Durchsicht der Geschäftsunterlagen dem Klienten vorgespiegelt hat, sein Unternehmen steht kurz vor dem Ruin, um ihn dadurch zum Abschluß eines Beratungsvertrages mit überhöhtem Honorar zu veranlassen.[104] Auf Unerfahrenheit in Geschäftsangelegenheiten[105] kann der Beratungsvertrag vor allem zurückzuführen sein, wenn der intel-

96 MünchKomm/*Mayer-Maly*, § 138 Rn. 101 f.

97 Vgl. § 1 II BRAGO, § 1 I StBerGebVO i. V. m. § 33 StBG.

98 BGH U 8. 2. 82 (III ZR 1/81), NJW 82, 2767 (2767); *Palandt/Heinrichs*, § 138 Anm. 4a aa (Rn. 66).

99 BGH U 1. 12. 88 (I ZR 190/87), NJW-RR 89, 746 (749).

100 Ein Mangel an Urteilsvermögen oder erhebliche Willensschwäche werden allenfalls in besonderen Ausnahmefällen vorkommen.

101 Unerheblich ist, ob der Klient eine natürliche oder juristische Person ist (RG U 16. 4. 20 (VII 480/19), RGZ 98, 323 (324)).

102 BGH U 8. 2. 82 (III ZR 1/81), NJW 82, 2767 (2767).

103 *Palandt/Heinrichs*, § 138 Anm. 4a (Rn. 65).

104 Instruktiv zu praktischen Fällen o. V., WiWo 87, Nr. 29, 34. In diesen Fällen wird sich die Nichtigkeit freilich auch aus § 134 BGB i. V. m. § 263 BGB ergeben.

105 Dazu eingehend BGH U 26. 5. 82 (VIII ZR 123/81), WM 82, 849; BGH U 24. 1. 79 (VIII ZR 16/78), NJW 79, 758.

lektuell überlegene Unternehmensberater die mangelnden kaufmännischen Kenntnisse des Klienten – man denke nur an Handwerker – ausnutzt. In jedem Fall ist erforderlich, daß der Unternehmensberater das auffällige Leistungsmißverhältnis und die besonderen Umstände kannte und sich diese Situation zunutze machen wollte.[106]

Sind die Voraussetzungen des Wuchertatbestandes nicht vollständig erfüllt, so kann § 138 I BGB als Auffangtatbestand für wucherähnliche Geschäfte eingreifen.[107] Zum auffälligen Mißverhältnis muß dann eine verwerfliche Gesinnung des Unternehmensberaters hinzukommen.[108] Das ist etwa anzunehmen, wenn der intellektuell überlegene Unternehmensberater die wirtschaftlichen Schwierigkeiten des Klienten bewußt zu seinem Vorteil ausnutzt[109] oder sich leichtfertig der Einsicht verschließt, daß sich der Klient nur unter dem Zwang der Verhältnisse auf den Beratungsvertrag eingelassen hat.[110] Besonders in Rechnung zu stellen ist, daß die (vermeintlich) fachliche Autorität des Unternehmensberaters besonders leicht eine Vertrauensstellung beim Klienten begründen wird und dann mühelos zur unbilligen Ausgestaltung des Beratungsvertrages mißbraucht werden kann.[111] Sittenwidrigkeitsbegründende Umstände können auch sein: besonders „wolkige" Formulierungen über den Umfang der Beratungsleistung, unübersichtliche Darstellung belastender Vertragsbedingungen,[112] pauschale und in ihrer Tragweite für den Klienten unübersehbare Bestimmungen,[113] Klauseln, die ein Mißverhältnis der beiderseitigen Leistungen ins Unangemessene steigern[114] oder besonderer Zeitdruck bei Vertragsabschluß.[115]

---

106 Einhellige Ansicht; vgl. nur BGH U 8. 2. 82 (III ZR 1/81), NJW 82, 2767 (2768); *Palandt/Heinrichs*, § 138 Rn. 4a cc (Rn. 68).

107 BGH U 7. 6. 88 (IX ZR 245/86), NJW 88, 2599 (2602).

108 BGHZ U 13. 3. 81 (III ZR 92/79), BGHZ 80, 153.

109 BGH U 25. 10. 79 (III ZR 182/77), NJW 80, 445 (446).

110 St. Rspr.; vgl. nur BGH U 1. 12. 88 (I ZR 190/87), NJW-RR 89, 746 (747); BGH U 12. 3. 81 (III ZR 92/79), BGHZ 80, 153 (156, 160 f.) = NJW 81, 1206 = LM § 138 BGB Nr. 31.

111 *Kempermann*, S. 7 ff.

112 MünchKomm/*Mayer-Maly*, § 138 Rn. 102; BGH U 9. 11. 78 (III ZR 21/77), LM § 138 BGB Nr. 18 = NJW 79, 805 (806 f.); BGH U 12. 3. 81 (III ZR 92/79), BGHZ 80, 153 (171) = NJW 81, 1206 = LM § 138 BGB Nr. 1.

113 BGH U 1. 12. 88 (I ZR 190/87), NJW-RR 89, 746 (749).

114 BGH U 7. 6. 88 (IX ZR 245/86), NJW 88, 2599 (2602).

115 BGH U 7. 6. 88 (IX ZR 245/86), NJW 88, 2599 (2602).

2. Mangelnde Leistungsfähigkeit des Klienten?

Bei einer äußerst angespannten Wirtschaftslage des Klientenunternehmens stellt sich angesichts der mitunter sehr hohen Beraterhonorare die Frage, ob ein Beratungsvertrag allein deshalb sittenwidrig ist,[116] weil der Klient das versprochene Honorar in absehbarer Zeit nicht leisten können wird.[117] Solche Schwierigkeiten allein begründen keine Sittenwidrigkeit. Zum einen läßt die Vertragsfreiheit als Teil der Privatautonomie auch risikoreiche Geschäfte zu, die nur unter besonders günstigen Bedingungen erfüllt werden können.[118] Zum anderen würde dadurch gerade die Privatautonomie der schwachen Unternehmen beschränkt.[119] Das gilt selbst dann, wenn sich das Scheitern der Sanierung und damit auch der Honorarzahlung schon bei Vertragsschluß erahnen läßt.[120] Nur wenn der Unternehmensberater bewußt eine für den Klienten aussichtslose Situation schafft oder das Scheitern der Beratung evident ist, wird man Sittenwidrigkeit annehmen können.[121]

3. Kollusives Zusammenwirken mit einem Dritten

Häufig wird dem Klienten mit Vorschlägen zur Umstellung der Betriebsorganisation, der Umschichtung des Vermögens, der Einrichtung einer neuen Produktionsstraße etc. wenig geholfen sein. Er bedarf oft auch einer Beratung darüber, welche EDV-Anlage, welche Vermögensanlage oder welche Maschinenkonfiguration für ihn geeignet ist. Problematisch wird es, wenn dem Unternehmensberater von bestimmten Firmen Provisionen in Aussicht gestellt werden, falls er seinen Klienten zu einem entsprechenden Vertragsabschluß veranlaßt.[122]

---

116 Bei bestehendem Mißverhältnis würde dieser Faktor als Sittenwidrigkeitselement mitzuberücksichtigen sein.

117 BGH U 16. 3. 89 (III ZR 37/88), ZIP 89, 487, Darlehn; BGH U 19. 1. 89 (IX ZR 124/88), ZIP 89, 219 und BGH U 28. 2. 89 (IX ZR 130/88), ZIP 89, 427, Bürgschaft, jeweils die Sittenwidrigkeit ablehnend.

118 BGH U 28. 2. 89 (IX ZR 130/88), ZIP 89, 427.

119 *Medicus*, ZIP 89, 817 (819).

120 Das ist auch nicht sachwidrig, da sich der Unternehmensberater vor Vertragsschluß darüber Klarheit verschaffen kann, ob das übernommene Risiko für ihn tragbar ist, oder oft in riskanten Situationen eine Beratung übernehmen wird, um damit sein Können unter Beweis zu stellen.

121 *Medicus*, ZIP 89, 817 (819).

122 Das ist für die Firmen vor allem interessant, weil der Unternehmensberater bei seinen Klienten ein größeres Vertrauen genießt als die eigenen Provisionsvertreter.

Einigkeit besteht zunächst darin, daß der Vertrag, den der Unternehmensberater in Vertretung seines Klienten einverständlich mit dem Vertragsgegner zu seinem eigenen Vorteil, aber treuwidrig zum Schaden des Klienten schließt, gegen die guten Sitten verstößt.[123] Nichts anderes kann gelten, wenn er dem Klienten den Vertrag anrät.[124,125]

Die hier interessierende Frage ist aber, ob auch der Beratungsvertrag nichtig ist. Bedenkt man, daß der Klient dem Unternehmensberater größtes Vertrauen entgegenbringt und von einer ausschließlich an sachlichen Gesichtspunkten orientierten Beratung ausgeht, dann mißbraucht er dieses Vertrauen, wenn er es dadurch zu Geld macht, daß er den Inhalt seiner Ratschläge von Zahlungen Dritter abhängig macht. Angesichts dieser Vertrauensstellung wird sogar ausreichen, wenn der Unternehmensberater in die Gefahr gerät, seinen Klienten nicht mehr unvoreingenommen zu beraten, selbst wenn er zu sorgfältiger Beratung gewillt sein mag.[126]Nichtigkeit des Beratungsvertrages dürfte im übrigen auch sachgerecht sein. Der Klient wird von der Honorarzahlung für eine für ihn wertlose Beratungsleistung frei, ist aber nicht schutzlos, weil der Unternehmensberater aus positiver Vertragsverletzung einer Geschäftsführung ohne Auftrag schadensersatzpflichtig bleibt, ohne nach § 683 BGB Aufwendungsersatzansprüche zu haben.

4. Schädigung Dritter

Klient und Unternehmensberater können auch darin übereinkommen, daß der Unternehmensberater einen Konkurrenten, einen Geschäftspartner oder andere Dritte schädigen soll. Verhält sich der Unternehmensberater

123 BGH U 17. 5. 88 (VI ZR 233/87), NJW 89, 26 (26).

124 BGH U 25. 6. 86 (IVa ZR 234/84), NJW-RR 87, 42 (42).

125 Auch die Provisionszusage ist nicht, wenn die Firma weiß oder damit rechnet, daß der Unternehmensberater die Vereinbarung seinem Klienten verschweigen will. Und das wird er regelmäßig tun, weil eine Offenbarung geeignet ist, sein Ansehen beim Mandanten herabzusetzen. Vgl. BGH U 19. 6. 85 (IVa ZR 196/83), NJW 85, 2523 (2524).

126 Zu ähnlichen Erwägungen für Steuerberater bzw. den Geschäftsführer einer oHG: BGH U 17. 5. 88 (VI ZR 233/87), NJW 89, 26 (27); BGH U 25. 6. 86 (IVa ZR 234/84), NJW-RR 87, 42 (42); BGH U 19. 6. 85 (IVa ZR 196/83), NJW 85, 2523 (2523); BGH U 23. 10. 80 (IVa ZR 28/80), BGHZ 78, 263 (268) = NJW 81, 399 = LM § 138 BGB Nr. 10.

selbst sittenwidrig, indem er etwa nicht wegen Personalmangels des Klienten, sondern allein aus Konkurrenzgründen Arbeitskräfte abwirbt[127] oder einen Dritten seiner freien Willensbestimmung beraubt,[128] so verstößt auch der darauf gerichtete Beratungsvertrag gegen die guten Sitten. Zu differenzieren ist indessen, wenn der Unternehmensberater Dritte zur Selbstschädigung veranlassen soll. Wird etwa eine eigene Beteiligung des Unternehmensberaters am (konkursreifen) Klientenunternehmen vereinbart, um Banken zur großzügigen Kreditgewährung zu veranlassen,[129] oder soll der Unternehmensberater Konkursgerüchte über ein anderes Unternehmen lancieren, um aufgrund größerer Anteilsverkäufe und Kursverlusten seinem Klienten eine Beteiligung zu ermöglichen, so handelt es sich im Kern um eine Verpflichtung zur psychologischen Beeinflussung Dritter. Sie mag zwar nicht unbedingt höchsten ethischen Ansprüchen genügen, wird aber angesichts des marktwirtschaftlichen Prinzips, daß jeder seine eigenen Interessen zu wahren hat („Trau, schau, wem"), kaum Sittenwidrigkeit begründen. Etwas anderes ist es freilich, wenn der Unternehmensberater dabei die Schwelle zur Täuschung überschreitet, indem er etwa konkrete Tatsachen behauptet oder falsches Zahlenmaterial, gefälschte Unterlagen etc. einsetzt.[130]

5. Sonderproblem: Standeswidriges Verhalten sittenwidrig?

Soweit Unternehmensberater als Mitglieder des BDU oder aufgrund ihrer Zulassung als Rechtsanwalt, Steuerberater oder Wirtschaftsprüfer Standesregeln unterworfen sind, fragt sich, ob ihre Verletzung zugleich Sittenwidrigkeit begründet.

Zunächst ist dies für die Berufsgrundsätze des BDU generell zu verneinen, weil der Berufsstand der Unternehmensberater weder rechtlich anerkannt ist noch wichtige Gemeinschaftsaufgaben zu erfüllen hat, wie etwa die Anwaltschaft bei der Aufrechterhaltung der Rechtsordnung.[131]

Handeln als Rechtsanwälte, Steuerberater oder Wirtschaftsprüfer zugelassene Unternehmensberater standeswidrig, so führt dies nur dann zur Sitten-

---

127 BAG U 19. 10. 62 (1 AZR 487/61), NJW 63, 124 (125); OLG Frankfurt B 21. 1. 63 (6 W 431/62), NJW 63, 862.

128 LG Kassel U 26. 5. 88 (1 S 483/87), NJW-RR 88, 1517 (1517).

129 Zu ähnlichen Fällen o. V., WiWo 87, Nr. 29, 34.

130 Vgl. etwa BGH U 9. 7. 53 (IV ZR 242/52), BGHZ 10, 228 (233) = NJW 53, 1865.

131 RG U 16. 4. 34 (VI 456/33), RGZ 144, 242 (245).

widrigkeit, wenn entweder weitere Sittenwidrigkeitselemente eingreifen[132] oder eine besonders wichtige Standespflicht verletzt wird.[133] Am nächsten liegen dürfte ein Verstoß gegen die zentrale Standespflicht zur unabhängigen, eigenverantwortlichen und gewissenhaften Berufsausübung[134] und zwar dadurch, daß die Unabhängigkeit durch die Verknüpfung eigener wirtschaftlicher Interessen mit denen des Klienten gefährdet wird. Sie kann sich aus dem Zusammenhang zwischen wirtschaftsberatender Tätigkeit und Rechts- bzw. Steuerberatung ergeben, etwa wenn ein bestimmtes Ergebnis der Rechts- und Steuerberatung Voraussetzung für eine (weitere) wirtschaftliche Beratung und damit auch für die Honorarzahlung aus dem Unternehmensberatungsvertrag ist.[135]

IV. Die Rechtsfolgen der Nichtigkeit

Nichtigkeit besagt, daß der Beratungsvertrag die beabsichtigten Rechtswirkungen von Anfang an nicht hervorbringen kann.[136] Sie hat zur Folge, daß der Unternehmensberater keinerlei Honoraransprüche gegen den Klienten hat.[137] Der Klient kann umgekehrt auch keine Beratung verlangen.

Wurde bereits ein Honorar gezahlt, so hat der Klient einen Rückzahlungsanspruch, § 812 I 1 1. Alt. BGB. Der Unternehmensberater kann den Wert seiner bereits erbrachten Beratungsleistung verlangen, § 812 I 1 1. Alt. BGB i.V.m. § 818 II BGB.[138] Dieser Wert ist nach der Höhe der üblichen, oder (mangels einer solchen) nach der angemessenen Vergütung zu bestim-

132 MünchKomm/*Mayer-Maly,* § 138 Rn. 40.

133 BGH U 31. 1. 63 (VII ZR 284/61), BGHZ 39, 142 (148) = NJW 63, 1147; BGH U 7. 12. 72 (VII ZR 235/71), BGHZ 60, 28 (32 ff.); BGH WM 77, 458 (459); *Custodies,* DNotZ 73, 526 (531).

134 Vgl. §§ 1, 3 I BRAO, § 1 I Standesrichtlinien der Steuerberater und § 43 WPO; zu den standesrechtlichen Pflichten ausführlich *Ruppel,* S. 16 ff.

135 Zu einer solchen Konstellation zwischen Notar- und Maklervertrag vgl. BGH U 22. 3. 90 (IX ZR 117/88), NJW-RR 90, 948 = WM 90, 1250.

136 *Köhler,* AT, § 22 I 1 (S. 236 ff.).

137 Das gilt bei unerlaubter Rechts- oder Steuerberatung auch dann, wenn die entsprechende Gebührenverordnung einen Vergütungsanspruch vorsieht. (BGH U 1. 2. 62 (VII ZR 212/60), NJW 62, 807 = BB 62, 324).

138 BGH U 25. 6. 62 (VII ZR 120/61), BGHZ 37, 258 (264).

men.[139] Dabei ist die gesetzlich verbotene Beratungsleistung nicht schon deshalb wertlos, weil sie verboten war.[140]

Zu beachten ist, daß die Rückabwicklung nach Bereicherungsrecht durch §§ 814 oder 817 S. 2 BGB ausgeschlossen sein kann. Soweit nämlich Unternehmensberater oder Klient in Kenntnis ihrer Nichtschuld geleistet haben, können sie das Geleistete nicht zurückfordern, § 814 BGB. Allein die Kenntnis der Umstände, die den Rückschluß auf eine nicht bestehende Verbindlichkeit zulassen sowie bloße Zweifel am Bestehen der Schuld genügen allerdings nicht.[141] Daher wird im Falle einer anfänglich objektiven Unmöglichkeit kaum § 814 BGB der Rückforderung entgegenstehen, weil der Klient regelmäßig von der Erfüllbarkeit und Erfüllung des Vertrages ausgehen wird, so daß ihm der Grund der Nichtigkeit verborgen bleiben wird.[142] Hat der Unternehmensberater indessen gegen ein Gesetz oder die guten Sitten verstoßen,[143] so kann er den Wert seiner Beratungsleistung nicht zurückfordern, wenn er sich bei der Beratung des Gesetzes- bzw. Sittenverstoßes bewußt war, § 817 S. 2 BGB.[144] Ob er sich dessen bewußt ist, hängt vom Einzelfall ab. Hat er etwa verbotene Rechtsberatung geleistet, so muß ein entsprechendes Bewußtsein angesichts der zum Teil diffizilen Abgrenzung von Rechts- und Wirtschaftsberatung nicht ohne weiteres anzunehmen sein.

Über den Wertersatz seiner Beratungsleistung hinaus kann der Unternehmensberater unter Umständen auch Aufwendungsersatz nach §§ 683 BGB verlangen.[145] Soweit der Unternehmensberater nämlich aufgrund des vermeintlich wirksamen Beratungsvertrages tätig wird, nimmt er objektiv Aufgaben im Pflichtenkreis des Klienten wahr, obgleich er vermeintlich die eigene Vertragspflicht erfüllen will. Daß Fremd- und Eigengeschäftsfüh-

---

139 BGH U 25. 6. 62 (VII ZR 120/61), BGHZ 37, 258 (264) = BGH NJW 62, 2010 (2011); OLG Karlsruhe U 28. 12. 67 (8 U 34/67), AnwBl 68, 117. Zu den Berechnungsschwierigkeiten unten § 4 B III 1.

140 *Kolbeck/Peter/Rawald,* Gr. 320, § 33 StBerG Rn. 49.

141 OLG Koblenz U 20. 9. 83 (3 U 1636/82), NJW 84, 134.

142 LG Kassel U 14. 3. 85 (1 S 491/84), NJW 85, 1612 (1612).

143 § 817 BGB greift nicht bei anderen Nichtigkeitsgründen. Vgl. ausführlich dazu LG Kassel U 26. 5. 88 (1 S 483/87), NJW-RR 88, 1517 (1518).

144 BGH U 12. 4. 78 (IV ZR 157/75), Betr 78, 1818 (1818 f.) = WM 78, 949.

145 BGH U 25. 6. 62 (VII ZR 120/61), BGHZ 37, 258 (263); BGH U 31. 1. 63 (VII ZR 284/61), BGHZ 39, 87 (90); BGH U 5. 12. 83 (II ZR 56/82), NJW 84, 1461 (1462); *Jauernig/Vollkommer,* § 677 Anm. 2e; RGRK/*Steffen,* § 677 Rn. 54 f.; a. A.: *Erman/Hauß,* vor § 677 Rn. 9; MünchKomm/*Seiler,* § 677 Rn. 40 f.; *Palandt/Thomas,* vor § 677 Anm. 4c (Rn. 10).

rungswille nebeneinander bestehen, schadet bei der Geschäftsführung ohne Auftrag grundsätzlich nicht.[146] Im Einzelfall wird allerdings genau zu prüfen sein, ob die Übernahme der Geschäftsführung dem Interesse und dem wirklichen oder dem mutmaßlichen Willen des Klienten entsprach. So darf er Aufwendungen aus einer vom Gesetz verbotenen Tätigkeit nicht den Umständen nach für erforderlich halten.[147] Gleiches muß auch für das Anraten zu bzw. die Beratung bei verbotswidrigem Verhalten gelten.[148]

B. Die Anfechtbarkeit

I. Der Irrtum

In Ausnahmefällen mag es vorkommen, daß sich ein Vertragspartner in einem Inhaltsirrtum befindet, weil er zwar weiß, was er sagt, aber mit dem Erklärten einen anderen Sinn verbindet,[149] etwa wenn der Klient einen hervorragenden Unternehmensberater empfohlen bekommt und dann einen Beratungsvertrag mit einem anderen Berater schließt in der Annahme, es handele sich um den Empfohlenen. Dann kann er den Beratungsvertrag nach § 119 I 1. Alt. BGB anfechten.

Die Irrtumsproblematik wird sich eher stellen, wenn der Klient über wesentliche Eigenschaften in der Person des Unternehmensberaters irrt, § 119 II BGB.

Persönliche Eigenschaften sind zunächst die natürlichen Persönlichkeitsmerkmale des Unternehmensberaters.[150] Dazu zählen seine Leistungsfähigkeit, u. U. sein Gesundheitszustand und sein Alter, soweit dadurch die ordnungsgemäße Abwicklung des Beratungsprojekts verhindert oder wesentlich beeinträchtigt wird, aber auch seine Zuverlässigkeit, persönliche Sachkunde und Vertrauenswürdigkeit.[151] Hat der Klient mit einer Bera-

---

146 Vgl. statt aller *Palandt/Thomas,* § 677 Anm. 3c (Rn. 6).

147 BGH U 25. 6. 62 (VII ZR 120/61), BGHZ 37, 258 (263 f.).

148 Dazu ausführlich oben unter § 4 A II 5.

149 *Lehmann,* NJW 81, 1233 (1236).

150 St. Rspr.; RG U 15. 6. 20 (VII 35/20), RGZ 99, 214; BGH U 18. 12. 54 (II ZR 296/53), BGHZ 16, 54 (57) = NJW 55, 340; BGH U 14. 12. 60 (V ZR 40/60), BGHZ 34, 32 (41) = NJW 61, 772; BGH U 22. 9. 83 (VII ZR 43/83), BGHZ 88, 240 (245); *Palandt/Heinrichs,* § 119 Anm. 6b aa (Rn. 24).

151 BGH U 8. 12. 66 (VII ZR 114/64), NJW 67, 719; RG U 20. 6. 17 (V 87/17), RGZ 90, 342 (344); *Palandt/Heinrichs,* § 119 Anm. 6c (Rn. 26); *Soergel/Hefermehl,* § 119 Rn. 48 f.; *Flume,* AT, § 24/4 (S. 489 f.) m. w. N.

tungsgesellschaft kontrahiert, so ist auf die Zuverlässigkeit und Vertrauenswürdigkeit der zum Handeln für die Gesselltschaft berufenen Personen, also bei großen Beratungsgesellschaften auf die der Partner, abzustellen[152] Denn sie nehmen auf die Erfüllung des Beratungsvertrages den bestimmenden Einfluß.[153] Persönliche Eigenschaften des Unternehmensberaters sind darüberhinaus die tatsächlichen und rechtlichen Verhältnisse, die nach den Anschauungen des Verkehrs Einfluß auf die Wertschätzung in allen oder speziell im betreffenden Beratungsvertrag auszuüben pflegen. Hierher gehört vor allem die Mitgliedschaft im Bundesverband Deutscher Unternehmensberater (BDU).[154] Sie ist zwar keine Voraussetzung für eine Betätigung als Unternehmensberater. Ihr kommt aber entscheidendes praktisches Gewicht zu, weil sich die Aufnahmevoraussetzungen an nachgewiesenen Qualifikationen und Erfahrungen orientieren.

Verkehrswesentlich sind solche Eigenschaften nur, wenn sie unter Berücksichtigung des mit dem konkreten Beratungsvertrag verfolgten wirtschaftlichen Ziels nach der Verkehrsauffassung von Bedeutung sind.[155] Das sind Eigenschaften, die vertraglich vereinbart worden sind oder die in der Vertragserklärung Ausdruck gefunden haben,[156] denn nach der Verkehrsauffassung wird sich kein Klient auf einen Vertrag einlassen, wenn dem Unternehmensberater eine vereinbarte Eigenschaft fehlt.[157] So werden regelmäßig für den Klienten Zuverlässigkeit, Sachkunde und Leistungsfähigkeit des Unternehmensberaters von entscheidender Bedeutung sein.[158] Geht es

152 RG U 23. 2. 34 (II ZR 284/33), RGZ 143, 429; a.A. *Scholz,* JW 35, 1520, für den die Vertrauenswürdigkeit der Gesellschaftermehrheit maßgebend ist.

153 *Soergel/Hefermehl,* § 119 Rn. 40.

154 Zur berufsrechtlichen Qualifikation eines Handwerkers durch Eintragung in die Handwerksrolle: BGH U 22. 9. 83 (VII ZR 43/83), BGHZ 88, 240 (246); *Erman/Brox,* § 119 Rn. 43.

155 RG U 20. 6. 17 (V 87/17), RGZ 90, 342 (343); BGH U 22. 12. 59 (VIII ZR 172/58), BB 60, 152; *Erman/Brox,* § 119 Rn. 43; *Köhler,* AT, § 14 V 2c cc (S. 132 f.); *ders.,* JR 84, 324 (325); *Larenz,* AT, § 20 II b (S. 382 f.); *Soergel/Hefermehl,* § 119 Rn. 38; *Staudinger/Dilcher,* § 119 Rn. 46.

156 BGH U 22. 9. 83 (VII ZR 43/83), NJW 84, 230 (231) = JR 84, 322 m. Anm. *Köhler,* JR 84, 324; BGH U 22. 9. 83 (VII ZR 43/83), BGHZ 88, 240 (245); BGH U 26. 10. 78 (VII ZR 202/76), NJW 79, 160 (161); BGH U 18. 12. 54 (II ZR 296/53), BGHZ 16,54 (57); BGH U 21. 10. 71 (II ZR 129/69), WM 72, 238 (242); *Staudinger/Dilcher,* § 119 Rn. 47; *Soergel/Hefermehl,* § 119 Rn. 34.

157 *Köhler,* JR 84, 324 (325).

158 BGH U 22. 9. 83 (VII ZR 43/83), NJW 84, 230 (231) = JR 84, 322 m. Anm. *Köhler,* JR 84, 324, betreffend Handwerker.

um die Mitgliedschaft im Bundesverband Deutscher Unternehmensberater (BDU), so ist zu differenzieren: Ist der Unternehmensberater kein Mitglied im BDU, würde er aber die Voraussetzungen erfüllen und könnte er dort ohne weiteres aufgenommen werden, so ist die Nichtmitgliedschaft von keiner entscheidenden Bedeutung für den Abschluß des Beratungsvertrages.[159] Denn die durch Zeugnisse u. ä. belegbare Qualifikation wäre auch für den Klienten, der alle Umstände gekannt hätte, verständlicherweise entscheidend gewesen. Anders ist es, wenn der Unternehmensberater die Mitgliedschaftsvoraussetzungen nicht erfüllt.

Da die Leistungsstörungsvorschriften den Anfechtungsregeln vorgehen,[160] ist bei Irrtümern über Zuverlässigkeit oder Sachkunde des Unternehmensberaters eine (teleologische) Einschränkung geboten: auf solche Eigenschaften kann die Anfechtung nicht gestützt werden, deren Fehlen erst durch die nicht gehörige Erfüllung der Beratungspflichten offenbart wird.[161] Dann haben die Gewährleistungsvorschriften Vorrang.[162] Anders ist es freilich, wenn sich der Irrtum nicht erst infolge der mangelhaften oder ausbleibenden Vertragserfüllung herausstellt.[163] Diese Fälle sind vor allem bei Projektberatungen angesichts der engen Zusammenarbeit zwischen Klient und Unternehmensberater denkbar.

Die Anfechtung wegen Irrtums über verkehrswesentliche Eigenschaften der Beratungsleistung wird indessen kaum vorkommen. Einer Anfechtung steht zwar nicht ihr immaterieller Charakter entgegen,[164] doch ist anerkannt, daß der Wert und damit auch die wirtschaftliche Verwertungsmöglichkeit[165] keine Eigenschaften der Beratungsleistung sind.[166]

159 OLG Düsseldorf U 7. 10. 80 (21 U 30/80), BauR 82, 86 (87), Eintragung in die Architektenrolle.

160 Einhellige Ansicht; statt aller: *Palandt/Heinrichs*, § 119 Anm. 6e (Rn. 28).

161 BGH U 8. 12. 66 (VII ZR 114/64), NJW 67, 719; RG U 20. 6. 17 (V 87/17), RGZ 90, 342 (344).

162 RG U 16. 1. 06 (II 487/05), RGZ 62, 282 (285); *Soergel/Hefermehl*, § 119 Rn. 45.

163 RG U 20. 6. 17 (V 87/17), RGZ 90, 342 (344).

164 *Palandt/Heinrichs*, § 119 Anm. 6d (Rn. 27).

165 BGH U 18. 12. 54 (II ZR 296/53), BGHZ 16, 54 (57).

166 BGH U 14. 12. 60 (V ZR 40/60), BGHZ 34, 32 (41); BGH U 14. 11. 62 (V ZR 66/61), WM 63, 252 (253); *Erman/Brox*, § 119 Rn. 47; *Palandt/Heinrichs*, § 119, 6d (Rn. 27); *Staudinger/Dilcher*, § 119 Rn. 39; RGRK/*Krüger-Nieland*, § 119 Rn. 34; a. A. *Larenz*, der allerdings den Irrtum darüber für unbeachtlich hält.

Bei länger dauernden Beratungsprojekten oder Dauerberatungsverträgen ist zu beachten, daß die Anfechtung nach Treu und Glauben (§ 242 BGB) ausgeschlossen ist, wenn die Rechtslage des Getäuschten im Zeitpunkt der Ausübung des Anfechtungsrechts durch die arglistige Täuschung nicht mehr beeinträchtigt ist,[167] etwa weil der Unternehmensberater nun die vorausgesetzten Qualifikationen hat oder die bei Vertragsschluß vorhandene Beeinträchtigung seiner Leistungsfähigkeit nunmehr weggefallen ist.

II. Die arglistige Täuschung und widerrechtliche Drohung

Die arglistige Täuschung berechtigt zur Anfechtung des Unternehmensberatungsvertrages, wenn in der vorvertraglichen Phase eine der (potentiellen) Vertragsparteien zum Zwecke der Erregung oder Aufrechterhaltung eines Irrtums die andere Seite täuscht. Unter welchen Voraussetzungen eine Täuschung anzunehmen ist, hängt entscheidend von den vorvertraglichen Aufklärungspflichten ab. Insoweit kann auf die Ausführungen verwiesen werden.[168] Abweichend von der für die Haftung aus culpa in contrahendo ausreichenden leichten Fahrlässigkeit[169] erfordert Arglist allerdings (bedingt) vorsätzliches Verhalten, d. h. der Täuschende muß (zumindest) mit der Möglichkeit rechnen, daß der andere infolge des Irrtums einen Vertragsschluß anbietet oder ein Vertragsangebot annimmt, und dies auch in Kauf nehmen.[170] Diese Voraussetzungen sind erfüllt, wenn in bewußter Unkenntnis der Tatsachen „ins Blaue hinein" unzutreffende Behauptungen aufgestellt werden[171] oder wenn dem Unternehmensberater – wie er weiß – entgegen der offensichtlichen Erwartung des Klienten jegliche Kenntnis zur sachgemäßen Beurteilung des Beratungsproblems fehlt und er dies verschweigt.[172]

Eine Anfechtung wegen wiederrechtlicher Drohung wird nur ausnahmsweise in Betracht kommen. Dazu muß der Drohende ein Übel irgendwie in

167 BG U 18. 9. 87 (7 AZR 507/86), NZA 88, 731 (731); BAG U 29. 8. 84 (7 AzR 34/83), NzA 85, 58 (60) = NJW 85, 646; BAG U 12. 2. 70 (II AZR 184/69), BAGE 22, 278 = AP § 123 BGB Nr. 17; BGH U 15. 12. 76 (VIII ZR 97/75), WM 77, 343; BGH U 1. 7. 83 (V ZR 93/82), WM 83, 1055; *Brox,* BB 64, 523 (527 f.); kritisch *Picker,* ZFA 81, 1 (11).

168 Vgl. dazu oben § 3 B III 1 und IV.

169 Vgl. dazu oben § 3 B V 2 b.

170 BGH U 28. 4. 71 (VIII ZR 258/69), NJW 71, 1795 (1800) = LM 123 Nr. 42; *Mao-Huang,* S. 93 ff.

171 BGH U 8. 5. 80 (IVa ZR 1/80), NJW 80, 2460 (2461) = WM 80, 983.

172 BGH U 8. 5. 80 (IVa ZR 1/80), NJW 80, 2460 (2461) = WM 80, 983.

Aussicht gestellt haben. Es genügt aber nicht, wenn der Betroffene bei Abgabe seiner Willenserklärung lediglich erwartet hat, der Drohende werde ihm bei Nichtabgabe der Erklärung ein Übel zufügen, wenn sich seine Befürchtung also lediglich aus der objektiven Sachlage ergibt, ohne daß sie vom anderen Teil hervorgerufen wurde.[173]

III. Die Rechtsfolgen der Anfechtung

Erklärt der Anfechtungsberechtigte die Anfechtung, so wird dadurch grundsätzlich das Rechtsgeschäft rückwirkend („ex tunc") beseitigt, § 142 I BGB. Es ist dann von Anfang an nichtig.[174]

1. Die Wirkung bei Projektberatungsverträgen

Das hat grundsätzlich auch für die Anfechtung von Projektberatungsverträgen zu gelten. In Hinblick auf den Langzeitcharakter und die Tatsache, daß bei Projektberatungsverträgen die einzelnen unternehmensberaterischen Leistungen aufeinander aufbauen, stellt sich die Frage, ob eine Rückwirkung der Anfechtung überhaupt für die Beteiligten zu befriedigenden Ergebnissen führen kann.[175] Die Problematik liegt darin, daß der Klient die geistige Leistung, gewissermaßen den Kern der Beratung, nicht mehr herausgeben kann, wenn er sie erst einmal erhalten hat.[176] Zur Beantwortung der Frage wird man deswegen zweckmäßigerweise danach differenzieren, ob der Klient die Beratungsleistungen erhalten hat oder nicht.

Hat er die Beratungsleistung noch nicht erhalten, sei es, daß der Unternehmensberater das Beratungsproblem alleine erarbeiten oder vorbereiten kann, sei es, daß man mit dem Beratungsprozeß überhaupt noch nicht begonnen hat, so entstehen die Probleme mit der Rückabwicklung der geistigen Leistung nicht. Dann gibt es auch keinen sachlichen Grund, von dem

173 BGH U 7. 6. 88 (IX ZR 245/86), NJW 88, 2599 (2601).

174 *Spieß,* JZ 85, 593 (599).

175 Der Streit, ob zur dogmatischen Begründung von der Anfechtung ex nunc bzw. von einem besonderen Lösungsrecht zu sprechen ist, ist wenig ergiebig. Ihm liegt lediglich eine unterschiedliche Perspektive des Problems zugrunde. Stellt man nämlich auf die Anfechtungsvoraussetzungen ab, so wird man von einer Anfechtung mit Ex-nunc-Wirkung sprechen. Hält man dagegen die Wirkung für entscheidend, so wird man wegen ihrer Ähnlichkeit zur Kündigung von einer fristlosen Kündigung reden. Zum ganzen *Brox,* BB 64, 523 (527).

176 Daß er ihre Verkörperung herausgeben könnte, spielt keine Rolle. Ausführlich dazu oben § 3 B V 3.

gesetzgeberischen Grundsatz, daß die Anfechtung den Beratungsvertrag rückwirkend beseitigt, abzuweichen. Gleiches muß auch gelten, wenn das Beratungsprojekt zwar zunächst begonnen, aber später wieder unterbrochen wurde und der Unternehmensberater von da ab keine Beratungsleistungen mehr erbracht hat.[177] Dann bestehen gegen eine Rückabwicklung für die Zeit nach der Unterbrechung keine Bedenken. Sofern der Klient bereits das Honorar oder einen Teil davon geleistet hat, muß der Unternehmensberater dies nach § 812 I 1 1. Alt. BGB zurückgeben.

Schwieriger wird es, wenn der Klient bereits Beratungsleistungen erhalten hat. Dabei darf man freilich den Begriff Beratungsleistung nicht im streng juristischen Sinn auffassen und darunter nur die im Endeffekt geschuldete Werkleistung (§ 631 I BGB) verstehen..Das würde an den Realitäten vorbeigehen, weil dem Klienten schon im Rahmen der Zusammenarbeit viel Know-how vermittelt wird, auch wenn dies vertraglich nicht geschuldet ist. Man führe sich nur vor Augen, daß ein kluger Klient ab einem gewissen Projektfortschritt durchaus in der Lage sein kann, die Beratung ohne den Unternehmensberater selbst „weiterzudenken". Im Folgenden kann daher zur Vereinfachung auf den Beginn der Projektdurchführung abgestellt werden. Zu klären ist zunächst, ob und inwieweit die gesetzliche Regelung eine sinnvolle Rückabwicklung ermöglicht.

Geht man von einer Rückwirkung der Anfechtung aus, so müßten die Parteien die bereits ausgetauschten Leistungen gemäß § 812 I 1 1. Alt. BGB zurückgewähren, weil der Empfänger jeweils die Leistungen des Vertragspartners ohne Rechtsgrund erlangt hat. Da die Herausgabe der geistigen Leistung unmöglich ist, müßte der Klient nach § 818 II 1. Alt. BGB Wertersatz leisten, und zwar den objektiven Wert,[178] der sich wiederum nach dem üblichen, hilfsweise dem angemessenen Honorar bemißt.[179] Mag sich noch ein „üblicher" Stundensatz ermitteln lassen, so treten die Schwierigkeiten dann auf, wenn die „übliche" Anzahl der für die Beratung notwendigen Beratungsstunden/tage oder das „übliche" Pauschalhonorar ermittelt werden

177 BAG U 16. 9. 82 (2 AZR 228/80), NJW 84 446 (440); BAG U 29. 8. 84 (7 AzR 34/83), NzA 85, 58 (59) = NJW 85, 646; *Brox*, BB 64, 523 (527).

178 *Palandt/Heinrichs*, § 818 Anm. 5c (Rn. 19).

179 BGH U 25. 6. 62 (VII ZR 120/61), BGHZ 37, 259; BGH U 5. 11. 81 (VII ZR 216/80), WM 82, 97; BGH U 17. 1. 84 (VI ZR 187/82), NJW 84, 1456; a. A. der 5. Senat: BGH U 19. 9. 62 (V ZR 138/61), NJW 62, 2293; BGH U 14. 11. 62 (V ZR 183/60), WM 63, 135; BGH U 10. 7. 53 (V ZR 22/52), BGHZ 10, 171 (180), wonach der Wertersatz (§ 818 II BGB) sich nach der objektiven Erhöhung des gemeinen Wertes des beratenen Unternehmens, also der Verbesserung seiner Ertragsfähigkeit bemessen soll.

soll.[180] Kaum einfacher wird es, wenn man aus dem unwirksam vereinbarten Honorar Anhaltspunkte für die Höhe der üblichen Vergütung gewinnen will,[181] weil der Klient einwenden wird, mit der Honorarfestlegung ohnehin übervorteilt worden zu sein. Entscheidender als diese Berechnungsschwierigkeiten ist aber noch, daß der Klient nur die vorhandene Bereicherung herauszugeben hat, § 818 III BGB. Geistige Leistungen haben für den Klienten aber nur dann einen Vermögenswert, wenn er Aufwendungen erspart hat oder wenn anstelle des Erlangten ein anderer Wert im Gesamtvermögen vorhanden ist.[182] Aufwendungen erspart er indessen nicht, weil er aufgrund des nichtigen Beratungsvertrages kein Beraterhonorar zahlen muß, und anderweitig fließt ihm nichts zu, weil er mit Beratungsleistungen oder sonst vermitteltem Know-how vor Abschluß der Beratung regelmäßig nichts anfangen kann (oder dies zumindest behauptet). Ausnahmen mögen denkbar sein, wenn der Klient nach der Abnahme der Beratungsleistung anficht, um sich eine günstigere Position gegenüber dem Berater zu verschaffen. Der Ausschluß der Rückabwicklung im Regelfall durch § 818 III BGB und die tatsächlichen Schwierigkeiten bei der Berechnung des Wertersatzes nach § 818 II BGB führen insgesamt zu keinem interessengerechten Ergebnis. Der Unternehmensberater allein wäre mit den Anfechtungsfolgen belastet, weil er im Regelfall kein Honorar erhielte, während umgekehrt der Klient aufgrund der tatsächlich unmöglichen Herausgabe die Beratungsleistung behalten und ausschließlich dadurch begünstigt würde. Das rechtfertigt, abweichend von der gesetzlichen Regelung in § 142 BGB, die Nichtigkeitswirkung der Anfechtung auf die Zukunft zu beschränken.[183] Dann bleibt bis zur Anfechtung ein voll wirksamer Beratungsvertrag mit allen vertraglichen Rechten und Pflichten bestehen, der dann jedoch mit der Anfechtung endet.[184] Das bedeutet für den Klienten allerdings, daß er das bis zur Anfechtung angefallene Honorar zu zahlen hat. Auf den ersten Blick scheint dieses Ergebnis ebensowenig interessengerecht, wenn man in Rechnung stellt, daß die einzelnen Beratungsschritte

180 Zur Honorarberechnung vgl. oben § 2 B III 2.

181 BGH U 6. 4. 64 (II ZR 75/62), BGHZ 41, 282.

182 *Gursky,* JR 72, 279 (282).

183 Im Ergebnis ebenso für Arbeitsverhältnisse: BAG U 29. 8. 84 (7 AZR 34/83), NzA 85, 58 (60) = NJW 85, 646; BAG U 16. 9. 82 (2 AZR 228/80), NJW 84, 446 (440); für Gesellschaftsverhältnisse: BGH U 24. 10. 51 (II ZR 18/51), BGH U 24. 10. 51 (II ZR 18/51), BGHZ 3, 285 (291 f.) = NJW 52, 97; BGH U 29. 6. 70 (II ZR 158/69), BGHZ 55, 5 (8); generell für Dauerschuldverhältnisse: *Beitzke,* Nichtigkeit, S. 16; für Langzeitverträge *Nicklisch,* JZ 84, 757 (762).

184 MünchKomm/*Kramer,* § 119 Rn. 18.

aufeinander aufbauen und die unvollendete Beratung für den Klienten meist nicht nutzbar sein wird. Das ist aber hinnehmbar. Im Regelfall wird nämlich dem Klienten neben der Anfechtungsmöglichkeit auch ein Anspruch aus culpa in contrahendo (cic)[185] zustehen. Zwischen beiden Wegen kann er frei wählen und die für ihn günstigere Alternative einschlagen. Der entscheidende Vorteil dieser Lösung besteht aber darin, daß dem Klienten für die erbrachten Beratungsleistungen Gewährleistungsansprüche hinsichtlich der Beratungsleistung und vor allen Dingen Schadensersatzansprüche wegen der Verletzung von Nebenpflichten (Geheimhaltungspflichten, Aufklärungspflichten etc.) zustehen.

Um wirtschaftlich unerwünschte Folgen eines vorzeitigen Vertragsendes zu vermeiden, könnte man daran denken, ob Bestandsinteressen für die Zukunft oder Vertrauensinteressen zu einer befristeten Fortsetzung der Beratung, etwa bis zum Abschluß einer Beratungsphase oder eines Beratungsabschnitts, nötigen können. Indessen besteht dafür kein Bedürfnis. Zum einen hat der Anfechtungsberechtigte es in der Hand, den Zeitpunkt seiner Anfechtung zu bestimmen, und zum anderen kann bei einer Täuschungsanfechtung derjenige, der den Beratungsvertrag erschlichen hat, nicht auf seinen Fortbestand vertrauen. Um den von der Rechtsordnung mißbilligten Zustand möglichst rasch und einfach in einen billigenswerten zu überführen, muß der Beratungsvertrag stets sofort lösbar sein.[186]

2. Die Wirkung bei Dauerberatungsverträgen

Anders ist die Lage bei Dauerberatungsverträgen. Hier verpflichtet sich der Unternehmensberater, (auf Anforderung) betriebswirtschaftliche Kurzberatungen, monatliche check ups (externes controlling), schriftliche Beratungsberichte, kaufmännische Dienstleistungen (Schriftverkehr mit Dritten, Verhandlungen mit Firmen, Banken, Behörden) durchzuführen. Klar ist, daß auch hier die Leistungen des Beraters nicht rückabgewickelt werden können. Charakteristisch für Dauerberatungsverträge ist aber, daß mit jeder Einzelleistung die Interessen des Klienten befriedigt werden, weil diese für ihn selbständig verwertbar sind.[187] Mit Rücksicht auf diese Verselbständigung und darauf, daß der Beratungsvertrag in der Vergangenheit seinen wirtschaftlichen Zweck vollauf erfüllt hat, erscheint es sachgerecht,

185 Zum Schadensersatzanspruch aus cic vgl. im einzelnen oben § 3 B V 3.

186 *Beitzke,* S. 15.

187 Die Situation ist ähnlich der bei Dauerschuldverhältnissen. Vgl. *Michalski,* JA 79, 401 (403).

auch bei Dauerberatungsverträgen die Anfechtung nur für die Zukunft („ex nunc") wirken zu lassen. Im Grunde käme man zwar auch über das Bereicherungsrecht zu diesem Ergebnis. Die Berufung auf den Wegfall der Bereicherung (§ 818 III BGB) wird nämlich regelmäßig verwehrt sein, weil der Klient einen anderen Wert, etwa den abgewickelten Schriftverkehr, die Kurzberatung etc. erhalten hat. Unter dem Gesichtspunkt der Rechtsökonomie[188] ist aber nicht ersichtlich, warum es eines solchen Umweges über das Bereicherungsrecht bedürfen soll, zumal bei der Wertberechnung (§ 818 II BGB) durchaus Schwierigkeiten auftreten können.

188 Vgl. dazu *Beitzke*, S. 47.

§ 5 Die Vertragsstörungen

A. Die Mangelhaftigkeit der Beratung

Der bei weitem häufigste Störungsfall wird eine mangelhafte Beratungsleistung sein. Da werk- und dienstvertragliches Leistungsstörungsrecht stark voneinander abweichen, ist zwischen Projektberatungsverträgen (= Werkvertragsrecht) und Dauerberatungsverträgen (= Dienstvertragsrecht) zu unterscheiden.

I. Beratungsmängel bei Projektberatungsverträgen

Entsprechend der Einteilung eines Beratungsprojekts in einzelne Beratungsabschnitte[1] ist zweckmäßigerweise auch bei der Gewährleistung zwischen verschiedenen Phasen zu unterscheiden.

Damit die §§ 633 ff. BGB überhaupt angewandt werden können, muß das Beratungsprojekt grundsätzlich durchgeführt sein, d. h. der Unternehmensberater muß die Beratung beendet und zu erkennen gegeben haben, daß er das Beratungsergebnis für ablieferungsfähig hält.

1. Die Erfüllungsphase

a) Die Mangelhaftigkeit bei Beratungsleistungen

Zunächst hat der Klient Anspruch auf den durch die Beratung herbeizuführenden Erfolg, § 631 II BGB. Was es herbeizuführen gilt, bestimmt § 633 I BGB: Der Unternehmensberater muß zu einem Beratungsergebnis kommen, das die zugesicherten Eigenschaften hat und nicht mit Fehlern behaftet ist, die den Wert oder die Tauglichkeit zu dem gewöhnlichen oder dem nach dem Vertrage vorausgesetzten Gebrauch aufheben oder mindern. Entscheidend für das Vorliegen eines Fehlers ist allein, ob die im Vertrag vereinbarte oder vorausgesetzte Soll-Beschaffenheit von der Ist-Beschaffenheit negativ abweicht.[2]

Die Eigenschaften des Beratungsergebnisses werden typischerweise durch die individuell vorgenommene Leistungsbeschreibung festgelegt. Denn sie

1 Vgl. dazu die Übersicht in § 1 B II 1.

2 H. M.; statt aller *Palandt/Putzo*, § 459 Anm. 3 (Rn. 8) und *Palandt/Thomas*, § 633 Anm. 1 a (Rn. 2).

ist die gemeinsame, bei den Vertragsverhandlungen zum Ausdruck gekommene Vorstellung über die Gebrauchsmöglichkeit des Beratungsergebnisses. Ob zur Konkretisierung bei Mitgliedern des Bundesverbandes Deutscher Unternehmensberater (BDU) auch auf deren Berufsgrundsätze zurückgegriffen werden kann, hängt vom Einzelfall ab.[3] Das ist denkbar, wenn die Parteien in der Leistungsbeschreibung auf diese Berufsgrundsätze bezug genommen haben. Allein entsprechende Mitgliedschaftshinweise auf den Geschäftsunterlagen genügen indessen nicht. Die Berufsgrundsätze bezeichnen nämlich (nur) allgemeine Standarts der Berufsausübung und haben daher für den „nach dem Vertrage vorausgesetzten" Gebrauch, also für den konkreten Verwendungszweck, keine Aussagekraft, mag auch ihre Befolgung erheblich zum Gelingen der Beratung beitragen. Hinzu kommt, daß selbst nach der Präambel die Berufsgrundsätze nur das Verhalten der Mitglieder „bestimmen" sollen.

Läßt sich eine vertraglich vorausgesetzte Soll-Beschaffenheit nicht ermitteln, kommt als Maßstab noch die Tauglichkeit „zu dem gewöhnlichen Gebrauch" in Betracht. Zunächst könnte man in Frage stellen, ob die Natur der Beratungsleistung überhaupt einen „gewöhnlichen Gebrauch" ermöglicht, und zwar mit dem Argument, daß man bei der Vielzahl von Beratungssituationen von einem gewöhnlichen Inhalt einer Beratungsleistung nicht ausgehen könne. Entscheidend ist indessen nicht die Variationsbreite der Beratungsleistungen sondern, ob und inwieweit sich im Verkehr durch entsprechende Übung gewisse Anforderungen an eine Beratung herausgebildet haben.[4] Was „üblich" ist, hängt vom Einzelfall ab. Eine entscheidende Rolle dürften aber die in der betriebswirtschaftlichen Literatur entwickelten Beratungsgrundsätze spielen.[5] Denen zufolge wird das Beratungsergebnis (letztlich in Form des Beratungsberichts) Aussagen enthalten müssen über: (1) den diagnostizierten, realen Zustand des Klientenunternehmens, (2) die mit dem Klienten erarbeiteten Zielvorstellungen sowie (3) die Ursachen der Soll-Ist-Abweichung. Auf dieser Basis sind (4) die für die praktische Umsetzung in Betracht zu ziehenden Problemlösungen einschließlich ihrer Konsequenzen aufzuzeigen und anschließend zu bewerten. Im übrigen wird sich der Beratungsbericht mit der Einzelfallsituation auseinanderzusetzen haben. Zu berücksichtigen sind dabei vor allem sog.

3 Zur Parallelproblematik bei technischen Regeln *Köhler,* BB-Beil. 4/85, 10 (12).

4 *Köhler,* Software Herstellung, Rn. 22.

5 Vgl. nur *Ibielski/Küster,* Ziff. 1200; *Lippit/Lippit,* S. 32 ff.; *Pickert,* S. 14; *Schott,* Unternehmensberatung, S. 26 f.; *ders.,* Beruf, S. 17; *Zander/Ziehm,* S. 70. Zu den Funktionen ausführlich *Dahl,* S. 23 ff.

klientensystembezogene Faktoren,[6] wie etwa Branchen-, Regional- oder Auftraggeberstruktur, Unternehmensgröße, Entwicklungsphase der Unternehmung,[7] wirtschaftliche Situation,[8] Produktionsstruktur[9] sowie die Einstellung des Klienten zur Beratung und Innovation. Heranzuziehen sind als sog. externe Faktoren das Umfeld des Klientenunternehmens (industrieller Entwicklungsstand, Wirtschaftsstruktur), rechtliche Rahmenbedingungen und das soziale Umfeld.

Besondere Bedeutung kommt bei Beratungsverträgen der Gebrauchstauglichkeit zu. Hierbei ist darauf abzustellen, wie der Klient das Beratungsergebnis nach Lebenserfahrung und Vertragszweck erwarten durfte.[10] Maßgeblich dürften neben seiner Fähigkeit, Probleme richtig einzuschätzen und zu erkennen (Problemmündigkeit), auch das intern vorhandene Umsetzungspotential (Problemlösungsfähigkeit) sein. Zwei Gesichtspunkte sind speziell hervorzuheben: Zum einen darf das Beratungsergebnis im Regelfall nicht alle denkbaren,[11] sondern nur die praktikablen Problemlösungswege enthalten und es muß darüberhinaus auch die vom Unternehmensberater präferierte Lösung herausstellen.[12] Andernfalls wäre der nicht oder nicht so fachkundige Klient mit der Entscheidung über die Umsetzung völlig überfordert. Eng damit zusammen hängend hat der Unternehmensberater zum anderen, soweit er die Implementierung nicht schuldet, auch klar und zweckmäßig die einzelnen Schritte bei der Umsetzung zu umschreiben. Entscheidend sind auch hier Bildungs- und Kenntnisstand des Klienten[13] sowie die Problemstellung bei der Umsetzung.[14] So kann die Tauglichkeit mit Blick auf unvorhergesehene Umsetzungsschwierigkeiten durchaus auch dazu zwingen, Hintergrundinformationen zu den einzelnen Umsetzungsschritten zu liefern.

---

6 Vgl. etwa *Lippit/Lippit*, S. 44 ff.; *Schott*, Unternehmensberatung, S. 29 ff.; *Zander/Ziehm*, S. 46 ff.

7 Gründung, Wachstum, Reifung, Fusion, Schrumpfung, Liquidation.

8 Liquidität, Marktposition.

9 Wiederholungs- und Mechanisierungsgrad der Produktion, Struktur der Werkstoffbearbeitung, Anteil der einzelnen Einsatzfaktoren etc.

10 *Palandt/Putzo*, § 459 Anm. 3c (Rn. 10).

11 So aber *Pickert*, S. 14.

12 Vgl. *Schott*, Beruf, S. 18.

13 Soweit es nach überwiegender Ansicht auf die subjektive Unfähigkeit bei Beurteilung der Gebrauchstauglichkeit nicht ankommen soll, kann dies auf die vorliegende Fallgestaltung nicht übertragen werden. Denn es geht mit der Beratung ja gerade darum, subjektive Defizite des Klienten auszugleichen.

14 Zur ähnlichen Problematik bei Softwareherstellung auch *Junker*, NJW 90, 1575 (1580).

Beispiel: Ein Unternehmen ist in die Schlagzeilen geraten, weil es angeblich nicht genug für den Umweltschutz tue. Um Rat gefragt, schlägt der Unternehmensberater zur Aufbesserung des Renommees eine Diskussionsveranstaltung mit Wissenschaftlern, Umweltschutzorganisationen, Wirtschaftsvertretern, Politikern etc. vor. Tauglich wird dieser Rat vielfach erst dann sein, wenn der Klient geeignete Teilnehmer konkret genannt bekommt und für den Fall einer Absage anhand der tragenden Auswahlgesichtspunkte selbst sich nach Alternativen umsehen kann.

Daraus kann zugleich allgemein abgeleitet werden, daß ein mangelhaftes Beratungsergebnis auch dann vorliegen kann, wenn es den Vorgaben des Klienten vollständig entspricht.

Eine andere, umstrittene Frage ist, ob das herbeizuführende Beratungsergebnis als mangelhaft angesehen werden kann, obwohl der Unternehmensberater die wirtschaftswissenschaftlichen Kenntnisse gewissenhaft befolgt und die eigenen Erfahrungen uneingeschränkt dem Klienten zugänglich gemacht hat.[15] Ausschlaggebend ist, daß ein Fehler allein bei divergierender Soll-/Ist-Beschaffenheit und dementsprechender Beeinträchtigung des beratungsvertraglich angestrebten Erfolges vorliegt. Auf ein Verschulden kommt es bei der Sachmängelhaftung nicht an.[16] Daher kann auch ein lege artis gewonnenes Beratungsergebnis einen Mangel begründen.

Wesentlich in diesem Zusammenhang ist noch, daß der S. 2 des § 459 I BGB in § 633 I BGB fehlt. Daraus ergibt sich im Gegenschluß, daß auch unerhebliche Minderungen des Wertes oder der Tauglichkeit einen Werkmangel begründen.[17] Daher können selbst unklare Ausführungen bei einer an sich zutreffenden Problemlösung einen Mangel begründen.

Ein Mangel liegt auch dann vor, wenn eine zugesicherte Eigenschaft fehlt. Für eine Zusicherung notwendig ist die zum Vertragsinhalt gewordene Erklärung des Unternehmensberaters, für das Vorliegen bestimmter Eigenschaften gewährleistungsrechtlich einstehen zu wollen.[18] Regelmäßig wird eine Zusicherung schon daran scheitern, daß der Unternehmensberater bei Vertragsschluß selbst das Beratungsergebnis noch nicht kennt und daher schon gar keinen Hinweis auf die Eignung der Beratungsleistung geben wird. Eher denkbar wäre zwar eine Beschaffenheitsangabe. Doch werden

15 Verneinend: *Jagenburg,* NJW 85, 2563 (2567); bejahend: BGH in st. Rspr., zuletzt BGH U 17. 5. 84 (VII ZR 169/82), NJW 84, 2457. Zustimmend: *Werner/Pastor,* Rn. 1020.

16 Vgl. *Palandt/Putzo,* § 459 Anm. 1f (Rn. 4) und *Palandt/Thomas,* § 633 Anm. 2 (Rn. 5).

17 *Palandt/Thomas,* § 633 Anm. 2 (Rn. 2).

18 BGH U 10. 10. 85 (VII ZR 303/84), NJW 86, 711; *Palandt/Putzo,* § 459 Anm. 4a (Rn. 15).

regelmäßig die darüber hinaus erforderlichen besonderen Umstände fehlen.[19] Soweit etwa ein besonderes Vertrauen in den Vertragspartner als besonderer Umstand anerkannt ist, kann freilich das allgemein einem Unternehmensberater entgegengebrachte Vertrauen nicht ausreichen. Ebensowenig wird die besondere Bedeutung einer bestimmten Eigenschaft des Beratungsergebnisses zu bejahen sein. Am eindeutigsten wäre dies bei der „richtigen" Problemlösung, weil aus abweichenden Wegen dem Klienten erhebliche wirtschaftliche Nachteile erwachsen können. Nur ist dies eine generelle Folge von Beratungen und kann nicht für die Begründung einer Zusicherung im Ausnahmefall dienen. Eine zugesicherte Eigenschaft wird daher kaum vorkommen.

b) Der Erfüllungsanspruch

Ist das Beratungsergebnis fehlerhaft,[20] so erfüllt der Unternehmensberater seine in § 633 I BGB beschriebene Leistungspflicht nicht. Es tritt keine Erfüllung ein. Daraus folgt: Der Klient kann das fehlerhafte Werk zurückweisen und seinen Anspruch aus § 631 I BGB auf Herbeiführung des „versprochenen Beratungsergebnisses" weiterverfolgen. Dieser Anspruch findet seine Grenze allerdings bei der unzulässigen Rechtsausübung,[21] die im Ergebnis[22] bei einer nur unerheblichen Minderung der Tauglichkeit überschritten sein wird.[23]

Dabei ist es grundsätzlich Sache des Unternehmensberaters zu entscheiden, ob er das Beratungsergebnis durch Neuherstellung oder durch Nachbesserung in den vertragsgemäßen Zustand bringen will.[24] Allerdings kann dieser Grundsatz nicht uneingeschränkt gelten. Die enge Kooperation während der abermaligen Projektdurchführung (Neuherstellung) bindet nämlich Zeit und Geld des Klienten. Daher findet das Recht auf Neuherstellung seine Grenze dort, wo der Unternehmensberater es ausnutzt, um Druck auf den Klienten auszuüben, oder sonst gerade durch die Neuherstellung das Vermögen des Klienten über Gebühr in Anspruch zu nimmt.

19 Vgl. *Palandt/Putzo,* § 459 Anm. 4a bb (Rn. 17).
20 Vgl. dazu oben § 5 A I 1a.
21 Vgl. *Locher,* Rn. 32.
22 So *Lepp,* S. 34.
23 So auch *Palandt/Thomas,* vor § 633 Anm. 3 (Rn. 7); *Erman/Seiler,* § 633 Rn. 2 unter Berufung auf eine Analogie zu § 633 II 2 BGB.
24 BGH U 10. 10. 85 (VII ZR 303/84), BGHZ 59, 365 = JZ 86, 291 m. Anm. *Köhler.*

Eine andere Frage ist, ob der Klient Nachbesserung bzw. Neuherstellung verlangen kann, wenn er schon während der Projektdurchführung Fehler des Unternehmensberaters erkennt. Grundsätzlich ist dies abzulehnen. Zum einen spricht aus rechtlicher Sicht dagegen, daß der Unternehmensberater einen Erfolg schuldet und daher die Beseitigung während der Projektdurchführung unterlaufener Fehler Teil seiner Erfüllungspflicht ist. Zum anderen könnte – pragmatisch gesehen – eine solche Möglichkeit zu erheblichen Störungen im Ablauf des Beratungsprozesses führen, weil der Klient mangels Überblicks leicht vermeintliche Fehler rügen könnte, die sich insgesamt doch als zutreffendes Vorgehen des Unternehmensberaters erweisen. Etwas anderes gilt nur dann, wenn bereits bei Projektdurchführung feststeht, daß der festgestellte Mangel bis zur Abnahme nicht mehr beseitigt werden kann. Das ist vor allem bei Fehlern denkbar, auf denen die gesamte weitere Beratung aufbauen würde. Dann wäre es sinnlose Zeit- und Geldverschwendung, den Klienten auf den Zeitpunkt der Abnahme zu verweisen, weil von vornherein eine Beseitigung nicht zu erwarten ist. Das bestätigt auch § 634 I 2 BGB. Danach kann der Klient dem Unternehmensberater bereits vor der Ablieferung des Werkes eine Frist zur Beseitigung von Mängeln bestimmen. Diese Möglichkeit setzt den Bestand der Gewährleistungspflicht des Unternehmensberaters notwendig voraus.[25]

c) Das Ende der Erfüllungsphase

Die Erfüllungsphase kann auf zwei Wegen beendet werden:

Zum einen kann der Unternehmensberater das Werk in den versprochenen Zustand versetzen und es mangelfrei abliefern. Dann bewirkt er die geschuldete Leistung, § 362 BGB.

Bleibt das Werk hingegen mangelhaft, so kann der Unternehmensberater damit nicht erfüllen, § 362 BGB. Er bedarf daher zur Erfüllung der Mitwirkung es Klienten, die regelmäßig in der Abnahme des Beratungsergebnisses zu sehen ist.[26] Diese umfaßt nämlich neben der Entgegennahme auch die Erklärung, daß das Beratungsergebnis zwar nicht als Erfüllung schlechthin, wohl aber als in der Hauptsache vertragsgemäß anerkannt werde.[27] Das ist aus dem Blickwinkel der Erfüllung nichts anderes als die Erklärung, die

25 KG U 10. 10. 07 (XIII ZS), OLGZ 17, 421; *Palandt/Thomas,* § 633 Anm. 2 (Rn. 5).

26 Zur Abnahme ausführlich unten unter § 5 E II.

27 Vgl. nur *Palandt/Thomas,* § 640 Anm. 1 a.

mangelhafte Leistung an Erfüllungs statt anzunehmen, § 364 BGB.[28] Soweit noch nicht erkannte Mängel vorliegen, wird man die Erklärung des Klienten dahin zu interpretieren haben, daß er auch für den Fall, daß verborgene Mängel auftreten, die Beratungsleistung als in der Hauptsache vertragsgemäß anerkenne.

Mit der Annahme an Erfüllungs statt erlischt der Erfüllungsanspruch und von diesem Zeitpunkt ab können nur noch Nachbesserungs- und Gewährleistungsansprüche geltend gemacht werden.

2. Die Nachbesserungsphase

a) Der Nachbesserungsanspruch

Nach § 633 II 1 BGB hat der Klient gegen den Unternehmensberater einen Anspruch auf Beseitigung der vorhandenen Mängel. Der Mängelbeseitigungsanspruch ist allerdings nicht auf bloße Nachbesserung beschränkt, sondern umfaßt auch die Neuherstellung.[29]

Diese Rechte können aus drei Gründen entfallen. Zum einen, wenn der Klient sich bei bekannten Mängeln die Nachbesserungs-, Wandelungs- und Minderungsrechte (§§ 633, 634 BGB) nicht vorbehalten hat, § 640 II BGB. Zum anderen, wenn dem Unternehmensberater die Erfüllung unmöglich geworden ist (§ 275 BGB)[30] oder der Beratungszweck später fortgefallen ist, etwa wenn das Klientenunternehmen während einer Sanierungsberatung Konkurs anmelden mußte. Drittens besteht ein Nachbesserungsanspruch dann nicht, wenn der Aufwand für die Mängelbeseitigung in keinem vernünftigen Verhältnis zum Vorteil für den Besteller steht, § 633 II 3 BGB. Zur Bestimmung des Mißverhältnisses wird man alleine auf den Gebrauchsvorteil abstellen müssen. Die innere Rechtfertigung für die Regelung in § 633 II 3 BGB liegt nämlich darin, daß der Klient mit der Abnahme immerhin die Vertragsgemäßheit „im großen und ganzen" erklärt hat und daher nur mit unverhältnismäßig hohem Aufwand zu beseitigende Mängel hinzunehmen hat. Demzufolge wird man insbesondere die Kosten, die dem Klienten durch die u. U. erneute Kooperation entstehen, nicht zu

---

28 *Lepp*, S. 41 unter Berufung auf RG U 9. 7. 23 (VI ZR 324/22), RGZ 107, 337 (343).

29 BGH U 10. 10. 85 (VII ZR 303/84), BGHZ 59, 365 = JZ 86, 291 m. Anm. *Köhler*; a. A. *Larenz*, SchR II/1, § 53 II a (S. 349) und MünchKomm/*Soergel*, § 633 Rn. 77, die eine Neuherstellung nur subsidiär zulassen wollen, wenn die Nachbesserung bereits fehlgeschlagen oder nicht mehr zumutbar ist.

30 *Soergel/Mühl*, § 633 Rn. 3, 9; *Erman/Seiler*, § 633 Rn. 35.

berücksichtigen haben. Da es alleine auf das Verhältnis ankommt, ist ebenso unerheblich, ob beim Unternehmensberater ein hoher Kostenaufwand entsteht.

Eine andere Frage ist, ob der Klient bei einem Nachbesserungsanspruch dem (fälligen) Honoraranspruch (§§ 640, 641 BGB) die Einrede des nicht erfüllten Vertrages (§ 320 BGB) entgegensetzen kann. Dies ist mit der herrschenden Meinung[31] zu bejahen, weil der Zweck des Erfüllungsanspruchs, nämlich die Lieferung eines mangelfreien Beratungsergebnisses, mit dem Zweck der Nachbesserung, nämlich nachträglich den ursprünglichen Erfolg zu gewährleisten, identisch ist.[32]

Gerät der Unternehmensberater mit der Nachbesserung in Verzug, d. h. beseitigt er trotz Mahnung den Mangel nicht, ohne sein mangelndes Verschulden an der Nichtleistung belegen zu können, so kann der Klient den Mangel durch einen anderen Unternehmensberater beseitigen lassen[33] und Ersatz der dafür erforderlichen Aufwendungen verlangen, § 633 III BGB. Für den Unternehmensberater hat dies den erheblichen Nachteil, daß er für die mitunter sehr hohen Kosten aufkommen muß, die dem mit der Nachbesserung betrauten Unternehmensberater bei der Einarbeitung in die Problemstellung und die Lösungsansätze entstehen.

b) Das Ende der Nachbesserungsphase

Der Klient kann dem säumigen Unternehmensberater eine Frist zur Nachbesserung setzen und ihm androhen, daß er die Beseitigung des Mangels, also die Nachbesserungsarbeiten, nach fruchtlosem Fristablauf ablehnen werde, § 634 I 1, 2 BGB. Dann erlischt der Nachbesserungsanspruch mit fruchtlosem Fristablauf, § 634 I 3 BGB. Eines Verzuges des Unternehmensberaters bedarf es indessen nicht. Im Einzelfall kann sogar die Fristsetzung entfallen, wenn die Beseitigung des Mangels entweder objektiv unmöglich ist oder vom Unternehmensberater verweigert wird oder wenn die sofortige Geltendmachung der Gewährleistungsrechte durch ein besonderes Interesse des Klienten gerechtfertigt ist, § 634 II BGB. Sicherer ist in der Praxis allerdings, in jedem Falle eine Frist zu setzen.

---

31 BGH U 6. 2. 58 (VII ZR 39/57), BGHZ 26, 337; BGH U 22. 2. 71 (VII ZR 243/69), BGHZ 55, 354; BGH U 4. 6. 73 (VII ZR 112/71), BGHZ 61, 42; RGRK/*Glanzmann*, § 633 Rn. 46.

32 *Lepp*, S. 49; zur praktischen Bedeutung *Stütz*, S. 31.

33 Die Möglichkeit, den Mangel selbst zu beseitigen, wird in der Beratungspraxis kaum vorkommen.

Mit fruchtlosem Fristablauf stehen dem Klienten nur noch die Rechte auf Wandelung, Minderung und Schadensersatz zu.[34]

3. Die Gewährleistungsphase (§§ 634, 635 BGB)

a) Wandelung und Minderung

Zunächst erwirbt der Klient nur die Rechte auf Wandelung oder Minderung.

Die Minderung wirft bei Projektberatungsverträgen keine spezifischen Schwierigkeiten auf. Ihre Durchführung richtet sich nach §§ 634 IV, 472 BGB.

Anders ist es mit der Wandelung. Sie führt über die §§ 465–467 BGB zur Rückabwicklung nach § 346 BGB. Für den Klienten ergibt sich daraus grundsätzlich ein Anspruch auf Rückgabe des Honorars und für den Unternehmensberater ein solcher auf Rückgabe der von ihm erbrachten Beratungsleistung. Die Problematik liegt – wie bei der Anfechtung[35] – aber darin, daß der Klient die geistige Leistung, gewissermaßen den Kern der Beratung, nicht mehr herausgeben kann. Daraus könnte man schließen, daß die Parteien das Wandelungsrecht stillschweigend ausgeschlossen haben.[36] Indessen wird ein entsprechender Wille des Klienten regelmäßig fehlen, weil es für ihn äußerst günstig ist, das Honorar zurückerstattet zu bekommen, ohne seinerseits wegen Unmöglichkeit die Beratungsleistung herausgeben zu müssen. Näher liegen dürfte daher, auf die Unmöglichkeit der Rückabwicklung geistiger Leistungen abzustellen und § 346 S. 2 BGB analog anzuwenden.[37] Allerdings darf der praktische Nutzen nicht überschätzt werden. Zu erstatten ist nämlich der objektive Verkehrswert.[38] Und der wird bei mangelhaften Beratungsleistungen häufig gegen Null tendieren und dem Unternehmensberater in der Praxis nur selten weiterhelfen. Im wirtschaftlichen Ergebnis läuft bei Beratungsleistungen die Wandelung letztlich auf eine Minderung hinaus.

---

34 Zum Schadensersatz trotz Nachbesserung *Brandi-Dorhn,* S. 84; ausführlich auch *Werner,* S. 21 ff., 41 ff.

35 Vgl. dazu oben § 4 B III 1; vgl. auch § 3 B V 3.

36 So OLG Koblenz U 3. 1. 62 (4 U 39/61), NJW 62, 741. Vgl. auch *Medicus,* NJW 90, 689 (694).

37 RGRK/*Glanzmann,* § 634 Rn. 13; *Werner/Pastor,* Rn. 1150.

38 *Erman/Seiler,* § 634 Rn. 18; MünchKomm/*Soergel,* § 634 Rn. 24; *Soergel/Mühl,* § 634 Rn. 15.

b) Schadensersatz bei zu vertretendem Mangel

Weit interessanter als die Gewährleistungsansprüche auf Wandelung und Minderung sind für den Klienten die Schadensersatzansprüche aus § 635 BGB bzw. aus positiver Vertragsverletzung, weil er daraus umfassenden Schadensersatz erlangen kann.

aa) Schadensersatz wegen Nichterfüllung

Nach § 635 BGB kann der Klient statt Wandelung und Minderung[39] Schadensersatz wegen Nichterfüllung verlangen, wenn der Unternehmensberater den Mangel zu vertreten hat. Spezifische Probleme bereitet insoweit festzustellen, unter welchen Voraussetzungen der Unternehmensberater einen Mangel vertreten muß.

aaa) Das Vertretenmüssen des Unternehmensberaters

Zunächst können die Parteien zur Haftungsbegrenzung den Verschuldensmaßstab vertraglich auf Fälle grober Fahrlässigkeit beschränken, arg. e. § 276 II BGB.[40] Mitunter wird auch auf die Sorgfalt eines ordentlichen Kaufmanns (§§ 347, 408 HGB, §§ 43, 32a GmbHG) oder auf die vom Unternehmensberater in eigenen Angelegenheiten geübte Sorgfalt (§ 708 BGB) abgestellt.[41]

Fehlt eine solche Abrede, so greift § 276 I BGB ein. Danach hat der Unternehmensberater einen Mangel zu vertreten, wenn ihm bzw. seinen Mitarbeitern (§ 278 BGB) ein Sorgfaltsverstoß zur Last fällt. Nach § 276 I 2 BGB ist dies zu bejahen, wenn die im Verkehr erforderliche Sorgfalt außer acht gelassen wird, wobei diejenige Sorgfalt entscheidet, die von Unternehmensberatern in der jeweils konkreten Situation erwartet wird.[42] Dabei ist zu differenzieren: Sofern der Unternehmensberater Mitglied des Bundesverbandes Deutscher Unternehmensberater (BDU) ist und in Briefköpfen oder Geschäftsunterlagen darauf Bezug nimmt, stellt er sich selbst in den „Ver-

39 Die Wandelungs- und Minderungsvoraussetzungen brauchen nicht vorzuliegen, soweit Schäden auszugleichen sind, die der Nachbesserung nicht zugänglich sind. Vgl. *Palandt/Thomas,* § 635 Anm. 2a (Rn. 2).

40 Zu entsprechenden Vertragsgestaltungen vgl. *Schlüter,* S. 168 f. Demgegenüber kann die Haftung für vorsätzliches Verhalten der Mitarbeiter ausgeschlossen werden, § 276 II i. V. m. § 278 S. 2 BGB.

41 Vgl. *Schlüter,* S. 168.

42 Statt aller: *Palandt/Heinrichs,* § 276 Anm. 4 B m. w. N. (Rn. 15 f.).

kehrskreis" besonders qualifizierter Berater[43] und schuldet dementsprechend auch die erhöhte Sorgfalt.[44] Bei allen anderen Unternehmensberatern ist auf den ordentlichen und gewissenhaften Durchschnittsberater abzustellen.[45] Im Einzelfall kann allerdings bei Spezialisten, insbesondere hinsichtlich ihrer besonderen Fachkenntnisse, eine höhere Sorgfalt vereinbart sein.[46]

Ausgangspunkt für die Konkretisierung von Sorgfaltsanforderungen des Unternehmensberaters muß sein, daß dieser gerade in seiner Eigenschaft als Fachmann auf wirtschaftlichem Gebiet vom Klienten beauftragt wird. Daher ist in der Regel ein Sorgfaltsverstoß anzunehmen, wenn die Erkenntnisse der Betriebs- und Volkswirtschaftslehre, insbesondere die Fachliteratur (Fachzeitschriften, Handbücher, Monographien) und die anerkannten Lehrmeinungen, nicht beachtet werden. Beachten heißt dabei keinesfalls sklavische Befolgung dieser Erkenntnisse, wie dies etwa von Rechtsanwälten bei der Berücksichtigung der höchstrichterlichen Rechtsprechung verlangt wird.[47] Zum einen müssen nämlich in die vorgeschlagenen Lösungskonzepte die praktischen Erfahrungen des Unternehmensberaters maßgeblich einfließen, damit die Beratung nicht zum wirtschaftswissenschaftlichen Selbstzweck wird, sondern die Klientenbelange verfolgt. Zum anderen wird der Unternehmensberater vielfach gerade wegen seiner Kreativität, also um der „guten Idee" willen, mit der Beratung beauftragt und muß daher ausgetretene Pfade verlassen und neue Wege gehen. Das zeigt sich vor allem bei Klientenunternehmen mit entsprechenden Fachabteilungen bzw. wirtschaftswissenschaftlich vorgebildeten Fachkräften, die ohne weiteres in der Lage wären, die einschlägigen Erkenntnisse anzuwenden.

---

43 Zu den Mitgliedschaftsvoraussetzungen im einzelnen: § 4 der Satzung des BDU.

44 Vgl. nur Teil I Ziff. 1 Abs. II Berufsgrundsätze: „Wir suchen Lösungen, die dem Stand der Wissenschaft, der Entwicklung der Branche und den Bedürfnissen des Klienten in bester Weise gerecht werden." Oder Teil I Ziff. 2 Abs. I: „Wir empfehlen unsere Dienste nur dann, wenn wir erwarten, daß unsere Arbeit Vorteile für den Klienten bringt."

45 BGH U 15. 11. 71 (VII ZR 62/70), NJW 72, 151.

46 Vgl. RG U 14. 1. 28 (I 119/29), RGZ 119, 397; OLG Düsseldorf U 12. 10. 65 (4 U 166/65), NJW 66, 736.

47 Vgl. dazu ausführlich *Borgmann/Haug,* § 19 (S. 89 ff.) und § 21 (S. 116 ff.) sowie Rinsche, S. 30 ff.

Eine andere Frage ist, ob der Unternehmensberater von mehreren gangbaren Wegen den sicheren gehen muß.[48] Das wird man grundsätzlich von einem gewissenhaften Berater erwarten dürfen, schon weil er die Interessen des Klienten nicht unnötig gefährden darf. Indessen gibt es hier gewichtige Ausnahmen, die den Spielraum des Unternehmensberaters erheblich erweitern. Das ist zum einen der Fall, wenn es um Prognosen mit kaum ausräumbaren Unsicherheitsfaktoren geht.[49] Dann muß dem Unternehmensberater ein gewisser „Prognoserahmen" zugebilligt werden, innerhalb dessen eine Bewertung als möglich und damit als „richtig" im Sinne von „nicht zu beanstanden" anzusehen ist.[50] Gleiches muß für Zweckmäßigkeitsfragen gelten, die primär im Tatsächlichen liegen und nicht so sehr in wirtschaftlichen Zusammenhängen ihre Grundlage haben. Hier kann unter Umständen sogar eine nicht abgesicherte oder im Normalfall nicht haltbare Vorgehensweise geboten sein.[51] Zum anderen wird häufig der Unternehmensberater gerade zur Vorbereitung risikobehafteter Entscheidungen in Anspruch genommen oder es stellt sich bei der Beratung heraus, daß eine Problembewältigung nur noch unter Eingehung erheblicher Risiken möglich ist. Wird dann ein riskanterer Weg beschritten, so kann das Verschulden des Unternehmensberaters nur darin bestehen, den Klienten nicht umfassend und erschöpfend über die Risiken aufgeklärt zu haben. Ähnlich ist es bei Maßnahmen, die zwar riskant sein mögen, deren Wahrnehmung aber im Einzelfall besser ist als eine Untätigkeit. Ein Verschulden in Hinblick auf den Mangel kann auch dann entfallen, wenn mit der Projektdurchführung „Neuland" beschritten werden soll und noch Erfahrungen fehlen.[52]

Verschulden kann wiederum zu bejahen sein, wenn der Unternehmensberater die Vorgaben des Klienten oder Dritter ohne ausreichende Prüfung übernommen hat.[53] Grundsätzlich darf er sich zwar auf die Richtigkeit und Vollständigkeit der tatsächlichen Angaben und der vom Klienten übergebe-

48 Weitergehend fordert der BGH in st. Rspr. für die Rechtsanwaltstätigkeit sogar, den „sichersten" Weg zu beschreiten. Vgl. nur BGH U 31. 10. 85 (IX ZR 175/84), VersR 86, 297. Kritisch zu Recht *Borgmann/Haug,* § 21, 1 (S. 117), die diese Anforderungen für unvereinbar mit dem Sorgfaltsmaßstab des § 276 BGB halten.

49 *Borgmann/Haug,* § 21, 3 (S. 120).

50 *Späth,* Rn. 148. Allgemein zur Prognose wirtschaftlicher Entwicklungen *Bise,* Betr 82, 2097.

51 Zur Risikoerfassung *Lappe,* S. 84 ff.; *Mayer,* S. 19 ff.

52 Allgemein *Köhler,* Software Herstellung, Rn. 81 a.E. Im einzelnen kann man nach dem Innovationsgrad zwischen Innovation, Invention, Imitation, Modifikation und Ersatz unterscheiden.

53 *Köhler,* Software Herstellung, Rn. 81.

nen Unterlagen verlassen.[54] Er ist nämlich betriebsfremd, während der Klient die Betriebsvorgänge aus eigenem unmittelbarem Erleben am besten kennt. Als Fachmann darf er sich aber auf offensichtlich irrige oder unzutreffende Angaben des Klienten, die zueinander in unlösbarem Widerspruch stehen, ebensowenig verlassen wie auf offensichtlich unvollständigen Informationen.[55]

Ist der Unternehmensberater subjektiv nicht in der Lage, die erforderliche Sorgfalt zu erbringen, etwa weil er zu unerfahren ist, so entschuldigt ihn das nicht.[56] Denn wer sich als Unternehmensberater betätigt, muß dafür einstehen, daß er über das dafür notwendige Wissen und Können verfügt.[57]

Welcher Aufwand bei der Projektdurchführung zur Vermeidung und Ausschaltung von Mängeln im einzelnen geschuldet ist, hängt von den jeweiligen Umständen ab. Dabei können eine Rolle spielen: die Komplexität der Problemstellung,[58] die Beratungsaufgabe,[59] ihr Lösungsumfang,[60] die Intensität der Beteiligung des Unternehmensberaters,[61] die Rolle des Beraters[62] sowie die Beratungstrategie.[63] Im Einzelfall können darüberhinaus aus-

---

54 *Späth,* Rn. 133 mit umfangreichen Nachweisen in Fn. 138.

55 Grundlegend: BGH U 20. 6. 60 (III ZR 107/59), AnwBl 60, 221 = VersR 60, 911, Rechtsanwalt.

56 *Schneider,* WiWo 1989, Nr. 5, 54.

57 BGH U 28. 2. 56 (VI ZR 354/54), NJW 56, 787; RGRK/*Glanzmann,* § 631 Rn. 33.

58 *Scheffler,* NJW 61, 577; *Richter,* BFuP 79, 127.

59 Je nach dem kann es sich handeln um organisatorische, analytische, kreative oder strategische Aufgaben. Vgl. *Schott,* Unternehmensberatung, S. 32. Speziell zur strategischen Planung jüngst *Fix/Schweer,* WiWo 1991, Nr. 13, 56.

60 Von der isolierten Betrachtung über die Betrachtung im Systemzusammenhang bis hin zu systemübergreifender oder gar integrierter Betrachtung.

61 Beispiele sind: die vollständige Übernahme einer Aufgabe, die direkte Hilfestellung, die begleitende Unterstützung, die Durchführungskontrolle, Verhaltenskontrolle und Abweichungsanalyse. Vgl. *Marner,* Rationalisierung 82, 215.

62 Informationslieferant, Problemlöser, Katalysator, Trainer. Vgl. *Kirsch,* WiWo 90, Nr. 17, 154; *Klaile,* S. 87; *Lindelaub,* Wpg 69, 46 (48). Zur Systematisierung *Lipitt/Lipitt,* S. 44 ff.

63 Bei den Beratungsstrategien wird im wesentlichen unterschieden zwischen: (1) autonome Durchführung des Beratungsauftrages nach Abstimmung mit der Unternehmensleitung, (2) Nutzung des internen Potentials durch Einbeziehung der Mitarbeiter entsprechend ihren Fähigkeiten, (3) vorgeschaltete Gespräche über Vorstellungen und Meinungen der Opponenten; Überzeugungsarbeit und Abbau der ablehnenden Haltung; aktive Einbeziehung eventuell vorhandener Promotoren entsprechend deren Fähigkeiten, (4) Abkoppelung des Realisierungsauftrages vom Problemlösungsauftrag, (5) Schulungsmaßnahmen zur Verbesserung der Qualifikation der Mitarbeiter.

schlaggebend sein die dem Unternehmensberater zur Verfügung stehende Zeit, die Höhe seines Honorars, die Schadensrisiken, die erkennbar beim Klienten auf dem Spiel stehen[64] sowie dessen Gewandtheit und Erfahrenheit.[65]

Insgesamt ist zu beachten, daß es für die Beurteilung von Sorgfaltsverstößen auf den Erkenntnisstand zum Zeitpunkt der Schadensverursachung ankommt.[66] Der Unternehmensberater darf nicht durch eine ex-post-Betrachtung, bei der Fehler und Schaden bereits bekannt sind, überfordert werden. Viele Unsicherheitsfaktoren sind meist bei der Beratung abzuwägen, und häufig spielt die psychische Situation des Klienten eine ganz entscheidende Rolle.[67]

bbb) Mangel- und enge Mangelfolgeschäden

Liegen die Voraussetzungen des § 635 BGB vor, so kann der Klient ohne weiteres seine Mangelschäden ersetzt verlangen. Das sind Schäden, die ihm unmittelbar aus der Mangelhaftigkeit der Beratungsleistung erwachsen.

Seinen Anspruch kann der Klient auf zwei Wegen verfolgen: Zum einen kann er die mangelhafte Beratungsleistung zurückweisen und Schadensersatz wegen Nichterfüllung des gesamten Beratungsvertrages verlangen. Dann entfällt für ihn die Verpflichtung zur Honorarzahlung und bereits geleistete Anzahlungen sind zu erstatten. Darüber hinaus sind die Kosten zu ersetzen, die der Klient jetzt zusätzlich aufwenden muß, um die Problemlösung durch einen anderen Berater erarbeiten zu lassen.[68] Der Klient kann zum anderen aber auch die mangelhafte Beratungsleistung behalten und alternativ verlangen: entweder die Wertminderung, die sich aus dem Mangel des Beratungsergebnisses ergibt,[69] oder den Ersatz dessen, was er für eine Mängelbeseitigung im Wege der Ersatzvornahme aufwenden mußte,[70] bzw. den entsprechenden Geldbetrag, ohne ihn aber tatsächlich zur Mängelbeseitigung verwenden zu müssen.[71] Letzterer Weg bietet sich vor

64 *Köhler,* Software Herstellung, Rn. 81.
65 *Borgmann/Haug,* § 20, 2 a.E. (S. 107).
66 BGH U 17. 3. 81 (VI ZR 191/79), BGHZ 80, 193.
67 *Borgmann/Haug,* § 20, 6a (S. 112 f.).
68 BGH U 5. 5. 58 (VII ZR 130/57), BGHZ 27, 215; BGH U 8. 1. 89 (VIII ZR 174/57), BGHZ 29, 148.
69 RGRK/*Glanzmann,* § 635 Rn. 10.
70 BGH U 26. 10. 72 (VII ZR 181/71), BGHZ 59, 365 (366).
71 BGH U 24. 5. 73 (VII ZR 92/71), BGHZ 61, 28 (30); BGH U 16. 5. 74 (VII ZR 214/72), NJW 74, 1322.

allem an, wenn der Klient in der Lage ist, die Beratung selbst „zu Ende zu denken".

Schwieriger zu beantworten ist, inwieweit auch Mangelfolgeschäden nach § 635 BGB zu ersetzen sind.[72] Die Rechtsprechung,[73] die von der Literatur zum Teil scharf kritisiert wird,[74] faßt neben den Mangelschäden nur die in engem Zusammenhang mit dem Mangel stehenden Mangelfolgeschäden unter § 635 BGB, während für die sog. entfernten Mangelfolgeschäden aus positiver Vertragsverletzung gehaftet wird. Ein enger Zusammenhang ist bei geistigen Leistungen bejaht worden, wenn das Werk darauf gerichtet war, seine Verkörperung in einem bestimmten weiteren Werk zu finden, an dem es dann Mängel hervorruft, wenn sich also der Fehler der geistigen Leistung zwangsläufig auf ein anderes Werk überträgt und sich notwendig darin erst realisiert.[75] Umgekehrt soll bei geistigen Leistungen, die Grundlage für allgemeine Vermögensdispositionen sind, der dadurch verursachte Schaden als entfernter Mangelfolgeschaden nach positiver Vertragsverletzung zu ersetzen sein.[76] Begründet wird diese Differenzierung damit, daß sich solche geistigen Leistungen nicht ausschließlich in einem anderen Werk realisieren.[77] Angewandt auf die Folgeschäden mangelhafter Beratungsleistungen hätte dies zur Konsequenz, daß betriebswirtschaftliche

72 Diese Abgrenzung ist praktisch bedeutsam, weil (1) für Ansprüche aus positiver Vertragsverletzung die kurze Verjährungsfrist des § 638 I BGB nicht gilt, weil sie (2) nicht den Voraussetzungen des § 634 I 1 BGB unterliegen und weil sie (3) unter den Schutz der Haftpflichtversicherung (§ 1 Nr. 1 AHB) fallen.

73 St. Rspr. seit RG U 1. 12. 05 (Rep VII 41/05), RGZ 62, 119; zuletzt BGH U 30. 6. 83 (VII ZR 371/82), NJW 83, 2440 (2441 m. w. N.). Einen Überblick über die veröffentlichten Entscheidungen des Reichsgerichts und des Bundesgerichtshofs vermittelt *Winter*, S. 20 ff. und 64 ff.

74 Alle Mangelfolgeschäden nach positiver Vertragsverletzung ersetzen wollen etwa *Diederichsen*, AcP 165 (1965), 150 (164); *Larenz*, SchR II/1, § 53 IIb (S. 354 ff.). Die Gegenansicht will auf alle mit einem Mangel des Werkes zusammenhängenden Schäden § 635 BGB anwenden. So etwa *Honsel*, Jura 79, 184; *Jakobs*, JuS 74, 342; *ders.*, JuS 75, 78; *Medicus*, Rn. 355, 357.

75 BGH U 9. 7. 62 (VII ZR 98/61), BGHZ 37, 341 (344) = NJW 62, 1764, Architekt; BGH U 18. 9. 67 (VII ZR 88/65), BGHZ 48, 257 (261) = NJW 67, 2259, Statiker; BGH U 9. 3. 72 (VII ZR 202/70), BGHZ 58, 225 (228 f.) = NJW 72, 901, Vermessungsingenieur; BGH U 26. 10. 78 (VII ZR 249/77), BGHZ 72, 257 (259 f.) = NJW 79, 214, geologischer Baugrundgutachter.

76 BGH U 10. 6. 76 (VII ZR 129/74), BGHZ 67, 1 (4 ff.); BGH U 5. 5. 83 (VII ZR 174/81), NJW 83, 2078 (2079).

77 Vgl. BGH U 5. 5. 83 (VII ZR 174/81), NJW 83, 2078 (2079).

Standardlösungen, die sich später noch zur Bewältigung anderer Probleme anbieten, entfernte Mangelfolgeschäden begründen würden, während einzelfallbezogene Problemlösungen zu engen Mangelfolgeschäden führen würden. Ein freilich wenig überzeugendes Ergebnis. Zweckmäßiger erscheint es daher, die Abgrenzung unabhängig von den Fallgruppen allein durch Subsumtion der BGH-Formel vorzunehmen. Dabei ist folgendes zu bedenken: Mit dem Beratungsergebnis wird gerade bezweckt, sich Kenntnis über bestimmte tatsächliche (oder rechtliche) Probleme (Diagnosephase) und deren Lösungsmöglichkeiten zu verschaffen, um, darauf aufbauend, weitere Dispositionen treffen zu können. Der Wert der Beratung erschöpft sich nicht in der Kenntnisnahme des Inhalts, sondern erst in der Umsetzung der dadurch gewonnenen Ergebnisse im Unternehmen. Dementsprechend fallen unter die engen Mangelfolgeschäden vor allem Schäden, die durch den angeratenen Erwerb ungeeigneter Betriebsausstattungen bzw. Grundstücke oder durch nicht ohne weiteres wieder kündbare Miet- und Arbeitsverträge entstehen (Realisierungsschäden).[78] Daß dabei zwischen Mangel und Schaden die Entscheidung des Klienten über den Abschluß entsprechender Verträge bzw. sonstiger Maßnahmen liegt, spielt keine Rolle. Aufgrund der „Zwangsläufigkeit" des Folgeschadens[79] tritt nämlich die stets zu dem Mangel hinzutretende, den Schaden erst auslösende Entscheidung des Klienten in den Hintergrund. Hinzuweisen bleibt noch auf folgendes: Soweit zur Begrenzung der Schadensersatzpflicht Beratungsverträge[80] zwischen (zurechenbaren) „direkten" bzw. „vorhersehbaren" Schäden und (nicht zurechenbaren) „indirekten" bzw. „unvorhersehbaren" Schäden differenzieren, decken sich diese Unterscheidungen nicht mit der von engem und entferntem Mangelfolgeschaden.

Neben den Realisierungsschäden kann der Klient vor allem noch den entgangenen Gewinn verlangen,[81] wie er sich aus der völligen oder teilweisen

78 Diese Unterscheidung führt bei Beratungsleistungen im wesentlichen auch zu interessengerechten Ergebnissen. In verjährungsrechtlicher Hinsicht, weil sich Realisierungsschäden meist schon innerhalb eines halben Jahres herausstellen werden, während die mitunter erst spät auftretenden „weiteren" Folgen erst nach 30 Jahren verjähren. Gleiches gilt für die Risikoverteilung, weil sich der Unternehmensberater gegen die unkalkulierbaren Risiken der entfernten Mangelfolgeschäden ohne weiteres versichern kann.

79 Zur „Zwangsläufigkeit" BGH U 22. 3. 79 (VII ZR 133/78), NJW 79, 1651.

80 Vgl. *Schlüter,* S. 173.

81 St. Rspr. des BGH seit BGH U 28. 11. 66 (VII ZR 79/65), BGHZ 46, 238 (239 f.); zuletzt BGH U 5. 5. 83 (VII ZR 174/81), JZ 83, 666 (667); a. A. *Grimm,* NJW 68, 17; differenzierend *Michalski,* NJW 88, 793 (794).

Unbrauchbarkeit der Beratungsleistung ergibt.[82] Zu ersetzen sind der vor und während der Mängelbeseitigung durch Arbeitsunterbrechungen (z. B. Produktionsstillstand) entstandene Verdienstausfall, etwa bei Verlust von Kundenaufträgen, sowie die Kosten der gewährleistungsbedingten Kooperation (Abstellen von Mitarbeitern etc.). Des weiteren kann der Klient auch den nach erfolgloser Nachbesserung eingetretenen Gewinnentzug verlangen.

ccc) Die Mitverursachung durch den Klienten

Der durch die Beratung entstandene Schaden kann auf unterschiedlichen Ursachen beruhen. Hat der Klient den Fehler mit herbeigeführt, etwa indem er seine Mitwirkungspflichten nicht, nicht rechtzeitig oder nicht gehörig erfüllt hat,[83] und hat er dabei in vorwerfbarer Weise gegen seine eigenen Interessen verstoßen („Verschulden gegen sich selbst"),[84] so mindert sich sein Ersatzanspruch. Ersatzpflicht und Umfang hängen nach § 254 I BGB dann insbesondere davon ab, inwieweit der Schaden vorwiegend von dem einen oder dem anderen Teil verursacht worden ist. Dabei ist in erster Linie nach dem Maß der Verursachung abzuwägen. Auch das Verschulden zählt zu den „Umständen".[85] Die Abwägung wird im Regelfall zu einer Schadensteilung führen, kann aber im Einzelfall sogar die Ersatzpflicht des Unternehmensberaters ganz entfallen lassen. Das ist denkbar, wenn der Schaden allein auf einem Verhalten des geschädigten Klienten beruht, wenn ihn ein grobes Selbstverschulden an der Entstehung des Fehlers trifft oder wenn der Klient den Unternehmensberater als Aushängeschild für illegitime Machenschaften benutzt.[86]

Die Mitverursachungsproblematik stellt sich zusätzlich dadurch, daß der Schaden nicht durch die falsche Beratungsleistung allein, sondern erst durch deren Umsetzung durch den Klienten entsteht. Man könnte zwar daran denken, daß der Klient mit seiner Entscheidung über die Umsetzung einer fehlerhaften Beratung gegen seine Pflicht aus § 254 II 1 2. Alt. BGB

82 *Köhler,* Software Herstellung, Rn. 32.

83 Zum Inhalt der Mitwirkungspflichten unten § 5 E I 1.

84 BGH U 3. 7. 51 (I ZR 44/50), BGHZ 3, 46 (49); BGH U 14. 10. 71 (VII ZR 313/69), BGHZ 57, 137 (145); BGH U 22. 6. 65 (VI ZR 53/64), NJW 65, 1708; *Palandt/Heinrichs,* § 254 Anm. 1 a (Rn. 1).

85 *Palandt/Heinrichs,* § 254 Anm. 4 m. w. N. (Rn. 47).

86 Beispiel nach *Borgmann/Haug,* § 30, 1 (S. 186 f.).

verstößt, jede mögliche und zumutbare Maßnahme zu ergreifen, die den drohenden Schaden verhüten oder doch abschwächen kann, und dementsprechend die Umsetzung zu unterlassen hat. Indessen ist die Situation bei Beratungsverträgen anders. Grundlage des Beratungsvertrages ist nämlich die Überzeugung der Vertragsparteien, daß der Unternehmensberater dem Klienten auf dem Beratungsgebiet an Fachwissen überlegen ist. Er muß daher verhindern, daß der Klient durch falsche Beratung Nachteile erleidet.[87] Umgekehrt trifft den Klienten, der durch die Beiziehung eines Unternehmensberaters gerade zu erkennen gibt, nicht über die erforderlichen Fachkenntnisse zu verfügen und daher auf fremde Hilfe angewiesen zu sein,[88] keine vertragliche Obliegenheit, durch eigene Bemühungen Beratungsfehler des Unternehmensberaters auszugleichen.[89] Das gilt selbst dann, wenn der Klient wirtschaftliche Kenntnisse und Erfahrungen hat.[90] Ausnahmen mögen denkbar sein. So ist Mitverschulden etwa anzunehmen, wenn der Klient Warnungen Dritter oder Hinweise des Unternehmensberaters nicht ausreichend beachtet hat.[91] Oder wenn ein Beratungsfehler offensichtlich ist[92] bzw. wenn der Klient einen solchen etwa aufgrund seiner Kenntnisse betriebsinterner Vorgänge erkennt und trotzdem die Umsetzung veranlaßt. Ein Mitverschulden kann unter Umständen auch in Betracht kommen, wenn der Unternehmensberater damit rechnen konnte, daß die von ihm vorgeschlagene Maßnahme vor ihrer Umsetzung einer Kontrolle durch den Klienten unterzogen werde.[93]

Nach § 254 II 1 1. Alt. BGB kann das mitwirkende Verschulden auch darin bestehen, daß der Klient es unterlassen hat, den Unternehmensberater vor der Gefahr eines ungewöhnlich hohen Schadens zu warnen. Auch diese Voraussetzungen werden kaum vorliegen. Zum einen entfällt auch hier die Warnungspflicht, weil der Unternehmensberater bessere Erkenntnismög-

87 BGH U 12. 3. 86 (IVa ZR 183/84), NJW-RR 86, 1348 (1349); grundlegend BGH U 11. 7. 78 (VI ZR 138/76), NJW 78, 2502 = LM Art. 34 GG Nr. 106 = VersR 78, 1070 (1071); BGH U 8. 10. 85 (VI ZR 114/84), BGHZ 96, 98 = NJW 86, 775.

88 OLG Köln U 13. 7. 88 (13 U 41/88), ZIP 88, 1407 (1408).

89 BGH U 12. 3. 86 (IVa ZR 183/84), NJW-RR 86, 1348 (1349).

90 OLG Köln U 13. 7. 88 (13 U 41/88), ZIP 88, 1407 (1408).

91 BGH U 25. 11. 81 (IVa ZR 286/80), ZIP 82, 169 (170) = NJW 82, 1095 (1096); OLG Köln U 13. 7. 88 (13 U 41/88), ZIP 88, 1407 (1408).

92 Vgl. dazu den Fall LG Osnabrück U 25. 11. 69 (1 S 143/69), DStR 70, 155, in dem der Steuerberater vergessen hatte, bei einem Fuhrunternehmen die Autounkosten als Betriebsausgaben zu berücksichtigen.

93 *Schlüter*, S. 167.

lichkeiten hat als der Klient.[94] Zum anderen ist nur der Schaden ungewöhnlich hoch, der durch den Fehler gewöhnlich nicht hervorgerufen wird.[95] Daß Beratungsleistungen üblicherweise hohe Folgeschäden verursachen können, reicht also alleine nicht.

bb) Ersatz von Mangelfolgeschäden

Aus positiver Vertragsverletzung kann der Klient vorgehen, soweit seine Schäden von § 635 BGB nicht erfaßt werden.

Voraussetzung ist, daß der Unternehmensberater seine Beratungspflichten schuldhaft schlecht erfüllt hat. Insoweit kann auf die Ausführungen zum Werkmangel[96] und zum Vertretenmüssen[97] verwiesen werden.

Ersetzt verlangen kann der Klient vor allem die entfernten Mangelfolgeschäden. Das sind beispielsweise Schäden, die durch erhebliche Verzögerungen bei der Bearbeitung von Kundenaufträgen oder durch verspätete Rechnungserteilung aufgrund einer zu klein dimensionierten Computeranlage entstehen. Dazu zählen etwa auch Schäden, die durch die Unverkäuflichkeit eines neu eingeführten Produkts oder das verlorene Ansehen des Klientenunternehmens bedingt sind. Die Beispiele ließen sich beliebig vermehren.

Die entscheidende juristische Frage indessen ist, ob der Klient alle aus der Pflichtverletzung entstandenen entfernten Mangelfolgeschäden ersetzt verlangen kann. Man bedenke nur, daß der Klient weitestgehend das unternehmerische Risiko dadurch abwälzen könnte, daß er sich in wichtigen unternehmerischen Entscheidungen beraten läßt und für den Fall eines Fehlschlags dann den Unternehmensberater in Anspruch nimmt.[98]

Eine Möglichkeit der Haftungsbegrenzung besteht darin, vertraglich im voraus einen Haftungshöchstbetrag zu vereinbaren und damit die Schadensersatzverpflichtung des Unternehmensberaters summenmäßig zu begrenzen. Als Höchstgrenze wird dann auf das zu zahlende Honorar oder ein näher bezeichnetes Vielfaches abgestellt.[99]

---

94 BGH U 15. 11. 52 (II ZR 56/52), VersR 53, 14.

95 RGRK/*Alff*, § 254 Rn. 59.

96 Vgl. dazu oben § 5 A I 1a.

97 Vgl. dazu oben § 5 A I 3b aa aaa.

98 Der Beratungsvertrag käme dann einem Versicherungsvertrag gleich.

99 *Schlüter*, S. 175.

Die eigentlichen Schwierigkeiten beginnen, wenn entsprechende Parteivereinbarungen fehlen. Prinzipiell hat der Unternehmensberater dem Klienten zwar nach § 249 S. 1 BGB jeden Nachteil zu ersetzen, für dessen Eintritt er condicio sine qua non und adäquat-kausal war. Seine Ersatzpflicht ist jedoch begrenzt durch den Schutzumfang des Beratungsvertrages (Lehre vom Schutzzweck der Norm).[100] Danach sind dem Unternehmensberater nur diejenigen Schäden zuzurechnen, die er den vertraglich geschützten Interessen seines Klienten zugefügt hat. Die zu ersetzenden Schäden müssen also aus dem Bereich von Gefahren stammen, zu deren Abwendung die Beratung gerade durchgeführt wurde.[101] Welche Gefahren im Einzelfall erfaßt werden, muß durch Auslegung des Beratungsvertrages ermittelt werden, §§ 133, 157 BGB.[102] Generell wird man aber folgendes sagen können: Die Beratung dient dem Zweck, aus einer Problemdiagnose geeignete Handlungsziele abzuleiten, Alternativen abzuwägen und Kriterien zu entwikkeln, die eine Entscheidung für die geeigneten Ziele ermöglichen.[103] Soweit sich aus den Vorschlägen des Unternehmensberaters nun Gefahren verwirklichen, denen mit der Beratung gerade begegnet werden sollte, sind diese zu ersetzen. Umgekehrt werden vom Schutzzweck des Beratungsvertrages nicht umfaßt allgemeine Risiken der Gesamtentwicklung des Klientenunternehmens, wie sie sich aus der gesamtwirtschaftlichen Entwicklung (Konjunkturrückgänge, plötzliche Nachfrageverschiebungen, Geldentwertungen, technischer Fortschritt etc.) ergeben. Als Beispiel mag der Vorschlag eines Unternehmensberaters dienen, anstelle der nur noch schwer verkäuflichen Holzstiegen nun hochwertige Holzmöbel für Kinderzimmer zu produzieren.[104] Erweist sich die Möbelserie nach erfolgreicher Einführung später als unverkäuflich, etwa weil sich der Kundengeschmack geändert hat, so haftet der Unternehmensberater dafür freilich nicht. Hier realisiert sich das allgemeine Unternehmerrisiko. Schwieriger wird es, wenn das Möbelprogramm von Anfang an nicht einschlägt. Ausgangspunkt muß hier die Überlegung sein, daß die Entscheidung über die Produktionsumstellung eine unternehmerische Entscheidung ist, also zur Unternehmerinitiative gehört, und daß die Beratung nichts anderes als Hilfe bei dieser Unternehmerinitiative ist. Im Beispielsfall besteht die Hilfe des Unterneh-

100 BGH U 22. 4. 58 (VI ZR 65/57), BGHZ 27, 137 (139 ff.); BGH B 9. 7. 86 (GSZ 1/86), NJW 87, 50 (51); *Larenz,* SchR I, § 27 III 2 (S. 409 f.); *Palandt/Heinrichs,* vor § 249 Anm. 5 A d (Rn. 62–64).

101 *Borgmann/Haug,* § 27, 3 (S. 159).

102 *Borgmann/Haug,* § 27, 3 (S. 159); *Larenz,* SchR I, § 27 III 2 (S. 409).

103 *Lippit/Lippit,* S. 29.

104 Abgewandeltes Beispiel nach *Pickert,* S. 194 ff.

mensberaters zum einen in der „Idee" und zum anderen in der Entwicklung einer Marktstrategie, um diese „Idee" in die Praxis umsetzen zu können. In den Schutzbereich des Beratungsvertrages fallen zunächst diejenigen Schäden nicht, die durch die Einstellung der Stiegenproduktion (Nichtverkauf von Stiegen) entstehen. Sie sind nämlich weder auf die „Idee" noch die Marktstrategie zurückzuführen. Für die Schäden aus der fehlgeschlagenen Einführung der Kindermöbel, also für „schlechte Idee" und „schlechte Strategie" hat der Unternehmensberater einzustehen. Das gilt sowohl für die unverkäuflichen Möbelstücke als auch für den aus den Aufträgen ausgebliebenen Gewinn. Soweit indessen der Verkauf nicht so zügig anläuft wie geplant, wird der Unternehmensberater für die Verzögerungsschäden kaum aufkommen müssen, da es sich insoweit eher um Marketingschwächen, denn um Fehlbeurteilungen des Marktes handelt. Freilich wird die Grenzziehung im Einzelfall nicht immer leicht fallen. Entscheidend ist – wie dieses Beispiel zeigt – auf den Beratungszweck abzustellen, wie er sich aus der Leistungsbeschreibung ergibt.

4. Verjährung

Mit der Abnahme beginnt die sechsmonatige Verjährungsfrist für die Wandelungs- und Minderungsansprüche (§§ 633, 634 BGB) sowie für die Schadensersatzansprüche nach § 635 BGB, soweit sie also Mangel- und enge Mangelfolgeschäden betreffen. Gehemmt ist die Verjährung, wenn sich der Unternehmensberater im Einverständnis mit dem Klienten der Prüfung und Beseitigung des Mangels unterzieht, § 639 II BGB.

Das gilt grundsätzlich auch für Projektberatungsverträge. Zwei Besonderheiten sind zu beachten: Zum einen kann es sein, daß eine (endgültige) Entscheidung über die Realisierung noch nicht im Zuge der Abnahme fallen kann, etwa wenn die Zustimmung des Aufsichtsrats oder des Betriebsrats noch eingeholt werden muß. Ebensogut ist vorstellbar, daß die Realisierung (etwa infolge von Lieferfristen) nicht sofort möglich ist. Dann kann leicht die Verjährungsfrist abgelaufen sein, bevor überhaupt Fehler auftreten konnten. In diesen Fällen gilt folgendes:[105] Die Sechsmonatsfrist ist wesentlich dadurch motiviert, daß Fehler des Werkes schon mit dessen Entgegennahme erkennbar sind oder sich regelmäßig deshalb innerhalb der festgelegten Verjährungsfrist zeigen werden, weil das Werk mit seiner Entgegennahme bestimmungsgemäß verwendet wird. Abnahme und Verwendung der Beratungsleistung fallen aber zeitlich auseinander, weil eben die

105 *Michalski*, NJW 88, 793 (800).

geistige Leistung (nur) die Grundlage für die Realisierung ist. Das rechtfertigt, die ausfüllungsbedürftige Lücke in § 638 I 2 BGB dahingehend zu schließen, daß die Verjährungsfrist erst ab Realisierung der empfohlenen Handlung läuft. Dies dürfte auch unter dem Gesichtspunkt der Risikoverteilung[106] vertretbar sein, weil für den Unternehmensberater solche Verzögerungen erkennbar sein werden. Zum anderen kann es vorkommen, daß sich die einzelnen Realisierungsmaßnahmen erst erheblich später als Schaden erweisen, weil das Gesamtprojekt ein Fehlschlag gewesen ist, etwa wenn ein falscher Standort gewählt oder eine leistungshemmende anstelle einer leistungsfördernden Betriebsstruktur eingeführt wurde.[107] Dann ist folgendes zu bedenken: Typisch für solche Schadensverläufe ist, daß der Klient auf den Sachverstand des Unternehmensberaters vertraut und den dem Beratungsergebnis anhaftenden Mangel bei Abnahme nicht bemerkt. Angesichts dieser faktischen Unüberprüfbarkeit der Leistung erscheint es treuwidrig, wenn sich der Unternehmensberater in diesen Fällen auf die kurze Verjährung beruft, § 242 BGB.[108]

An die Stelle der sechsmonatigen tritt die 30jährige Verjährungsfrist, sofern der Unternehmensberater, etwa bei der Abnahme, die Mangelhaftigkeit der Beratungsleistung arglistig verschweigt, § 638 I 1 i.V.m. § 195 BGB.[109] Arglist liegt vor, wenn er dem Klienten bewußt das Fehlen zugesicherter Eigenschaften verschweigt[110] oder wenn er den Mangel, obgleich er ihn bei Abnahme kennt und hinsichtlich der Verwendungsfähigkeit der Beratung auch für erheblich hält, dennoch dem Klienten nicht mitteilt oder beseitigt.[111] Zur Offenbarung wird er regelmäßig wegen der hohen Mangelfolgeschäden,[112] seiner besonderen Vertrauensstellung gegenüber dem Klienten[113] und dessen besonderer Schutzbedürftigkeit verpflichtet sein. Das kann etwas anderes sein, wenn der Klient die Möglichkeit und Fä-

---

106 Zum Risikoverteilungsgedanken der werkvertraglichen Verjährungsregeln *Hehemann*, NJW 88, 801 (801).

107 Dann wird man sich nämlich lange mit Anlaufschwierigkeiten trösten und sich erst sehr spät den Mißerfolg eingestehen.

108 *Ballerstedt*, Larenz-FS I, S. 716 (725).

109 Solches Verhalten bewirkt gleichzeitig, daß eine Vereinbarung nichtig ist, wenn die Verpflichtung des Unternehmensberaters, einen Mangel zu vertreten, erlassen oder beschränkt worden ist, § 637 BGB.

110 BGH U 4. 7. 63 (II ZR 174/61), JZ 63, 596; BGH, BauR 70, 244 = *Schäfer/Finnern*, Z 3.01 Bl. 35.

111 OLG Karlsruhe U 28. 2. 78 (8 U 231/76), BauR 79, 335.

112 *Erman/Brox*, § 123 Rn. 17; *Soergel/Hefermehl*, § 123 Rn. 17.

113 *Soergel/Hefermehl*, § 123 Rn. 7.

higkeit zur Prüfung hat.[114] Hat der Unternehmensberater zur Projektdurchführung Hilfspersonen eingesetzt, ist zur Beurteilung der Arglist auf diese abzustellen. Voraussetzung ist allerdings, daß er seinen Mitarbeitern auch die Pflicht zur Offenbarung der Mängel übertragen hat.[115] Das wird regelmäßig nur bei Projektleitern anzunehmen sein.

Die kurze Verjährungsfrist gilt auch nicht für die schuldhafte Herbeiführung von entfernten Mangelfolgeschäden und für sonstige Pflichtverletzungen des Unternehmensberaters. Diese Ansprüche verjähren in 30 Jahren, § 195 BGB. Vereinzelt werden Bedenken gegen diese „faktische" Unverjährbarkeit solcher Ansprüche erhoben.[116] Indessen besteht für eine einschränkende Auslegung kein Bedürfnis, weil der Unternehmensberater sich entsprechend versichern kann.

II. Beratungsmängel bei Dauerberatungsverträgen

1. Der Schadensersatz

Haben die Parteien einen Dauerberatungsvertrag abgeschlossen, der sich also nach Dienstvertragsrecht beurteilt,[117] und ist die Beratung fehlerhaft, so löst die Schlechterfüllung mangels spezieller Gewährleistungsregeln Schadensersatzansprüche aus positiver Vertragsverletzung aus.

Inhalt und Umfang der Vertragspflichten ergeben sich durch Auslegung des Beratungsvertrages. Allgemein läßt sich darüber nur so viel sagen, daß eine ordnungsgemäße Wahrnehmung der Beratungsaufgabe als Grundlage eine sorgfältige Aufklärung des Sachverhalts erfordert, um darauf aufbauend den Klienten unter Berücksichtigung des aktuellen betriebswirtschaftlichen Erkenntnisstandes umfassend und erschöpfend beraten zu können. Dabei hat sich die Beratung an den Interessen und Zielen zu orientieren, die der Klient mit der Beratung verfolgt.[118]

---

114 BGH U 5. 12. 85 (VII ZR 5/85), BB 86, 351 = Betr 86, 533; BGH U 28. 4. 71 (VIII ZR 258/69), NJW 71, 1795 (1799) = LM 123 Nr. 42; *Soergel/Hefermehl*, § 123 Rn. 6.

115 BGH U 20. 12. 73 (VII ZR 184/72), NJW 74, 553 = BauR 74, 130; KG U 6. 1. 70 (7 U 2077/69), MDR 70, 1010 = BauR 70, 242.

116 *Ballerstedt*, Larenz-FS I, S. 716 (739); *Michalski*, NJW 88, 793 (800).

117 Vgl. zur Vertragseinordnung oben § 2 B.

118 Zur Frage, inwieweit der Unternehmensberater verpflichtet ist, bei der Beratung sichere Wege einzuschlagen bzw. sich berechtigt auf Angaben des Klienten verlassen darf, kann auf die Ausführungen zum projektbezogenen Beratungsvertrag verwiesen werden (§ 5 A I 3b aa aaa).

Der Begriff des Vertretenmüssens unterscheidet sich nicht von dem bei Projektberatungsverträgen, so daß darauf verwiesen werden kann.[119] Zu bedenken ist jedoch, daß alleine der Hinweis, der Unternehmensberater habe sich nicht genügend Mühe gegeben, nicht unproblematisch ist. Denn es wird sich im Einzelfall nur schwer feststellen lassen, ob er bloß „sans fortune" war oder schuldhaft schlecht beraten hat. Es sind deshalb für den Verschuldensnachweis detaillierte Fakten erforderlich.[120]

Liegen die Voraussetzungen der positiven Vertragsverletzung vor, so ist grundsätzlich der Schaden zu ersetzen, der aus der Pflichtverletzung entstanden ist. Schwierigkeiten bereitet dabei die Festlegung des Schadensersatzes für die mangelhafte Beratungsleistung. Nach § 249 S. 1 BGB ist Naturalrestitution zu leisten, soweit diese nicht wegen Unmöglichkeit ausgeschlossen ist, § 251 I 1 1. Alt. BGB. Da die geschuldete Beratungsleistung im Regelfall nachgeholt werden kann und daher Naturalrestitution prinzipiell möglich ist, kann der Klient (nur) eine ordnungsgemäße Beratung vom Unternehmensberater in eigener Person verlangen.[121] Die durch Einschaltung eines anderen Unternehmensberaters angefallenen Kosten kann er nur dann im Wege des Geldersatzes geltend machen, wenn er zuvor eine Frist gesetzt und erklärt hat, nach ihrem Ablauf die Naturalrestitution abzulehnen, § 250 BGB. Allerdings ist hier Vorsicht geboten. Die Naturalrestitution wird nämlich der Interessenlage im Regelfall am ehesten gerecht. Einerseits wird das primäre, im Beratungsvertrag zum Ausdruck gekommene Interesse des Klienten an einer ordnungsgemäßen Beratung vollständig befriedigt. Andererseits wird dem Interesse des Unternehmensberaters, nicht mit unnötigen zusätzlichen (Einarbeitungs-)Kosten eines anderen Beraters belastet zu werden, Rechnung getragen. Beauftragt der Klient dennoch einen anderen Berater, so kann er leicht gegen seine Schadensminderungspflicht (§ 254 II 1 2. Alt. BGB) verstoßen.[122] Bei der Abwägung[123] spielen eine Rolle: die Art und Schwere der Schlechtleistung, der Schwierigkeitsgrad der Fehlerbeseitigung, die Zuverlässigkeit und Kompe-

119 § 5 A I 3b aa aaa.

120 *Wüst*, JZ 89, 67 (70); zur Beweislast eingehend *Heinemann*, NJW 90, 2345 (2346 ff.).

121 Der Schadensersatzanspruch aus positiver Vertragsverletzung läuft im wirtschaftlichen Ergebnis auf einen Erfüllungsanspruch hinaus.

122 Zu diesem Gedanken bei der Begrenzung von Nachbesserungsrechten *Köhler*, JZ 84, 393 (394).

123 Vgl. dazu *Palandt/Heinrichs*, § 254 Anm. 4a (Rn. 45–50).

tenz des Unternehmensberaters, die (noch) zur Verfügung stehende Zeit, der Umfang der zusätzlich durch den Einsatz eines anderen Beraters verursachten Kosten sowie die durch weitere Fehlschläge zu befürchtenden Schäden.

Freilich sind auch Ausnahmefälle vorstellbar, in denen der Klient von vorneherein Geldersatz verlangen kann, § 251 BGB. So ist es etwa, wenn der Unternehmensberater aufgrund seiner Unzuverlässigkeit bzw. infolge unzureichender Kenntnisse oder Erfahrungen zu einer vertragsgemäßen Erfüllung nicht in der Lage sein wird (Unvermögen).[124]

Ist dem Klienten die Fortsetzung des Beratungsverhältnisses unzumutbar, hat er sich selbst vertragstreu verhalten und analog § 326 I BGB eine Frist mit Ablehnungsandrohung gesetzt,[125] so kann er auch Schadensersatz wegen Nichterfüllung verlangen oder kündigen.[126] Dann geht der Anspruch des Klienten auch hinsichtlich der mangelhaften Beratungsleistung regelmäßig auf Entschädigung in Geld. Denn der Anspruch auf Naturalherstellung würde in der Regel dem Erfüllungsanspruch gleichkommen, der nicht mehr gegeben ist.[127] Auch hier wiederum läßt sich eine Ausnahme denken. Handelt es sich um einen einmaligen Spezialisten auf seinem Fachgebiet, so würde mangels adäquaten Ersatzberaters der Geldersatz nicht zum Ziel führen. Dann muß der Unternehmensberater Naturalrestitution leisten.

2. Nachbesserungsrecht des Klienten?

Da das Gesetz im Dienstvertragsrecht bei Schlechtleistung nur einen verschuldensabhängigen Anspruch aus positiver Vertragsverletzung kennt, der praktisch häufig am Verschuldensnachweis scheitern wird,[128] stellt sich die Frage, ob nicht dem Beratungsvertrag (gegebenenfalls durch Auslegung) ein verschuldensunabhängiger Nachbesserungsanspruch des Klienten zu entnehmen ist.

---

124 *Palandt/Heinrichs,* § 251 Anm. 2.

125 Die Fristsetzung ist entbehrlich bei ernsthafter und endgültiger Erfüllungsverweigerung, wenn das Vertrauen des Klienten auf eine Vertragserfüllung endgültig zerstört ist oder bei Interessewegfall. Vgl. *Palandt/Heinrichs,* § 276 Anm. 7 E b aa (Rn. 124).

126 Der Anspruch aus positiver Vertragsverletzung tritt dann an die Stelle des Erfüllungsanspruchs. Vgl. BGH U 13. 11. 53 (I ZR 140/52), BGHZ 11, 80 (84); *Staudinger/Otto,* § 326 Rn. 181 ff.

127 *Larenz,* SchR I, § 28 II (S. 474).

128 Die bloße Tatsache schlechter Arbeit beweist noch kein Verschulden. Vgl. *Köhler,* Software-Herstellung, Rn. 81.

Zunächst können die Parteien im Beratungsvertrag einen solchen Nachbesserungsanspruch ohne weiteres ausdrücklich vorsehen. Fehlt es an einer solchen Regelung, müssen Indizien für den Willen des Unternehmensberaters vorliegen, dem Klienten ein Nachbesserungsrecht einzuräumen. Diese werden allerdings regelmäßig fehlen. Insbesondere aus seinem beruflichen Auftreten[129] als kompetenter und erfahrener Fachmann werden sich keine Anhaltspunkte dafür gewinnen lassen, weil die Parteien einen Dienstvertrag vereinbart haben, wonach der Unternehmensberater gerade keinen Erfolg schuldet. Folglich ist auch nicht anzunehmen, daß er für schlechte Beratung verschuldensunabhängig einstehen und sich zur Nachbesserung verpflichten wollte. Man bedenke nur, daß der Unternehmensberater bei Vertragsschluß noch nicht abschätzen kann, welche Beratungsprobleme während der Vertragslaufzeit auf ihn zukommen. Daher wird man selbst die großzügige Bereinigung schlechter Beratung in der Vergangenheit eher als (vertrauensbildende) Kulanzleistung ansehen müssen, denn als ein Indiz für einen entsprechenden Nachbesserungswillen.

Auch eine analoge Anwendung des § 633 II 1 BGB scheidet aus. Zum einen dürfte schon der Parteiwille entgegenstehen. Zum anderen wäre für eine Analogie allenfalls am Erfüllungsanspruch des Klienten anzuknüpfen. Dieser geht jedoch beim Dienstvertrag auf die Leistung versprochener Dienste (§ 611 I BGB), nicht aber auf ein fehlerfreies Werk mit bestimmten zugesicherten Eigenschaften (§§ 631, 633 I BGB). Dabei handelt es sich um zwei völlig verschiedene, der Analogie nicht zugängliche Situationen.

B. Die Verzögerung der Beratung

Häufig verzögert sich die Beratung. Meist werden die Vertragsparteien den Zeitraum festlegen, innerhalb dessen die angestrebten Beratungsergebnisse erzielt und die den Beratungsfortschritt kontrollierenden Auswertungsverfahren abgeschlossen sein müssen. Üblich sind auch Vereinbarungen über Zwischenphasen.[130] Hält der Unternehmensberater diese Fristen nicht ein, kommt er auch ohne Mahnung in Schuldnerverzug, § 284 II BGB.[131] Ist

129 Zu diesem Gesichtspunkt *Köhler,* JZ 84, 393 (397) m.w.N.

130 Vgl. *Lippit/Lippit,* S. 27 a.E.

131 Der Verzug kann im Ausnahmefall ausgeschlossen sein, wenn dem Klienten selbst eine schwerwiegende Vertragsverletzung, etwa die Verletzung einer Mitwirkungspflicht, zur Last fällt, die den Unternehmensberater zum Rücktritt vom Beratungsvertrag oder zum Schadensersatz wegen Nichterfüllung berechtigen würde, § 242 BGB.

keine Frist vereinbart, muß der Unternehmensberater innerhalb der Zeit die Leistung erbringen, die üblicherweise dafür zu veranschlagen wäre.[132] Dann muß der Klient den Unternehmensberater allerdings noch mahnen.

Trotz Vorliegens der Voraussetzungen des § 284 BGB kommt der Unternehmensberater nur in Verzug, wenn er die Verspätung zu vertreten hat, § 285 BGB. Zwei Gesichtspunkte sind bedeutsam. Zum einen kann das Verschulden des Unternehmensberaters nicht damit verneint werden, die Schwierigkeiten, die zur Verzögerung der Projektabwicklung geführt hätten, seien größer als erwartet. Denn mit der Übernahme der Beratungsaufgabe hat der Unternehmensberater zu verstehen gegeben, daß er die nötigen Kenntnisse und Fähigkeiten zu ihrer Bewältigung habe.[133] Umgekehrt kann vor allem bei Projektberatungen das Verschulden des Unternehmensberaters entfallen, wenn der Klient bei der vertraglichen Festlegung der Fristen „enthusiastisch" Friktionen aus dem Bereich seines Unternehmens nicht bedacht hat oder wenn er während der Projektdurchführung nur sehr zögerlich und mit geringer Priorität seine Mitwirkungspflichten erfüllt hat.[134]

Der Klient kann nach § 286 I BGB den durch den Verzug adäquat kausal und zurechenbar verursachten Schaden nach Maßgabe der §§ 249 ff. BGB ersetzt verlangen. Zum ersatzfähigen Verspätungsschaden gehören insbesondere die Mehraufwendungen infolge verspäteter Beendigung der Beratung. Man denke nur an Preissteigerungen bei Maschinen, die zur Umsetzung der Beratungsergebnisse benötigt werden. Darüber hinaus kann der Klient auch entgangenen Gewinn verlangen, der bei rechtzeitiger Umsetzung der Beratung erzielt worden wäre, § 252 BGB.

Da die Beratungspflicht Hauptleistungspflicht ist,[135] kann der Klient darüber hinaus nach § 326 BGB vorgehen und nach ergebnisloser Nachfristsetzung mit Ablehnungsandrohung den Vertrag kündigen[136] oder Schadensersatz wegen Nichterfüllung verlangen. Spezifische Nichterfüllungsschäden sind die vergeblichen Aufwendungen des Klienten im Zusammenhang mit der Projektdurchführung, wie etwa Personaleinsatz, Kosten für die Bereitstellung von Büroräumen, Arbeitsmitteln und vor allem für die Zusammenstellung von betriebsspezifischen Informationen, die Voraussetzung für die Projektdurchführung waren.

132 Vgl. *Köhler,* Software Hersteellung, Rn. 89 m. w. N.
133 Vgl. *Köhler,* Software Herstellung, Rn. 90.
134 Instruktiv die Beispiele bei *Lippit/Lippit,* S. 28.
135 MünchKomm/*Emmerich,* § 326 Rn. 22.
136 Zur Kündigungsproblematik bei Beratungsverträgen vgl. oben § 3 B V 3.

C. Die Unmöglichkeit der Beratung

I. Die Unmöglichkeit bei Beratungsleistungen

Objektiv unmöglich ist eine Beratungsleistung, wenn niemand in der Lage ist, sie zu erbringen.[137] Dabei ist unerheblich, worauf das Leistungshindernis im Einzelfall beruht.[138]

Kennzeichnend für diesen Problemkreis ist, daß die typischen Fallgestaltungen der Unmöglichkeit bei Beratungsleistungen kaum vorkommen. Schwer läßt sich nämlich zunächst vorstellen, daß die Beratungsleistung untergeht (sog. tatsächliche Unmöglichkeit). Es mag zwar durchaus vorkommen, daß der Beratungsbericht auf dem Postweg verlorengeht oder im Klientenunternehmen versehentlich vernichtet wird oder sonst unauffindbar ist. Dann wird aber meist vom Unternehmensberater eine Kopie, ein zweites Exemplar des Berichts zu bekommen sein. Selbst wenn dies aufgrund unglücklicher Umstände nicht möglich sein sollte, ist nur die Verkörperung, nicht aber das Beratungsergebnis, die eigentlich geschuldete geistige Leistung, untergegangen. Näher liegt schon der Fall – wenn auch im Beratungsalltag gewiß nicht die Regel –, daß der Unternehmensberater aus persönlichen Gründen, etwa durch Tod, Erkrankung, Verletzung bei einem Verkehrsunfall oder wegen Geschäftsaufgabe, die Beratung nicht erbringen kann. Sofern die Beratung persönlich geschuldet ist, begründet sein Unvermögen zugleich Unmöglichkeit.[139]

Weit bedeutsamer sind aber die Fälle, in denen das Unternehmen vor Abschluß der Beratung in Konkurs geht (oder abbrennt), der Aufsichtsrat etwa im Falle einer Eingliederungsberatung die Zustimmung zur geplanten Übernahme eines anderen Unternehmens verweigert u. ä. In diesen Fällen kann der Unternehmensberater für sich gesehen die Beratung ohne weiteres erbringen.[140] Die Ursache der Störung liegt nicht in seiner persönlichen oder sachlichen Leistungsfähigkeit. Die Zuordnung dieser Fälle zur Unmöglichkeit ist demzufolge nicht unproblematisch.

---

137 Vgl. *Palandt/Heinrichs*, § 275 Anm. 2 (Rn. 4).

138 *Köhler*, Geschäftsgrundlage, S. 24.

139 Vgl. nur *Soergel/Wiedemann*, § 275 Rn. 25.

140 Davon zu unterscheiden ist der Fall, daß während einer Beratung über die Effizienzsteigerung der Verwaltung das Klientenunternehmen verkauft wird. Hier wird nicht die Beratung zwecklos, sondern an die Stelle des Klienten tritt lediglich ein neuer Gläubiger.

Folgende Überlegung mag aber weiterhelfen: § 275 I BGB fordert Unmöglichkeit der Leistung, wobei unter Leistung nicht die Leistungshandlung, sondern der Leistungserfolg zu verstehen ist.[141] Dieser kann nicht mehr eintreten, wird also unmöglich, wenn sich das Interesse des Klienten am unmittelbaren Erhalt der Beratungsleistung (Primärzweck) nicht mehr verwirklichen läßt.[142] Betrachtet man die Beratungsleistung isoliert und sieht man den Primärzweck allein in der Wissensvermittlung, so wäre ein Fall, in dem der Leistungserfolg nicht eintreten kann, praktisch kaum denkbar. Eine Übermittlung des Wissens wird (fast) immer möglich sein. Daß diese Betrachtung nicht zutreffen kann, wird deutlich, wenn man einen Beratungsvertrag zugrunde legt, der eine Implementierung mit umfaßt. Brennt hier beispielsweise das Klientenunternehmen ab, so kann der Leistungserfolg, etwa die Installation einer neuen Produktionsstraße nebst Einarbeitung der Mitarbeiter, nicht mehr erreicht werden. Für Beratungen, die indessen eine Implementierung nicht vorsehen, kann nichts grundsätzlich anderes gelten. Auch bei ihnen muß ein Bezug zum Klientenunternehmen hergestellt werden. Denn es kann keinen Unterschied machen, ob der Unternehmensberater „an dem" Unternehmen (= Implementierung) oder „für das" Unternehmen (= Problemlösung ohne Implementierung) seine Leistungen erbringt. Dieser Unternehmensbezug kann mit zwei weiteren Argumenten abgestützt werden. Zum einen weist die Beratung selbst – unabhängig von der Frage der Unmöglichkeit – einen Unternehmensbezug auf, weil nicht irgendeine abstrakte Erörterung, sondern eine Lösungskonzeption zur Bewältigung konkreter Unternehmensprobleme zu erbringen ist. Zum anderen ist auch ein Gleichlauf mit den weit bekannteren Nachhilfefällen erzielt, in denen der zu unterrichtende Schüler erkrankt.[143] Auch hier würde niemand die pädagogische Leistung losgelöst vom Schüler betrachten wollen.[144]

Für die vorstehend genannten Fälle ergibt sich daraus: Fällt das Klientenunternehmen und damit das Leistungssubstrat weg, so führt dies zur Unmöglichkeit der Beratung, einerlei ob die Ursache im tatsächlichen (Brand etc.) oder im wirtschaftlichen Bereich (Konkurs) anzusiedeln ist. Gleiches gilt

141 Vgl. *Palandt/Heinrichs*, § 275 Anm. 2d (Rn. 11).

142 *Köhler*, Geschäftsgrundlage, S. 17 u. S. 24.

143 Die vergleichbare Fallgestaltung findet sich im vorliegenden Kontext etwa bei der Mitarbeiterschulung.

144 Diese Fälle leuchten eher ein, weil anstelle des abstrakten Gebildes „Unternehmen" eine konkrete Person steht.

für die gescheiterte Unternehmensübernahme, weil auch hier das Leistungssubstrat fehlt, nämlich das „größere" Unternehmen, bestehend aus ursprünglichem Klientenunternehmen plus Neuunternehmen. An der Implementierung wiederum verdeutlicht: Wie soll der Unternehmensberater zwei Produktionsstraßen zu einer Betriebseinheit verbinden, wenn das zu übernehmende Unternehmen nicht eingebracht ist?

Davon zu unterscheiden sind wiederum die Fälle, in denen sich die Störung auf die Vertragsdurchführung an sich, also auf die Herbeiführung des Leistungserfolges, nicht auswirkt. Beispiele sind: die Verhandlungspartner sind sich vor Fertigstellung der Unternehmensexpertise über den Unternehmenskauf handelseinig geworden; das Produkt, für dessen Markteinführung der Unternehmensberater ein Marketing-Konzept entwerfen soll, gelangt nicht zur Serienreife; infolge eines unerwartet eingegangenen Großauftrages wird die geplante Verlagerung der Unternehmensaktivitäten in eine andere Branche und damit die dafür nötige Beratung obsolet; die erforderliche Genehmigung (Gewerbeerlaubnis, Transportgenehmigung, Baugenehmigung etc.) wird versagt. In diesen Fällen ist dem Unternehmensberater die geschuldete Beratung möglich. Daß der Klient sie nicht so wie vorgesehen verwenden kann, berührt ihn indessen nicht. Es liegt eine Zweckstörung vor, die keine Unmöglichkeit im Rechtssinne darstellt. Da insoweit eine Regelungslücke besteht, greifen die Grundsätze über den Wegfall der Geschäftsgrundlage ein.[145]

Steht fest, daß ein Fall der Unmöglichkeit vorliegt, so schließt sich die Frage nach dem Schicksal von Beratungs- und Honorarzahlungspflicht an.

II. Erlöschen der Beratungspflicht

Nach § 275 I BGB erlischt der Anspruch auf die Beratungsleistung, wenn dem Unternehmensberater die Erfüllung unmöglich geworden ist. Er wird von seiner Leistungspflicht frei, und zwar unabhängig davon, ob er die Unmöglichkeit zu vertreten hat oder nicht.[146]

145 Dazu unten § 5 F.

146 Nahezu einhellige Ansicht; vgl. etwa *Palandt/Heinrichs,* § 275 Anm. 8a; a. A. nur: *Soergel/Wiedemann,* § 275 Rn. 6 f., der § 275 I BGB ausschließlich anwenden will, wenn der Schuldner die Unmöglichkeit nicht zu vertreten hat.

III. Das Schicksal des Honoraranspruchs

Schwieriger zu beantworten ist, ob der Unternehmensberater trotz Unmöglichkeit die Zahlung des Honorars verlangen kann. Zweckmäßigerweise ist zwischen Projektberatungsverträgen und Dauerberatungsverträgen und darüber hinaus danach zu differenzieren, wer die Unmöglichkeit zu vertreten hat.

1. Die Vergütungsgefahr bei Projektberatungsverträgen

Ist die Unmöglichkeit weder vom Unternehmensberater noch vom Klienten zu vertreten, gilt bis zur Abnahme der Beratungsleistung (§ 640 BGB) grundsätzlich § 323 I BGB (§ 644 I 1 BGB).[147] Der Anspruch auf das Honorar geht unter, etwa wenn der Unternehmensberater während der Beratung erkrankt.

Von dieser Regel macht § 645 I BGB zwei Ausnahmen, die bei Beratungsverträgen aber von erheblicher Bedeutung sind.[148] Danach muß der Klient einen der geleisteten Beratung entsprechenden Teil des Honorars zahlen, wenn die Beratungsleistung schon vor der Abnahme (§ 640 BGB) entweder infolge eines Mangels des von ihm gelieferten Stoffes (1. Alt.) oder infolge einer von ihm erteilten Anweisung (2. Alt.) verschlechtert oder unausführbar geworden ist.

Da der Begriff „Stoff" weit auszulegen ist,[149] also auch Gegenstände erfaßt, an denen oder mit deren Hilfe die Beratungsleistung zu erbringen ist,[150] liegt die erste Alternative zunächst vor, wenn der Klient über beratungserhebliche Umstände (unverschuldet) unrichtige und damit mangelhafte Angaben macht. Ohne weiteres als Stoff anzusehen ist auch das Klientenunternehmen. Zwar scheitert die direkte Anwendung der Vorschrift, etwa bei Zerstörung (Brand, Krieg) oder Konkurs, daran, daß ein weggefallenes Unternehmen kein mangelhaftes ist.[151] Eine analoge Anwendung der Vorschrift ist hier aber möglich, da sich das Unternehmen weiterhin unter der

---

147 *Westermann,* JA 78, 551 (555).

148 Zwar enthält darüber hinaus auch § 644 BGB eine Ausnahmeregelung zu § 323 BGB. Doch werden entsprechende Fallgestaltungen kaum vorkommen.

149 BGH U 30. 11. 72 (VII ZR 239/71), BGHZ 60, 14 (20); *Larenz,* SchR I, § 21 I c (S. 314).

150 *Palandt/Thomas,* § 645 Anm. 3b cc (Rn. 8).

151 Vgl. *Köhler,* Geschäftsgrundlage, S. 38.

Geschäftsleitung des Klienten und damit in seinem Einfluß- und Herrschaftsbereich befindet. Grundgedanke der Vorschrift ist nämlich: Solange sich der „Stoff" in der Sphäre des Klienten befindet und der Unternehmensberater schädigenden Einfluß nicht verhindern kann, muß der Klient auch das Risiko des Bestandes und der Brauchbarkeit seines Stoffes tragen.[152]

Um eine Anweisung i. S. d. § 645 I 1 2. Alt. BGB handelt es sich nur, wenn der Klient für eine von ihm gewünschte Ausführungsmodalität das Risiko übernimmt oder trotz der Bedenken des Unternehmensberaters auf seinem Wunsch beharrt.[153] Die Angaben des Klienten, die dieser im Rahmen der Projektdurchführung macht, reichen indessen nicht, das Risiko zu verlagern.[154]

Anders ist es, wenn der Klient die Unmöglichkeit zu vertreten hat. Dann muß er das vertraglich geschuldete Honorar abzüglich der Ersparnisse des Unternehmensberaters zahlen, § 324 I BGB (i. V. m. § 645 II BGB). Zu vertreten hat der Klient die Unmöglichkeit, wenn er eine dem Unternehmensberater gegenüber obliegende Verhaltenspflicht verletzt hat. Der Hauptanwendungsfall wird die schuldhafte nicht, nicht rechtzeitige oder nicht gehörige Erfüllung seiner Mitwirkungspflichten[155] sein. Ebenso hat er zu vertreten, wenn er die Unmöglichkeit durch vorwerfbare Unvorsichtigkeit in eigenen Angelegenheiten bzw. durch Obliegenheitsverletzungen verursacht hat (sog. schuldhafter Verstoß gegen eigene Belange).[156] Das wäre etwa denkbar, wenn das Klientenunternehmen aufgrund überlasteter Stromleitungen in Brand gerät oder der Klient durch riskante Geschäfte seinen Beitrag zur Unternehmenssanierung leisten wollte, das Unternehmen dadurch aber in Konkurs geführt hat.

Die Fälle, in denen der Unternehmensberater die Unmöglichkeit zu vertreten hat, dürften selten sein, werfen jedenfalls hinsichtlich der Gegenleistungsfrage keine Probleme auf. Der Anspruch auf das Honorar erlischt nach § 325 I 3 BGB i. V. m. § 323 I 1. HS. BGB. Soweit das Honorar teilweise bereits geleistet wurde, kann es zurückgefordert werden, § 323 III BGB.[157]

152 *Köhler,* Geschäftsgrundlage, S. 38.
153 *Palandt/Thomas,* § 645 Anm. 3b cc (Rn. 8).
154 BGH U 26. 6. 80 (VII ZR 257/79), NJW 80, 2189.
155 Dazu ausführlich unten unter § 5 E 1.
156 MünchKomm/*Emmerich,* § 324 Rn. 7; *Staudinger/Otto,* § 324 Rn. 7 ff.; *Soergel/Wiedemann,* § 324 Rn. 14.
157 Freilich darf nicht übersehen werden, daß der Klient Schadensersatz wegen Nichterfüllung nach § 325 I 1 1. Alt. BGB verlangen kann.

2. Die Vergütungsgefahr bei Dauerberatungsverträgen

Ist die Unmöglichkeit von keiner Seite zu vertreten, so gilt auch bei Dauerberatungsverträgen grundsätzlich § 323 BGB. Erkrankt beispielsweise der Unternehmensberater, so entfällt auch der Honoraranspruch. Schwieriger ist die Rechtslage, wenn der Unternehmensberater, wie im Falle des Konkurses oder der Zerstörung des Klientenunternehmens, für sich gesehen ohne weiteres zur Leistung imstande wäre. Je nach Sachverhaltsgestaltung ist dann zu differenzieren: Steht der Unternehmensberater (ausnahmsweise) nicht in einem Dauerberatungsverhältnis mit festen Bezügen,[158] so kann der Klient den Beratungsvertrag nach § 627 I BGB fristlos kündigen. In den übrigen Fällen wird zwar eine fristlose Kündigung aus wichtigem Grund (§ 626 I BGB) kaum in Betracht kommen, weil die Unmöglichkeit in die Sphäre des Klienten fällt. Jedoch wird man dem Klienten die Möglichkeit zubilligen müssen, eine außerordentliche, nach § 621 BGB befristete Kündigung aus minder wichtigem Grund auszusprechen.[159] Sie ermöglicht einen gerechten Interessenausgleich. Der Unternehmensberater kann sich auf die neue Situation einstellen und sich innerhalb der Kündigungsfrist nach einem anderen Klienten umsehen und der Klient wiederum ist nicht für die gesamte vorgesehene Vertragsdauer mit einer Störung belastet, für die er ebensowenig kann wie der Unternehmensberater.[160]

Hinsichtlich der vom Klienten bzw. vom Unternehmensberater zu vertretenden Unmöglichkeit gilt nichts anderes als bei den Projektberatungsverträgen. Insoweit kann daher auf die Ausführungen verwiesen werden.[161]

D. Weitere Vertragspflichtverletzungen des Unternehmensberaters

I. Geheimhaltungspflichten

Um die Beratung zu ermöglichen, zumindest aber zu erleichtern, muß der Klient dem Unternehmensberater eine Vielzahl von internen Informatio-

158 Dazu im einzelnen unten § 7 C I.

159 Dieses Rechtsinstitut ist in der Lehre allgemein anerkannt. Vgl. *Köhler*, Geschäftsgrundlage, S. 63 f.; *Larenz*, SchR II/1 § 52 III d (S. 337 a. E.).

160 Zur Interessenlage in diesen Fällen ausführlich *Köhler*, Geschäftsgrundlage, S. 48.

161 Vgl. dazu vorstehend § 5 C III 1.

nen über sein Unternehmen mitteilen, die nicht an Dritte weitergegeben oder in unzulässiger Weise, d. h. über den Vertragszweck hinaus, verwertet oder ausgenutzt werden sollen.[162] Auch „bei Gelegenheit" der Beratung, etwa in Gesprächen über allgemeine Betriebsfragen, aus Unterlagen, Presseberichten, Werbezeitschriften, Prospekten etc., kann der Unternehmensberater einen tiefen Einblick in Geschäftsgeheimnisse des Klientenunternehmens gewinnen und zahlreiche aufschlußreiche Informationen über die entscheidenden Mitarbeiter erhalten.[163] Ebensowenig wie an der Weitergabe solcher Informationen wird dem Klienten daran gelegen sein, daß der Unternehmensberater die bei ihm gewonnenen Beratungsergebnisse bei der Beratung anderer Unternehmen weiterverwertet. Je schärfer allerdings der Wettbewerb zwischen den Unternehmensberatern und je größer der Anspruch an ihre Fertigkeiten ist, desto stärker wird freilich auch die Versuchung sein, den fremden Vorsprung mit allen Mitteln einzuholen.

Rechtlich knüpft daran die Frage an, inwieweit der Unternehmensberater zur Wahrung der Geschäfts- und Betriebsgeheimnisse des Klienten verpflichtet ist. Zweckmäßigerweise ist zunächst ein Blick auf den wettbewerbsrechtlichen und deliktischen Geheimnisschutz zu werfen.

1. Der wettbewerbsrechtliche Geheimnisschutz

a) § 17 UWG

Keinen Geheimnisschutz bietet zunächst § 17 UWG i.V.m. § 823 II BGB.[164] Danach sind zwar Geschäfts- und Betriebsgeheimnisse während der Dauer eines Dienstverhältnisses gegen ihren Verrat geschützt, aber nur, soweit sie von Angestellten, Arbeitern oder Lehrlingen offenbart werden. Wenngleich der Kreis der hiernach in Betracht kommenden Täter allgemein weit gezogen wird und sogar Vorstands- und Aufsichtsratsmitglieder einer AG sowie Geschäftsführer einer GmbH umfaßt,[165] so kann er auf Unternehmensberater nicht ausgedehnt werden. Sie unterstützen zwar die Geschäftsleitung bei der Erfüllung ihrer Aufgaben, sind aber wirtschaftlich

162 *Schlüter,* S. 182.

163 Nach *Damecker,* BB 87, 1614 (1617) sollen bei Betriebsspionage ca. 80% der Kenntnisse aus solchen allgemein zugänglichen Quellen gewonnen werden.

164 Zum Schutzgesetzcharakter des § 17 I UWG: BGH U 13. 10. 65 (Ib ZR 93/63), GRUR 66, 152 (153) – Nitrolingual.

165 *Baumbach/Hefermehl,* § 17 Rn. 10 m. w. N.; kritisch *Emmerich,* Unlauterer Wettbewerb, § 8 2b aa (S. 137 f.).

gesehen[166] keine Beschäftigten im Klientenunternehmen, mögen sie auch rechtlich aufgrund eines Werk- bzw. Dienstvertrages zur Beratung verpflichtet sein. Eine weitergehende extensive Auslegung des § 17 I UWG scheitert indessen am strafrechtlichen Analogieverbot (Art. 103 II GG, § 1 StGB).[167]

Ähnlich ist es mit der sogenannten Betriebsspionage, § 17 II UWG. Verboten ist in beiden Alternativen nur das unbefugte Sichverschaffen von Geschäfts- und Betriebsgeheimnissen. Die meisten Informationen aber wird der Klient für den Unternehmensberater aufbereiten und ihm für die Beratung überlassen, so daß der Unternehmensberater sich insoweit die Geschäfts- und Betriebsgeheimnisse gerade nicht gegen den ausdrücklichen oder mutmaßlichen Willen des Klienten und damit nicht unbefugt verschaffen wird.[168] Unbefugt erlangt sind auch nicht zufällig erlangte Kenntnisse.[169] Verschafft sich indessen der Unternehmensberater besonderes Wissen durch ein Vorgehen, das außerhalb seiner vertraglich geschuldeten Tätigkeit liegt, so ist dies nach § 17 II Nr. 1 UWG nur strafbar, wenn es durch Anwendung technischer Mittel (Abruf und Ausdruck von EDV-Daten, Einsatz von Fotoapparaten, Filmkameras, Sendern, Abhörvorrichtungen),[170] durch Herstellung einer verkörperten Wiedergabe des Geheimnisses (Ablichtung oder Fotographie von Unterlagen)[171] oder durch Wegnahme einer Sache geschieht, in der das Geheimnis verkörpert ist. Der Einsatz solcher technischer Mittel wird bei Unternehmensberatern meist gar nicht erforderlich und daher eher untypisch sein, weil größtenteils die kaufmännischen Geheimnisse des Klienten nur in ihren wesentlichen Zügen für den Unternehmensberater von Bedeutung sind und sich insoweit ohne Hilfsmittel erfassen lassen. Auch § 17 II Nr. 2 UWG wird in der Praxis selten anwendbar sein. Zunächst werden hier schon die verschiedenen strafbewehrten Möglichkeiten der Geheimniserlangung nicht vorliegen. Beim Verrat durch einen Unternehmensbeschäftigten wird kaum nachzuweisen sein, daß dieser von der Unbefugtheit der Mitteilung an den Unternehmensberater wußte,[172] und die Fälle der eigenen oder fremden Betriebsspionage (§ 17 II Nr. 1 UWG) werden aus den eben genannten Gründen selten

166 Dazu *Otto,* wistra 88, 125 (127).
167 Dazu *Mes,* GRUR 79, 584 (585).
168 Vgl. BAG U 16. 3. 82 (3 AZR 83/79), BAGE 41, 21 = JuS 83, 394 Nr. 10; *Emmerich,* Unlauterer Wettbewerb, § 8 3c (S. 142).
169 *Baumbach/Hefermehl,* § 17 Rn. 33.
170 *Otto,* wistra 88, 125 (128).
171 *Emmerich,* Umlauterer Wettbewerb, § 8 3b (S. 140).
172 Dazu *Baumbach/Hefermehl,* § 17 Rn. 39; *Mes,* GRUR 79, 584 (585).

vorkommen. Ohne diese Voraussetzungen ist die unbefugte Verschaffung fremder Geschäfts- oder Betriebsgeheimnisse erst dann strafbar, wenn eine unbefugte Verwertung oder Mitteilung des Geheimnisses an Dritte, etwa an andere Klienten, hinzutritt, § 17 II Nr. 2 UWG.[173] Verwertung ist dabei jede über das „bloße Haben" hinausgehende, wirtschaftliche Ausschlachtung des Geschäftsgeheimnisses.[174] Zwar würde darunter grundsätzlich auch die Verwertung der Geheimnisse bei der „nächsten" Beratung fallen, weil dann das Geheimnis zum Zwecke der Gewinnerzielung genutzt würde. Doch wird sich gewöhnlich die Verwertung kaum von dem bereits vorhandenen Fachwissen des Unternehmensberaters trennen lassen und daher nur im Einzelfall nachweisbar sein.

b) § 18 UWG

Auch § 18 UWG, der in Vorlagen oder Vorschriften technischer Art verkörpertes „Know-how" des Klienten gegen Vertrauensbruch im Geschäftsverkehr schützt, wird nur ausnahmsweise eingreifen. Zwar steht der Klient mit dem Unternehmensberater, der seine Beratungsleistungen als außenstehender Dritter erbringt, „im geschäftlichen Verkehr"[175] und er wird ihm die zur Beratung erforderlichen Informationen regelmäßig auch „anvertrauen", weil sie erkennbar nur für die Zwecke der Beratung verwendet werden sollen.[176] Doch wird es zumeist an einer „Vorlage" fehlen, auch wenn diese nicht unbedingt technischer Natur zu sein braucht.[177] Vorlagen charakterisiert nämlich, daß sie bereits die eigentliche geistige Leistung verkörpern und (nur noch) als Anweisung für die Ausführung weiterer Arbeiten dienen sollen.[178] Demgegenüber bilden die vom Klienten vorgelegten

---

173 *Buchner,* Rn. 43.

174 *Baumbach/Hefermehl,* § 17 Rn. 37.

175 So ausdrücklich für Unternehmensberater *Brammsen,* S. 89; allgemein für Freiberufler: *Erbs/Kohlhaas/Fuhrmann,* U 43 § 18 Anm. 2; *v. Gamm,* Kapitel 50, Rn. 56.

176 Vgl. *Callmann,* § 18 Rn. 4; *Erbs/Kohlhaas/Fuhrmann,* U 43 § 18 Anm. 4.

177 Vgl. KG U 9. 6. 87 (5 U 6153/85), GRUR 88, 702 (703) – Corporate Identity, das das Merkmal „technisch" nicht prüft. Ebenso *v. Goding,* U § 18 Anm. 2; *Harte-Bavendamm,* § 43 Rn. 55; *E. Reimer/v. Gamm,* Kap. 58, § 18 Rn. 2; *Rosenthal/Leffmann,* § 18 Rn. 11; *D. Reimer,* Anm. 335; a.A. wohl BGH U 17. 5. 60 (I ZR 34/59), GRUR 60, 554 (556) = WRP 60, 227 = NJW 60, 2000 = BB 60, 919 = Betr 60, 977 – Handstrickverfahren: „in der Vorlage verkörperten technischen Gedanken" sowie ausdrücklich *Koppensteiner,* § 9 II (S. 130).

178 RG U 2. 2. 12 (IV 1175/11), RGSt 45, 385 (386); *Callmann,* § 18 Rn. 5.

Informationen lediglich die Grundlage, auf der der Unternehmensberater eigenständig seine Beratung aufzubauen hat. Etwas anderes ist es, wenn der Unternehmensberater allein zur Implementierung eines Beratungsergebnisses herangezogen wird. Dann dient das Beratungsergebnis als Vorlage für die Umsetzung in die Praxis, bei deren Anwendung der Unternehmensberater berät.[179] Für Vorschriften technischer Art gilt Entsprechendes, nur mit der zusätzlichen Einschränkung, daß sie (mündliche oder schriftliche) Anweisungen gerade über einen technischen Vorgang zum Gegenstand haben müssen, worunter jedenfalls Informationen im rein kaufmännischen Bereich,[180] wie etwa Preis-[181] oder Vertriebsvorschriften,[182] nicht fallen.

c) § 1 UWG

Über den engen Rahmen der §§ 17 und 18 UWG hinaus kann sich ergänzend ein wettbewerbsrechtlicher Geheimnisschutz aus § 1 UWG ergeben.[183] Voraussetzung ist, daß der Unternehmensberater das betreffende Wissen des Klienten zu Zwecken des Wettbewerbs verwertet oder weitergibt und damit gegen die guten Sitten verstößt.[184]

Mangels Wettbewerbsverhältnisses scheiden zunächst all diejenigen Fälle aus dem Schutzbereich des § 1 UWG aus, in denen das betreffende Wissen nicht zur Beratung eines Konkurrenten des Klienten verwendet wird. Das dürfte jedenfalls bei spezialisierten Beratern die seltenere Fallgestaltung sein. Im Regelfall wird sich vielmehr der Unternehmensberater, obgleich er kein Mitbewerber seiner Klienten ist, gewissermaßen als „Mitbewerber in fremdem Interesse"[185] in den Wettbewerb einmischen.[186]

---

179 *Erbs/Kohlhaas/Fuhrmann,* U 43 § 18 Anm. 4.

180 *Harte-Bavendamm,* § 43 Rn. 55.

181 *Erbst/Kohlhaas/Fuhrmann,* U 43 § 18 Anm. 3.

182 *V. Gamm,* Kap. 50, Rn. 56.

183 Vgl. etwa BGH U 21. 12. 62 (I ZR 47/61), BGHZ 38, 391 = BGH LM § 17 UWG Nr. 6 = GRUR 63, 367 (369) = WRP 63, 138 = NJW 63, 856 = MDR 63, 377 = BB 63, 248 = Betr 63, 381 = JuS 63, 293 – Industrieböden; BGH U 10. 7. 63 (Ib ZR 21/62), LM § 18 UWG Nr. 4 = GRUR 64, 31 = WRP 63, 333 = NJW 63, 2120 = MDR 63, 908 = BB 63, 953 = Betr 63, 1213 – Petromax II; *Baumbach/Hefermehl,* § 17 Rn. 55; *Emmerich,* Unlauterer Wettbewerb, § 8 1 a (S. 135) und § 8 5 (S. 143).

184 Der nach § 1 UWG erreichbare Schutz hängt also nicht vom Bestehen eines Geheimnisses ab. Vgl. dazu *Kraßer,* GRUR 77, 177 (181).

185 Zu dieser Formulierung *Baumbach/Hefermehl,* Einl. UWG Rn. 215.

186 Soweit der Unternehmensberater sich im Rahmen der zur Durchführung des Beratungsauftrags notwendigen Tätigkeiten hält und hierbei nicht pflichtwidrig

Die eigentlichen Probleme wirft indessen die Frage auf, unter welchen Voraussetzungen die Weitergabe oder Verwertung[187] von Geschäftsgeheimnissen des Klienten gegen die guten Sitten verstößt. Angesichts der Pluralität der geschützten Interessen ist zur Konkretisierung des Begriffs der „guten Sitten" eine umfassende Abwägung der Interessen des Unternehmensberaters mit denjenigen des Klienten geboten.[188] Dabei besteht der Interessenkonflikt darin, daß einerseits der Unternehmensberater ein Interesse an der Erweiterung seiner eigenen Sachkunde und – soweit diese im Einzelfall anwendbar sind – an der Umsetzung von Geschäftsgeheimnissen des Klienten im Rahmen weiterer Beratungsprojekte hat. Letztlich verbirgt sich dahinter sein Interesse an freier Berufsausübung (Art. 12 GG).[189] Dem wiederum steht das Interesse des Klienten an Sicherung bzw. Ausweitung seines auf dem Geschäftsgeheimnis beruhenden wettbewerblichen Vorsprungs (Art. 2 I GG) und damit sein Interesse an einer uneingeschränkten Geheimhaltung seiner Geschäfts- und Betriebsgeheimnisse gegenüber.[190]

Zunächst kann der Interessenkonflikt im Beratungsvertrag eine Lösung gefunden haben, indem die Parteien nachvertragliche Geheimhaltungspflichten ausdrücklich vereinbart haben. Verstößt der Unternehmensberater gegen sol-

---

handelt, scheidet trotz der objektiv gegebenen Förderung fremden Wettbewerbs die Vermutung einer subjektiven Wettbewerbsabsicht aus, weil sich die Förderung aus seiner beruflichen Aufgabe ergibt. Vgl. BGH U 26. 10. 51 (I ZR 8/51), BGHZ 3, 270 (277) = LM § 1 UWG Nr. 5, GRUR 52, 410 = NJW 52, 660 = MDR 52, 91 = BB 52, 12 = Betr 52, 225 – Constanze I; BGH U 21. 12. 66 (Ib ZR 146/64), § 1 UWG Nr. 176 = GRUR 67, 428 (429) = NJW 67, 873 (874) = MDR 67, 281 = BB 67, 92 = Betr 199 – Anwaltsberatung I; OLG Koblenz B 8. 11. 88 (6 W 681/88), NJW-RR 89, 363 (363).

187 Indessen werden die Umstände, unter denen der Unternehmensberater Kenntnis von den Betriebsgeheimnissen erworben hat, für die Beurteilung der Sittenwidrigkeit keine Rolle spielen. Zum einen offenbart sie der Klient freiwillig. Zum anderen wird sich selbst genauestes Einprägen im Rahmen einer normalen Beratungstätigkeit halten, weil eine gute Beratung eben auch eine detaillierte Auseinandersetzung mit den Gegebenheiten im Klientenunternehmen erfordert. Auch das Behalten von Betriebs- und Geschäftsgeheimnissen ist dem Unternehmensberater nicht vorzuwerfen, da er sich einmal erlangter Kenntnisse nicht entledigen kann. Vgl. *Pfister,* S. 111.

188 *Mes,* GRUR 79, 584 (587); *Monjau,* BB 62, 1439 (1441); allgemein dazu *Baumbach/Hefermehl,* Einl. Rn. 83 und § 17 Rn. 55.

189 Dazu *Buchner,* Rn. 62; *Emmerich,* Unlauterer Wettbewerb, § 8 1 b (S. 136); *Kraßer,* GRUR 77, 177 (187).

190 Dazu BGH U 20. 1. 81 (VI ZR 162/79), GRUR 81, 437 = NJW 81, 1089 (1091) = MDR 81, 484 – Der Aufmacher I, Vorinstanz OLG Hamburg U 10. 5. 79 (3 U 197/78), GRUR 79, 735 ff.; *Nastelski,* GRUR 57, 1 (6).

che (vertraglichen) Pflichten, so bricht er damit das in ihn gesetzte Vertrauen des Klienten und verstößt damit zugleich gegen die guten Sitten.[191]

Fehlt es indessen an einer ausdrücklichen vertraglichen Regelung, so hat die Abwägung der widerstreitenden Interessen im Einzelfall von der Wertung auszugehen, die der Interessenkonflikt im UWG selbst gefunden hat. Während sich einerseits aus § 18 UWG ergibt, daß bei geschäftlichen Beziehungen von Unternehmen zu Unternehmen, von Geschäft zu Geschäft[192] der Schutz anvertrauter Interessen und Rechtsgüter eine uneingeschränkte Geheimhaltung erfordert, ist der dem § 17 UWG zugrundeliegenden gesetzgeberischen Wertung zu entnehmen, daß Beschäftigte nach ihrem Ausscheiden in der Verwertung ihrer Kenntnisse im Interesse ihres beruflichen Fortkommens grundsätzlich frei sein sollen, sofern sie nur ihre Kenntnisse auf redliche Weise erlangt haben, § 17 II UWG.[193] Da das Verhältnis zwischen Unternehmensberater und Klient entscheidend dadurch geprägt ist, daß der Unternehmensberater nicht als Angestellter des Klienten, sondern als externer Berater fungiert und jeweils die beratungsprojektbezogenen Betriebsgeheimnisse als Grundlage für die Projektdurchführung mitgeteilt bekommt, entspricht die Situation im wesentlichen der des § 18 UWG. Demnach besteht nach der gesetzlichen Wertung grundsätzlich kein schutzwürdiges Interesse des Unternehmensberaters an der Weitergabe oder Verwertung eines ihm im Rahmen eines Beratungsauftrags mitgeteilten Geschäftsgeheimnisses. Der Gedanke des § 17 UWG modifiziert diesen Grundsatz nur insoweit, als durch die Geheimhaltung die freie Berufsausübung des Unternehmensberaters nicht eingeschränkt werden darf. Nimmt man hinzu, daß das Sittenwidrige an der Weitergabe und Verwertung bei § 18 UWG gerade im Mißbrauch des Vertrauens liegt[194] und daß der Klient seine Betriebs- und Geschäftsgeheimnisse nur wegen seines besonderen Vertrauens auf das loyale Verhalten des Unternehmensberaters in so hohem Maße der Weitergabe- bzw. Verwertungsgefahr aussetzen wird,[195] so wird deutlich, daß an eine Ausnahme zugunsten der ungestörten Berufsausübung

191 Großkommentar UWG/*Köhler*, § 19 Rn. 10 f., 14; a. A. *Baumbach/Hefermehl*, § 1 Rn. 823, wonach nicht jeder Vertragsbruch zugleich auch einen Vertrauensbruch darstellt.

192 RG U 20. 10./17. 11. 10 (I 590/10), RGSt 44, 152 (158).

193 *Emmerich*, Unlauterer Wettbewerb, § 8 5 a (S. 143 f.).

194 *Baumbach/Hefermehl*, § 18 Rn. 1.

195 Zur Bedeutung der Vertrauensstellung BGH U 21. 12. 62 (I ZR 47/61), BGHZ 38, 391 = BGH LM § 17 UWG Nr. 6 = GRUR 63, 367 = WRP 63, 138 = NJW 63, 856 = MDR 63, 377 = BB 63, 248 = Betr 63, 381 = JuS 63, 293 – Industrieböden; *Pfister*, S. 108.

des Unternehmensberaters strenge Maßstäbe anzulegen sind. Als Abgrenzungskriterium bietet sich daher eine Unterscheidung danach an, ob das Geheimnis unmittelbare Bedeutung für die spezifische Berufsausübung des Beraters hat (keine sittenwidrige Verwertung) oder ob die Verwertung sozusagen „außerhalb" dieser Tätigkeit (und damit sittenwidrig) erfolgt.

Daraus ergibt sich für den Geheimnisschutz nach § 1 UWG folgendes: Ohne weiteres sittenwidrig – weil „außerhalb" der Beratungstätigkeit liegend – ist es, wenn der Unternehmensberater einem Dritten interne Informationen eines Klienten (entgeltlich oder unentgeltlich) mitteilt, ohne überhaupt einen Beratungsauftrag zu haben. Gleiches muß gelten, wenn er einem Klienten „bei Gelegenheit" einer Beratung Betriebs- und Geschäftsgeheimnisse eines anderen Klienten offenbart, die mit dem konkreten Beratungsprojekt in keinem Zusammenhang stehen, etwa wenn der Berater bei einer Beratung mit rein wirtschaftlicher Fragestellung technische Erkenntnisse verrät oder über Kundenstrukturen informiert, obgleich er nur die Produktionsabläufe verbessern soll. Besteht indessen ein konkreter Zusammenhang mit dem Beratungsprojekt, wird man differenzieren müssen: Sittenwidrig ist es, soweit der Unternehmensberater reine Fakten über ein Klientenunternehmen, etwa Kundenlisten (Namen, Adressen), Preisberechnungen, Handelsspannen, Fabrikationsgeheimnisse u. ä., preisgibt. Dadurch könnte er zwar seine Beratungseffizienz fördern, eine unmittelbare Bedeutung für die spezifische Berufsausübung des Unternehmensberaters haben solche Geheimnisse aber nicht, weil die Beratung auch ohne die Kundgabe solcher Fakten möglich bleibt, mag sie auch durch die (Neu)Erstellung entsprechender Daten erschwert werden.[196] Insoweit ist bei Unternehmensberatern eine erheblich restriktivere Haltung geboten als etwa bei Angestellten, von denen um des Geheimnisschutzes willen nicht verlangt werden kann, daß sie ihre Kenntnisse im neuen Arbeitsverhältnis verleugnen und schlechter arbeiten als sie es an sich könnten.[197] Würde man nämlich diesen Gesichtspunkt auf die Verwertung von Fakten übertragen,

196 In diesen Fällen kann unter dem Gesichtspunkt der Ausbeutung fremder Leistung auch an eine (sittenwidrige) unmittelbare Leistungsübernahme zu denken sein, da mit der Übernahme entsprechender Fakten überhaupt keine eigene Leistung des Unternehmensberaters verbunden ist. Dazu im einzelnen: BGH U 21. 11. 58 (I ZR 61/57), BGHZ 28, 387 (394) = GRUR 59, 240 = WRP 59, 79 = NJW 59, 576 = MDR 59, 273 = Betr 59, 231/258 – Nelkenstecklinge; BGH U 24. 6. 66 (Ib ZR 32/64), GRUR 66, 617 (620) = WRP 66, 397 = BB 66, 997 = Betr 66, 1306 – Saxophon; *Damecker,* BB 87, 1614 (1614); *Emmerich,* Unlauterer Wettbewerb, § 9 3a (S. 154).

197 Vgl. etwa *Heyd,* MuW 39, 228 (235); *Reimer,* MuW 31, 414 (418).

würde man den Unternehmensberater angesichts der Vielzahl von Beratungsprojekten gewissermaßen zum Makler fremder Geschäfts- und Betriebsgeheimnisse machen[198] und damit die Geheimhaltungsinteressen des Klienten völlig negieren. Desgleichen handelt der Unternehmensberater sittenwidrig, wenn er mit seiner Offenbarung an sich bekannte Fakten in Beziehung zu einem bestimmten Unternehmen setzt, etwa indem er verrät, daß ein konkretes Unternehmen ein gewisses Verfahren anwendet oder bestimmte Branchenspezifika ausnutzt. Denn für die Beratung eines Klienten wird die exakte Zuordnung bestimmter Fakten zu bestimmten Unternehmen kaum notwendig und damit auch nicht von unmittelbarer Bedeutung sein. So ist es grundsätzlich auch mit der Tatsache, daß der Unternehmensberater ein bestimmtes Unternehmen bereits beraten hat oder berät, es sei denn der Unternehmensberater hat für den Klienten erkennbar das Beratungsprojekt aus Werbe- oder Referenzgründen übernommen. Dann nämlich durfte der Klient insoweit auf eine Nichtverwendung nicht vertrauen. Von diesen Fällen zu unterscheiden sind wiederum diejenigen, in denen nicht Fakten, sondern bestimmte Strukturen weitergegeben oder verwertet werden, etwa daß sich ein Produkt gerade bei Unternehmen mittelständischer Prägung besonders gut absetzen läßt oder daß sich Arbeitnehmer mit einer speziellen Ausbildung für die Überwachung von Produktionsabläufen besonders eignen. Hier wird man unterscheiden müssen: Hat erst der Unternehmensberater aufgrund seiner Vorbildung und Erfahrung die hinter bestimmten Fakten stehende Struktur entdeckt, so fließt das Unternehmens-Know-how unmittelbar in seine allgemeinen beruflichen Fähigkeiten ein und hat damit zugleich unmittelbare Bedeutung für weitere Beratungsprojekte. Natürlich spielt hier auch eine maßgebende Rolle, daß die Fakten den Unternehmensberater zwar inspiriert haben mögen, daß er selbst aber erst die eigentliche gedankliche Leistung erbracht hat.[199] Hat indessen der Klient die Struktur mitgeteilt, hängt die Interessenabwägung entscheidend von den Einzelfallumständen ab. Dabei wird zugunsten des Klienten insbesondere eine Rolle spielen, ob die geheime Struktur eine entscheidende wettbewerbliche Bedeutung für das Klientenunternehmen hat[200] und inwie-

198 *Buchner*, Rn. 59, 63.

199 Zu diesem Abwägungsgesichtspunkt ausdrücklich: BGH U 21. 12. 62 (I ZR 47/61), BGHZ 38, 391 = BGH LM § 17 UWG Nr. 6 = GRUR 63, 367 (370) = WRP 63, 138 = NJW 63, 856 = MDR 63, 377 = BB 63, 248 = Betr 63, 381 = JuS 63, 293 – Industrieböden.

200 BGH U 21. 12. 62 (I ZR 47/61), BGHZ 38, 391 = BGH LM § 17 UWG Nr. 6 = GRUR 63, 367 (370) = WRP 63, 138 = NJW 63, 856 = MDR 63, 377 = BB 63, 248 = Betr 63, 381 = JuS 63, 293 – Industrieböden.

weit das Klientenunternehmen durch die Verwendung der Struktur geschädigt wird. Denn Strukturerkenntnisse können erheblich wichtiger sein als reines Faktenwissen. Auf der anderen Seite ist bei der Analyse der Beraterinteressen in Rechnung zu stellen, daß jede Beratung auf gewissen wirtschaftlichen (oder technischen) Zusammenhängen aufbauen muß, daß ihr aber meist nur wenige und häufig zudem verflochtene Strukturen zugrunde liegen werden, so daß die Nichtverwertung der mitgeteilten Strukturen leicht die spezifische Berufsausübung des Unternehmensberaters beeinträchtigen kann. Daher wird eine unmittelbare Bedeutung der Struktur für die spezifische Berufsausübung des Unternehmensberaters um so eher anzunehmen sein und dementsprechend auch die Interessenabwägung zu seinen Gunsten ausfallen, je spezialisierter der Unternehmensberater tätig ist. So kann beispielsweise selbst eine besondere Unternehmensorganisation, die der Unternehmensberater beim Klienten kennengelernt hat, in seine allgemeinen beruflichen Kenntnisse über innerbetriebliche Organisationsformen einfließen. Umgekehrt kann es freilich sein, wenn etwa die spezifische Organisationsstruktur besondere wettbewerbliche Bedeutung für den Klienten hat, deren Weiterverwendung dem Unternehmensberater aber kaum Nutzen bringt.[201]

2. Der deliktische Geheimnisschutz

Handelt der Unternehmensberater zwar nicht zu Wettbewerbszwecken, verstößt er aber dennoch gegen die guten Sitten, so kann als weitere Anspruchsgrundlage § 826 BGB gegeben sein, wenn er den Schaden (mindestens bedingt) vorsätzlich herbeigeführt hat.[202]

Fehlt es indessen auch an einem entsprechenden Vorsatz, hat aber der Unternehmensberater zumindest leicht fahrlässig (§ 276 I 2 BGB) das geheime Unternehmens-Know-how seines Klienten preisgegeben, so kommt (ergänzend) ein Schutz der Geschäfts- und Betriebsgeheimnisse nach § 823 I BGB in Betracht. Anerkannt ist nämlich in Rechtsprechung[203] und Schrift-

201 *Kraßer,* GRUR 77, 177 (187 f.); *Monjau,* BB 62, 1439 (1441).

202 *Kraßer,* GRUR 77, 177 (178).

203 BGH U 9. 3. 89 (I ZR 189/86), BGHZ 107, 117 = GRUR 90, 221 (222) = MDR 89, 796 = BB 89, 1143 – Forschungskosten; BGH U 25. 1. 55 (I ZR 15/53), BGHZ 16, 172 (175) = GRUR 55, 388 (389) = WRP 55, 196 = NJW 55, 628 = BB 55, 553 = Betr 55, 383 – Dücko; BGH U 18. 3. 55 (I ZR 144/53), BGHZ 17, 41 (51) = GRUR 55, 468 (472) = NJW 55, 829 = BB 55, 394 = Betr 55, 452 – Kokillenguß.

tum,[204] daß Geschäfts- und Betriebsgeheimnisse, sei es als „sonstige Rechte", sei es als „Recht am eingerichteten und ausgeübten Gewerbebetrieb", geschützt sind. Daraus folgt aber zugleich, daß mit Hilfe einer umfassenden Güter- und Interessenabwägung im Einzelfall die Rechtswidrigkeit positiv festzustellen ist.[205] Dabei sind dieselben Erwägungen anzustellen wie bei der Anwendung des § 1 UWG.[206]

Festzuhalten ist, daß die wettbewerbsrechtlichen und deliktischen Normen zwar einen weitgehenden, aber keinen lückenlosen Geheimnisschutz bieten, der zudem noch entscheidend von einer einzelfallorientierten Interessenabwägung abhängt. Daher kommt der vertraglichen Vereinbarung von Geheimhaltungspflichten nicht unerhebliche Bedeutung zu.

3. Vertragliche Geheimhaltungspflichten

a) Grundsätzliches

Hinsichtlich der vertraglichen Geheimhaltungspflicht des Unternehmensberaters ist zu unterscheiden:

Zunächst kann sich der Unternehmensberater ausdrücklich seinem Klienten gegenüber verpflichten, die bekannt gewordenen Geschäfts- und Betriebsgeheimnisse des Klienten auch nach Vertragsbeendigung zu wahren.[207] Das hat für den Klienten den entscheidenden Vorteil, daß die Geheimhaltung unabhängig vom Ausgang einer Interessenabwägung gewährleistet ist. Hat dagegen der Unternehmensberater nur zugesichert, bestimmte, im Beratungsvertrag näher bezeichnete Geschäfts- und Betriebsge-

---

204 *Callmann,* 36. DJT, S. 464 (480); *Mes,* GRUR 79, 584 (592) unter Berufung auf BVerfG U 30. 4. 52 (1 BvR 14, 25, 167/52), BVerfGE 1, 264; *Nastelski,* GRUR 57, 1 (6); *Pfister,* S. 88, 100; a. A. *Baumbach/Hefermehl,* § 17 Rn. 53; *Buchner,* Rn. 60.

205 BGH U 21. 12. 62 (I ZR 47/61), BGHZ 38, 391 = BGH LM § 17 UWG Nr. 6 = GRUR 63, 367 (369) = WRP 63, 138 = NJW 63, 856 = MDR 63, 377 = BB 63, 248 = Betr 63, 381 = JuS 63, 293 – Industrieböden; BGH U 21. 6. 66 (VI ZR 261/64), BGHZ 45, 296 (306 ff.) = GRUR 66, 693 = WRP 66, 383 = NJW 66, 1617 = MDR 66, 831 = BB 66, 874 = Betr 66, 1179 – Höllenfeuer; BGH U 30. 5. 72 (VI ZR 6/71), BGHZ 59, 30 (34) = GRUR 73, 90 = NJW 72, 1366 = MDR 72, 857 = BB 72, 857 – Demonstrationsschaden; BGH U 20. 1. 81 (VI ZR 162/79), BGHZ 80, 25 (27) – Der Aufmacher; *Baumbach/Hefermehl,* § 17 Rn. 53; *Staudinger/Schäfer,* § 823 Rn. 148; a. A. *Nastelski,* GRUR 57, 1 (6).

206 Großkommentar UWG/*Köhler,* § 19 Rn. 19.

207 Zur Vertragsgestaltung *Schlüter,* S. 184 f. und Textanhang, S. 215 ff.; *Lewenton/Schnitzer,* S. 77 und 97.

heimnisse vertraulich zu behandeln und Dritten nicht mitzuteilen, so ist er nur insoweit zur Geheimhaltung verpflichtet. Ihm darüber hinaus bekannt gewordene Geschäfts- und Betriebsgeheimnisse braucht er indessen nicht zu wahren.

Problematischer ist es, wenn keine ausdrücklichen Geheimhaltungsabreden getroffen wurden. Dann vertritt – jedenfalls für Angestellte – selbst die höchstrichterliche Rechtsprechung unterschiedliche Standpunkte über die Reichweite nachvertraglicher Geheimhaltungspflichten. Während nämlich das Bundesarbeitsgericht[208] offenbar eine uneingeschränkte nachvertragliche Geheimhaltungspflicht annimmt, kommt sie nach Ansicht des Bundesgerichtshofs[209] zwar als vertragliche Nachwirkung in Betracht, aber doch nur in begrenztem Umfang. Dabei dürfte grundsätzlich dem Weg des Bundesgerichtshofs zu folgen sein, schon weil nach dem Parteiwillen regelmäßig mit Vertragsende auch die vertraglichen Pflichten enden sollen und daher weitergehende Vertragspflichten jedenfalls generell kaum angenommen werden können.[210] Im übrigen entspricht die Auffassung des BGH auch der gesetzgeberischen Wertung in § 90 HGB, wonach selbst die dort gesetzlich statuierte, nachvertragliche Geheimhaltungspflicht auf die „Berufsauffassung eines ordentlichen Kaufmanns" begrenzt ist. Ob eine vertragliche Geheimhaltungspflicht gewollt ist, ist somit wiederum durch Interessenabwägung zu klären.[211] Dabei sind grundsätzlich die gleichen Erwägungen anzustellen wie bei der Sittenwidrigkeitsprüfung im Rahmen des § 1 UWG.[212] Während der BGH[213] (bei Angestellten) darüberhinaus noch entscheidend auf eine Berücksichtigung des besonderen Vertrauensverhältnisses gerade in der Vergütung abstellt, kann dieses Kriterium bei Unternehmensberatungsverträgen keine Rolle spielen. Zum einen wird die Interessenlage nämlich (anders als bei Angestellten) entscheidend durch die

---

208 So BAG U 15. 12. 87 (3 AZR 474/86), NJW 88, 1686 (1686) unter Hinweis auf den allgemeinen Rechtsgedanken in § 80 I, III des Entwurfs eines Arbeitsgesetzbuchs vom September 1977.

209 So BGH U 21. 12. 62 (I ZR 47/61), BGHZ 38, 391 = BGH LM § 17 UWG Nr. 6 = GRUR 63, 367 (369) = WRP 63, 138 = NJW 63, 856 = MDR 63, 377 = BB 63, 248 = Betr 63, 381 = JuS 63, 293 – Industrieböden; BGH U 19. 11. 82 (I ZR 99/80), GRUR 83, 179 (180) = WRP 83, 209 = NJW 84, 239 = MDR 83, 556 = Betr 83, 1761 – Stapelautomat, jeweils unter Berufung auf die gesetzliche Wertung des § 17 UWG.

210 Vgl. dazu *Schmidt,* 36. DJT, Gutachten S. 101 (173).

211 Vgl. etwa *Kraßer,* GRUR 77, 177 (186).

212 Vgl. dazu oben § 5 D I 1c.

213 BGH U 19. 11. 82 (I ZR 99/80), GRUR 83, 179 (180) = WRP 83, 209 = NJW 84, 239 = MDR 83, 556 = Betr 83, 1761 – Stapelautomat.

Wertung des § 18 UWG und damit durch die Pflicht zur grundsätzlichen Geheimhaltung geprägt, so daß für eine besondere Berücksichtigung bei der Honorargestaltung keine Notwendigkeit besteht. Zum anderen würde sich angesichts nur schwer vergleichbarer Beraterhonorare kaum feststellen lassen, ob in Hinblick auf die Geheimhaltung gerade ein besonderes Honorar vereinbart wurde oder nicht.

Ergibt sich (gegebenenfalls durch Auslegung) eine vertragliche Geheimhaltungspflicht des Unternehmensberaters, so taucht die Frage auf, welche Fakten als Geschäfts- und Betriebsgeheimnisse des Klienten anzusehen sind.

b) Geschäfts- und Betriebsgeheimnisse

Geschäfts- und Betriebsgeheimnisse[214] sind alle im Zusammenhang mit dem Betrieb stehenden Tatsachen, die nicht offenkundig sind und die nach dem bekundeten Willen des Klienten geheimgehalten werden sollen.[215] Anders als bei der strafrechtlichen Definition kommt es auf die Schutzwürdigkeit des Geheimnisses, also auf das (objektive) Geheimhaltungsinteresse[216] des Klienten nicht an.[217]

---

214 Soweit unter Geschäftsgeheimnis die Erkenntnisse aus dem kommerziellen Bereich und unter Betriebsgeheimnis solche aus dem betrieblichen, einschließlich des technischen Bereichs gefaßt werden, kommt dieser Unterscheidung keine eigenständige Bedeutung zu. Vgl. Kölner Kommentar/*Geilen,* § 404 Rn. 10; *Kraßer,* GRUR 77, 177 (179). Keine andere Beurteilung ergibt sich im hier vorliegenden Zusammenhang aus der Verwendung des Begriffs „Geheimnis der Gesellschaft" in den §§ 93 I, 404 AktG, weil damit über Geschäfts- und Betriebsgeheimnisse hinaus nur sonstige, außerhalb betrieblicher oder geschäftlicher Notwendigkeiten geheimgehaltene Informationen geschützt werden sollen (Kölner Kommentar/*Geilen,* § 404 Rn. 10), die ohne weiteres unter die hier verwendete Definition fallen.

215 BGH U 15. 3. 55 (I ZR 111/53), GRUR 55, 424 = Betr 55, 453 – Möbelwachspaste; BGH U 1. 7. 60 (I ZR 72/59), GRUR 61, 40 (43) = WuW 61, 188 = WRP 60, 241 = NJW 60, 1999 = MDR 60, 902 = BB 60, 920 = Betr 60, 1497 – Wurftaubenpresse; *Baumbach/Hefermehl,* § 17 Rn. 3–10; *Buchner,* Rn. 43; *Emmerich,* Unlauterer Wettbewerb, § 8 2a (S. 137); *Mes,* GRUR 79, 584 (584 f.); *Lieberknecht,* WuW 88, 833 (836).

216 Maßstab des berechtigten Geheimhaltungsinteresses ist die Bedeutung, die der Gegenstand des Geheimnisses für die Wettbewerbsfähigkeit des Unternehmens hat. Die Schutzwürdigkeit von Geschäftsgeheimnissen ist im Wege einer Interessenabwägung zu ermitteln. Vgl. dazu ausführlich *Baumbach/Hefermehl,* § 17 Rn. 6; *Lieberknecht,* WuW 88, 833 (837); *Otto,* wistra 88, 125 (126).

217 Kölner Kommentar/*Geilen,* § 404 Rn. 37. Allgemein zum weitergehenden zivilrechtlichen Schutz: *Kraßer,* GRUR 77, 177 (185); *Schaub,* § 54; *Zöllner,* § 13 I 1.

Nicht offenkundig sind Tatsachen, die weder allgemein bekannt noch derart zugänglich sind, daß jeder daran Interessierte die tatsächliche Möglichkeit hat, sich unter Zuhilfenahme lauterer Mittel von ihr Kenntnis zu verschaffen.[218] Solche Tatsachen dürfen bei kontrollierbarem Informationsfluß[219] also nur einem überschaubaren Personenkreis bekannt sein. Wie groß dieser zu ziehen ist, hängt von den geschäfts- bzw. betriebsbedingten Besonderheiten des Unternehmensgeheimnisses ab.[220] Daher schadet es nicht, wenn aus Gründen der Arbeitsteilung Vorgänge im Klientenunternehmen den dort Beschäftigten bekannt werden[221] oder aus geschäftlichen Gründen bestimmte Informationen an Lizenznehmer, Zulieferer u. dgl. weitergegeben werden müssen, sofern nur denen wiederum eine Geheimhaltungspflicht auferlegt ist.[222] Freilich wird auch eine Tatsache nicht dadurch offenkundig, daß sie dem Unternehmensberater bzw. seinen Mitarbeitern mitgeteilt wird.

Ob nicht offenkundige Tatsachen nach dem bekundeten Willen des Klienten geheimgehalten werden sollen, richtet sich nach dem Einzelfall.[223] Das wird grundsätzlich bei allen Informationen anzunehmen sein, an deren Nichtbekanntwerden der Klient bei objektiver Würdigung seiner Belange ein berechtigtes Interesse hat.[224] Aber auch eine willkürliche, durch kein sachliches Interesse gebotene Geheimhaltung von Informationen ist ge-

---

218 BAG U 16. 3. 82 (3 AZR 83/79), BAGE 41, 21 = WM 83, 1137 (1139) = JuS 83, 394 Nr. 10 m. w. N.; *Emmerich,* Unlauterer Wettbewerb, § 8 2 a (S. 137). Ein solcher Fall wäre etwa gegeben, wenn unabhängig vom Leserkreis Geheimnisse in Fachzeitschriften offenbart worden wären. Vgl. *Baumbach/Hefermehl,* § 17 Rn. 3; a. A. RG U 28. 11. 07 (V 709/07), RGSt 40, 406 (407).

219 Kölner Kommentar/*Geilen,* § 404 Rn. 23.

220 Kölner Kommentar/*Geilen,* § 404 Rn. 27; *Otto,* wistra 88, 125 (126).

221 *Otto,* wistra 88, 125 (126, Fn. 14 m. w. N.).

222 *Kraßer,* GRUR 77, 177 (179).

223 BGH U 20. 1. 81 (VI ZR 162/79), NJW 81, 1089 (1090), Vorinstanz OLG Hamburg U 10. 5. 79 (3 U 197/78), GRUR 79, 735 ff.; BGH U 21. 6. 66 (VI ZR 261/64), BGHZ 45, 296 (307) = GRUR 66, 693 = WRP 66, 383 = NJW 66, 1617 = MDR 66, 831 = BB 66, 874 = Betr 66, 1179 – Höllenfeuer; BGH U 30. 5. 72 (VI ZR 6/71), BGHZ 59, 30 (34) = GRUR 73, 90 = NJW 72, 1366 = JZ 73, 123 = MDR 72, 857 – Demontrationsschaden; BGH U 9. 12. 75 (VI ZR 157/73), BGHZ 65, 325 (339) = GRUR 76, 268 = WRP 76, 166 = WM 76, 297 = NJW 76, 620 = JZ 76, 446 = MDR 76, 481 = BB 76, 242 = Betr 76, 283 – Warentest II; BGH U 13. 3. 79 (VI ZR 117/77), BGHZ 74, 9 (14) = NJW 79, 1351; *Lieberknecht,* WuW 88, 833 (838).

224 OLG Koblenz U 24. 7. 86 (6 U 604/86), NJW-RR 87, 95; Kölner Kommentar/*Mertens,* § 93 Rn. 75; *Staub/Brüggemann,* § 90 Rn. 4.

schützt,[225] wenn dies nur dem Unternehmensberater erkennbar ist.[226] Als Indizien kommen die Art der Behandlung der Information, die Begrenzung der Mitteilung auf einen bestimmten Personenkreis, die Intensität der Sicherheitsmaßnahmen oder ein sonstiges Geheimritual in Betracht.[227] Nicht erforderlich ist hingegen, daß der Unternehmensberater besonders auf die Vertraulichkeit hingewiesen worden ist.[228]

Unter diesen Voraussetzungen wurden als Geschäftsgeheimnisse etwa anerkannt: Geschäftsunterlagen, Korrespondenz,[229] Kooperationsverträge und betriebsinterne Organisationsformulare,[230] Bezugsquellen, Vertriebsverfahren, Kundenlisten,[231] Preisberechnungen,[232] Unterlagen über getätigte oder beabsichtigte Vertragsschlüsse,[233] Kalkulationsunterlagen,[234] Ausschreibungsunterlagen, Entwürfe, Handelsspannen, Preisangebote bei öffentlichen Ausschreibungen, Betriebsbilanzen,[235] Vorlagen und Vorschriften technischer Art, Verfahren zur Be- und Verarbeitung von Waren, Angaben über die Struktur der Lieferanten, der verbundenen Unternehmen, der Herstellermärkte und Unterlagen über die den Kunden gewährten Konditionen,[236] Marktanteile, Bezugsanteile oder Angebotslisten[237] sowie u.U. auch Umsatzzahlen.[238] Als weitere Beispiele von Geheimnissen lassen sich etwa denken die beabsichtigte Geschäftspolitik,[239] die wirtschaftliche Lage oder die persönlichen Verhältnisse des Klienten bzw. wichtiger Mitarbei-

225 Kölner Kommentar/*Geilen,* § 404 Rn. 25.

226 *Baumbach/Hefermehl,* § 17 Rn. 11.

227 Instruktiv dazu RG U 17. 3. 36 (II 223/35), GRUR 36, 573 (578) – Albertus Stehfix: Dort hatte die Klägerin auf die Geheimhaltung besonderen Wert gelegt und dies dadurch zu erkennen gegeben, daß sie Decknamen für Rohstoffe verwendete und den Angestellten nur Teile der Herstellungsweise zur Kenntnis brachte, den Zusammenhang aber zu verhüllen versuchte. Vgl. allgemein dazu Kölner Kommentar/*Geilen,* § 404 Rn. 38.

228 *Schlegelberger/Schröder,* § 90 Rn. 6.

229 StA Siegen (31 Js 69/84), zitiert nach *Otto,* wistra 88, 125 (125, Fn. 6).

230 StA Stuttgart (Ls (Cs) 1780/84), zitiert nach *Otto,* wistra 88, 125 (125, Fn. 6).

231 *Baumbach/Hefermehl,* § 17 Rn. 9.

232 RG U 25. 2. 02 (II Rep 5280/01), RGSt 35, 136.

233 RG U 12. 11. 35 (II 103/35), JW 36, 874 = RGZ 149, 202.

234 OLG Hamm U 20. 1. 59 (3 Ss 1425/58), WRP 59, 182.

235 *Heymann/Sonnenschein,* § 90 Rn. 4.

236 KG B 18. 11. 85 (1 Kart 32/85), WuW/E OLG 3721 (3727) – Coop/Wandmaker.

237 *Lieberknecht,* WuW 88, 833 (837 f.).

238 KG B 22. 5. 85 (Kart 21/83), WuW/E OLG 3591 (3599) – Coop/Deutscher Supermarkt.

239 KG B 19. 8. 86 (1 Kart 9/86), WUW/E OLG 3908 (3911) – L'Air Liquide.

ter[240] sowie die Tatsache, daß sich das Klientenunternehmen eines bestimmten Verfahrens oder einer bestimmten Anlage bedient,[241] solange dies nicht so offenkundig ist, daß Außenstehende ohnehin mit seiner Anwendung in dem betreffenden Unternehmen rechnen.[242] Geheimhaltungsbedürftig ist grundsätzlich auch der Umstand, daß beim Klienten eine Beratung durchgeführt wird, weil allein durch Bekanntwerden dieser Tatsache – man denke nur an eine Beratung durch einen Sanierungsfachmann – dem Klienten erheblicher wirtschaftlicher Schaden entstehen kann.[243]

c) Grenzen der Geheimhaltungspflicht

Die Pflicht zur Geheimhaltung besteht nicht ausnahmslos:

Zum einen entfällt die Geheimhaltungspflicht des Unternehmensberaters zur Wahrnehmung seiner eigenen Interessen. Das kann in strafrechtlichen oder ehrengerichtlichen Verfahren[244] sowie bei Haftpflichtprozessen gegen ihn der Fall sein. Dann darf er auch seinen Anwalt informieren.[245]

In Haftpflichtfällen ist er darüber hinaus zur Erfüllung seiner Anzeigepflicht nach § 33 VVG berechtigt, seinen Versicherer vollständig zu unterrichten, sowie auf dessen sachgerechte Anforderungen weitere Sachverhaltsumstände bekanntzugeben oder Unterlagen vorzulegen.[246]

Zum anderen kommt eine zeitliche Begrenzung der Geheimhaltungspflicht in Betracht. Zunächst ergibt sich eine zeitliche Grenze aus der Natur der Sache. Rechtlich geschützt werden kann nämlich nur, was objektiv noch schützbar ist.[247] Daher erübrigt sich eine Geheimhaltung, wenn bei unbekannten Tatsachen nicht einmal der betroffene Klient mehr die Abschirmung vor weiterer Verbreitung bzw. kommerzieller Ausschlachtung wünscht. Dasselbe gilt, wenn das Geheimnis allgemein bekannt wird, etwa

240 *Kraßer*, GRUR 77, 177 (181).

241 BGH U 15. 3. 55 (I ZR 111/53), GRUR 55, 424 (425) = Betr 55, 453 – Möbelwachspaste; BGH U 1. 7. 60 (I ZR 72/59), GRUR 61, 40 (43) = WuW 61, 188 = WRP 60, 241 = NJW 60, 1999 = MDR 60, 902 = BB 60, 920 = Betr 60, 1497 – Wurftaubenpresse; *Baumbach/Hefermehl*, § 17 Rn. 4.

242 BGH U 16. 10. 62 (KZR 11/61), GRUR 63, 207 (211) = WuW 63, 815 – Kieselsäure.

243 *Lieberknecht*, WuW 88, 833 (839).

244 Vgl. die Ehrengerichtsordnung des Bundesverbandes Deutscher Unternehmensberater BDU e. V.

245 *Späth*, Rn. 249.

246 *Borgmann/Haug*, § 24 IV 4c (S. 142).

247 *Taeger*, S. 68.

ein Betriebsgeheimnis zum allgemeinen Stand der Technik wird oder die Entwicklung der Betriebswirtschaftslehre eine Organisationslösung oder den Gegenstand einer kaufmännischen Kalkulation zum Inhalt einer veröffentlichten Lehrmeinung werden läßt.[248] Darüber hinaus ist hingegen eine absolute Zeitgrenze nicht anzunehmen.[249] Die unbegrenzte Geheimhaltungsverpflichtung für Nichtarbeitnehmer ergibt sich nämlich als allgemeiner Rechtsgedanke etwa aus § 93 I AktG (Vorstand), § 116 AktG (Aufsichtsrat), § 404 I Nr. 2 AktG, § 323 I 2 HGB (Wirtschaftsprüfer), § 42 BRAO (Rechtsanwälte) und § 57 I StBerG (Steuerberater).

d) Geheimhaltung gegenüber Mitarbeitern des Klienten

Klar ist, daß Geheimhaltungspflichten zunächst generell Dritten gegenüber bestehen. Ebenso liegt umgekehrt auf der Hand, daß gegenüber dem Vorstand der AG bzw. den Geschäftsführern der GmbH keine Geheimhaltungspflichten bestehen können.

Schwieriger zu beurteilen ist schon die Geheimhaltung gegenüber dem Aufsichtsrat. Die Problematik kann auftauchen, wenn etwa der Aufsichtsrat vom Unternehmensberater Auskunft über den Fortgang der Beratungen oder seine Einschätzung der wirtschaftlichen Lage des Klientenunternehmens haben will. Dann wird im Zweifel der Unternehmensberater zur Geheimhaltung verpflichtet sein. Zwar bestehen zwischen Vorstand und Aufsichtsrat grundsätzlich keine Geheimhaltungspflichten und prinzipiell kann der Vorstand auch auf die Verschwiegenheit aller Aufsichtsratsmitglieder vertrauen.[250] Doch kann daraus nicht ohne weiteres auf eine Berechtigung zu freiem Informationsfluß zwischen Unternehmensberater und Aufsichtsrat geschlossen werden. Zum einen ist nämlich schon als abstrakte Gefahr zu berücksichtigen, daß die Möglichkeit der Offenbarung eines Geheimnisses mit der Zahl der Mitwisser steigt. Zum anderen wird der Unternehmensberater als externer Berater nur sehr schwer abschätzen können, ob im konkreten Einzelfall mit einem Mißbrauch von Informationen durch einzelne Aufsichtsratsmitglieder zu rechnen ist, während der Vorstand bei entsprechenden Anhaltspunkten zur Zurückhaltung von In-

---

248 *Gaul,* WRP 88, 215 (217); *ders.,* NZA 88, 225 (227).

249 So *Baumbach/Hefermehl,* § 17 Rn. 58; a.A. *Gaul,* NZA 88, 225 (231); *ders.,* WRP 88, 215 (217), der eine fünfjährige Geheimhaltungsfrist annimmt, und *Schlegelberger/Schröder,* § 90 Rn. 16, der allgemein auf die Berufsauffassung eines ordentlichen Kaufmannes abstellen will.

250 Kölner Kommentar/*Mertens,* § 93 Rn. 78.

formationen berechtigt und zu einer sachgerechten Entscheidung auch eher in der Lage ist.

Im Ergebnis hat dies auch gegenüber dem Betriebsrat und anderen Institutionen des Betriebsverfassungsgesetzes, etwa dem Wirtschaftsausschuß (§ 106 BetrVG), zu gelten. Hier hat der Vorstand über Geheimnisse der Gesellschaft Stillschweigen zu bewahren, soweit er nicht kraft seiner betriebsverfassungsrechtlichen Informationspflicht zum Reden verpflichtet ist.[251] Dann muß erst recht der Unternehmensberater, der letztlich nur eine Unterstützungsfunktion gegenüber Vorstand bzw. Geschäftsführung übernommen hat, zur Geheimhaltung verpflichtet sein. Soweit umgekehrt eine Informationspflicht besteht, hat diese allein der Vorstand bzw. die Geschäftsführung zu erfüllen. Für Informationen durch den Unternehmensberater besteht dann kein Raum.[252]

e) Geheimhaltung und Wettbewerbsverbot

Haben die Parteien eine generelle Geheimhaltung aller Geschäfts- und Betriebsgeheimnisse des Klienten vereinbart, so kann eine solche Abrede – wenn auch als Geheimhaltungsklausel bezeichnet – in ihren materiellen Auswirkungen einer Berufssperre des Unternehmensberaters gleichkommen. Dieser wird nämlich aufgrund seiner besonderen Sachkunde in relativ kurzer Zeit weitgefächert im Klientenunternehmen eingesetzt, dort mit Geschäftsgeheimnissen befaßt und entwickelt in hohem Maße Eigenes hinzu.[253]

Zweifelsfrei gestattet die Vertragsfreiheit den Parteien, eine entsprechende Vereinbarung zu treffen, die ausdrücklich oder de facto dem Unternehmensberater untersagt, bei einem mit dem bisherigen Klienten in Wettbewerb stehenden Unternehmen entsprechende Beratungsaufgaben zu übernehmen, bei denen der Berater seine speziellen Kenntnisse und Fertigkeiten zu Lasten des betroffenen Klienten verwerten könnte.[254] Allerdings bestehen gesetzliche Schranken. In analoger Anwendung des § 90 a HGB[255] bedarf eine solche Abrede der Schriftform, zusätzlich einer zeitlichen Beschränkung von längstens zwei Jahren beginnend mit der Beendigung der Beratung sowie der Vereinbarung einer angemessenen Entschädigung. Fehlt

---

251 Kölner Kommentar/*Mertens*, § 93 Rn. 81.

252 Das könnte im Falle eines Managementvertrages u. U. etwas anderes sein.

253 *Mes*, GRUR 79, 584 (593).

254 *Baumbach/Hefermehl*, § 17 Rn. 58; *Buchner*, Rn. 66.

255 Dazu *Buchner*, Rn. 64.

eine der beiden erstgenannten Voraussetzungen, so ist die Geheimhaltungsabrede nichtig, § 90a IV HGB analog.[256]

In diesen Fällen besteht aber nach § 140 BGB die Möglichkeit der Umdeutung einer solchen Klausel in eine auf bestimmte Geheimnisse beschränkte Geheimhaltungsklausel. Sie wird regelmäßig dem Parteiwillen entsprechen, weil die Parteien mit der getroffenen Geheimhaltungsvereinbarung ihr Geheimhaltungsbedürfnis zum Ausdruck gebracht haben.[257] Dann darf der Unternehmensberater jedwede Beratung, auch von Konkurrenten, wahrnehmen und dazu auch sein gesamtes beruflich erworbenes Wissen nutzen, nur eben nicht das spezifische Know-how des betroffenen Klienten.[258]

4. Rechtsfolgen einer Geheimhaltungspflichtverletzung

Hat der Unternehmensberater seine Geheimhaltungspflicht verletzt, so ist er verpflichtet, nach den Grundsätzen der positiven Vertragsverletzung Schadensersatz zu leisten.[259] Ist durch die Pflichtverletzung die Grundlage für die vertrauensvolle Zusammenarbeit entfallen, so kann der Klient darüber hinaus den Beratungsvertrag fristlos kündigen, § 626 BGB.[260] Grundsätzlich kann der Unternehmensberater auch auf Unterlassung weiterer Mitteilung von Geschäfts- und Betriebsgeheimnissen in Anspruch genommen werden. Eine Unterlassung der Verwertung wird man von ihm praktisch allerdings kaum verlangen können, weil man ihm nicht vorschreiben kann, bei der Beratung eines anderen Klienten so zu tun, als habe er bestimmte Kenntnisse nicht.[261]

II. Leistungstreuepflichten

Der Unternehmensberater hat sowohl bei Projektberatungsverträgen als auch bei Dauerberatungsverträgen während und nach der Vertragsdurchführung[262] alles zu unterlassen, was den Vertragszweck oder den Leistungs-

256 Vgl. *Baumbach/Duden/Hopt,* § 90a Anm. 5 A.
257 *Kraßer,* GRUR 77, 177 (187).
258 *Mes,* GRUR 79, 584 (592 f.).
259 *Heymann/Sonnenschein,* § 90 Rn. 6.
260 Zur analogen Anwendung des § 626 BGB auf projektbezogene Werkverträge vgl. unten § 7 B II 1.
261 *Kraßer,* GRUR 77, 177 (181).
262 Speziell zu nachvertraglichen Pflichten: *v. Bar,* AcP 179 (1979), 452; *Jagenburg,* NJW 90, 93 (93 f.); *Strätz,* Bosch-FS, S. 999 (1005).

erfolg gefährden oder beeinträchtigen könnte, sowie alles Zumutbare zu tun, um den Erfolg zu ermöglichen oder zu sichern.[263] So hat er den Klienten beispielsweise auf Gefahren und ihre Ursachen hinzuweisen, wenn sich nach Abschluß der Beratung entsprechende Beratungsfehler herausstellen.[264]

Bei Projektberatungsverträgen werden häufig Implementierungsschwierigkeiten auftreten, die dazu zwingen, Ziele zu überprüfen, Handlungsstrategien zu revidieren oder Widerstände zu überwinden.[265] Soweit die Implementierung vertraglich nicht geschuldet ist, kann der Klient auch unter dem Gesichtspunkt der Leistungstreue keine Unterstützung durch den Unternehmensberater verlangen. Seine Leistungstreuepflichten beschränken sich vielmehr darauf, etwa seine Ausführungen im Beratungsbericht zu erläutern oder seine Vorstellungen zu präzisieren. Freilich sind hier die Grenzen fließend. Der Pflichtenumfang wird entscheidend von den „Kommunikationsschwierigkeiten" und dem Kenntnisstand des Klienten abhängen. Die Problematik taucht auch auf, wenn der Unternehmensberater sogar die Implementierung schuldet. Eines der größten Probleme vieler Veränderungsprozesse und Beratungen liegt nämlich darin, daß die kurzfristig erreichten Veränderungen langfristig oft durch Rückgriff auf alte Verhaltensmuster zunichte gemacht werden.[266] Indessen reicht auch hier die Leistungstreuepflicht nicht so weit, den Klienten bei der Sicherung der Kontinuität zu unterstützen. Wünscht der Klient solche Leistungen, muß er entsprechende Vereinbarungen, etwa über telefonische Rundgespräche oder über ein monatliches Check up im Rahmen eines externen Controllings, vereinbaren.

Hat der Unternehmensberater seine Leistungstreuepflichten verletzt, so kann der Klient aus positiver Vertragsverletzung den ihm dadurch entstandenen Schaden ersetzt verlangen. Ausnahmsweise steht ihm darüber hinaus auch ein klagbarer Erfüllungsanspruch zu, wenn die bevorstehende

---

263 BGH U 12. 4. 83 (3 AZR 73/82), NJW 83, 998; MünchKomm/*Roth*, § 242 Rn. 242; *Palandt/Heinrichs*, § 242 Anm. 3 B a bb (Rn. 29), *Soergel/Wiedemann*, vor § 275 Rn. 343; *Staudinger/Schmidt*, § 242 Rn. 779. Zur Dogmatik ausführlich: *Monjau*, BB 62, 1439 (1439).

264 *Greulich*, BB 55, 208 (210).

265 Zu den tatsächlichen Problemen ausführlich *Lippit/Lippit*, S. 34 ff.; o. V., WiWo 83, Nr. 36, 72.

266 *Lippit/Lippit*, S. 37 f.

Gefährdung des Vertragszwecks durch eine bestimmte Maßnahme verhindert werden kann.[267]

III. Allgemeine Hinweispflichten?

Der Unternehmensberater erhält einen tiefen Einblick in das Klientenunternehmen und häufig werden ihm „bei Gelegenheit" der Beratung Schwachstellen auffallen, deren Beseitigung nicht Gegenstand seines Beratungsauftrages ist. So kann etwa ein Unternehmensberater, der die Produktion effizienter gestalten soll, feststellen, daß auch die Lagerhaltung unzweckmäßig organisiert ist. Zu entsprechenden allgemeinen Hinweisen an den Klienten ist er indessen nicht verpflichtet. Ein (konkreter) Beratungsauftrag kann nämlich nur Verhaltenspflichten begründen, die die Erfüllung der Leistungspflichten ermöglichen und eine ordnungsgemäße Abwicklung des Schuldverhältnisses sichern. Soweit hingegen Probleme „im Zusammenhang" mit der Beratung stehen, kann sich eine Hinweispflicht je nach Fallgestaltung aus der Pflicht zur ordnungsgemäßen Vertragserfüllung oder aus seinen Leistungstreuepflichten ergeben.

E. Vertragspflichtverletzungen des Klienten

I. Mitwirkungspflichten

1. Die Mitwirkung bei Projektberatungsverträgen

a) Gegenstand der Mitwirkung

Ein Beratungsprojekt kann nur dann erfolgreich durchgeführt werden, wenn der Klient dem Unternehmensberater einen umfassenden Überblick über den Beratungsgegenstand vermittelt und alle für den Ablauf notwendigen technischen, organisatorischen und personellen Rahmenbedingungen schafft. Je nach Volumen des Projekts und Komplexität des Beratungsgegenstandes werden die Mitwirkungshandlungen des Klienten mitunter erhebliche Dimensionen annehmen und zumeist den gesamten Beratungsprozeß begleiten.[268]

267 *Palandt/Heinrichs,* § 242 Anm. 3 A c (Rn. 25); *Soergel/Teichmann,* § 242 Rn. 189; *v. Bar,* AcP 179 (1979), 452 (465).

268 *Harrmann,* Betr 75, 1037.

Welche Mitwirkungspflichten der Klient im Einzelfall hat, kann vertraglich festgelegt sein. Ohne eine ausdrückliche vertragliche Vereinbarung ergeben sich die einzelnen Mitwirkungspflichten aus dem Gesamtzweck des Vertrages und den einzelnen Umständen bei der Vertragsdurchführung. Eine für alle Beratungsverträge allgemein gültige Aussage über ihren Inhalt und Umfang ist kaum möglich. Daher können hier nur denkbare Mitwirkungspflichten aufgelistet und anschließend einige Anhaltspunkte für die Auslegung gegeben werden. Die Mitwirkungspflichten kann man in zwei Gruppen gliedern:

Zunächst wird der Klient verpflichtet sein, dem Unternehmensberater diejenigen Informationen zur Verfügung zu stellen, die dieser benötigt, um die übertragenen Aufgaben ausführen zu können (sog. Informationspflichten). Hierzu zählen vor allem die Überlassung von Plänen und gespeicherten Daten sowie der Einblick in Geschäftsunterlagen, Bilanzen, Berichte und Dokumente. Gegebenenfalls wird er auch Betriebsvereinbarungen, Sicherheitsvorschriften sowie ähnliche unternehmensspezifische Regelungen und Usancen mitteilen müssen. Im weiteren Sinne zu den Informationspflichten kann auch die Pflicht gehören, dem Unternehmensberater und seinen Mitarbeitern Zugang zu den Geschäftsräumen und zum Betrieb zu verschaffen, damit diese sich an Ort und Stelle jederzeit selbst unterrichten können. Tauchen im Zuge des Beratungsfortschritts Fragen über die weitere Durchführung auf, so hat der Klient diese zu beantworten, verbindliche Anordnungen zu erteilen und eventuell weitere Informationen zur Verfügung zu stellen.

Die Mitwirkung kann sich auch auf die Unterstützung des Unternehmensberaters erstrecken (sog. Unterstützungspflichten). So kann der Klient etwa verpflichtet sein, Arbeitsmöglichkeiten, insbesondere Büroräume und notwendige Betriebsmittel wie Telefone, Schreibmaschinen, Computer etc. bereitzustellen. Vielfach wird der Klient auch eigenes Personal zur Verfügung stellen müssen. Weitere typische Beispiele für Unterstützungshandlungen sind die Sicherung eines möglichst reibungslosen und schnellen Informationsflusses, die Koordination der Beratung mit der Tätigkeit der eigenen Mitarbeiter, aber auch mit anderen Unternehmern oder weiteren Beratern (Rechtsanwälte, Steuerberater, Wirtschaftsprüfer). In Hinblick auf die Implementierung wird dem Klienten die frühzeitige Beschaffung erforderlicher Genehmigungen und Erlaubnisse obliegen. Er wird gleichermaßen für die rechtzeitige Anlieferung und Aufstellung von Maschinen oder die Fertigstellung von Gebäuden Sorge zu tragen haben. Im Einzelfall kann ihn darüber hinaus die Pflicht treffen, für die Unterbringung des Beraters und seines Teams in Hotels sowie für Transportmöglichkeiten (Kraftfahrzeuge) zu sorgen.

Mit dieser Zusammenstellung von Mitwirkungspflichten ist aber keineswegs gesagt, daß diese immer den Klienten treffen müssen. Genausogut ist denkbar, daß der Unternehmensberater sich selbst um die Hotels kümmern oder aufgrund seines Fachwissens die erforderlichen Maschinen aussuchen und deren Installation überwachen soll. Deshalb kann Streit entstehen, wer die einzelnen Pflichten zu erfüllen hat. Zweifelsfrei hat der Klient zunächst über alles aus der Sphäre seines Unternehmens zu informieren. Er wird auch auf eine außergewöhnliche Rechtslage (Gesetz, Verordnungen, Richtlinien etc.), die gerade sein Unternehmen betrifft, oder auf Eigenarten der Branche hinzuweisen haben, jedenfalls soweit der Unternehmensberater diesbezüglich erkennbar über keine Erfahrungen und Detailkenntnisse verfügt. Umgekehrt kann man in solchen Fragen keine Mitwirkung erwarten, in denen dem Klienten das diesbezügliche Wissen fehlt. Entscheidend dürfte also im Zweifelsfall sein, wer eher in der Lage ist, die Information zu liefern. Ähnlich ist es bei den Unterstützungspflichten. Auch hier gibt es eine Reihe von Pflichten, bei denen es auf der Hand liegt, daß sie der Klient erfüllen muß (z. B. Bereitstellung von Arbeitsräumen, Telefon). Das kann bei Computern und Computerprogrammen schon wieder etwas anderes sein. Wiederum wird meist der Unternehmensberater sein eigenes Fahrzeug einsetzen müssen. Aufschluß werden hier häufig die Vereinbarungen über die Vergütung von Auslagen geben können.[269] Im übrigen dürfte maßgeblich sein, wer einfacher und vor allem billiger die Beratungsvoraussetzungen schaffen kann.

Davon zu unterscheiden ist die Frage, auf welche Art und in welchem Umfang der Klient die Mitwirkungspflichten zu erfüllen hat. Soweit es sich um Informationspflichten dreht, müssen diese richtig und vollständig erfüllt werden. Bei den Unterstützungspflichten ist wiederum zu differenzieren: Stehen die Arbeitsbedingungen (Telefon, Büromaterial, eigene Hilfs- und Fachkräfte) in Rede, so ist ausschlaggebend, in welchem Umfang die Inanspruchnahme der Unterstützung zur Erreichung des Beratungsziels notwendig war. Das hängt entscheidend vom Einzelfall, insbesondere vom Fortgang der Beratung ab. Bei Unterstützungspflichten indessen, die eher die Person des Unternehmensberaters betreffen (Unterbringung etc.), wird man auf den Standard des Unternehmensberaters, nicht auf den des Klienten abstellen müssen.[270] Allerdings dürfte das Niveau nach oben hin durch einen „angemessenen" Umfang begrenzt sein.

269 Rechnungserstellung bei Beratungen instruktiv *Schütz*, ZO 67, 145 ff.
270 Offengelassen bei *Schlüter*, S. 86.

b) Mitwirkung: Rechtspflicht oder Obliegenheit?

Wenngleich sich über Voraussetzungen, Art und Umfang der Mitwirkungspflichten losgelöst vom Einzelfall kaum detaillierte Aussagen treffen lassen, darf doch nicht übersehen werden, daß die Mitwirkung des Klienten für die notwendig enge Kooperation mit dem Unternehmensberater von eminent wichtiger Bedeutung ist. Daher taucht die Frage auf, ob und gegebenenfalls welche Mitwirkungspflichten als Rechtspflichten und welche als bloße Obliegenheiten[271] aufzufassen sind. Das ist durch Auslegung des Vertrages nach den allgemeinen Bestimmungen (§§ 133, 157 BGB) zu beantworten.

Soweit die Parteien im Beratungsvertrag Mitwirkungspflichten für die Projektdurchführung aufgelistet haben, ist regelmäßig eine Rechtspflicht vereinbart. Meist kommt dies auch sprachlich zum Ausdruck, indem formuliert wird, daß der Klient bestimmte Leistungen „zu erbringen" oder bestimmte Geräte, Anlagen etc. „bereitzustellen" hat.[272]

Haben die Parteien keine ausdrückliche Regelung getroffen, so ist damit noch nicht gesagt, daß nur eine Obliegenheit gewollt ist.[273] Das mag zwar naheliegen, weil ergänzend § 642 I BGB heranzuziehen ist,[274] der die Mitwirkung als Obliegenheit qualifiziert.[275] Gleichwohl ist der Schluß nicht zwingend, und zwar im wesentlichen aus zwei Gründen. Zum einen hat

---

271 Obliegenheiten sind Verhaltensaufforderungen, deren Erfüllung der Berechtigte nicht zwangsweise durchsetzen kann und deren Nichterfüllung keine Schadensersatzsanktion nach sich zieht, wohl aber für den Belasteten andere rechtliche Nachteile zur Folge hat. Zum Begriff im einzelnen: *Wieling,* AcP 176 (1976), 334 (345 ff.).

272 Einschränkend *Nicklisch,* BB 79, 533 (541), der darauf abstellt, ob die Mitwirkungshandlung für die Vertragsdurchführung notwendig ist.

273 So aber *Staudinger/Peters,* § 642 Rn. 16; *Kreß,* § 28 (S. 193); *Enneccerus/Lehmann,* § 152 III 1 in Anlehnung an die Motive.

274 Zur Methodik vgl. Köhler, AT § 16 V 1 (S. 173).

275 H. M.; vgl. BGH U 13. 11. 53 (I ZR 140/52), BGHZ 11, 80 (83) = BB 54, 8 (8 f.); BGH U 16. 5. 68 (VII ZR 40/66), BGHZ 50, 175 (178 f.) = BB 68, 729 (729 f.); *Palandt/Thomas,* § 642 Anm. 1 (Rn. 1); *Erman/Seiler,* § 642 Rn. 2; MünchKomm/*Soergel,* § 642 Rn. 2; *Soergel/Mühl,* § 642 Rn. 1; *Staudinger/Peters,* § 642 Rn. 16; *Esser/Weyers,* SchR BT 1, § 33 II 3 (S. 254); *Larenz,* SchR II/1, § 53 III c (S. 300). Diese Auffassung stützt sich letztlich auf die Qualifizierung der Leistungsannahme als Obliegenheit, und zwar wegen der Bezugnahme des § 642 BGB auf die §§ 293 ff. BGB. A. A. *Fikentscher,* Schuldrecht, § 80 III 3; RGRK/*Glanzmann,* § 631 Rn. 46, § 642 Rn. 12, die die Mitwirkung als Rechtspflicht qualifizieren; vermittelnd vor allem *Nicklisch,* BB 79, 533 (537 ff.); *ders.,* RIW/AWD 78, 633 (634). Ausführlich zum Meinungsstand *Müller-Foell,* S. 53–61.

das Werkvertragsrecht selber anerkannt, daß alleine die Einordnung als Obliegenheit der Sache nicht gerecht wird. Zusätzlich zur Verweisung auf die Annahmeverzugsregeln hat es nämlich noch Sonderregeln in den §§ 643, 644 BGB aufgestellt[276] und weitergehend sogar die Abnahme, einen Unterfall der Mitwirkung, als Rechtspflicht ausgestaltet.[277] Zum anderen – und das dürfte maßgeblich sein – scheidet eine Ergänzung durch dispositives Recht aus, wenn feststeht, daß die Parteien die Regelung nicht gewollt haben.[278]

Da an ausdrückliche Absprachen nicht angeknüpft werden kann, ist zweckmäßigerweise bei einer rechtlichen Einordnung der Mitwirkungshandlungen auf die Interessenlage abzustellen. Das Interesse des Unternehmensberaters an der Erbringung von Mitwirkungshandlungen ist angesichts ihrer grundlegenden Bedeutung für eine ordnungsgemäße Projektdurchführung eng verknüpft mit dem Interesse an der Durchführung des Beratungsvertrages insgesamt.[279] An erster Stelle steht sein Interesse am Honorar, das ihm nur bei Vertragsdurchführung zusteht (§ 641 BGB) und durch die nicht ordnungsgemäße Mitwirkung erheblich beeinträchtigt wird. Unterläßt der Klient nämlich seine Mitwirkung und scheitert daher das Projekt, so entfällt der (volle) Vergütungsanspruch des Unternehmensberaters, § 645 I 2 BGB.[280] Die verspätete Mitwirkung verzögert die Beratung und schiebt dementsprechend die Abnahme und damit den Fälligkeitszeitpunkt hinaus.[281] Die gleichen Auswirkungen hat die fehlerhafte Mitwirkung, weil sie regelmäßig zu Fehlern der Beratungsleistung und damit zu einer Nachbesserung führen wird.[282] Durch diese Verzögerungen kann insbesondere bei großen Beratungsprojekten die Liquidität des Unternehmensberaters wegen der hohen Beratergehälter, der hohen Fixkosten und der mitunter kostenaufwendigen Voruntersuchungen (Marktanalysen, Umfragen etc.) erheblich gefährdet sein.[283] Darüber hinaus kann das zeitliche Gefüge des betreffenden Beratungsprojekts durcheinandergeraten und zu Komplikationen mit anderen Unternehmen führen, die der Unterneh-

276 *Nicklisch,* BB 79, 533 (537).

277 *Müller-Foell,* S. 95.

278 BGH U 1. 6. 79 (V ZR 80/77), NJW 79, 1818 (1819); *Köhler,* AT, § 16 V 1 (S. 173).

279 *Müller-Foell,* S. 95.

280 Vgl. *Palandt/Thomas,* § 642 Anm. 2 (Rn. 2).

281 *Müller-Foell,* S. 91.

282 Gleiches gilt natürlich für Abschlagszahlungen.

283 Die Fixkosten betragen bei Unternehmensberatern etwa 85%; vgl. dazu o. V., WiWo, 74, Nr. 32, 72.

mensberater aufgrund guter Erfahrungen in der Vergangenheit vorgeschlagen hat und denen gegenüber eine Verschlechterung des Geschäftsklimas vermieden werden soll.[284] Im übrigen können mitunter auch Beratungsprojekte mit anderen Klienten nicht rechtzeitig begonnen werden. Diesen Interessen des Unternehmensberaters steht das Interesse des Klienten an persönlicher und wirtschaftlicher Handlungs- und Dispositionsfreiheit gegenüber.[285] Für die Interessenabwägung ergibt sich dann folgendes: Grundsätzlich werden die Interessen des Unternehmensberaters an der Mitwirkung des Klienten höher zu bewerten sein als das Freiheitsinteresse des Klienten, weil dieser sich durch den Abschluß des Beratungsvertrages rechtlich gebunden und grundsätzlich damit zu erkennen gegeben hat, die Durchführung des Beratungsprojekts und daher auch das seinerseits Erforderliche dazu beitragen zu wollen. Dementsprechend sind bei Beratungsverträgen die Informationspflichten generell und die Unterstützungspflichten insoweit Rechtspflichten, als sie unmittelbar der Projektdurchführung dienen. Darunter würden etwa die Bereitstellung von Büroräumen, Hilfskräften, Arbeitsmittel etc. fallen. Obliegenheiten werden dagegen anzunehmen sein bei sich nur mittelbar auf die Projektdurchführung auswirkenden Mitwirkungshandlungen, wie etwa der Anmietung von Hotels u. ä., weil durch die nicht ordnungsgemäße Erbringung solcher Handlungen das Beratungsprojekt nicht unmittelbar gefährdet und damit die Interessen des Unternehmensberaters auch nicht unmittelbar betroffen sind.

Eine andere Frage ist, ob Mitwirkungspflichten darüber hinaus auch Hauptleistungscharakter haben können. Dann muß die Mitwirkung für das Äquivalenzverhältnis von Leistung und Gegenleistung von Bedeutung sein.[286] Das wird man aber nur in ganz eng begrenzten Ausnahmefällen annehmen können, etwa wenn der Unternehmensberater das Beratungsprojekt alleine zur Erweiterung seiner Erfahrungen übernimmt und deswegen zu einem stark herabgesetzten Honorar leisten will.

c) Die Verletzung von Mitwirkungspflichten

Infolge der notwendig engen Kooperation zwischen Unternehmensberater und Klient werden Leistungsstörungen bei der Erbringung von Mitwirkungshandlungen meist auf die Projektdurchführung durchschlagen und zu Verzögerungen, fehlerhaften Beratungsleistungen oder gar zur Un-

284 *Müller-Foell,* S. 91.
285 Zur Anerkennung dieses Interesses *Coing,* Rechtsphilosophie, S. 188 ff.
286 *Palandt/Heinrichs,* vor § 320 Anm. 3 (Rn. 16); *Larenz,* SchR I, § 23 II (S. 359).

durchführbarkeit des Projekts führen. Im Einzelfall vermag der Unternehmensberater derartige Leistungsstörungen auf seiten des Klienten noch durch eigene zusätzliche Aktivitäten auszugleichen, wobei dann freilich die Frage der Bezahlung solcher zusätzlicher Leistungen auftaucht. Häufig wird aber die Vertragsdurchführung dadurch erheblich beeinträchtigt oder sogar völlig verhindert. Treten zusätzlich auf seiten des Unternehmensberaters Leistungsstörungen auf, können die beiderseitigen Störungen sich in ihrer Wirkung kumulieren. Sehr oft werden dann beide Seiten behaupten, die andere habe durch ihr vertragswidriges Verhalten die entscheidende Ursache gesetzt. Dann stellt sich die Frage, welche rechtlichen Möglichkeiten dem Unternehmensberater gegen Mitwirkungspflichtverletzungen des Klienten eröffnet sind.

aa) Die fehlende Mitwirkung

Erbringt der Klient seine Mitwirkungshandlungen nicht, ohne daß Unmöglichkeit vorliegt, kann der Unternehmensberater auf Erfüllung klagen oder – um eine zügige Weiterführung des Projekts zu ermöglichen – einstweiligen Rechtsschutz (§§ 935, 940 BGB) beantragen. Erfüllt der Klient trotzdem nicht, so kann er bei vertretbaren Mitwirkungshandlungen, etwa der Anmietung eines Hotelzimmers, nach § 887 ZPO vorgehen und die Mitwirkungshandlung auf Kosten des Klienten selbst vornehmen, sofern nur die Vollstreckungsvoraussetzungen gegeben sind. Bei unvertretbaren Handlungen,[287] insbesondere zur Beschaffung von Informationen über das Klientenunternehmen, kann er den Klienten nach §§ 888 I ZPO durch Zwangsgeld oder sogar Zwangshaft zur Mitwirkung anhalten lassen. Allerdings darf die Mitwirkung nicht dessen persönliche Fähigkeiten übersteigen.[288] Geht es bei der Mitwirkung um die Abgabe einer Willenserklärung, etwa den Kauf einer erforderlichen Computeranlage oder das Beantragen einer Gewerbeerlaubnis, so kann auch eine Vollstreckung nach § 894 ZPO in Betracht kommen.[289]

Freilich wird die Anrufung der Gerichte wegen der Verschlechterung des Betriebsklimas und der damit verbundenen Beeinträchtigung der Kooperation die Ausnahme bilden. Die gerichtlichen Durchsetzungsmöglichkeiten sind aber geeignet, Druck auf den Klienten auszuüben und ihn entweder zu einer Mitwirkung oder zu einer Kündigung nach § 649 S. 1 BGB zu

287 Das sind Handlungen, die durch keinen Dritten vornehmbar sind.
288 *Thomas/Putzo,* § 888 Anm. 1 b bb.
289 Ausführlich zum ganzen *Müller-Foell,* S. 113 f.

zwingen. Sie ist für den Unternehmensberater gegenüber der Möglichkeit, wegen Annahmeverzugs seinerseits zu kündigen (§ 642, 643 BGB), insofern günstiger, als er nach § 649 S. 1 BGB die volle Vergütung abzüglich ersparter Aufwendungen verlangen kann, während ihm nach §§ 643, 645 I 2 BGB nur ein Teilvergütungsanspruch für bereits erbrachte Leistungen zusteht.[290]

bb) Die unmögliche Mitwirkung

Die Mitwirkung kann unmöglich sein mit der Konsequenz, daß der Beratungsvertrag deshalb nicht durchgeführt werden kann. Eine häufige Fallgestaltung dürfte die Versagung erforderlicher (gewerberechtlicher) Genehmigungen oder Erlaubnisse sein. Allerdings wird sich die entsprechende Mitwirkungshandlung des Klienten darin erschöpfen, die erforderlichen Anträge ordnungsgemäß zu stellen und gegebenenfalls durch Einlegen von Rechtsbehelfen weiterzuverfolgen.[291] Nur wenn ausnahmsweise der Klient das Erfolgsrisiko hinsichtlich der Genehmigungserteilung übernommen hat, führt die Versagung zur Unmöglichkeit. Dann wird der Klient von seiner Leistung frei (§ 275 BGB), muß aber bei nachträglicher Unmöglichkeit nach § 280 I BGB Schadenersatz leisten, sofern er die Unmöglichkeit zu vertreten hat.[292]

cc) Die verspätete Mitwirkung

Kommt der Klient seinen Mitwirkungspflichten – verschuldet oder unverschuldet –[293] nur zögerlich nach, so stehen dem Unternehmensberater zunächst die Rechte aus §§ 642, 643 BGB zu, wenn er selber leistungsbereit ist und die Aufnahme oder Fortsetzung der Beratung anbietet, §§ 293 ff. BGB. Dann kann er eine angemessene Entschädigung verlangen (§ 642 I BGB), die sich nach der Dauer des Verzugs und der Höhe des vereinbarten Honorars einerseits und nach den ersparten Aufwendungen oder dem durch anderweitige Verwendung seiner Arbeitskraft Erworbenen richtet, § 642 II BGB. Auszugleichen sind die Nachteile, die der Unternehmensberater durch die Bereithaltung seiner Arbeitskraft bzw. der seiner Mitarbeiter oder durch die Beeinträchtigung seiner zeitlichen Dispositionen erlitten

290 Vgl. *Nicklisch*, BB 79, 533 (542).

291 *Müller-Foell*, S. 128.

292 Das wäre etwa der Fall, wenn dem Klienten wegen Unzuverlässigkeit eine gewerberechtliche Genehmigung versagt wird.

293 RGRK/*Glanzmann*, § 642 Rn. 4.

hat.[294] Gleiches gilt für die Fixkosten, die Kosten ungenutzt bereitgehaltenen Kapitals sowie für die Mehrkosten, die während der Verzögerung aufgrund von Kostensteigerungen, insbesondere bei Gehältern, entstanden sind.[295] Der Honoraranspruch besteht neben dem Entschädigungsanspruch fort.[296] Weiterhin kann der Unternehmensberater eine Vertragsbeendigung herbeiführen, indem er dem Klienten eine Nachfrist zur Erbringung der (verspäteten) Mitwirkungshandlung setzt, verbunden mit der Drohung, den Vertrag zu kündigen, wenn die Mitwirkungshandlung innerhalb der gesetzten Frist nicht erbracht wird. Gemäß § 645 I 2 BGB kann er dann das seiner erbrachten Leistung entsprechende Honorar und daneben auch Entschädigung nach § 642 BGB verlangen.[297]

Aufgrund des Gläubigerverzugs des Klienten steht dem Unternehmensberater auch der Aufwendungsersatzanspruch gemäß § 304 BGB zu. Dieser umfaßt jedoch über § 642 BGB hinaus lediglich die zusätzlichen Kosten für das erfolglose Angebot.[298]

Hat der Klient die Verzögerung der Mitwirkung zu vertreten (§ 285 BGB), so kann der Unternehmensberater von ihm Ersatz des vollen Verzögerungsschadens einschließlich des entgangenen Gewinns verlangen (§ 286 BGB), sofern er den Klienten nach Fälligkeit der Mitwirkungshandlung (§ 271 BGB) gemahnt hat, § 284 BGB.

Ist die Verzögerung der Mitwirkung im Einzelfall so gravierend, daß das Beratungsprojekt nicht zu Ende geführt werden kann, so kann der Unternehmensberater trotzdem das volle Honorar beanspruchen. Zwar steht ihm dies nach Werkvertragsrecht grundsätzlich erst bei Abnahme und damit erst nach Vollendung des Projekts zu, § 641 I BGB. Doch ist anerkannt, daß der Klient es nicht in der Hand haben kann, durch nicht ordnungsgemäße Mitwirkung den Honoraranspruch zum Scheitern zu bringen, nur weil er später erkennt, daß das Beratungsprojekt für ihn nachteilig ist.[299]

---

294 *Palandt/Thomas,* § 642 Anm. 2 (Rn. 2); MünchKomm/*Soergel,* § 642 Rn. 7 f.; RGRK/*Glanzmann,* § 642 Rn. 5.

295 *Müller-Foell,* S. 118.

296 RG U 21. 9. 20 (VII 143/20), RGZ 100, 46; BGH U 16. 5. 68 (VII ZR 40/66), BGHZ 50, 175 (179) = BB 68, 729 (729 f.); MünchKomm/*Soergel,* § 642 Rn. 8.

297 Vgl. *Palandt/Thomas,* § 643 Anm. 2 (Rn. 2); MünchKomm/*Soergel,* § 643 Rn. 4 m.w.N.; RGRK/*Glanzmann,* § 643 Rn. 2.

298 *Palandt/Heinrichs,* § 304 Anm. 2 (Rn. 2).

299 Mit unterschiedlicher Begründung: Einen Verstoß gegen Treu und Glauben (§ 242 BGB) sieht zum Teil der BGH in der Berufung auf die mangelnde Fertigstellung und Fälligkeit: BGH U 16. 5. 68 (VII ZR 40/66), BGHZ 50, 175 (177, 179) = BB 68, 729 (729 f.); BGH U 29. 10. 85 (X ZR 12/85), WM 86, 73 ff. Po-

Hat die Mitwirkungspflicht im Einzelfall sogar Hauptpflichtcharakter, so kann der Unternehmensberater, wenn der Klient sich in Verzug befindet, nach § 326 BGB vorgehen[300] und eine Nachfrist setzen mit der Androhung, daß er danach die Mitwirkung nicht mehr annehmen werde. Nach Ablauf dieser Frist ist er berechtigt, Schadensersatz wegen Nichterfüllung zu verlangen oder vom Vertrage zurückzutreten, § 326 I 2 BGB. Begehrt er Schadensersatz, hat er jedenfalls einen Anspruch auf das vereinbarte Honorar. Eine andere Frage ist, ob er weitergehende Schäden ersetzt verlangen kann. Grundsätzlich wird das zu verneinen sein, weil das Interesse des Unternehmensberaters an der Gegenleistung in den Fällen vorzeitiger Beendigung[301] generell nur im Rahmen des § 649 S. 2 BGB geschützt ist. Diese Begrenzung gilt jedoch dann nicht, wenn der Unternehmensberater unter Selbstkosten anbietet, etwa um ein Pilotprojekt zur Erweiterung eigener Kenntnisse und Erfahrungen oder aus Werbezwecken durchzuführen, weil dann regelmäßig die Kündigung nach § 649 BGB konkludent ausgeschlossen sein wird.[302] Indessen ist ein weitergehender Schadensersatz ausgeschlossen, wenn mit der Projektdurchführung allein die Minimierung eigener Verluste bei schlechter Auftragslage bezweckt war. Hier wird zwar auch § 649 BGB ausgeschlossen sein. Jedoch gingen die Interessen des Unternehmensberaters nicht über die Vertragsdurchführung (und den entsprechenden Honoraranspruch) hinaus.

dd) Die fehlerhafte Mitwirkung

Am häufigsten wird eine schlechte, fehlerhafte oder unvollständige Mitwirkung des Klienten vorkommen. Ursache sind meist Unerfahrenheit des Klienten, aber auch die Auffassung, der Unternehmensberater habe ohnehin für den Erfolg der Beratung einzustehen. Das Problem besteht dann

---

sitive Vertragsverletzung nehmen an: BGH U 13. 11. 53 (I ZR 140/52), BGHZ 11, 80 (83) = BB 54, 8 (8 f.); BGH U 16. 5. 68 (VII ZR 40/66), BGHZ 50, 175 (178 f.); *Palandt/Thomas*, § 642 Anm. 1 (Rn. 1); MünchKomm/*Soergel*, § 642 Rn. 10; RGRK/*Glanzmann*, § 642 Rn. 16. Für analoge Anwendung des § 324 BGB: *Nicklisch*, BB 79, 533 (543). Aus § 645 II („haftet") i. V. m. § 324 BGB leiten den Honoraranspruch her *Esser/Weyers*, SchR BT, § 33 II 3 (S. 254).

300 *Köhler*, Software Herstellung, Rn. 98.

301 Ein solcher Fall liegt auch bei § 326 BGB vor, selbst wenn der Unternehmensberater Schadensersatz verlangt, weil nach fruchtlosem Fristablauf die beiderseitigen Erfüllungsansprüche erlöschen und der Beratungsvertrag sich in ein Abwicklungsverhältnis umwandelt. Vgl. *Palandt/Heinrichs*, § 326 Anm. 8 a.

302 Vgl. *Nicklisch*, BB 79, 533 (544); dazu genauer § 7 B I 1.

darin, daß die darauf beruhenden Beratungsfehler zwar zu beseitigen sind, aber zu einem nicht vorhersehbaren und daher auch nicht einkalkulierten Mehraufwand führen, so daß sich die Frage erhebt, ob und unter welchen Voraussetzungen dieser Mehraufwand vom Klienten zu ersetzen ist.[303]

Grundsätzlich kommt ein Anspruch aus positiver Vertragsverletzung in Betracht, wenn der Klient seine Mitwirkungspflicht nur schuldhaft schlecht erfüllt hat.[304] Welche Sorgfalt vom Klienten verlangt werden kann, hängt entscheidend von seiner Sachkunde ab. Dem Klienten, der in betriebswirtschaftlichen Fragen bewandert ist, kann man ein weit höheres Maß an Sorgfalt auferlegen als dem unkundigen Klienten. Wichtige Indizien dürften die Ausbildung des Klienten und seine berufliche Erfahrung einerseits, sowie der Umfang der Einflußnahme bei der Projektdurchführung andererseits sein. Hinsichtlich des Haftungsumfangs ist zu differenzieren: Der Klient hat die gesamten Mehrkosten der Mängelbeseitigung zu tragen, wenn der Unternehmensberater die mangelhafte Mitwirkungshandlung nicht erkannt hat oder nicht erkennen konnte. Dann nämlich schuldet der Unternehmensberater die Beseitigung der Mängel nicht, weil sie ihre Ursache im Verantwortungsbereich des Klienten haben.[305] Etwas anderes ist es, wenn der Unternehmensberater seinen Hinweis- und Prüfungspflichten nicht ausreichend nachgekommen ist.[306] Dann sind die Mängel nur teilweise auf die fehlerhafte Mitwirkung des Klienten zurückzuführen und der Unternehmensberater muß sich nach § 254 BGB analog an den Mängelbeseitigungskosten beteiligen, und zwar entsprechend seinem Mitverantwortungsanteil.[307]

d) Die Verletzung von Mitwirkungsobliegenheiten

Ist bloß von einer Obliegenheit zur Mitwirkung auszugehen, reduzieren sich die Rechte des Unternehmensberaters drastisch. Zunächst besteht kein Anspruch auf Erfüllung der Mitwirkung. Sie kann daher auch nicht eingeklagt werden. Erbringt der Klient seine Mitwirkungshandlungen nicht rechtzeitig, so stehen dem Unternehmensberater Entschädigung nach § 642 BGB und Aufwendungsersatz nach § 304 BGB zu. Er kann weitergehend

303 *Rehmann,* CR 89, 961 (964).

304 BGH U 16. 12. 57 (VII ZR 402/56), BGHZ 26, 175 (178); *Nicklisch,* BB 79, 533 (542); *Rehmann,* CR 89, 961 (964).

305 Zuletzt OLG München U 3. 7. 87 (14 U 840/86), NJW-RR 88, 20; *Palandt/ Heinrichs,* § 633 Anm. 3 (Rn. 7).

306 Vgl. oben § 5 A 3b aa aaa.

307 *Müller-Foell,* S. 122.

auch hier nach §§ 642, 643 BGB kündigen und ein Teilhonorar nach § 645 I 2 BGB verlangen. Echte Schadensersatzansprüche, insbesondere auf entgangenen Gewinn nach § 286 BGB und auf volles Honorar aus positiver Vertragsverletzung, stehen ihm indessen nicht zu.[308]

e) Die beiderseitige Mitwirkungspflichtverletzung

In den vorstehend besprochenen Konstellationen stand fest, in welchem Umfang der Klient die Leistungsstörung verursacht hatte und inwieweit der Unternehmensberater daran beteiligt war.[309] Sehr oft werden aber verspätete oder fehlerhafte Mitwirkungshandlungen des Klienten mit eben solchen Verletzungen von Prüfungs-, Aufklärungs- und Hinweispflichten auf seiten des Unternehmensberaters zusammentreffen und einander bedingen. Es entsteht dann ein „Klima", in dem das Verschulden der einen das Mitverschulden der anderen Seite „irgendwie" begünstigt. Aufgrund des engen Zusammenwirkens wird sich später oft nicht trennen lassen, wer nun welche Störung hervorgerufen hat. Beide Seiten werden behaupten, die andere habe durch ihr vertragswidriges Verhalten die entscheidende Ursache gesetzt. Dann fragt sich, wie solche Fallgestaltungen rechtlich zu lösen sind.

Für das beiderseitige Vertretenmüssen fehlt es an einer gesetzlichen Regelung. Daher ist zunächst daran zu denken, die Grundsätze über die beiderseitig zu vertretende Unmöglichkeit auf die vorliegenden Konstellationen anzuwenden. Dem wird man aber entgegenhalten können, daß die §§ 324, 325 BGB auf Hauptleistungspflichten und nicht auf Nebenpflichten oder gar Obliegenheiten zugeschnitten sind. Vor allem wäre man nicht dem Problem enthoben, vor Anwendung der §§ 324, 325 BGB die Verursachungsquote festzulegen. Daher erscheint es zweckmäßiger, § 254 BGB analog anzuwenden. Ihm liegt nämlich der allgemeine Rechtsgedanke zugrunde, daß der Geschädigte für jeden Schaden mitverantwortlich ist, an dessen

308 A. A. die Rechtsprechung (BGH U 13. 11. 53 (I ZR 140/52), BGHZ 11, 80 (83)) und ein Teil der Literatur, etwa *Palandt/Thomas,* § 642 Anm. 1; MünchKomm/*Soergel,* § 642 Rn. 10; RGRK/*Glanzmann,* § 642 Rn. 16. Allerdings kommt diese Auffassung im Regelfall zum gleichen Ergebnis, weil abweichend von der hier vertretenen Ansicht Mitwirkungshandlungen generell als Obliegenheiten angesehen werden. Zur Kritik an Literatur und Rechtsprechung ausführlich *Lachmann,* BauR 90, 409 ff.

309 Natürlich konnten im Rahmen dieser theoretischen Erörterung keine genauen Verursachungsbeiträge angegeben werden.

Entstehung er in zurechenbarer Weise mitgewirkt hat.[310] Das setzt zwar prinzipiell die Berücksichtigung aller für den Schaden kausaler Umstände und folglich auch die Einbeziehung des Verhaltens der Beteiligten während des Beratungsprozesses voraus. Die Rechtsprechung hat aber zwei Vereinfachungen zugelassen, mit denen das in der Beratungspraxis höchst komplexe Zusammenwirken der verschiedenen Verursachungsbeiträge rechtlich bewältigt werden kann. Zum einen spielt für die Gewichtung der Verursachungsbeiträge ihre zeitliche Reihenfolge keine Rolle,[311] so daß (nur) noch von zwei Verursachungsreihen auszugehen ist, die an einem bestimmten Punkt zu dem nun zu verteilenden Schaden geführt haben. Zum anderen hat der BGH[312] – wenn auch mehr beiläufig – ausgesprochen, daß es bei Abwägungen der beiderseitigen Verantwortlichkeit (auch) darauf ankäme, inwieweit sich die Beteiligten objektiv sachwidrig verhalten hätten. Was im einzelnen sachwidrig ist, ergibt sich dann aus dem Beratungsvertrag bzw. den dispositiven Vorschriften des Werkvertragsrechts, aus denen sich die Schadensersatzpflicht herleitet. Wichtige Anhaltspunkte sind dabei Vertragszweck und Interessenlage.[313] Damit hat man selbst bei nicht mehr feststellbaren Verursachungsbeiträgen und Verschuldensanteilen einen berechenbaren, objektiven Maßstab zur Verfügung. Freilich wird es oft schwierig sein, den Grad der Sachwidrigkeit im Einzelfall zu bestimmen.[314] Wenngleich die Schadensverteilung einzelfallbezogen sein muß, sich insbesondere eine schematische Schadensteilung je zur Hälfte unter Berufung auf die ungeklärte Sachlage verbietet,[315] so wird man allgemein folgendes sagen können: Maßgebend ist zunächst die Sachwidrigkeit der Verzögerung bzw. der Fehlerhaftigkeit.[316] Vier Grundkonstellationen sind dann vorstellbar:[317] Zum einen können beide Vertragsteile ihre Mitwirkungshandlun-

310 RG U 21. 5. 09 (Rep II 543/08), RGZ 71, 187 (191 f.); RG U 17. 11. 32 (VI 283/32), RGZ 138, 327 (330); BGH U 2. 6. 69 (II ZR 182/67), BGHZ 52, 166 (168).

311 BGH U 3. 7. 51 (I ZR 44/50), BGHZ 3, 46; BGH U 12. 7. 88 (VI ZR 283/87), NJW-RR 88, 1373 (LS).

312 BGH U 14. 10. 53 (VI ZR 67/53), VersR 54, 59 (60).

313 BGH U 8. 10. 85 (VI ZR 114/84), BGHZ 96, 98 = NJW 86, 775; *Klauser*, NJW 62, 369 (371 f.).

314 *Klauser*, NJW 62, 369 (371 f.).

315 *Böhmer*, MDR 62, 442 (443).

316 Die fehlende oder unmögliche Mitwirkung eines Vertragsteils wird stets wegen des dann zum Erliegen kommenden Beratungsprozesses klar feststellbar sein und spielt in diesem Zusammenhang daher keine Rolle.

317 Die folgende Unterteilung bietet sich an, weil im Nachhinein noch relativ einfach feststellbar sein dürfte, inwieweit Verzögerung bzw. Fehlerhaftigkeit mitentscheidend für den Schaden waren.

gen schlecht erfüllt haben. Dann wird man dem Unternehmensberater schon aufgrund seiner Fachkompetenz die überwiegende Verursachung anlasten müssen. Denn Grundlage des Beratungsvertrages ist die Überzeugung der Parteien, daß der Unternehmensberater verhindern muß, daß der Klient durch eigene fehlerhafte Mitwirkung Nachteile erleidet.[318] Im genau umgekehrten Fall sind beide Seiten mit der Erfüllung ihrer Mitwirkungspflichten säumig. Das ist nicht unbedingt ein beratungsprozeßspezifisches Problem und wird daher meist beiden Seiten gleichermaßen anzulasten sein. Treffen indessen Verspätungen des Klienten und fehlerhafte Mitwirkung des Unternehmensberaters zusammen, so dürfte der Beitrag des Unternehmensberaters überwiegen. Nach Werkvertragsrecht übernimmt er nämlich das Risiko einer fehlerfreien Herstellung, den Klienten trifft umgekehrt keine vertragliche Obliegenheit, durch eigene Bemühungen Beratungsfehler auszugleichen.[319] Auch in dem Fall, daß der Unternehmensberater zögerlich und der Klient fehlerhaft arbeitet, muß wiederum der Unternehmensberater die überwiegende Last tragen, und zwar aufgrund seines Fachwissens und vor allem deswegen, weil er „Herr des Beratungsprojekts" ist und sich daher mit der Verzögerung in Widerspruch zu seinen Vertragspflichten setzt. Insgesamt wird damit zwar der Unternehmensberater mit erhöhten Risiken belastet. Das mag aber Ansporn für ihn sein, der Projektdurchführung besondere Sorgfalt zu widmem.

2. Die Mitwirkung bei Dauerberatungsverträgen

Wesentlich einfacher ist die Verletzung von Mitwirkungspflichten bei Dauerberatungsverträgen zu beurteilen. Zunächst werden hier regelmäßig nur Informationspflichten bestehen. Da von ihrer Erfüllung zugleich die Durchführung des Beratungsvertrages abhängt, haben sie ebenso wie die beim Projektberatungsvertrag Nebenpflichtcharakter.[320] Das bedeutet, daß der Unternehmensberater einen Erfüllungsanspruch hat, bei nicht gehöriger Erfüllung aus positiver Vertragsverletzung und bei Verzögerung nach § 284, 286 I BGB vorgehen kann. Mit Rücksicht auf die Verselbständigung der einzelnen Beratungsleistungen finden die Regeln der positiven Vertragsverletzung und des Verzugs jeweils nur auf die betroffene Beratungsleistung Anwendung.

318 BGH U 12. 3. 86 (IVa ZR 183/84), NJW-RR 86, 1348 (1349).
319 BGH U 12. 3. 86 (IVa ZR 183/84), NJW-RR 86, 1348 (1349).
320 Vgl. *Palandt/Heinrichs*, § 242 Anm. 3 A c (Rn. 25) und Anm. 3 B d (Rn. 37).

II. Die Abnahmepflicht

Haben die Parteien eine Projektberatung vereinbart, so ist der Klient nach § 640 I BGB zur Abnahme der Beratungsleistung verpflichtet.[321]

Abnahme ist nach allgemeiner Definition[322] die körperliche Hinnahme eines Werkes verbunden mit der Anerkennung als in der Hauptsache vertragsgemäße Erfüllung (zweigliederiger Abnahmebegriff). Zunächst fragt sich, ob Beratungsleistungen wegen ihres immateriellen Charakters überhaupt abgenommen werden können.

1. Die Abnahmefähigkeit von Beratungsleistungen

Während das Reichsgericht[323] und ein Teil der Literatur[324] diejenigen Werke für nicht abnahmefähig halten, die sich bereits im Besitz des Bestellers

321 Das Werkvertragsrecht knüpft an die Abnahme vielfältige Rechtsfolgen: Sie ist Voraussetzung für die Fälligkeit (§ 641 I 1 BGB), die Verzinsung (§ 641 II BGB) und den Verjährungsbeginn des Honoraranspruchs (arg. e § 198 S. 1 BGB), die Leistungspflicht des Unternehmensberaters wird auf die abgenommene Beratungsleistung konzentriert, d.h. der ursprüngliche Neuherstellungsanspruch wird durch Mängelbeseitigungsansprüche verdrängt (§ 633 II BGB), die Vergütungsgefahr geht über (§ 644 I 1 BGB), die Verjährung der Mängelbeseitungsansprüche beginnt zu laufen (§ 638 I 2 BGB), die Beweislast kehrt sich zugunsten des Unternehmensberaters um (§ 363 BGB) und der Vertragsstrafeanspruch erlischt, soweit sich der Klient diese Rechte bei der Abnahme nicht vorbehalten hat (§ 341 III BGB).

322 RG U 9. 7. 23 (VI ZR 324/22), RGZ 107, 339 (343); BGH U 18. 9. 67 (VII ZR 88,/65), BGHZ 48, 257 (262); zuletzt BGH U 30. 6. 83 (VII ZR 185/81), WM 1983, 1104; vgl. auch OLG Hamm U 8. 3. 89 (31 O 12/88), NJW 90, 1609 = CR 1989, 1091; für die Literatur statt aller *Palandt/Thomas,* § 640 Anm. 1a (Rn. 2); zur früher vertretenen Besitztheorie: *Dernburg,* Bürgerliches Recht, 2. Bd. 2. Abt., S. 530 f.; *Jacobi,* JherJB 45 (1903), 259 (278 ff.); *Heck,* S. 347 ff.; zuletzt *Weyers,* Gutachten, S. 1115, insbes. S. 1151 ff.; vermittelnd *Rosenberg* (JherJB 43 (1901), 141 (253 ff.)), der bei § 640 BGB dem zweigliedrigen Abnahmebegriff, bei § 638 BGB der Besitztheorie folgen will. Ähnlich *Larenz* (SchR II/1, § 53 III a (S. 363 ff.)), der bei verkehrsunüblicher Billigung allein die Entgegennahme ausreichen lassen will. Vgl. auch *Köhler,* NJW 84, 1841 (1843). Allein auf die Anerkennung stellt *Jakobs* (AcP 183 (1983), 145 (158)) ab. Zur Kritik am zweigliedrigen Abnahmebegriff *Schwarz,* S. 47 ff.

323 RG U 24. 4. 25 (VI 10/25), RGZ 110, 406 ff.; RG U 15. 4. 07 (VI 331/06), RGZ 66, 12 (16).

324 *Esser/Weyers,* SchR BT, § 33 II (S. 251 b f.); *Soergel/Mühl,* § 640 Rn. 8; *Staudinger/Peters,* § 646 Rn. 4; MünchKomm/*Soergel,* § 640, Rn. 13; *Riezler,* S. 137; RGRK/*Deneke* (11. Aufl.), § 640 Anm. 2; *Giessmann,* S. 35.

befinden oder aufgrund ihres immateriellen Charakters nicht körperlich übergeben werden können, stellen der BGH[325] und der übrige Teil der Literatur[326] weniger auf die körperliche Hinnahme als vielmehr auf die Anerkennung des Werkes ab und lassen diese für die Abnahme genügen, soweit die körperliche Hinnahme nicht oder nicht mehr möglich ist. Vereinzelt werden geistige Leistungen auch für generell abnahmeunfähig gehalten.[327]

Geht man vom zweigliedrigen Abnahmebegriff aus, so kann die Abnahmefähigkeit nur fehlen, wenn entweder Hinnahme oder die Anerkennung oder beide Komponenten nicht erfüllt werden können.

Würde man auch zur Beurteilung der Hinnahmefähigkeit entscheidend auf die geistige Leistung, den Kern der Beratung, abstellen, so käme man zu dem Ergebnis, daß Beratungsleistungen zur Übernahme generell ungeeignet sind. Damit würde aber verkannt, daß die Abnahmephase anders als die Beratungsphase nicht mehr durch den geistig schöpferischen Beratungsvorgang, sondern durch den Leistungsaustausch geprägt ist. Das rechtfertigt, abweichend von der bisherigen Beurteilung[328] hier auf die Verkörperung abzustellen, die nichts anderes ist als der Träger, der die geistige Leistung aus der Ebene der rein intellektuellen Erfahrbarkeit heraushebt und für den Klienten jederzeit erkennbar und überprüfbar macht.[329] Soweit geistige Leistungen verkörpert sind, sind sie also ohne weiteres übernahmefähig. Da es allein auf die Übernahmemöglichkeit ankommt, spielt auch keine Rolle, ob sich das Schriftstück oder sonst der Datenträger bereits im Besitz des Klienten befinden oder trotz der ins Auge gefaßten Abnahme noch beim Unternehmensberater verbleiben sollen.[330] Anders liegen die Fälle, in denen es – etwa bei einer Telefonberatung oder bei einem Beratungsgespräch – überhaupt nicht zu einer Verkörperung der Beratungsleistung kommt. Dann ist die Beratung für eine körperliche Entgegennahme nicht geeignet. Gemäß § 646 BGB tritt in diesem Fall die Vollendung der Beratung an die Stelle der Abnahme.

325 BGH U 9. 7. 62 (VII ZR 98/61), BGHZ 37, 341 (345); BGH U 18. 9. 67 (VII ZR 88/65), BGHZ 48, 257 (263).

326 *Palandt/Thomas,* § 640 Anm. 1 a (Rn. 2); *Grimme,* S. 49; *Erman/Seiler,* § 640 Rn. 4.

327 LG Lüneburg U 21. 2. 61 (4 O 97/60), NdsRpfl 61, 154; *Tempel,* Vahlens Rechtsbücher III, § 5 (S. 188).

328 Vgl. nur zur Rückabwicklungsproblematik oben § 3 B V 3 und zur Unmöglichkeit oben § 5 C I.

329 *Unger,* CR 1986, 85 (85).

330 Dahinter verbirgt sich vielmehr die Frage, ob die Abnahmevoraussetzungen im Einzelfall vorliegen. Dazu sogleich unten § 5 E II 2.

Beratungsleistungen können auch ohne weiteres anerkannt werden. Die Anerkennungsfähigkeit kann zum einen nicht mit dem teilweise erheblichen Entscheidungs- und Beurteilungsspielraum des Unternehmensberaters verneint werden.[331] Dieser ergibt sich nämlich aus der naturgemäß ungewissen Umweltprognose und nicht etwa – wie bei Gestaltungsfreiheiten – aus einem vertraglich eingeräumten Beratungsfreiraum, innerhalb dessen der Klient die Beratung, so wie sie geboten wird, hinnehmen müßte. Die Anerkennungsfähigkeit kann auch nicht damit abgelehnt werden, daß geistige Leistungen nicht oder nur mit größten Schwierigkeiten überprüfbar sind und daher die Anerkennung regelmäßig zur Farce würde. Daß in solchen Fällen von seiten des Klienten oft aus subjektivem Unvermögen oder aus Kostengründen von einer wirklichen Überprüfung der Beratungsleistung abgesehen wird, ändert nichts an ihrer objektiven Anerkennungsfähigkeit.[332] Denn derjenige, der zu einer geistigen Leistung den intellektuellen Zugang selbst nicht hat, kann sich des Sachverstandes Dritter bedienen.[333]

2. Die Abnahmevoraussetzungen

Grundbedingung der Abnahme ist die Vollendung der Beratung.[334] Vollendet ist sie, wenn alle geschuldeten Beratungsleistungen erbracht sind.[335] Dem steht nicht entgegen, daß noch kleinere und für die Gebrauchsfähigkeit der Beratung unbedeutende Restarbeiten ausstehen,[336] wie etwa die Erstellung der Verdeutlichung dienender Graphiken, Skizzen, Übersichten etc.

Weitere Voraussetzung ist die Übernahme der Beratungsleistung durch den Klienten, wobei Übernahme mit Besitzerwerb gleichzusetzen ist. Die Übernahme erfolgt regelmäßig dadurch, daß der Klient tatsächliche Gewalt an dem Beratungsbericht erlangt (§ 854 I BGB). Befindet er sich bereits beim Klienten, etwa weil die Beratung ausschließlich in dessen Unternehmen durchgeführt wurde, so wird man entsprechend dem Grundgedanken der

331 Zum Ausschluß der Anerkennung bei Gestaltungsfreiräumen vgl. *Jacobs*, AcP 183 (1983), 145 (184).

332 *Schwarz*, S. 132.

333 *Jakobs*, AcP 183 (1983), 145 (186).

334 Vgl. BGH U 6. 5. 68 (VII ZR 33/66), BGHZ 50, 160 (162) = NJW 68, 1524 (1525); MünchKomm/*Soergel*, § 640 Rn. 7.

335 RGRK/*Glanzmann*, § 646 Rn. 4; *Soergel/Mühl*, § 646 Rn. 2; MünchKomm/*Soergel*, § 646 Rn. 4.

336 Vgl. MünchKomm/*Soergel*, § 640 Rn. 7.

§§ 854 II, 929 S. 2 BGB anstelle der tatsächlichen Besitzverschaffung auf die Einigung der Vertragspartner darüber abstellen müssen, daß der Klient nun Besitz ausüben könne. Dazu wird man an die Erklärung des Unternehmensberaters, die Beratungstätigkeit abgeschlossen zu haben, anknüpfen können.[337] Soll umgekehrt der Beratungsbericht trotz der ins Auge gefaßten Abnahme beim Unternehmensberater verbleiben, liegt darin eine von der dispositiven Abnahmeregelung des § 640 BGB[338] abweichende Parteivereinbarung, an die allerdings wegen der dann faktisch fehlenden Prüfungsmöglichkeit höhere Anforderungen zu stellen sind.

Schwerpunkt und zugleich Hauptstreitpunkt der Abnahme ist die Erklärung des Klienten, die Beratungsleistung als eine in der Hauptsache vertragsgemäße Erfüllung anzuerkennen.[339] Rügt der Klient einzelne Mängel, so ist (durch Auslegung) zu ermitteln, ob er die Abnahme insgesamt verweigern oder ob er vorbehaltlich der Nachbesserung abnehmen wollte.[340] Entscheidend sind Art und Weise der Mängelrüge.[341] In der Rückgabe der Beratungsleistung wird im Zweifel eine Abnahmeverweigerung zu sehen sein.[342] Umgekehrt sprechen für eine Abnahme die ungekürzte Honorarzahlung,[343] Zahlung des Resthonorars,[344] Verwertung, insbesondere Umsetzung des Beratungsergebnisses,[345] durch die Weiterentwicklung der Beratungsempfehlungen oder ihre Übertragung auf andere Unternehmensbereiche[346] sowie die dringende Anmahnung weiterer Leistungen, da darin ein Indiz für grundsätzliche Zufriedenheit zu sehen ist.[347] Gleiches gilt, wenn

337 Eine entsprechende (ausdrückliche oder konkludente) Erklärung wird der Unternehmensberater schon deswegen abgeben, um möglichst rasch sein Beraterhonorar zu erhalten.

338 Vgl. *Grimme,* S. 39.

339 BGH U 18. 9. 67 (VII ZR 88/65), BGHZ 48, 257; *Palandt/Thomas,* § 640 Anm. 1a (Rn. 2).

340 *Medicus,* Abnahme, 1 (12).

341 BGH U 21. 3. 85 (VII ZR 148/83), BGHZ 94, 117 (119); *Jakobs,* AcP 183 (1983), 145 (172).

342 Zu weitgehend *Jakobs,* AcP 183 (1983), 145 (173): Der Besteller müsse, wenn er den Mangel des Werkes rüge und wegen des Mangels das Werk im Ganzen zurückweisen wolle, sich von dem Werk zurückziehen, im ganzen von ihm Abstand nehmen.

343 BGH U 26. 10. 78 (VII ZR 249/77), BGHZ 72, 257 (261).

344 BGH U 24. 11. 69 (VII ZR 177/67), NJW 70, 421 (422).

345 *Palandt/Thomas,* § 640 Rn. 1a (Rn. 2).

346 BGH U 24. 11. 69 (VII ZR 177/67), NJW 70, 421 (422).

347 OLG Hamm U 12. 12. 88 (31 U 104/87), NJW 89, 1041 (1042).

der Klient in der Schlußbesprechung keine Mängel rügt.[348] Kein Indiz hingegen ist die Übernahme der Beratungsleistung, da geistige Leistungen nicht bei Übernahme mit einem Blick gebilligt werden können.[349] Vielmehr wird dem Klienten stillschweigend eine Frist gewährt werden müssen, innerhalb der er den Beratungsbericht durcharbeiten und sich über die Anerkennung oder Nichtanerkennung klar werden kann („vertraglicher Anerkennungsvorbehalt").[350]

Ist die Abnahme einer Beratungsleistung wegen erheblicher Mängel verweigert worden und hat sich der Unternehmensberater um die Beseitigung der Mängel bemüht, so darf er nach Treu und Glauben einen entsprechenden Hinweis des Klienten erwarten, wenn dieser trotz der Nachbesserung immer noch nicht die Leistung als vertragsgemäß anerkennen will.[351]

Ist vom Unternehmensberater auch die Implementierung geschuldet, so braucht der Klient die Beratungsergebnisse nicht abzunehmen, solange die Implementierungspflichten nicht ausreichend erfüllt sind.

3. Die Verletzung der Abnahmepflicht

Schwierigkeiten treten in der Rechtspraxis immer dann auf, wenn der Klient die Abnahme wegen angeblicher Mängel unberechtigt verweigert oder willkürlich vezögert, um sich dadurch eine Zahlungsfrist zu verschaffen, während der er das Beratungshonorar anderweitig verwenden oder seine Zahlungsunfähigkeit verschleiern kann. Begünstigt wird dies dadurch, daß Übernahme und Anerkennung infolge des (regelmäßig) vertraglich vereinbarten Anerkennungsvorbehalts zeitlich auseinanderfallen und er dadurch in den Genuß der Beratungsleistung kommt, ohne sich äußern zu müssen, ob er die Beratung nun als Erfüllung annehme oder nicht.

a) Die unberechtigte Nichtabnahme

Verletzt der Klient seine Abnahmepflicht dadurch, daß er endgültig und grundlos die Abnahme der vollendeten und mangelfreien Beratungsleistung verweigert, so wird mit der endgültigen Verweigerung der Honorar-

348 So der BGH U 2. 3. 72 (VII ZR 146/70), VersR 72, 640 (641); a. A. OLG Köln U 5. 11. 73 (8 U 4/73), BB 74, 159.
349 *Jakobs,* AcP 183 (1983), 145 (161).
350 Vgl. *Jacobs,* AcP 183 (1983), 145 (161).
351 OLG Köln U 5. 11. 73 (8 U 4/73), BB 74, 159.

anspruch fällig[352] und zugleich werden die Verjährungsfristen[353] in Lauf gesetzt.[354] Es wäre nämlich unbillig, dem Unternehmensberater, der alles ihm mögliche getan hat, den Anspruch auf das Honorar zu versagen (§ 242 BGB) und ihn zusätzlich mit dem Nichtbeginn der Verjährung zu belasten.

b) Die Verzögerung der Abnahme

Häufiger werden die Fälle sein, in denen der Klient sich über die Anerkennung einfach ausschweigt oder nichts für den Unternehmensberater Ersichtliches tut, was einen Annahmewillen offenbart.

Um für weitere Dispositionen möglichst rasch Klarheit darüber zu bekommen, ob er, wenn überhaupt, zur Nachbesserung verpflichtet ist oder nur noch wegen Mängelbeseitigung oder Schadensersatzes in Anspruch genommen wird, kann der Unternehmensberater den Klienten hinsichtlich der Abnahmeverpflichtung in Verzug setzen (§ 284 BGB) und im Wege der Naturalrestitution (§ 286 BGB i. V. m. § 249 S. 1 BGB) die noch ausstehende Anerkennungserklärung verlangen.[355]

Nimmt der Klient die Beratungsleistung nicht ab, obwohl sie abnahmefähig ist, so kommt er dadurch gleichzeitig in Annahmeverzug. Der Unternehmensberater haftet dann nur noch für Vorsatz und grobe Fahrlässigkeit, §§ 300 ff., 644 I 2 BGB.

Bedenkt man, daß angesichts der weitreichenden Abnahmefolgen dem Interesse des Unternehmensberaters an rascher Abnahme (nur) das Interesse des Klienten gegenübersteht, für die Anerkennung der Beratungsleistung eine gewisse Zeit zur Verfügung zu bekommen,[356] so wird man dem Unternehmensberater die Möglichkeit zubilligen müssen, dem Klienten eine nach Art und Umfang der Beratung angemessene Frist mit der Maßgabe zu

---

352 BGH U 16. 5. 68 (VII ZR 40/66), BGHZ 50, 175 (177 f.) = NJW 68, 1873; BGH U 22. 9. 83 (VII ZR 43/83), BGHZ 88, 240 (247 f.); MünchKomm/*Soergel*, § 631 Rn. 134; *Soergel/Mühl*, § 641 Rn. 1; RGRK/*Glanzmann*, § 631 Rn. 24.

353 RG U 28. 9. 40 (II 23/40), RGZ 165, 41 (54); BGH U 24. 11. 69 (VII ZR 177/67), NJW 70, 421 (422); BGH U 19. 1. 70 (VII ZR 151/68), WM 70, 524; BGH U 4. 4. 74 (VII ZR 102/73), NJW 74, 1187 (1188); *Soergel/Ballerstedt*, § 638 Anm. 5 (1); *Staudinger/Riedel*, § 638 Rn. 15; *Palandt/Thomas*, § 638 Anm. 1 (Rn. 1).

354 Weitergehend *Erman/Seiler*, § 638 Rn. 7; *Palandt/Thomas*, § 638 Anm. 1 (Rn. 1), nach denen alle Abnahmefolgen mit der endgültigen Verweigerung eintreten sollen. Teilweise differenzierend RGRK/*Glanzmann*, § 638 Rn. 17 f.

355 *Köhler*, NJW 85, 945 (948).

356 *Jakobs*, AcP 183 (1983), 145 (175).

setzen, daß nach Ablauf dieser Frist die Abnahme als erfolgt gelte, wenn sie nicht bis dahin verweigert werde.[357] Eine Stütze im Gesetz findet diese Lösung beim Kauf auf Probe oder Besicht (§ 496 BGB). Dort hat das Kaufrecht für den Fall, daß sich die Beschaffenheit von Kaufgegenständen nicht auf einen Blick feststellen läßt, eine fiktive Billigung nach Ablauf einer angemessenen Erprobungsfrist vorgesehen.[358] Die vom Unternehmensberater zu setzende Frist muß allerdings angemessen sein und den persönlichen Umständen des Klienten Rechnung tragen.[359] Insbesondere hat er zu berücksichtigen, daß dringende geschäftliche Angelegenheiten den Klienten daran hindern können, sich um die Beschaffenheit der Beratungsleistung zu kümmern.

III. Geheimhaltungspflichten

Die Verletzung von Geheimhaltungspflichten durch den Klienten wird regelmäßig keine so zentrale Rolle spielen wie die durch den Unternehmensberater. Bei Dauerberatungsverträgen wird der Klient üblicherweise erst mit dem Ergebnis der Beratung in Berührung kommen. Und bei Projektberatungen, bei denen es zu enger Kooperation und damit auch zu einem umfangreichen Informationsaustausch kommt, hat es der Unternehmensberater eher als der Klient in der Hand, geheimhaltungsbedürftiges Wissen zurückzuhalten, etwa indem er gewisse Arbeiten nicht im Klientenunternehmen, sondern in seinem eigenen Büro ausführt. Im übrigen wird auch der Klient, der für die Beratung teures Geld zahlt, nicht ohne weiteres Geheimnisse des Unternehmensberaters offenbaren. Soweit eine Geheimhaltungspflichtverletzung trotzdem vorkommt, wird darin ein Verstoß gegen

357 *Jakobs,* AcP 183 (1983), 145 (175 f.); de lege ferenda: *Soergel,* Referat I 42, These 8, abgedruckt als Beschluß des DJT in NJW 84, 2671 (2678); grundsätzlich zustimmend auch Köhler, NJW 85, 945 (948).

358 Weitergehend ist im Kaufrecht sogar anerkannt, daß auch außerhalb des Anwendungsgebietes des § 377 HGB der Grundsatz von Treu und Glauben im Geschäftsverkehr zur Gewährleistung der Verkehrssicherheit erfordert (§ 157 BGB), daß der Käufer, der die Ware beanstanden will, die Mängelanzeige nicht ungebührlich verzögert und sie innerhalb eines nicht zu lange bemessenen Zeitraums dem Verkäufer zur Kenntnis bringt, da er sich sonst so behandeln lassen müsse, als ob er die Ware billige und behalten wolle. Vgl. OLG Stuttgart U 14. 7. 58 (2 U 61/58), MDR 58, 774; RG U 21. 2. 22 (II 358/21), RGZ 104, 96 (97). Allerdings lassen sich diese Grundsätze angesichts der Unterschiede von (kaufvertraglicher) Übergabe und (werkvertraglicher) Abnahme nicht auf den Unternehmensberatungsvertrag übertragen.

359 *Jakobs,* AcP 183 (1983), 145 (181).

die nach Treu und Glauben (§ 242 BGB) auch den Klienten treffende vertragliche Geheimhaltungspflicht zu sehen sein.

Die entscheidendere, mit dem Geheimnisschutz natürlich eng zusammenhängende Frage ist aber, ob und inwieweit der Klient die Beratungsleistung verwerten darf.

IV. Exkurs: Verwertungsrechte an der Beratungsleistung

Will der Klient die in seinem Auftrag erarbeiteten Problemlösungen des Unternehmensberaters anderen Unternehmen gegen Entgelt zugänglich machen oder beabsichtigt umgekehrt der Unternehmensberater, über eine interessante Beratungsaufgabe zur Steigerung seines Renommees in Fachzeitschriften zu berichten, so taucht die Frage auf, wer nun berechtigt ist, die Beratungsleistung über den konkreten Vertragszweck hinaus zu verwerten. Ohne eine ausdrückliche vertragliche Vereinbarung hängt die Zulässigkeit der weiteren Verwertung davon ab, wem nach Vertragsbeendigung die Verwertungsrechte an den erbrachten Leistungen zustehen.[360]

1. Die Verwertung nach Urheberrecht

Hat die Beratungsleistung die Eigenschaft einer persönlich geistigen Schöpfung (§ 2 II UrhG), so steht dem Unternehmensberater als Schöpfer das Urheberrecht und damit auch das Verwertungsrecht zu, § 11 UrhG.

Während die Gutachten bzw. Beratungsberichte noch ohne weiteres als Schriftwerke nach § 2 I Nr. 1 UrhG einzustufen sind, besteht die eigentliche Schwierigkeit darin festzulegen, wann die Beratungsleistung als persönliche geistige Schöpfung zu gelten hat.[361] Die Rechtsprechung ist in dieser Frage uneinheitlich. Während Formularen recht weitgehend und pauschal die Eigenschaft einer persönlich geistigen Schöpfung zugesprochen wird,[362] werden an Computerprogramme extrem hohe Anforderungen gestellt.[363] Wegen der Sachnähe erscheint es am zweckmäßigsten, auf Beratungslei-

360 *Kirchner,* BB 71, 67 (68); *Schlüter,* S. 186.

361 *Schulze,* GRUR 87, 769.

362 Vgl. etwa OLG Nürnberg U 11. 1. 72 (3 U 114/71), GRUR 72, 435; LG Berlin U 18. 2. 74 (16 S 3/73), GRUR 74, 412 – Werbeprospekt.

363 BGH U 9. 5. 85 (I ZR 52/83), BGHZ 94, 276 = GRUR 85, 1041 = NJW 86, 192 = BB 85, 1747 = CR 85, 31 – Inkassoprogramm.

stungen diejenigen Grundsätze anzuwenden, die der BGH[364] zur Urheberrechtsfähigkeit von Anwaltsschriftsätzen entwickelt hat:

Maßgeblich für die Beurteilung des schöpferischen Eigentümlichkeitsgrades ist der geistig-schöpferische Gesamteindruck der konkreten Gestaltung. Zunächst ist in einem Gesamtvergleich mit bereits bestehenden Beratungsgutachten u. ä. zu klären, ob der konkreten Formgestaltung gegenüber den bekannten Gestaltungen individuelle Eigenheiten zukommen.[365] Alle in deren Nähe bleibenden Gestaltungen besitzen keinen hinreichenden schöpferischen Eigentümlichkeitsgrad.[366] Lassen sich indessen schöpferische Eigenheiten feststellen, so sind diese in einem zweiten Schritt dem Schaffen eines Durchschnittsberaters gegenüberzustellen.[367] Das Können eines solchen Durchschnittsberaters, die rein handwerksmäßige, routinemäßige Anwendung betriebswirtschaftlicher Kenntnisse liegt außerhalb jeder Schutzfähigkeit,[368] mag sie auch noch so solide und fachmännisch erbracht sein.[369] Die untere Grenze der Urheberrechtsfähigkeit wird erst überschritten, wenn die Gestaltungstätigkeit in Auswahl, Sammlung, Anordnung und Einteilung der Informationen und Anweisungen Durchschnittskönnen deutlich überragt.[370] Nicht entscheidend für den Eigentümlichkeitsgrad ist, mit welchem Aufwand und welchen Kosten die Beratung erbracht wurde und ob die Aufgabenstellung neu war. Ebensowenig kommt es darauf an, ob bei gleicher Aufgabenstellung verschiedene Berater unterschiedliche Lösungskonzepte entwickelt hätten[371] oder daß die Beratungsleistung im Auftrag des Klienten erbracht wurde und sich am konkre-

364 BGH U 17. 4. 86 (I ZR 213/83), GRUR 86, 739 = BB 86, 2012 – Anwaltsschriftsatz. In derselben Sache ist schon vorher im einstweiligen Verfügungsverfahren am 14. 7. 83 ein Urteil des Oberlandesgerichts Düsseldorf Az.: 20 U 64/83, NJW 84, 1125 = GRUR 83, 75 ergangen. Jüngst hatte sich das OLG Düsseldorf wieder mit dem Fall zu befassen. Vgl. das Urt. v. 30. 12. 87 (20 U 30/87), NJW 89, 1162 (1163).

365 BGH U 17. 4. 86 (I ZR 213/83), GRUR 86, 739 (740 f.) = BB 86, 2012 – Anwaltsschriftsatz m. krit. Anm. *Wild,* GRUR 86, 741 f.

366 *Haberstumpf,* Rn. 40.

367 BGH U 17. 4. 86 (I ZR 213/83), GRUR, 86, 739 (741) = BB 86, 2012 – Anwaltsschriftsatz m. krit. Anm. *Wild,* GRUR 86, 741 f.

368 Vgl. *Haberstumpf,* Rn. 40.

369 *Loewenheim,* GRUR 87, 761 (766).

370 A. A. LG Hamburg U 4. 6. 86 (74 O 283/85), GRUR 87, 167 (168): „keine hohen Anforderungen zu stellen". Ebenso LG Köln U 21. 11. 86 (28 O 291/86), GRUR 87, 905 (906).

371 Zu diesen Kriterien *Haberstumpf,* Rn. 41.

ten Beratungsproblem zu orientieren hat.[372] Da Beratungsleistungen dem wissenschaftlichen Bereich zuzuordnen sind,[373] scheidet für ihre urheberrechtliche Beurteilung auch die geistig-schöpferische Gedankenführung und -formung des dargestellten Inhalts weitgehend aus; wissenschaftliche Lehre und wissenschaftliches Ergebnis sind nämlich urheberrechtlich frei und jedermann zugänglich.[374] Soweit die Darstellung und Gestaltung aus wissenschaftlichen Gründen in der gebotenen Form notwendig ist, fehlt insoweit auch die eigenschöpferische Prägung.

Daraus ergibt sich, daß Beratungsleistungen nur ganz ausnahmsweise urheberrechtlichen Schutz genießen werden.

2. Der wettbewerbsrechtliche Verwertungsschutz

Abgesehen von (seltenen) Ausnahmefällen wird ein wettbewerbsrechtlicher Verwertungsschutz nicht eingreifen. Selbst wenn man unterstellt, daß der Klient mit der Weiterverwertung der Beratungsleistung seinen Vertragspflichten zuwider handelt, stellt alleine der Vertragsbruch noch keinen Vertrauensbruch dar, der als sittenwidrig einzustufen wäre und damit gegen § 1 UWG verstoßen würde.[375]

3. Die vertraglichen Verwertungsrechte

Haben die Parteien im Beratungsvertrag klar geregelt, wer die Beratungsleistung in welcher Weise verwerten darf, so ist diese Vereinbarung entscheidend.

Häufiger werden die Vereinbarungen allerdings unvollständig sein, so daß der Vertragsinhalt im Wege der Auslegung (§§ 133, 157 BGB) zu ermitteln ist. Anknüpfungspunkt ist der allgemein anerkannte Auslegungsgrundsatz, daß der Unternehmensberater im Zweifel dem Klienten die Verwertungsmöglichkeit nur insoweit einräumen wird, als dies zur Erreichung des Vertragszwecks erforderlich ist.[376] Je nach Vertragskonstellation ist zu unterscheiden:

---

372 OLG Düsseldorf U 30. 12. 87 (20 U 30/87), NJW 89, 1162 (1163).

373 BGH U 17. 4. 86 (I ZR 213/83), GRUR 86, 739 (740) = BB 86, 2012 – Anwaltsschriftsatz.

374 BGH U 21. 11. 80 (I ZR 106/78), GRUR 81, 353 – Staatsexamensarbeit.

375 Auch der Unternehmer, der die Beratungsleistung „abkauft", wird kaum gegen § 1 UWG verstoßen. Ist schon die Nachahmung grundsätzlich erlaubt, so muß dies erst recht gelten, wenn der Unternehmer vom Klienten die Beratungsleistung gegen Entgelt erwirbt. Vgl. auch *König*, NJW 90, 2233.

376 *Gerlach*, GRUR 76, 613 (617).

Hat der Unternehmensberater über die Beratung des Klienten hinaus auch das Beratungsergebnis in die Praxis umzusetzen (Implementierung), so erreicht der Klient mit Abschluß der (gebrauchsfähigen) Umsetzung seinen praktischen Vertragszweck. Dafür hat er das Honorar entrichtet. Entsprechend fehlt es an jedem Anhalt dafür, daß der Unternehmensberater seine Verwertungsinteressen zugunsten des Klienten preisgegeben bzw. daß dieser eine solche zusätzliche Rechtseinräumung zu erwarten hat. Eine andere Frage ist, inwieweit der Klient nachträglich zur Änderung befugt ist. Da die Beratungsleistungen für die praktischen Zwecke und Bedürfnisse des Klienten erbracht werden, müssen vernünftigerweise zwischenzeitlich eingetretene wesentliche Änderungen der Verhältnisse berücksichtigt werden dürfen, angefangen von der Umsetzung neuer wirtschaftlicher Erkenntnisse über Gesetzesänderungen bis hin zur Veränderung der wirtschaftlich-finanziellen Situation des Klienten. Eigens dafür ist dem Unternehmensberater auch kein weiteres Honorar zu entrichten.

Beschränkt sich der Vertrag auf die Beratung des Klienten, so ist damit offenkundig das wirtschaftlich und praktisch erstrebte Beratungsergebnis noch nicht erreicht. Infolgedessen muß dem Klienten auch die Möglichkeit einer entsprechenden Ausführung dieses (einen) Beratungsprojekts gewährleistet sein. Dazu kann sich der Klient auch eines weiteren Beraters bedienen, weil eben nach dem Beratungsvertrag alleine die Beratung übertragen wurde. Stellt sich bei der Umsetzung heraus, daß das Beratungsergebnis nicht unverändert verwertet werden kann, so ist der Klient zu den notwendigen Modifikationen berechtigt. Eine weitergehende Verwertung ist ihm indessen grundsätzlich nicht gestattet. Das mag im Ausnahmefall etwas anderes sein, wenn Beratungsleistungen besonders teuer bezahlt werden und die beabsichtigte Weiterverwertung für den Unternehmensberater erkennbar ist, etwa wenn ein Wirtschaftsverband eine Studie über Veränderungen der Branchenstruktur in Auftrag gibt, die zugleich den Mitgliedern die Anpassung an die veränderten Verhältnisse erleichtern soll.

V. Schutzpflichten

Der Klient muß sich dem Unternehmensberater bzw. seinen Mitarbeitern gegenüber so verhalten, daß deren Rechtsgüter keinen Schaden erleiden. Vor allem ist er verpflichtet, die zur Verfügung gestellten Büroräume und sonstigen Arbeitsmöglichkeiten einschließlich der Betriebsmittel (Computer, Schreibmaschinen etc.) so einzurichten und zu unterhalten, daß der Unternehmensberater und seine Mitarbeiter gegen Gefahren für Leben und Gesundheit geschützt sind. Während diese Verpflichtung bei den dienstvertraglich zu qualifizierenden Dauerberatungsverträgen zwingend ist (§ 618 BGB),[377] kann sie bei projektbezogenen Beratungsverträgen abbedungen werden.[378]

Verletzt der Klient Schutzpflichten, so kann der Unternehmensberater Erfüllung verlangen oder nach § 273 BGB die Beratung verweigern.[379] Soweit ihm bzw. den Mitarbeitern etwas zugestoßen ist, stehen ihnen, gegebenenfalls nach § 328 BGB analog, Schadensersatzansprüche nach den Grundsätzen der positiven Vertragsverletzung zu.

F. Die Störung der Geschäftsgrundlage

I. Grundsätzliches zur Geschäftsgrundlage

Beratungsverträge existieren nicht losgelöst von der Umwelt, in der sie geschlossen und durchgeführt werden, sondern sind – bewußt oder unbewußt – auf eine bestimmte Wirklichkeit bezogen und erhalten erst durch sie ihren eigentlichen Sinn. Es ist daher nicht ohne weiteres gleichgültig, wenn sich Verhältnisse, auf die sie sich beziehen, grundlegend ändern oder von vornherein anders beschaffen sind, als es eigentlich „vorausgesetzt" war.[380] In welcher Weise die Parteien am Risiko des Auseinanderfallens von Vorstellung und Wirklichkeit beteiligt werden,[381] richtet sich nach den Grundsätzen über das Fehlen oder den (späteren) Wegfall der Geschäftsgrundlage. Sie wird gebildet durch die bei Vertragsschluß zutage getretenen, dem anderen Teil erkennbar gewordenen und von ihm nicht beanstandeten Vorstellungen einer Partei oder die gemeinsamen Vorstellungen beider Parteien von dem Vorhandensein oder künftigen Eintritt bestimmter Umstände, sofern der Geschäftswille der Parteien auf diesen Vorstellungen aufbaut.[382] Nicht jede Störung der Geschäftsgrundlage ist er-

377 *Palandt/Putzo,* § 618 Anm. 1 (Rn. 2).

378 Grundsätzlich zur analogen Anwendung des § 618 BGB im Werkvertragsrecht: BGH B 5. 2. 52 (GSZ 4/51), BGHZ 5, 62; *Soergel/Mühl,* § 631 Rn. 29 ff.; *Erman/Seiler,* § 631 Rn. 28 ff.

379 *Palandt/Putzo,* § 618 Anm. 3a, b (Rn. 6, 7).

380 *Braun,* JuS 79, 692 (692), Urteilsrezension zu BGH U 8. 2. 78 (VIII ZR 22176), WM 78, 322 = JuS 78, 487 Nr. 6 = JZ 78, 235 = Betr 78, 1267 = JR 79, 60 m. Anm. *Hommelhoff,* MünchKomm/*Roth,* § 242 Rn. 500.

381 MünchKomm/*Roth,* § 242 Rn. 497.

382 St. Rspr.: BGH U 8. 2. 84 (VIII ZR 254/82), NJW 84, 1746; BGH U 10. 10. 84 (VIII ZR 152/83), NJW 85, 313 (314); zu den Lehrmeinungen vgl. den Über-

heblich, sondern erforderlich ist, daß angesichts der Störung der betroffenen Partei ein unverändertes Festhalten am Vertrag unzumutbar ist. Eine Anwendung der Grundsätze über die Geschäftsgrundlage kommt auch dann nicht in Betracht, wenn die betreffende Vertragsstörung im Vertrag oder im Gesetz geregelt[383] ist oder wenn sie nach Sinn und Zweck des Vertrages in den Risikobereich einer Partei fällt.[384]

II. Das Verhältnis zur Kündigung aus wichtigem Grund

Zunächst ist zu klären, ob die außerordentliche Kündigung nach § 626 BGB die Anwendung der Grundsätze über den Wegfall der Geschäftsgrundlage ausschließt.[385] Wichtiger Grund und Wegfall der Geschäftsgrundlage stimmen nämlich darin überein, daß die unveränderte Fortsetzung des Vertrages unzumutbar ist.[386] Zur Lösung dieses Konkurrenzproblems wird man danach zu fragen haben, wie sich die Anpassungs- und Auflösungsinteressen der Parteien am besten verwirklichen lassen. Sachgerecht dürfte folgendes sein: Begehrt die berechtigte Partei die Vertragsauflösung, so treten die Wirkungen der Kündigung ein (Vorrang des § 626 I BGB). Will sie statt dessen eine weniger einschneidende Rechtsfolge, nämlich die Vertragsanpassung nach den Grundsätzen über den Wegfall der Geschäftsgrundlage, so hat diese jedenfalls dann zu erfolgen, wenn sie auch für die andere Partei interessengerechter ist.[387] Dies wird um so eher anzunehmen sein, je umfangreicher oder je weiter fortgeschritten das Beratungsprojekt ist. Nur ganz ausnahmsweise, etwa wenn die Zusammenarbeit völlig zer-

---

blick bei *Köhler,* JA 79, 498 (499) und die eingehende Darstellung bei *Larenz,* Geschäftsgrundlage, S. 109 ff.

383 Die Grundsätze über den Wegfall der Geschäftsgrundlage sind selbst dann nicht anwendbar, wenn das dispositive Leistungsstörungsrecht abbedungen ist. Vgl. BGH U 1. 6. 79 (V ZR 80/77), NJW 79, 861; OLG Hamm U 15. 1. 79 (2 U 235/78), JZ 79, 266 (267) m. krit. Anm. *Liebs,* JZ 79, 441; a. A.: OLG Karlsruhe U 17. 11. 70 (11 U 127/69), JZ 71, 295.

384 Vgl. *Köhler,* Software Herstellung, Rn. 55.

385 Vgl. dazu ausführlich unter § 7 B II 1 und C II.

386 Auch die Rechtsprechung hat ganz allgemein bei Unzumutbarkeit der Fortsetzung von Dauerrechtsverhältnissen ein solches Kündigungsrecht eingeräumt. Vgl. etwa BGH U 11. 4. 57 (VII ZR 280/56), BGHZ 24, 91 (95) = NJW 57, 989, Dienstvertrag. Ebenso *Erman/Sirp,* § 242 Rn. 183; MünchKomm/*Roth,* § 242 Rn. 548; dagegen stützt sich BGH LM § 242 (Ba) Nr. 57 auf Wegfall der Geschäftsgrundlage.

387 MünchKomm/*Roth,* § 242 Rn. 548.

rüttet ist, kann die Gegenpartei gegen das Anpassungsbegehren die Einrede rechtsmißbräuchlicher Rechtsausübung erheben.[388]

III. Die Geschäftsgrundlage

Als Geschäftsgrundlage kommen in Frage insbesondere die Gleichwertigkeit von Beratungsleistung und Honorar,[389] die Verwendungsmöglichkeit der Beratungsleistung, wenn etwa beide Seiten wissen, daß die Beratung vom Verkauf des Unternehmens an den Klienten abhängt,[390] das Fortbestehen von Erlaubnissen, Konzessionen, bei Vertragsschluß geltender Gesetze, Verordnungen, Richtlinien[391] oder einer gefestigten höchstrichterlichen Rechtsprechung.[392] Durch solche Änderungen kann die Beratung ganz oder zum Teil hinfällig werden. Man denke nur an das Verbot der Arbeitnehmerüberwachung bei einem Beratungsauftrag zur Installation entsprechender Anlagen, an den Abbau von Subventionen, um deren Willen die Produktion umgestellt wurde, oder an die Änderung von Förderungsrichtlinien bei förderungsfähigen Beratungsprojekten, wenn der Klient ohne die Förderung keine Beratung in Anspruch genommen hätte.[393]

Vorstellbar wäre zwar auch, daß die Parteien bei ihren Planungen an die Vollständigkeit der „Leistungsbeschreibung"[394] oder an die Fachkompetenz des Unternehmensberaters angeknüpft und demzufolge diese Umstände

388 A. A. BGH U 11. 4. 57 (VII ZR 280/56), BGHZ 24, 91 (94) = NJW 57, 989, der unter Berufung auf die Sonderregelung in § 626 BGB alleine ein Kündigungsrecht zuläßt.

389 BGH U 14. 10. 59 (V ZR 9/58), LM § 242 (Bb) Nr. 34 = NJW 59, 2203; BGH U 21. 12. 60 (V ZR 56/60), LM § 242 BGB (Bb) Nr. 39; BGH U 2. 11. 61 (II ZR 126/59), NJW 62, 251; BGH U 8. 2. 78 (VIII ZR 221/76), LM § 242 (Bb) Nr. 91 = MDR 78, 658 = JZ 78, 235 = BB 78, 1033; *Palandt/Heinrichs,* § 242 Anm. 6 C a (Rn. 135).

390 *Wieling,* JuS 86, 272 (274).

391 Dazu speziell: BGH U 1. 2. 90 (VII ZR 176/88), NJW-RR 90, 601 (602).

392 BGH U 26. 1. 83 (IV ZR 344/81), NJW 83, 1548 (1552); BGH U 2. 5. 72 (VI ZR 47/71), BGHZ 58, 355 (362) = NJW 72, 1577 = LM § 1542 RVO Nr. 76; zuletzt: OLG Oldenburg U 24. 11. 88 (14 U 42/88), NJW-RR 90, 84 (84).

393 Geschäftsgrundlage ist nicht die Förderungsfähigkeit der Beratung, weil sie regelmäßig Gegenstand der vertraglichen Vereinbarung sein wird. So ausdrücklich BGH U 1. 2. 90 (VII ZR 176/88), NJW-RR 90, 601 (602). Zur Bezuschussung von Beratungsleistungen o. V., Rationalisierung 80, 324.

394 Darin wird festgehalten, welche Probleme zu bewältigen sind, welche Ergebnisse erreicht werden könnten oder erstrebenswert wären und wer in welchem Umfang welche Aufgaben während des Beratungsprozesses zu erfüllen hat. Vgl. *Lippit,* S. 26.

zur Geschäftsgrundlage des Beratungsvertrages gemacht haben. Bei der Leistungsbeschreibung aber kommt dies schon deshalb nicht in Betracht,[395] weil sie als Grundlage für die Beratung den Pflichtenumfang festlegt und daher zum Vertragsinhalt erhoben wird. Im übrigen dürfte eine unvollständige Leistungsbeschreibung meist durch schlechte Aufklärung verursacht sein und daher eine Haftung aus culpa in contrahendo vorgehen. Soweit es indessen um die Fachkompetenz geht, greift als Spezialregelung § 119 II BGB ein (Irrtum über wesentliche Eigenschaften einer Person).

Haben die Parteien keine gemeinsamen Vorstellungen, so ist im Einzelfall die Vorstellung einer Partei ausreichend, wenn diese bei Vertragsschluß für die andere Partei ohne weiteres erkennbar war. So wird zum Beispiel die staatliche Förderung einer Existenzgründungsberatung erkennbar entscheidend für den Beratungsauftrag sein, wenn der Klient den Unternehmensberater nur im geförderten Umfang in Anspruch nimmt. Umgekehrt ist ohne Hinweis des Klienten nicht erkennbar, ob dieser finanziell in der Lage ist, die im Zuge der Beratung vorgeschlagenen Maßnahmen in die Tat umzusetzen, wenn nicht dem Unternehmensberater die wirtschaftlichen Verhältnisse des Klienten bekannt oder erkennbar waren.[396]

Zur Geschäftsgrundlage werden diese Umstände erst, wenn sie so bedeutend sind, daß sich die auf Wegfall der Geschäftsgrundlage berufende Partei bei Kenntnis der wahren Sachlage den Vertrag so nicht abgeschlossen hätte und die andere Partei sich auch redlicherweise darauf hätte einlassen müssen, daß der Vertrag zu anderen Bedingungen abgeschlossen wurde. Dazu ist die andere Partei gemäß § 242 BGB jedoch nicht verpflichtet, wenn der Umstand in der Risikosphäre desjenigen liegt, der sich auf den Wegfall der Geschäftsgrundlage beruft.

IV. Die Risikoverteilung

Entscheidend für die Risikoverteilung ist, wie die Parteien selbst das eingetretene[397] Risiko (ex ante) gesehen haben: Hatten sie die Vertragsstörung einkalkuliert und hierfür entsprechende Regelungen vorgesehen, so gelten

395 Zu entsprechenden Erwägungen bei der Vereinbarung über den Vollbedarf an Fernwärme: OLG Frankfurt U 9. 1. 89 (1 U 5/88), MDR 90, 627.

396 BGH U 14. 7. 82 (V ZR 113/81), ZIP 82, 1307.

397 Dies ist vor der Vertragsauslegung genau festzulegen, weil aus der Risikoverteilung eines bestimmten Risikos nicht auf eine entsprechende Verteilung aller Risiken geschlossen werden kann. Vgl. dazu *Staudinger/Schmidt,* § 242 Rn. 892.

diese. So sollen etwa bei Pauschalpreisvereinbarungen Projektänderungen und bei Stundenlohnvergütungen die Veränderung der Kostenfaktoren ersichtlich keinen Einfluß auf die Vertragsdurchführung haben und daher in den Risikobereich des Unternehmensberaters fallen.[398] Umgekehrt sollen Veränderungen auf die Vertragsdurchführung einwirken, wenn Bedingungen (§ 158 BGB), Kündigungsrechte (§ 346 BGB) oder Leistungsanpassungen[399] vereinbart sind.[400] Hatten die Parteien indessen trotz Kenntnis keine Regelung getroffen, so spricht das dafür, daß der Nachteil dort bleiben soll, wo er hinfällt. Haben wiederum die Parteien das Risiko übereinstimmend nicht für existent gehalten, so ist anzunehmen, daß sie bei Kenntnis des Risikos eine angemessene Verteilung vereinbart hätten. Dann stellt sich die Aufgabe, die wechselseitigen Risikosphären durch Auslegung des Beratungsvertrages (§§ 133, 157 BGB) unter Heranziehung der gesetzlichen Risikoverteilung zu ermitteln.[401] Dabei spielen das Ausmaß der falschen Vorstellung und die Beziehung der Gegenpartei zu ihr, die Art und Ursache des in der Wirklichkeit abweichenden Umstandes und die Beziehung beider Parteien zu ihm sowie schließlich ganz allgemein Parteierwartungen, Vertragszweck und Interessenlage eine Rolle.[402] Darüber hinaus können Verkehrssitte und dispositive Vorschriften des allgemeinen Vertragsrechts und speziell des Werk- bzw. Dienstvertragsrechts Anhaltspunkte geben, ob eine Partei das betreffende Risiko (konkludent) übernommen hat oder nicht.[403]

398 BGH U 7. 2. 68 (VIII ZR 172/65), LM § 242 (Bb) Nr. 54 = MDR 68, 486; BGH U 20. 5. 70 (VIII ZR 197/68), LM § 242 (Bb) Nr. 60 = NJW 70, 1313 = MDR 70, 755 = BB 70, 1114; BGH U 8. 2. 78 (VIII ZR 221/76), LM § 242 (Bb) Nr. 91 = MDR 78, 658 = JZ 78, 235 = BB 78, 1033. Vgl. auch *Braun,* JuS 79, 692 (696), Urteilsrezension zu BGH U 8. 2. 78 (VIII ZR 221/76), WM 78, 322 = JuS 78, 487 Nr. 6 = JZ 78, 235 = Betr 78, 1267 = JR 79, 60 m. Anm. *Hommelhoff.*

399 Dazu ausführlich unten unter § 6 B I.

400 *Köhler,* JA 79, 498 (500).

401 BGH U 13. 11. 75 (III ZR 106/72), NJW 76, 565; BGH U 6. 7. 77 (VIII ZR 277/75), NJW 79, 1818; *Fikentscher,* Geschäftsgrundlage, S. 31 ff.; *Flume,* S. 497 ff.; *Medicus,* Flume-FS, S. 629 (630); *Nicklisch,* BB 80, 949 (950).

402 MünchKomm/*Roth,* § 242 Rn. 501; *Erman/Sirp,* § 242 Rn. 172; *Ulmer,* AcP 174 (1974), 183 f.); *Teubner,* ZHR 146 (1982), 625 (631); *Nicklisch,* BB 80, 949 (951).

403 *Emmerich,* JuS 87, 908 (909), zugleich Anm. zu BGH U 4. 6. 87 (IX ZR 123/86), NJW-RR 87, 1188 = WM 87, 1006 = BB 87, 1697; *Wieling,* JuS 86, 272 (274), *Nicklisch,* BB 80, 949 (951). So geben etwa die § 633 ff. BGB Anhaltspunkte dafür, daß keine Partei zur Leistung gezwungen sein soll, wenn sie selbst eine unbrauchbare Leistung erhält, § 323 BGB dafür, daß niemand leisten muß, so-

So kann etwa den Irrtums- und Leistungsstörungsvorschriften entnommen werden, daß sich eine Partei bei Fehlvorstellungen über den Vertragspartner bzw. den Vertragsgegenstand nicht betreffende Umstände nicht vom Vertrag lösen kann. So trägt der Klient grundsätzlich das Risiko dafür, ob und welchen Nutzen er aus der Beratung ziehen kann (Verwendungsrisiko).[404] Hierher gehören die Fälle der Betriebsstillegung,[405] der Betriebsverlagerung oder Betriebsveräußerung, soweit sich darin das allgemeine Betriebsrisiko (Unrentabilität, konjunkturbedingter Rückgang der Betriebseinnahmen,[406] Standortnachteile oder Verpflichtung zur Erfüllung ökonomisch aufwendiger Umweltschutzmaßnahmen[407]) realisiert. Das Verwendungsrisiko trägt der Klient auch, wenn es sich bei Vertragsschluß noch gar nicht abschätzen läßt, etwa weil die Planungen in seinem Unternehmen über Fusion, Veräußerung, Produktumstellung etc. noch nicht weit genug gediehen sind. Dann muß der Klient eben durch Vereinbarung eines Rücktrittsrechts das Risiko auch für den (außenstehenden) Unternehmensberater erkennbar machen und ihm die Möglichkeit einräumen, das Risiko einzukalkulieren und entweder die Beratung abzulehnen oder zu versuchen, ein entsprechend höheres Honorar zu erzielen.[408] Ähnlich ist es, wenn die Beratung ihrem Wesen nach ein gewagtes Geschäft ist. Hier wird regelmäßig der Klient das Risiko zu tragen haben, weil die Beratungsleistung jedenfalls nach ihrem Abschluß endgültig und ausschließlich in seine Risikosphäre übergeht.[409] Den Klienten treffen ferner diejenigen Risiken, die mit der Verfolgung weiterer wirtschaftlicher Zwecke verbunden sind, etwa wenn Verlustzuweisungen versagt werden und damit erwartete Steuererleichterungen nicht eintreten.[410] Umgekehrt fallen unter das allgemeine Betriebsrisiko nicht die Veränderung von Rahmenbedingungen, etwa die Verweigerung der erforderlichen Konzessionen oder Erlaubnisse, Kriegseinwirkung, Zerstörung des Betriebes durch Naturereignisse, Enteig-

---

lange er nicht die Gegenleistung erhält, § 287 S. 2 BGB dafür, daß eine Risikoverlagerung auf die Gegenpartei ausgeschlossen ist, sofern die Störung als solche der Abhilfe begehrenden Partei zuzurechnen ist (BGH U 9. 12. 70 (VIII ZR 245/68), LM § 242 BGB (Bb) Nr. 61 oder während ihres Verzuges eintrat (*Enneccerus/Lehmann,* § 41 III 5). Kritisch *Kronke,* JuS 84, 758 (760).

404 *Köhler,* JA 79, 498 (501); *Wieling,* JuS 86, 272 (274).

405 LG Düsseldorf U 16. 8. 85 (20a S 47/85), MDR 86, 54 (55).

406 BGH U 13. 7. 77 (VIII ZR 72/76), Betr 77, 1788 (1788).

407 *Salje,* Betr 80, 1057 (1057), zugleich Anm. zu OLG Karlsruhe U 14. 12. 79 (10 U 133/79), Betr 80, 254.

408 BGH U 5. 5. 78 (V ZR 193/76), NJW 78, 1481 (1482).

409 BGH U 23. 3. 82 (X ZR 76/80), Betr 82, 1612 (1612).

410 BGH U 18. 11. 85 (II ZR 51/85), NJW-RR 85, 708 (708).

nung des Geländes für öffentliche Zwecke u. ä.[411] Gleiches gilt, wenn die Parteien von einer bestimmten gemeinsamen Vorstellung über die künftige Entwicklung ausgingen und dadurch das Risiko zu einem gemeinsamen gemacht haben.[412] Allerdings ist hier äußerste Zurückhaltung geboten. In aller Regel wird der Unternehmensberater dem Klienten das Verwendungsrisiko nicht abnehmen wollen, auch wenn bei Vertragsschluß Risiken der Beratung Gegenstand ihrer Überlegungen sein mögen. Einen gegenteiligen Willen müßte der Klient beweisen.[413]

Spiegelbildlich zum Verwendungsrisiko ergibt sich auf seiten des Unternehmensberaters das Risiko, die notwendigen Daten, Fakten, Unterlagen etc. zu erlangen (Beschaffungsrisiko). Eine solche Übernahme wird sich für diejenigen Informationen, die nicht das Klientenunternehmen betreffen, schon daraus ergeben, daß der Unternehmensberater gerade wegen seiner Fachkenntnisse beauftragt wird und daher bei ihm auch die notwendigen Kenntnisse zur Beschaffung von Informationen vorausgesetzt werden.[414] Muß der Unternehmensberater wegen schlecht gehender Geschäfte seinen Betrieb einstellen oder kann er umgekehrt wegen Überlastung seinen Beratungspflichten nicht mehr nachkommen, so hat dies wirtschaftliche oder organisatorische Ursachen, die ebenfalls in das Geschäftsrisiko des Unternehmensberaters fallen.[415]

V. Die Zumutbarkeit

Der Umstand, der zur Grundlage des Vertrages geworden ist, muß derart einschneidende Auswirkungen haben, daß für die betroffene Partei das unveränderte Festhalten am Beratungsvertrag ein unzumutbares Opfer bedeuten würde.[416] Das sind Störungen nur, wenn sie zu untragbaren, mit Recht

411 In den Risikobereich des Klienten wiederum fallen solche betriebsfremden Ereignisse, die der Klient zurechenbar verursacht hat. Vgl. dazu BGH U 1. 6. 51 (V ZR 86/50), MDR 51, 610 (611) = NJW 51, 836 f.

412 OLG Celle U 17. 3. 78 (2 U 196/77), NJW 76, 2510 (2510).

413 OLG Stuttgart, U 1. 12. 53 (6 U 150/53), NJW 54, 233 (233).

414 BGH U 6. 7. 64 (VIII ZR 41/63), MDR 64, 914; BGH U 20. 5. 70 (VIII ZR 197/68), NJW 70, 1313; BGH U 12. 7. 72 (VIII ZR 200/71), NJW 72, 1702; OLG Braunschweig U 31. 7. 75 (2 U 29/74), NJW 76, 570 f.

415 Kann der Unternehmensberater seinen Beratungspflichten dann nicht nachkommen, so liegt je nach Fallgestaltung Verzug (§§ 284, 285, 326 BGB) oder Unmöglichkeit (§§ 275, 280 BGB) vor.

416 Einhellige Ansicht; vgl. nur MünchKomm/*Roth*, § 242 Rn. 503.

und Gerechtigkeit nicht zu vereinbarenden Ergebnissen führen.[417] Zu berücksichtigen sind vor allem die widerstreitenden wirtschaftlichen Interessen der beiden Vertragsparteien[418] (mit dem Ziel, diese auszugleichen),[419] außerwirtschaftliche Gesichtspunkte, wie gegenseitiges Vertrauen oder bei umfangreicheren Projekten die Zerrüttung der Vertrauensgrundlage.[420] Besteht die Beratung aus einer Vielzahl von Einzelschritten, so muß die Frage der Zumutbarkeit für jeden Schritt gesondert geprüft werden.[421] Insgesamt sind strenge Maßstäbe anzulegen.[422]

Unzumutbarkeit wird danach etwa zu bejahen sein, wenn die Beratung sinnlos,[423] einer Partei die eigene Lebensmöglichkeit abgeschnitten wird,[424] oder eine Kostenverschiebung von ca. 20% eintritt.[425] Bereitet die Beschaffung von Informationen dem Unternehmensberater Schwierigkeiten, so hat er entsprechend dem Rechtsgedanken der §§ 279, 242 BGB[426] umfassende Nachfragen und gegebenenfalls auch eigene Ermittlungen anzustellen, selbst wenn diese mit erhöhten Kosten verbunden sind, solange die Schwie-

---

417 BGH U 8. 2. 78 (VIII ZR 221/76), LM § 242 (Bb) Nr. 91 = MDR 78, 658 = JZ 78, 235 = BB 78, 1033; BGH U 14. 10. 59 (V ZR 9/58), NJW 59, 2203 (2204).

418 Fast schulmäßig insoweit die Prüfung des OLG Hamm U 6. 3. 86 (18 U 73/85), NJW-RR 88, 550 (551).

419 Vgl. dazu RG U 10. 12. 20 (VII 318/20), RGZ 101, 79 (83).

420 BGH U 11. 2. 81 (VIII ZR 312/79), MDR 81, 839; *Erman/Sirp*, § 242 Rn. 183.

421 *Erman/Sirp*, § 242 Rn. 178.

422 BGH U 14. 10. 59 (V ZR 9/58), NJW 59, 2203 (2204).

423 BGH U 2. 5. 72 (VI ZR 47/71), BGHZ 58, 355 (362 ff.) = JuS 72, 675; BGH U 19. 1. 67 (II ZR 27/65), LM § 339 HGB Nr. 2 = JuS 67, 378 = WM 67, 315 = BB 67, 309 m.w.N.

424 *Erman/Sirp*, § 242 Rn. 172; RG U 25. 1. 41 (IV ZR 281/40), RGZ 166, 40 (49); RG U 10. 12. 20 (VII 318/20), RGZ 101, 79 (81).

425 Vgl. etwa die Entscheidungen: BGH U 28. 9. 64 (VII ZR 47/63), BB 64, 1397 = WM 64, 1253; OLG Hamburg U 6. 11. 69 (6 U 180/68), BB 70, 688; OLG Düsseldorf U 8. 6. 73 (22 U 176/72), BauR 74, 348 = MDR 74, 489; OLG Düsseldorf U 23. 12. 75 (21 U 235/75), BauR 76, 363 (364); *Bilda*, Rn. 4b; weitergehend z.B. LG Mainz U 22. 10. 70 (4 O 149/70), NJW 71, 51: Kostensteigerung von 30%; zu Fällen der „Existenzvernichtung" bzw. des „Ruins" bei „umstürzendem Kostenanstieg": BGH U 26. 5. 55 (II ZR 256/54), BGHZ 17, 317 (327); BGH U 28. 9. 64 (VII ZR 47/63), WM 64, 1254 f.; BGH U 18. 10. 68 (V ZR 93/65), Betr 68, 2121; BGH U 29. 9. 69 (VIII ZR 3/68), ZMR 70, 135; BAG U 12. 3. 65 (3 AZR 516/63), NJW 65, 1682; RG U 21. 9. 20 (III 143/20), RGZ 100, 129 (131); RG U 6. 1. 23 (V 246/22), RGZ 106, 7(9); RG U 10. 2. 26 (V 567/24), RGZ 112, 329 (332); RG U 21. 6. 33 (V 54/33), RGZ 141, 212 (219); OLG Düsseldorf U 8. 3. 72 (10 U 248/71), BB 72, 895; OLG Düsseldorf U 2. 3. 72 (13 U 132/71), NJW 72, 1138.

426 RG U 23. 2. 04 (II 398/03), RGZ 57, 116 (118).

rigkeiten sich nicht so außergewöhnlich gestalten, daß sie nach der Verkehrsauffassung der Unmöglichkeit gleichgeachtet werden müssen.[427] Umgekehrt ist die Unzumutbarkeit zu verneinen, wenn die betroffene Partei die Möglichkeit hatte, ein für sie untragbares und unzumutbares Ergebnis zu vermeiden,[428] oder wenn sie gar die Auflösung des Vertrages provoziert.[429]

VI. Rechtsfolgen

Die Ansprüche der betroffenen Partei gehen primär auf Anpassung des Beratungsvertrages.[430] Um überhaupt eine sachgerechte Entscheidung gewährleisten zu können, hat sie wegen der Komplexität von Anpassungsgesichtspunkten und Parteiinteressen (verfahrensmäßig) einen Anspruch auf Anpassungsverhandlungen.[431] Zur Anpassung selbst muß geklärt werden, mit welchem Inhalt die Parteien den Beratungsvertrag geschlossen hätten, wenn sie den Umstand bedacht hätten, den sie zur Geschäftsgrundlage gemacht haben. Dazu ist der anpassungsbedürftige Inhalt zu ermitteln[432] und darauf aufbauend die notwendig gewordene Anpassung an die veränderten tatsächlichen Verhältnisse vorzunehmen.[433] Der Interessenausgleich hat nicht allein die Interessen derjenigen Partei, die durch die veränderten Verhältnisse betroffen ist, sondern ebenso die Interessen des anderen Teils zu berücksichtigen, der künftig mehr oder anders leisten soll. Ihm darf nicht der ganze Nachteil aufgebürdet werden.[434] Berücksichtigt werden muß da-

427 BGH U 8. 2. 78 (VIII ZR 221/76), LM § 242 (Bb) Nr. 91 = MDR 78, 658 = JZ 78, 235 = BB 78, 1033; RG U 23. 2. 04 (II 398/03), RGZ 57, 116 (118 f.).

428 BGH U 8. 2. 78 (VIII ZR 221/76), LM § 242 (Bb) Nr. 91 = MDR 78, 658 = JZ 78, 235 = BB 78, 1033; *Braun*, JuS 79, 692 (697), Urteilsrezension zu BGH U 8. 2. 78 (VIII ZR 221/76), WM 78, 322 = JuS 78, 487 Nr. 6 = JZ 78, 235 = Betr 78, 1267 = JR 79, 60 m. Anm. *Hommelhoff.*

429 BGH U 28. 10. 55 (I ZR 188/54), JZ 56 , 95 (95); BGH U 16. 11. 54 (I ZR 180/53), GRUR 55, 402.

430 BGH U 18. 11. 77 (V ZR 172/76), BGHZ 70. 47 (51 f.); zuletzt OLG Oldenburg U 24. 11. 88 (14 U 42/88), NJW-RR 90, (84); *Horn*, Vertragsdauer, S. 576 ff.; *Emmerich*, Leistungsstörungen, § 29 I 1 (S. 243).

431 *Horn*, AcP 181 (1981), 255 ff. (276 ff.); *ders.*, NJW 85, 1118 (1123).

432 Vgl. dazu MünchKomm/*Roth*, § 242 Rn. 534, und ausführlich OLG Oldenburg U 24. 11. 88 (14 U 42/88), NJW-RR 90, 84 (85).

433 *Erman/Sirp*, § 242 Rn. 179; RG U 5. 4. 39 (II ZR 155/38), RGZ 160, 257 (267); BGH U 13. 11. 75 (III ZR 106/72), NJW 76, 565; a. A.: *Koller*, S. 228 ff.

434 RG U 21. 9. 20 (III 143/20), RGZ 100, 129 (133); RG U 21. 6. 33 (I 54/33), RGZ 141, 212 (219); RG U 2. 4. 35 (III 228/34), RGZ 147, 286 (289).

bei neben den Einzelfallumständen insbesondere das Gewicht der Folgewirkungen in den Interessensphären der Parteien.[435] Orientierungshilfen können sich aus dem Vertrag und den darin ausgedrückten Vorstellungen der Parteien sowie dem dispositiven Gesetzesrecht ergeben. Bei Anpassungsalternativen ist grundsätzlich der weniger schwere Eingriff zu wählen.[436]

Ist eine Vertragsanpassung nicht möglich, muß der Beratungsvertrag aufgelöst werden. Denkbar ist dies vor allem, wenn die Beratungsleistung aufgrund von Änderungen der Rechtslage oder in Fällen höherer Gewalt ihren Sinn verliert[437] oder wenn die Anpassung einem Vertragsteil unzumutbar ist.[438] Obgleich man geneigt ist, bei Unzumutbarkeit an die Fälle zerstörten Vertrauens oder schlechter Zusammenarbeit zu denken, gehören diese Sachverhalte nicht hierher. Solche Störungen haben nämlich ihre Ursache in Irrtümern über einen Vertragspartner oder in Umständen, die in den Risikobereich eines Vertragspartners fallen, und sind spezalgesetzlich als Irrtümer (§§ 119 ff. BGB) oder als Leistungsstörungen (§§ 275 ff., 323 ff., 633 ff. BGB) geregelt.

435 BGH U 31. 1. 67 (V ZR 125/65), NJW 67, 722 m. w. N.
436 MünchKomm/*Roth*, § 242 Rn. 509 f.
437 MünchKomm/*Roth*, § 242 Rn. 512.
438 BGH U 12. 6. 87 (II ZR 91/86), BGHZ 101, 143 (149); BGH U 7. 7. 71 (VIII ZR 10/70), MDR 71, 1002; OLG Hamm U 15. 1. 79 (2 U 235/78), JZ 79, 266 (267) m. krit. Anm. *Liebs*, JZ 79, 441; RG B 15. 11. 41 (II 10/41), RGZ 168, 65 (73); RG U 13. 11. 40 (II 44/40), RGZ 165, 193 (199 f.); *Erman/Sirp*, § 242 Rn. 179.

§ 6 Die Vertragsanpassung

A. Problemstellung

Im Zuge der Planung, aber auch in der eigentlichen Beratungsphase oder noch später bei der Implementierung kann es sich, gemessen am Verwendungszweck des Klienten, als notwendig erweisen, das Beratungsprojekt zu ändern. So etwa, wenn der Betriebsrat bei einer mitbestimmungspflichtigen Umorganisation seine Zustimmung verweigert oder sie von einer Änderung des Projektes abhängig macht.[1] Oder wenn aufgrund betrieblicher Umstrukturierungen beim Klienten eine Anpassung der Beratung erforderlich wird, wenn die technischen Möglichkeiten verbessert werden oder sich die allgemeinen politischen, rechtlichen und wirtschaftlichen Rahmenbedingungen ändern. Vielfach beruhen Änderungen auch auf nachträglichen Wünschen des Klienten. Möglicherweise stellt sich auch während der Beratung erst heraus, daß alsbald nach ihrer Beendigung weitere Beratungen erforderlich werden, die zweckmäßigerweise oder kostengünstiger zusammen mit der ersten Beratung ausgeführt werden.

Unproblematisch sind solche Veränderungen, solange man sich noch in der Phase der Vertragsverhandlungen befindet oder die Änderungen sich im Rahmen der Konkretisierung des Beratungsprojekts bewegen.[2] Anders liegt es dagegen, wenn bereits ein Beratungsvertrag geschlossen wurde. Dann kann Streit darüber entstehen, ob und in welcher Weise eine Vertragsanpassung verlangt werden kann und wer die damit verbundenen (finanziellen) Risiken zu tragen hat.

Grundsätzlich wird der Inhalt des Beratungsvertrages durch die wirtschaftliche Situation und die Interessenlage beider Vertragsparteien zum Zeitpunkt des Vertragsschlusses bestimmt. Ändern sich später die wirtschaftlichen Verhältnisse oder sonstige vertragserhebliche Umstände, so hat dies nach allgemeinen zivilrechtlichen Vorschriften für die einmal getroffenen Vereinbarungen keine Bedeutung (pacta sunt servanda). Regelmäßig werden die Parteien nämlich auch Veränderungen in Betracht ziehen,[3] nur davon ausgehen, daß dadurch das Vertragsgefüge nicht in dem Maße gestört wird, daß die betroffene Partei ihr Interesse nicht mehr auch nur

---

1 Vgl. o.V., WiWo 83, Nr. 36, 80 (81).

2 *Köhler*, Software-Herstellung, Rn. 101.

3 BGH U 23. 5. 80 (V ZR 20/78), BGHZ 77, 194 (198).

annähernd gewahrt sehen kann.[4] Daher kann auch nur unter sehr engen Voraussetzungen (Wegfall der Geschäftsgrundlage)[5] eine Vertragsanpassung verlangt werden. Wer sich indessen gegen spezifische Risiken des Beratungsvertrages und gegen andere nicht außergewöhnliche Risiken sichern will, muß durch vertragliche Regelungen Vorsorge treffen.[6] In der Praxis ist eine ganze Reihe von Anpassungsregelungen entwickelt worden, die neben Fällen, die an sich schon dem Wegfall der Geschäftsgrundlage unterfallen würden, vor allem Umstände erfassen, die sonst dem Vertragsrisiko zugerechnet würden.[7]

Selbst wenn Anpassungsklauseln in den Beratungsvertrag einbezogen wurden, können vielfältige Rechts- und Auslegungsfragen auftreten, wenn es zu einem anpassungsrelevanten Ereignis kommt. Um deren Bewältigung soll es im folgenden gehen.

B. Vertragsanpassung aufgrund von Anpassungsklauseln

I. Klauseln zur Projektänderung[8]

1. Anpassung oder Konkretisierung der Beratungsleistung?

Treten Schwierigkeiten bei der Projektdurchführung auf, ist zunächst zu klären, ob eine Projektänderung oder lediglich eine Konkretisierung einer nur rahmenmäßig festgelegten Beratungsleistung vorliegt. Im Zweifel ist nämlich anzunehmen, daß Anpassungsklauseln nur bei Angleichung vertraglicher Abreden an spätere Veränderungen, nicht hingegen auf die Beseitigung anfänglicher Ungewißheit anwendbar sein sollen.

Ob Projektänderung oder Konkretisierung bezweckt ist, kann im Einzelfall schwer zu unterscheiden sein und ist gegebenenfalls durch Auslegung der Parteiabreden zu ermitteln (§§ 133, 157 BGB). Konkretisierung ist jedenfalls anzunehmen, solange die ins Auge gefaßten Maßnahmen die vertraglich vereinbarte Beratungsleistung (Hauptleistung) nicht verändern. Im übrigen

---

4 BGH U 24. 2. 84 (V ZR 222/82), BGHZ 90, 227 (228).

5 Vgl. dazu unten unter C I 3, II, III.

6 *Baur*, S. 23.

7 *Bilda*, Rn. 7.

8 Solche Klauseln werden als Wirtschaftsklauseln (*Salinger*, S. 7 [13]), Loyalitätsklauseln (*Schmitthoff*, JBL, 1980, 82) oder Hardship-Klauseln (*Baur*, S. 28) bezeichnet.

wird man auf den Einzelfall abstellen müssen: Ist eine Projektberatung (also Werkvertrag) vereinbart, so wird jedenfalls die (einseitige oder einvernehmliche) Festlegung des Projektablaufes einer zweckmäßigen Herbeiführung des Beratungserfolges dienen und daher als Konkretisierung der vom Unternehmensberater geschuldeten Leistung anzusehen sein. Das gilt selbst dann, wenn die tatsächliche Durchführung vom vorgestellten Beratungsablauf abweichen muß. Denn nach der Interessenlage im Werkvertrag hat der Unternehmensberater die Risiken der Projektdurchführung grundsätzlich zu tragen. Erst wenn eine erhebliche Abweichung des Projektablaufes notwendig wird, wird die Schwelle zur Projektänderung überschritten. Das wäre etwa der Fall, wenn die Geschäftsleitung – unerwartet – die wirtschaftlichen Kenndaten des Klientenunternehmens nicht vorlegt und diese erst durch mühevolle und zeitaufwendige Buchführungsarbeiten ermittelt werden müssen. Bei Anweisungen und Mitwirkungshandlungen des Klienten kommt es indessen darauf an, ob sie zur Ausführung der Beratung notwendig oder zweckmäßig sind – dann Konkretisierung – oder ob durch sie der Projektablauf anders erfolgen soll – dann Projektänderung. Letzteres ist denkbar, wenn der Klient eine Verzögerung verlangt, um Überlegungs- oder Planungszeit zu gewinnen, oder eine Beschleunigung verfügt, um bisher eingetretene Verzögerungen aufzuholen oder einen früheren Abschluß der Beratung zu erreichen. Schwieriger wird es, wenn von dem durch Leistungsbeschreibung, Spezifikation usw. festgelegten Projekt später abgewichen werden soll. Zweifelsfrei Vertragsanpassung ist noch der Fall, daß die Beratungsleistung gerade in bezug auf die Änderung exakt bestimmt ist. Dann ist kein Spielraum für eine Konkretisierung. Meist ist die Beratungsleistung nur ungenau umschrieben oder allein durch den Verwendungszweck festgelegt. Dann wird man darauf abstellen müssen, ob die Neufestlegung des Projekts sich im Rahmen der in Betracht kommenden Lösungsalternativen bewegt oder nicht. Eine Konkretisierung wird selbst dann noch anzunehmen sein, wenn das Umschwenken auf eine andere Alternative erst in einem späteren Beratungsstadium notwendig wird. Denn zur Beratung und damit auch zum Aufgaben- und Risikobereich des Unternehmensberaters gehört es, erreichbare Ziele zu formulieren, und diese, soweit erforderlich, durch ein gewisses „trial and error" umzusetzen. Etwas anderes ist es freilich, wenn sich der Charakter des angestrebten Beratungsergebnisses ändert, etwa wenn die ins Auge gefaßte Fernsehwerbung wegen fehlender Sendezeiten nicht realisiert werden kann und deshalb auf Zeitungs- und Schaufensterwerbung ausgewichen werden muß.

Anders ist die Rechtslage, wenn ein Dauerberatungsvertrag vereinbart wurde. Dann gehört das Anfordern von Beratungsleistungen durch den Klienten oder das Abrufen von Informationen durch den Unternehmensberater zur Konkretisierung des Beratungsvertrages, solange nur die Anzahl von Beratungsstunden nicht ausgeschöpft ist. Die darüber hinausgehende Inanspruchnahme des Beraters ist ein Begehren zur Vertragsanpassung.

2. Die Auslegung von Leistungsvorbehalten[9]

Ist ein Leistungsvorbehalt vereinbart, aber unklar, ob überhaupt ein einseitiges Leistungsbestimmungsrecht gewollt ist, etwa wenn ein Vertragspartner berechtigt sein soll, „eine sinngemäße Änderung der Vertragsbestimmungen zu fordern" oder die Vertragspartner sich jeweils verpflichten, „die aufgetauchten Probleme im Sinne dieses Vertrages zu lösen", so ist im Zweifel keine einseitige Leistungsbestimmung, sondern eine Neuverhandlung gewollt.[10] Entscheidend wird im Einzelfall das anpassungsrelevante Ereignis sein.[11] Eine Projektänderung wird einer Partei allein überlassen sein, wenn sie, gemessen an der Gesamtberatung, nicht allzu sehr ins Gewicht fällt oder wenn die Anpassung allein auf den Fachkenntnissen des Unternehmensberaters bzw. den Betriebskenntnissen des Klienten beruht. Gleiches gilt für einseitige Änderungen im Projektablauf, soweit sie im Interesse der Abwicklungsvereinbarungen stehen und sich auf die vereinbarte Beratungsleistung nicht oder nur gering auswirken.

Eine andere Frage ist, ob ein Leistungsvorbehalt, der nur einem Vertragspartner ein Änderungsrecht einräumt, auch den anderen Vertragspartner zur Vertragsangleichung zu seinen Gunsten berechtigt. Da Leistungsvorbehalte von einer Partei zur Wahrung ihrer eigenen Interessen und nicht derjenigen des Vertragspartners vereinbart werden,[12] wird sich der andere Teil, der sich selbst auch durch entsprechende Klauseln schützen kann, nicht auf die Klausel berufen können. Befugt allerdings der Leistungsvorbehalt den Unternehmensberater zu einseitiger Projektänderung, so sollen

9 Leistungsvorbehalte sind Klauseln, nach denen eine Anpassung der Beratungsleistung durch einen der Vertragspartner vorzunehmen ist, wenn bestimmte Veränderungen bei der Projektdurchführung aufgetreten sind. Die Anpassung erfolgt keinesfalls automatisch, wenn die Notwendigkeit einer Projektänderung eintritt, selbst wenn das Ausmaß der Änderung von vornherein festgelegt ist. Vgl. im einzelnen *Frielingsdorf*, Betr 82, 789; *Grimme*, S. 196 f.; *Horn*, Vertragsanpassung, S. 19; MünchKomm/*v. Maydell*, § 244 Rn. 23; MünchKomm/*Söllner*, § 315 Rn. 9.

10 Vgl. dazu *Horn*, Vertragsanpassung, S. 67; *Schlüter*, S. 190.

11 *Schlüter*, S. 192.

12 *Bilda*, Rn. 127.

damit mitunter auch die Interessen des Klienten berücksichtigt werden, etwa wenn es um eine sachdienliche Projekterweiterung geht. Dann kann es gerechtfertigt sein, auch dem Klienten die Berufung auf diese Klausel zuzubilligen. Dem Klienten muß nämlich erst recht die Wahrnehmung eigener Interessen gestattet sein, wenn schon eine Interessenwahrung durch den Unternehmensberater vertraglich vorgesehen ist.

Regelt der Leistungsvorbehalt nicht, wer die Anpassung durchzuführen hat, so wird man auf die Sachnähe der Parteien zum Anpassungsproblem und auf ihre Kompetenz zur Problembewältigung abstellen müssen.[13] So ist der Unternehmensberater beispielsweise für die Anpassung der vereinbarten Beratungsleistung und die Änderungsanweisungen in bezug auf die zweckmäßige Durchführung des Beratungsprozesses zuständig. Soweit hingegen Ablaufänderungen aus der Sphäre des Klientenunternehmens kommen, steht die Anpassungsberechtigung dem Klienten zu.

Anzupassen ist nach billigem Ermessen (§ 315 I BGB). In jedem Einzelfall hat die anpassungsberechtigte Partei nach dem Umfang der eingetretenen Änderung, dem Zweck der Beratungsleistung und der Anpassungsklausel sowie dem Grundsatz der Billigkeit abzuwägen, welche Vertragsänderung geboten erscheint.[14] Davon kann auch eine Vertragsauflösung gedeckt sein, etwa wenn durch die aufgetretenen Ereignisse die Geschäftsgrundlage entfallen und selbst durch eine Anpassung nicht mehr zu erreichen ist, daß der Vertrag sinnvoll fortgesetzt werden kann oder wenn die eingetretenen Änderungen ein derartiges Ausmaß aufweisen, daß eine Vertragsanpassung zu unzumutbaren Belastungen für den Vertragspartner führen müßte.[15]

Grundsätzlich kann die Projektänderung ab dem Zugang des Anpassungsbegehrens verlangt werden. Muß sich allerdings eine Vertragspartei auf das Änderungsverlangen erst einstellen, etwa wenn zur Erfüllung des berechtigten Verlangens nach beschleunigter Vertragsabwicklung der Unternehmensberater erst Mitarbeiter von einem anderen Projekt abziehen muß, so wird man ihm eine dem Einzelfall entsprechende Frist einräumen müssen (§§ 634 I 1, II, 326 I 1 BGB analog).

13 Die Lösung über § 316 BGB (vgl. *Thiele,* JZ 71, 294) ist im vorliegenden Zusammenhang nicht gangbar, weil es um die Anpassung der Hauptleistung und nicht die der Gegenleistung geht. Soweit *Bilda,* Rn. 132, aus der Nichtbenennung der anpassungsberechtigten Partei auf eine einvernehmliche Anpassung schließt, so ist dem entgegenzuhalten, daß bei einem einseitigen Leistungsvorbehalt gerade keine zweiseitige Neuverhandlungspflicht gewollt ist.

14 *Bilda,* Rn. 120.

15 *Bilda,* Rn. 122.

3. Anpassungsprobleme bei Neuverhandlungsklauseln[16]

a) Die Wirksamkeit von Neuverhandlungsklauseln

Knüpfen Neuverhandlungsklauseln allgemein an die „Veränderung der Verhältnisse" oder die „Unzumutbarkeit des Festhaltens am Vertrag" an bzw. enthalten sie keinerlei Direktiven für den Umfang der anzustrebenden Vertragsanpassung, so fragt sich, wann sie die notwendige Bestimmtheit aufweisen.[17] Grundsätzlich müssen auch hier die Leistungspflichten, nämlich die zum Abschluß des Anpassungsvertrages notwendigen Willenserklärungen abzugeben, inhaltlich bestimmt oder wenigstens bestimmbar sein.[18] Allerdings darf das Bestimmbarkeitserfordernis nicht überspannt werden.[19] Projektänderungen sind nämlich schwer kalkulierbar und müssen dem Parteiwillen, im Konfliktfall Neuverhandlungen führen zu wollen, möglichst umfassend Geltung verschaffen. Deshalb wird es genügen, wenn sich Grenzen bestimmen lassen, innerhalb deren sich die im übrigen flexible Verhandlungsführung der Parteien bewegen muß.[20] Anhaltspunkte für die Grenzen liefert der gesamte Beratungsvertrag, insbesondere die darin zum Ausdruck gekommenen Anschauungen der Parteien über eine faire Risikoverteilung.[21]

---

16 Neuverhandlungsklauseln begründen die Pflicht, den Vertrag durch Vereinbarung an veränderte Umstände anzupassen und zu diesem Zweck miteinander Verhandlungen zu führen. Zur Anpassung ist gegenseitiges Einvernehmen der Vertragsparteien erforderlich. Vgl. ausführlich dazu *Horn,* AcP 181 (1981), 255 (256). *Schlüter,* S. 192.

17 *Baur,* S. 26; *Flume,* AT, S. 632.

18 *Salzmann,* S. 69.

19 *Horn,* Vertragsanpassung, S. 69.

20 G.h.M.; vgl. z.B. BGH U 21. 12. 77 (V ZR 179/75), WM 78, 228 (229); *Neumann-Duesberg,* JZ 52, 705; *Steindorff,* ZHR 148 (1984), 271 (273); *Kronke,* AcP 183 (1983), 113 (138 ff.); a.A. *Kornblum,* AcP 168 (1968), 450 (461).

21 BAG U 27. 4. 83 (4 AZR 506/80), BB 83, 1854; BGH B 6. 7. 75 (GSZ 1/55), BGHZ 18, 149 (152); BGH U 2. 4. 64 (KZR 10/62), BGHZ 41, 271 (279); BGH U 13. 5. 81 (IVa ZR 171/80), WM 81, 842 (844); *Horn,* Vertragsanpassung, S. 69. Soweit der BGH Neuverhandlungsklauseln als unbestimmt angesehen hat, war meist keine Anpassung an veränderte Umstände, sondern der Abschluß eines weiteren Vertrages intendiert. Vgl. BGH U 27. 1. 71 (VIII ZR 151/69), BGHZ 55, 248 ff. Zu den Rechtsfolgen BGH U 20. 3. 64 (V ZR 46/63), WM 64, 561; BGH U 24. 6. 68 (II ZR 88/67), WM 68, 1143; BGH U 12. 1. 68 (V ZR 187/67), NJW 69, 91.

b) Die Voraussetzungen für Neuverhandlungen

Weit häufiger als die Wirksamkeit von Neuverhandlungsklauseln wird in Streit stehen, ob überhaupt die Voraussetzungen für Neuverhandlungen gegeben sind.

Enthält die Klausel eine Aufzählung anpassungsbegründender Ereignisse, so ist im Zweifel anzunehmen, daß die Parteien der Vereinfachung oder Plastizität halber, oftmals auch aus Unfähigkeit zu exakten Formulierungen, typische und damit verallgemeinerungsfähige Ereignisse in die Klausel aufgenommen haben.[22] Enthält die Klausel nur generalklauselartig formulierte Tatbestände,[23] so ist folgendes zu bedenken:

Zum einen müssen die hohen Schwellenwerte nicht erreicht werden, die zur Vertragsanpassung im Zuge des Wegfalls oder der Änderung der Geschäftsgrundlage notwendig sind.[24] Denn durch die Vereinbarung einer entsprechenden Klausel machen die Parteien die Neuverhandlungspflicht und damit auch die Vertragsanpassung zum Bestandteil ihres Vertrags mit der Folge, daß die strengen Voraussetzungen, die an einen Eingriff in ein bestehendes Vertragsgefüge zu stellen sind, nicht vorzuliegen brauchen.[25] Zum anderen führt aber nicht jede Veränderung zur Neuverhandlung. Das gilt grundsätzlich für die persönlichen Verhältnisse der Parteien,[26] die jeweils in den Risikobereich des Betroffenen fallen. Sollen solche Veränderungen indessen berücksichtigt werden, müssen sie in die Neuverhandlungsklausel aufgenommen werden.[27] Im übrigen müssen die Veränderungen der bei Vertragsschluß maßgeblichen wirtschaftlichen, technischen oder rechtlichen Verhältnisse nicht unerhebliche Auswirkungen auf die

22 *Bilda,* Rn. 146.

23 Vgl. nur die IHK-Regelungen, zitiert bei *Horn,* Vertragsanpassung, S. 17: „Schwierigkeiten aufgrund von Ungenauigkeiten oder Lücken des Vertrages, Meinungsverschiedenheiten der Parteien, unerwarteten Rückschlägen oder irgendwelchen anderen Gründen".

24 BGH U 4. 7. 79 (VIII ZR 245/78), WM 79, 1097 (1099); OLG Karlsruhe U 22. 4. 80 (8 U 56/76), ZIP 81, 283; *Kunth,* BB 78, 178 (180); *Harms,* Betr 83, 322 (325); *Futter,* BB 76, 1295 (1298); *ders.,* BB 78, 935 (937).

25 Daraus ergibt sich zugleich, daß die Grundsätze über den Wegfall der Geschäftsgrundlage zur Auslegung der Neuverhandlungsklausel nicht herangezogen werden können. Vgl. BGH U 4. 7. 79 (VIII ZR 245/78), WM 79, 1097 (1099); *Salzmann,* S. 24; a. A. *Malzer,* BB 74, 908 (910).

26 BGH U 15. 12. 78 (V ZR 70/77), WM 79, 537 (538); BGH U 21. 1. 76 (VIII ZR 113/74), WM 76, 385 (386). Speziell für Dienstverträge: BGH U 7. 4. 81 (II ZR 103/80), WM 81, 842 (843).

27 BGH U 6. 12. 78 (VIII ZR 282/77), WM 79, 252 (253).

konkrete Projektdurchführung haben.[28] Denn Neuverhandlungen stellen ein nicht unbeträchtliches Störpotential für eine konstruktive Zusammenarbeit der Vertragspartner dar, so daß eine allzu rasche Aufeinanderfolge von Vertragsanpassungen kaum gewollt sein wird.[29] Wann Auswirkungen im Einzelfall erheblich sind, ist durch Auslegung zu ermitteln. Dabei spielt der Zweck der Klausel eine besondere Rolle, etwa ob sie lediglich bei Veränderung der technischen, rechtlichen oder wirtschaftlichen Rahmenbedingungen greifen oder ob sie nur Störungen in der Zusammenarbeit zwischen Unternehmensberater und Klient bewältigen oder ob sie auch auf Zweckmäßigkeits- bzw. Kostenerwägungen beruhende Projektänderungen ermöglichen soll. Neben dem Klauselzweck sind auch die übrigen Vertragsabreden und die konkrete Anpassungssituation heranzuziehen. Als allgemeine Richtschnur kann etwa eine Projektänderung von mehr als 10% angesehen werden.[30] Das gilt selbst dann, wenn sich die Parteien bei der Abfassung der Neuverhandlungsklausel von Formulierungen leiten lassen, die zum Wegfall bzw. zur Änderung der Geschäftsgrundlage entwickelt worden sind, wie etwa „wesentliche Auswirkung auf die Vertragsdurchführung" oder „Zumutbarkeit der Vertragsfortsetzung".[31]

c) Die Neuverhandlungspflicht

Voraussetzung für eine Vertragsanpassung ist zunächst, daß beide Vertragspartner an den Neuverhandlungen teilnehmen und diese auch fördern.[32] Die Einzelheiten hängen von den Umständen ab.[33] Regelmäßig wird aber für beide Seiten die Pflicht bestehen, sich überhaupt auf Verhandlungen einzulassen, notwendige Informationen über alle zu ihrer jeweiligen Sphäre zählenden Umstände zu geben,[34] eigene Angebote zu machen und die

---

28 *Baur,* S. 37.

29 BGH U 4. 7. 79 (VIII ZR 245/78), WM 79, 1097 (1099); BGH U 4. 6. 75 (VIII ZR 243/72), WM 75, 772 (773); *Baur,* S. 78 f.

30 Dieser Schwellenwert findet sich in vielen Anpassungsklauseln (vgl. *Baur,* S. 78) und wird von der Rechtsprechung (vgl. BGH U 24. 6. 68 (II ZR 88/67), WM 68, 1143) auch in die einen solchen Grenzwert nicht enthaltenden Klauseln hineininterpretiert.

31 Vgl. *Horn,* AcP 181 (1981), 255 (261); *Kunth,* BB 78, 178 (180), die sich allerdings auf konkrete Prozentangaben nicht festlegen.

32 *Salzmann,* S. 28.

33 *Horn,* AcP 181 (1981), 255 (283).

34 Gewisse Anhaltspunkte lassen sich aus den Verhaltenspflichten entnehmen, die zur culpa in contrahendo entwickelt wurden. Vgl. auch *Steindorff,* BB 83, 1127 (1130).

der Gegenseite ernsthaft zu prüfen, die Verhandlungen nicht treuwidrig zu verzögern, einschließlich der Unterlassung von Scheinofferten, aber auch, während der Verhandlungen nicht ohne zwingende Gründe vollendete Tatsachen zu schaffen und dadurch eine zunächst mögliche Vertragsanpassung endgültig unmöglich zu machen.[35] Darüber hinaus haben sie bei der Herausarbeitung des Anpassungsziels mitzuwirken. In Anlehnung an das allgemeine Gebot fairen Verhaltens im Rechtsverkehr (§§ 157, 242 BGB) ist bei Neuverhandlungen jede Vertragspartei zu besonderer Rücksichtnahme gegenüber den Interessen des Vertragsgegners verpflichtet.[36] Gestalten sich im Einzelfall die Verhandlungen schwierig, etwa weil der Sachverhalt unübersichtlich ist oder eine Vielzahl verschiedener Anpassungsziele in Betracht kommen, oder stehen gewichtige ökonomische Belange auf dem Spiel, so kann nach den Umständen ausnahmsweise sogar die Pflicht bestehen, sich für die Klärung von Streitfragen eines Schiedsgutachters zu bedienen.[37]

Lassen Neuverhandlungsklauseln nicht erkennen, ob die Parteien über die Verhandlungspflicht hinaus auch eine Anpassungspflicht begründen wollten, so entscheidet die Interessenlage.[38] Sie wird einerseits dadurch geprägt, daß sich die Parteien zwar trotz komplexer und nicht im einzelnen vorhersehbarer Beratungsleistung binden, aber auch Änderungen der tatsächlichen Verhältnisse Rechnung tragen wollen. Andererseits ist für den Konfliktfall charakteristisch, daß regelmäßig die Projektänderung einer Vertragspartei Vorteile bringen und gleichzeitig ihren Vertragspartner belasten und daß demzufolge immer einer an der Projektänderung interessierten eine ihr abgeneigte Partei gegenüberstehen wird.[39] Da Verhandlungen zwar dazu dienen mögen, die Möglichkeiten einer Projektänderung auszuloten, aber zur Projektänderung selbst nicht führen, wird regelmäßig eine echte Pflicht zur Anpassung durch Änderungsvertrag gewollt sein.[40] Freilich können im Einzelfall die Vertragspflichten auf Verhandlungen beschränkt sein. Das ist vorstellbar, wenn für den Fall des Scheiterns der Verhandlun-

35 *Horn,* AcP 181 (1981), 255 (284).
36 *Salzmann,* S. 28.
37 *Horn,* AcP 181 (1981), 255 (284); *Steindorff,* BB 83, 1127 (1130).
38 Vgl. *Steindorff,* BB 83, 1127 (1128) m.w.N.
39 *Salzmann,* S. 26.
40 Die Anpassung, die nur durch Änderungsvertrag möglich ist, wird man sich als Verpflichtung des anpassungsunwilligen Teils vorzustellen haben, entweder ein angemessenes Angebot des anpassungsinteressierten Teils anzunehmen oder selbst ein angemessenes Änderungsangebot abzugeben. Vgl. etwa *Bilda,* Rn. 133; *Steindorff,* BB 83, 1127 (1127).

gen ein Kündigungsrecht des anpassungsinteressierten Teils vereinbart wurde oder wenn nach Scheitern der Verhandlungen ausnahmsweise eine Situation entsteht, die die Anwendung der allgemeinen Regeln zur außerordentlichen Kündigung rechtfertigen würde. Allerdings darf eine solche Interpretation nicht dem in einer Anpassungsklausel zum Ausdruck kommenden Parteiwillen zuwiderlaufen, den Vertrag auch unter den die Klausel erfüllenden Umständen fortzusetzen und damit aufrechtzuerhalten.[41]

Hinsichtlich des Anpassungsziels und damit des Inhalts der abzugebenden Willenserklärungen gilt folgendes: Haben die Parteien das Anpassungsziel in der Weise bestimmt formuliert, daß die Anpassung nach festgelegten Richtlinien vorzunehmen ist, müssen sie sich grundsätzlich an den getroffenen Vereinbarungen festhalten lassen.[42] Nur ausnahmsweise können die Richtlinien nach Treu und Glauben (§ 242 BGB) korrigiert werden, wenn die Parteien bei Vertragsschluß zwar mit einer Projektänderung gerechnet, aber nicht angenommen haben, daß diese die später eingetretenen extremen Ausmaße erreichen werde und wenn sie diese Erwartung zur Vertragsgrundlage gemacht haben (arg. e. Wegfall der Geschäftsgrundlage).[43] Beinhaltet dagegen die Klausel nur die bloße Anpassungsverpflichtung oder allenfalls Begriffe unbestimmten Inhalts, wie „angemessen", „nach billigem Ermessen", „nach Treu und Glauben", so ist bei Projektänderungen je nach Anpassungsereignis zunächst das dem Vertrag zugrunde gelegte Programm der Kooperation bzw. das angestrebte Beratungsziel zu ermitteln und zu klären, wie weit der darin vereinbarte Interessenausgleich nach dem Vertrag oder Gesetz (§§ 133, 157, 242 BGB) im Bestand geschützt werden soll.[44] Daraus sind dann Wertungsfaktoren zu ermitteln und das Anpassungsprogramm bzw. -ziel zu entwickeln.[45] Dabei ist zweierlei zu bedenken: Zum einen darf durch die Anpassung der gemeinsam festgelegte Vertragszweck nicht verändert werden. Durch die Anpassungsklausel ist nämlich nur die Änderung oder Ergänzung des bestehenden Beratungsvertrages in einzelnen Punkten, nicht aber die Ersetzung des alten durch einen neuen Beratungsvertrag gedeckt.[46] Zum anderen darf, insbesondere bei schwerwiegenden Veränderungen, die Anpassung nicht zu unzumutbaren Belastungen

41 *Salzmann,* S. 32; weitergehend *Baur,* S. 121.

42 *Bilda,* Rn. 177.

43 BGH U 13. 2. 70 (V ZR 33/67), WM 70, 353 (354); BGH U 4. 5. 72 (III ZR 171/68), WM 71, 746 (747).

44 *Horn,* AcP 181 (1981), 255 (284).

45 *Bilda,* Rn. 165 f.

46 Ähnlich *Bilda,* Rn. 175.

des anderen Vertragsteils führen.[47] So etwa, wenn eine erhebliche Projekterweiterung personelle Kapazitäten des Unternehmensberaters in einem Umfang bindet, der sich auf die Erfüllung von Beratungsverträgen mit Dritten erheblich auswirken würde.

d) Die Anpassung nach gescheiterten Verhandlungen

Haben die Parteien für den Fall gescheiterter Neuverhandlungen nicht ausdrücklich einem Vertragspartner das Bestimmungsrecht zugesprochen oder die Anrufung eines Schiedsgerichts vereinbart, so ist fraglich, wer nun die Vertragsanpassung vornehmen soll.[48]

Zur Beantwortung, ob und gegebenenfalls welchem Vertragsteil die Anpassungsberechtigung zustehen (§ 315 BGB) bzw. ob die Bestimmung etwa einem Dritten (Zivilgericht, Schiedsgericht, Schiedsgutachter) überlassen sein soll (§ 317 I BGB), ist von folgendem auszugehen:

Bei Änderungen des Projektablaufs, die ihre Ursache im Klientenunternehmen haben, wird wegen seiner detaillierten Kenntnisse über das Unternehmen die sachgerechteste Entscheidung vom Klienten zu erwarten und dieser daher regelmäßig anpassungsbefugt sein. Umgekehrt wird bei beratungsbedingten Änderungen des Projektablaufs dem Unternehmensberater wegen seiner Fachkenntnisse im Zweifel die Anpassungsbefugnis zustehen. In beiden Fallvarianten spielen die spezifischen Gegebenheiten im Klientenunternehmen eine besondere Rolle, so daß entsprechende Detailkenntnisse gegenüber der größeren Distanz eines Dritten entscheidendes Gewicht haben und daher nur ausnahmsweise eine Entscheidung durch einen Dritten gewollt sein wird. Hinzu kommt, daß meist eine schnelle Entscheidung fallen muß, die bei Einsatz eines Dritten nicht ohne weiteres gewährleistet ist, der erst benannt werden und sich noch einarbeiten muß.

Geht es indessen um eine Modifizierung des Beratungsgegenstandes, so wird man – im Verhältnis der Vertragsparteien zueinander – annehmen können, daß die Anpassungsberechtigung um so eher dem Unternehmensberater zustehen soll, desto größer sein Wissensvorsprung gegenüber dem Klienten ist. Im Zweifel wird daher der Unternehmensberater anpassungsberechtigt sein sollen. Schwieriger zu beantworten ist, wann anstelle der Vertragsparteien ein Dritter die Anpassung vornehmen soll. Dabei ist zunächst von folgender allgemeiner Überlegung auszugehen: Zwar haben so-

47 *Bilda*, Rn. 177.
48 Vgl. *Schlüter*, S. 192 f.

wohl die Vertragspartei als auch der Dritte die Projektänderung nach billigem Ermessen und damit unter Berücksichtigung der Interessen beider Vertragsteile zu bestimmen.[49] Doch gibt es innerhalb einer gewissen Bandbreite mehrere angemessene Möglichkeiten zur Projektänderung[50] und der entscheidende Unterschied besteht darin, daß eine bestimmungsberechtigte Vertragspartei die im Einzelfall den Belangen beider Vertragsparteien gerecht werdende Projektänderung anders festsetzen wird als der mit der Anpassung befaßte Dritte, weil letztlich jede Festsetzung auf einer intersubjektiv nicht mehr vermittelbaren Einschätzung beruht.[51] Während der Dritte größere Distanz gegenüber den gegenläufigen wirtschaftlichen Belangen und Intentionen der Vertragspartner haben wird, liegt der Vorteil einer Anpassung durch eine Vertragspartei in der besseren Kenntnis der aufgetretenen Beratungsprobleme. Daher ist die eigentliche Frage, ob von einem Dritten im Einzelfall die sachgerechtere Lösung zu erwarten ist. Das setzt zunächst voraus, daß dem mit den wirtschaftlichen Interessen und den Intentionen der Beratung nicht so vertrauten Dritten Anpassungsmaßstäbe zur Verfügung stehen.[52] Diese können sich aus dem Inhalt des Beratungsvertrags, aus der Vertragsdurchführung, aus den Neuverhandlungen selbst, aber auch aus allgemein zugänglichen Quellen, wie Fachliteratur, Statistiken etc., ergeben. So kann die Einschaltung eines Dritten gewollt sein, wenn das Scheitern der Vertragsverhandlungen darauf beruht, daß man sich bei der Auswahl einer geeigneten Projektänderung nicht auf eine bestimmte Alternative einigen konnte, weil dann ein fachkompetenter Dritter jeweils die spezifischen Risiken der Alternativen herauszuarbeiten und aus der (vorteilhaften) Distanz eines Dritten die notwendigen Anpassungsentscheidungen zu treffen hätte. Ähnlich ist es, wenn dem Streit eine unterschiedliche Beurteilung allgemeiner ökonomischer, technischer oder rechtlicher Fragen zugrunde liegt oder vor allem die Interessen einer Partei tangiert werden, wie etwa bei Projekterweiterungen bzw. -verringerungen oder bei sensiblen Fragen des Personaleinsatzes. Selbst wenn sich Anpassungsmaßstäbe nicht ermitteln lassen, wird die Beiziehung eines Dritten

---

49 *Erman/Battes,* § 315 Rn. 7; *Palandt/Heinrichs,* § 315 Anm. 3a (Rn. 10); MünchKomm/*Söllner,* § 315 Rn. 16.

50 Vgl. MünchKomm/*Söllner,* § 315 Rn. 14.

51 *Baur,* S. 66.

52 BGH U 12. 1. 68 (V ZR 187/64), WM 68, 470 (471); BGH U 13. 2. 70 (V ZR 33/67), WM 70, 353; BGH U 10. 11. 67 (V ZR 105/65), DNotZ 68, 425 (426); BGH U 20. 10. 72 (V ZR 137/71), WM 73, 102 (103); BGH U 7. 4. 78 (V ZR 141/75), WM 78, 228 (229); ebenso BGH U 7. 4. 78 (V ZR 141/75), WM 78, 794 (796).

gewollt sein, wenn nur seine Distanz zur Problemstellung für die Beauftragung maßgeblich war.[53] Zu denken ist an völlig zerstrittene Parteien, an ein zerstörtes Vertrauensverhältnis oder wenn der Dritte sonst eine umfassendere Perspektive auf die Situation hat. In diesen Fällen muß zwar auf ein Tatbestandsgerüst der Anpassungsentscheidung verzichtet werden. Sie ist aber letztlich insofern wieder verifizierbar,[54] als die Rechtsprechung[55] eine nachprüfbare Entscheidungsbegründung verlangt, auch wenn im übrigen das Ergebnis des Gutachtens, nicht die Methodik der Entscheidungsfindung für die Feststellung der Billigkeit maßgebend ist.[56]

Steht fest, daß die Anpassungsentscheidung einem Dritten übertragen ist, so ist noch zu klären, ob sie von einem (privaten) Schiedsgutachter bzw. einem Schiedsgericht oder einem staatlichen Gericht vorgenommen werden soll. Für ein staatliches Gericht sprechen zwar Kostenerwägungen. Ein Schiedsgutachter/Schiedsgericht wird nämlich aufgrund vertraglicher Vereinbarung zwischen ihm und den Parteien und nur bei entsprechender Entlohnung tätig,[57] während das Gericht in der Regel wesentlich billiger arbeitet, selbst wenn es zur Feststellung von entscheidungserheblichen Tatsachen u. U. denselben Gutachter heranziehen muß, weil dieser nur nach dem ZSEG gem. § 413 ZPO Entschädigung verlangen kann.[58] Indessen sprechen gegen ein ordentliches Gerichtsverfahren die damit verbundenen atmosphärischen Belastungen, die lange Verfahrensdauer[59] sowie die Tatsache, daß über den Bundesverband Deutscher Unternehmensberater BDU kompetente Schiedsgutachter/Schiedsrichter benennbar sind, während der Richter selbst in der Regel kein Sachverständiger sein wird.[60] Im Zweifel wird daher ein Schiedsverfahren gewollt sein.

---

53 A. A. wohl *Baur*, S. 63, der bei fehlenden Maßstäben auf die §§ 315, 316 BGB zurückgreifen will.

54 Dazu allgemein *Steindorff*, ZHR 148 (1984), 271 (276).

55 BGH U 21. 5. 75 (VIII ZR 161/73), NJW 75, 1556 (1557) und BGH U 2. 2. 77 (VIII ZR 155/75), BB 77, 415.

56 *Bulla*, NJW 78, 397 (399 ff.).

57 *Thomas/Putzo*, Vorbem. 3 vor §§ 1025 ff.

58 *Salzmann*, S. 123.

59 Da der Umfang der Anpassung erst mit Rechtskraft feststeht und die Anpassung verlangende Partei bis zur Berufungsinstanz ihr Anpassungsbegehren beliebig ändern kann, § 264 Ziff. 2 ZPO (vgl. BGH B 14. 7. 52 (IV ZB 65/52), LM Nr. 21 zu 233 ZPO; *Thomas/Putzo*, ZPO, § 528 Anm. 2a), kann sich nach endloser Vorkorrespondenz das Anpassungsverfahren unter Umständen über viele Jahre hinziehen.

60 Zu diesem Problem generell OLG Karlsruhe U 22. 4. 80 (8 U 56/76), ZIP 81, 283 (284).

Die Anpassung selbst ist nach denjenigen Kriterien vorzunehmen, die auch für eine einvernehmliche Anpassung maßgeblich sind.[61] Entspricht sie diesen Anforderungen nicht oder wird sie verzögert, so wird die Bestimmung durch Urteil eines Zivilgerichts getroffen, §§ 315 III 2 BGB, 319 I 2 BGB. Dann kann die anpassungsinteressierte Vertragspartei entweder ihren Anspruch auf Abgabe der Zustimmungserklärung einklagen und gemäß § 894 ZPO durchsetzen oder analog der Herstellungstheorie zu § 465 BGB[62] gleich auf Anpassung des Beratungsvertrages klagen.[63]

e) Die Verletzung von Neuverhandlungspflichten

Da ein Gerichts- oder Schiedsgerichtsverfahren zeitaufwendig, kostspielig und mit ungewissem Ausgang verbunden ist, ist zu fragen, mit welchen zivilrechtlichen Sanktionen bei Verletzung der Neuverhandlungspflicht Druck auf die Gegenseite ausgeübt werden kann.

Hat eine Partei überhaupt nicht oder nicht im notwendigen Umfang an den Verhandlungen teilgenommen, so kann sie keine Anpassungsentscheidung verlangen, § 320 BGB.[64]

Ist der Vertragspartner nicht rechtzeitig in Verhandlungen eingetreten oder hat er auf ein Änderungsangebot nicht reagiert, so kann der andere ihn durch Mahnung in Verzug setzen (§§ 284, 285 BGB), wenn eine tatbestandsmäßige Änderung eingetreten und die Verhandlungspflicht fällig ist. Dann steht ihm, sofern durch die Verzögerung die ursprüngliche Vertragsanpassung nicht mehr möglich oder unzumutbar ist, Ersatz des aus der Vereitelung entstandenen Schadens zu, § 286 BGB. Ist es trotz der Verschleppung noch zu einer Vertragsanpassung gekommen, so sind die dadurch zusätzlich entstandenen Kosten und Schäden zu ersetzen.[65]

Eine andere Frage ist, ob der Anpassungsbegehrende nach Fristsetzung mit Ablehnungsandrohung aus § 326 BGB vorgehen und den Beratungsvertrag kündigen oder Schadensersatz wegen Nichterfüllung verlangen kann. Voraussetzung ist, daß die Anpassungspflicht eine Hauptpflicht ist, ohne die der ganze Beratungsvertrag nicht gewollt gewesen wäre.[66] Das kann anzu-

61 Vgl. dazu oben § 6 B I 3c.
62 Vgl. dazu allgemein *Palandt/Putzo*, § 465 Anm. 1c bb (Rn. 4).
63 *Steindorff*, BB 83, 1127 (1131); *Horn*, AcP 181 (1981), 255 (280, 285).
64 A. A. *Steindorff*, BB 83, 1127 (1131), der offenbar darin einen Fall des venire contra factum proprium sieht.
65 *Horn*, AcP 181 (1981), 255 (286).
66 Vgl. *Palandt/Heinrichs*, vor § 320 Anm. 3 (Rn. 16).

nehmen sein, wenn bei komplexen oder zeitaufwendigen Beratungsprojekten aufgrund des nur rahmenmäßig festgelegten Beratungsgegenstandes zumindest eine Partei das mit einer späteren Projektänderung verbundene Risiko nicht ohne die Möglichkeit einer Änderung aufgrund der Neuverhandlungsklausel eingegangen wäre.[67] Dann ist der Anpassungsberechtigte nach § 326 BGB so zu stellen, wie er gestanden hätte, wenn ihm eine zweckmäßige Projektänderung vorgeschlagen worden wäre (Schadensersatz wegen Nichterfüllung).[68] Ist der Rahmencharakter indessen weniger kennzeichnend, so ist die Verhandlungspflicht als Nebenpflicht anzusehen, deren Verletzung Schadensersatzansprüche aus positiver Vertragsverletzung auslöst.[69]

Hat eine Vertragspartei ihre Verhandlungspflicht nur schlecht erfüllt, so stehen dem Vertragspartner Schadensersatzansprüche aus positiver Vertragsverletzung zu.

Erfüllt das Anpassungsereignis zwar die Neuverhandlungsvoraussetzungen, schließt es aber zugleich eine sinnvolle und zumutbare Fortführung der Beratung aus, so ist den Vertragsparteien die geschuldete Vertragsanpassung unmöglich und sie werden von ihrer Anpassungspflicht frei, § 275 BGB.[70] Hat der anpassungsabgeneigte Vertragsteil die Unmöglichkeit zu vertreten, so kann der Vertragspartner Schadensersatz wegen Nichterfüllung verlangen oder den Vertrag kündigen (§ 325 BGB). Hat indessen der anpassungsbegehrende Klient die Unmöglichkeit der Projektänderung verschuldet, so kann der Unternehmensberater das Honorar unter Abzug ersparter Aufwendungen verlangen (§ 324 BGB), sofern es sich bei der Anpassungspflicht um eine Hauptleistungspflicht handelt.

Schließlich können sich spezielle Sanktionen aus der Neuverhandlungsklausel selbst ergeben, wie etwa Vertragsstrafen oder das Recht zur Vertragsauflösung in Fällen, in denen der Beratungsvertrag an sich rechtlich fortbestehen und durchführbar bleiben würde. Als faktische Sanktion, daß nämlich die Parteien bei Scheitern der Verhandlungen mit einer Entscheidung rechnen müssen, die ihnen vielleicht viel weniger willkommen ist, wird häufig auch die Anrufung eines Gerichts oder Schiedsgerichts vereinbart.[71]

---

67 Ähnlich *Bilda,* Rn. 181.

68 Dazu allgemein *Palandt/Heinrichs,* vor § 249 Anm. 2g (Rn. 16–18).

69 Generell als Nebenpflicht: *Salzmann,* S. 31.

70 *Steindorff,* BB 83, 1127 (1131).

71 *Schlüter,* S. 192 f.

4. Die Anpassung bei Schiedsgutachterklauseln[72]

Ein Schiedsgutachten ist gewollt, wenn der Dritte nur einzelne Tatsachen oder Tatbestandselemente mit bindender Wirkung für die Parteien feststellen sollte, um damit Rechtsstreitigkeiten zu vermeiden.[73]

Haben die Parteien eine Schiedsgutachterklausel vereinbart, so ist zunächst zu prüfen, ob die dort genannten Voraussetzungen vorliegen, ob also etwa der Versuch einer gütlichen Einigung unternommen wurde, die erforderlichen Erklärungen abgegeben wurden und die festgelegte Frist abgelaufen ist. Die Bestimmung der Projektänderung erfolgt dann nach denselben inhaltlichen Kriterien wie bei der Neuverhandlungspflicht.[74]

Entspricht die Bestimmung diesen Anforderungen nicht oder kann bzw. will der Schiedsgutachter keine Entscheidung treffen oder verzögert er sie, so wird die Bestimmung durch Urteil eines Zivilgerichts getroffen, § 319 I 2 BGB.

Steht nach der Klausel einer der Vertragsparteien das Recht zu, den Dritten zu benennen, so kann sie denjenigen auswählen, der ihre Interessen vorrangig berücksichtigen wird, und sie kann, wenn der Dritte ihren Erwartungen nicht entspricht, ihn jederzeit durch einen anderen ersetzen, solange das Gutachten nicht erstattet ist.[75] Der Vertragspartner kann den Dritten dann nicht wegen Befangenheit ablehnen,[76] sondern sich gegen die Vertragsanpassung lediglich nach § 319 BGB bei offenbarer Unbilligkeit wehren.[77] Dies erscheint aber wenig sachgerecht. Daher ist zu erwägen, in diesen Fällen § 315 III 2 BGB analog anzuwenden und rechtlich so zu ver-

---

72 In Schiedsgutachterklauseln vereinbaren die Parteien, daß eine Anpassung der Beratungsleistung oder vertraglicher Nebenbestimmungen durch einen Dritten vorzunehmen ist, wenn bestimmte Veränderungen bei der Projektdurchführung aufgetreten sind. Vgl. *Horn*, Vertragsanpassung, S. 53; *Nicklisch*, RIW/AWD 78, 633 (636 f.); *Soergel/Wolf*, § 317 Rn. 6. Zur zweckmäßigen Vertragsgestaltung *Schlüter*, S. 193.

73 Vgl. BGH U 17. 5. 67 (VIII ZR 58/66), BGHZ 48, 25 (30) = NJW 67, 1804; *Erman/Battes*, § 317 Rn. 15; MünchKomm/*Söllner*, § 317 Rn. 11; *Soergel/Wolf*, § 317 Rn. 21. Sollte er darüber hinaus befugt sein, anstelle des Zivilgerichts endgültig Rechtsfolgen aus den getroffenen Feststellungen abzuleiten, so ist schiedsgerichtliche Tätigkeit vereinbart. Vgl. dazu BGH U 4. 6. 81 (III ZR 4/80), BB 82, 1077.

74 Vgl. dazu oben S. 170 ff.

75 Vgl. dazu RG U 21. 8. 36 (II 154/36), RGZ 152, 201 (206).

76 § 1032 ZPO ist auf Schiedsgutachterverträge nicht anwendbar.

77 Zu den Voraussetzungen im Einzelfall *Jagenburg*, NJW 90, 3119 (3133 f.) m.w.N.

fahren, als habe die zur Auswahl des Dritten berechtigte Partei die Vertragsanpassung selbst vorgenommen.[78] Dann kann nämlich der Vertragspartner gegen eine Projektänderung vorgehen, wenn sie nur der Billigkeit nicht entspricht.

5. Die Wirksamkeit von Schiedsgerichtsklauseln[79]

Ergibt die Auslegung, daß schiedsrichterliche Tätigkeit gewollt ist,[80] so ist die Abrede nur wirksam, wenn sie schriftlich getroffen wurde, § 1027 ZPO. Unwirksam ist eine schriftliche Klausel aber auch dann, wenn entweder eine Partei Schiedsrichter sein soll oder wenn das Ernennungsrecht allein einer Partei übertragen wurde.[81]

Haben die Parteien die Ernennung der Schiedsrichter nicht geregelt, so wird von jeder Partei ein Schiedsrichter ernannt, § 1028 ZPO. Diese Entscheidung ist bindend, sobald der Vertragsgegner die Anzeige von der Ernennung (§ 1029 ZPO) erhalten hat, § 1030 ZPO. Ein Ablehnungsrecht steht beiden Parteien nur zu, wenn der Schiedsrichter durch einen Dritten benannt wird, § 1032 ZPO.

Im übrigen müssen auch hier die in der Klausel bezeichneten Voraussetzungen gegeben sein. Zu beachten ist, daß der Schiedsspruch nur bei offensichtlicher Unvereinbarkeit mit wesentlichen Grundsätzen des deutschen Rechts (§ 1041 I Nr. 2 ZPO) und damit bei Entscheidungen über Projektänderungen praktisch nicht revidiert werden kann.

II. Klauseln zur Äquivalenzwahrung

Bei umfangreichen Beratungsprojekten, deren Durchführung naturgemäß einen längeren Zeitraum in Anspruch nimmt, sowie bei Dauerberatungsverträgen liegt zwischen der Honorarvereinbarung und deren tatsächlicher Entrichtung eine längere Zeitspanne. Dann hat der Unternehmensberater ein Interesse, sich gegen eine Entwertung seiner Honorarforderung zu schützen.

---

78 *Bilda,* Rn. 195.

79 In Schiedsgerichtsklauseln weisen die Parteien für den Fall einer gescheiterten einvernehmlichen Konfliktbeilegung die Streitentscheidung einem Schiedsgericht zu. Vgl. *Böckenstiegel,* NJW 81, 1862 (1863); *Nicklisch,* RIW/AWD 78, 633; *Zeiger,* S. 64.

80 BGH U 4. 6. 81 (III ZR 4/80), BB 82, 1077; *Volmer,* BB 84, 1011.

81 Vgl. *Baumbach/Lauterbach/Albers/Hartmann,* § 1028 Anm. 1 B.

Wenngleich sich in jüngster Zeit die Problematik der Geldentwertung zumindest für die Bundesrepublik Deutschland entschärft hat, verbleibt dennoch ein Bedürfnis seitens des Unternehmensberaters, eine Möglichkeit zu schaffen, das Honorar Veränderungen des gesamten Preisniveaus (Inflation) oder einzelner, in seiner Kalkulation berücksichtigter Kostenfaktoren (Personalkosten) anzupassen. Eine solche Möglichkeit besteht jedoch grundsätzlich nur, wenn eine entsprechende Vereinbarung in den Vertrag aufgenommen worden ist.

1. Anpassungsvoraussetzungen bei Automatikklauseln[82]

Da in Automatikklauseln bereits vollständig bestimmt ist, wann und wie sich das vertraglich geschuldete Honorar bei Veränderungen der Bezugsgröße wandeln soll, werden allenfalls Rechtsprobleme auftreten, wenn unklar ist, wie die Bezugsgröße, etwa die Personalkosten, zu bestimmen sind. Abzustellen ist dann auf die Zusammensetzung des Beratungsteams (hochdotierte Fachberater, Beratungsassistenten, Schreibkräfte), auf die Umstände, welche die Vertragsanpassung auslösen, und auf das Anpassungsinteresse der Vertragsparteien.

Haben die Parteien keine Grenze festgelegt, bis zu der der „Automatismus" gültig sein soll, und steigt die Bezugsgröße später erheblich an, so kann der Klient die Aufhebung des „Automatismus" grundsätzlich nicht verlangen, weil auch eine ungünstige Entwicklung dem Risiko entspricht, das der Klient eingeht, wenn er die Höhe seiner Honorarverpflichtung von einer Bezugsgröße abhängig macht, deren zukünftige Entwicklung sehr ungewiß ist. Ausnahmsweise wird dieser Grundsatz allerdings zu durchbrechen sein,

---

82 Eine Automatikklausel liegt vor, wenn zur Wertsicherung des Beratungshonorars die vertraglich geschuldete Honorarhöhe unmittelbar von einer bestimmten Bezugsgröße abhängig gemacht wird mit der Konsequenz, daß ihre Änderung zugleich und unbedingt auch zu einer entsprechenden Änderung der Geldleistung führen muß (*Bilda,* Rn. 43). Sollen die effektiv entstandenen Mehrkosten vom Unternehmensberater auf den Klienten überwälzt werden, so werden die Parteien vereinbaren, daß sich das Honorar im gleichen Maße ändern soll wie die Preise bestimmter Kostenelemente (etwa Personalkosten), Kostenelementklausel). Soll sich dagegen die prozentuale Änderung eines Kostenfaktors mit der prozentualen Änderung des Gesamtpreises decken, ohne daß es darauf ankommen soll, ob und inwieweit bei den anderen Kostenfaktoren Änderungen eingetreten sind, so werden die Parteien eine Regelung in den Vertrag aufnehmen, aufgrund deren sich der Endpreis im gleichen Maß wie ein bestimmtes Kostenelement oder mehrere hiervon ändern soll (Preisklausel). Vgl. *Dürkes,* Rn. D 67; *ders.,* BB 79, 805 (806); *Frielingsdorf,* Betr 82, 789 (791); *Grimme,* S. 203.

wenn die Steigerungen der Bezugsgröße die vertragliche Honorarleistung so stark verändern, daß es dem Klienten nach Treu und Glauben nicht mehr zumutbar ist, ein solches Honorar zu erbringen (Wegfall der Geschäftsgrundlage).[83]

2. Die Auslegung von Leistungsvorbehalten[84]

Schwierigkeiten bei der Anwendung von Leistungsvorbehalten treten auf, wenn die Parteien, sei es mangels Durchsetzungsmacht, sei es aus Zeitdruck, nicht genau festlegen, wer die Anpassung vorzunehmen hat, welche Voraussetzungen vorliegen müssen und an welchen Maßstäben sich die Anpassung zu orientieren hat.[85]

Haben die Parteien die Anpassungsberechtigung nicht geregelt, so steht im Zweifel dem Unternehmensberater als Honorargläubiger die Anpassungsberechtigung zu, § 316 BGB analog.[86]

Gibt der Leistungsvorbehalt an, in welchem Ausmaß sich die Bezugsgröße verändert haben muß (z. B. Prozentangaben), bevor Anpassung verlangt werden kann, so sind diese Richtlinien verbindlich.[87] Werden dagegen Formulierungen wie „ändern sich die Beratergehälter" oder „treten Änderungen der Berechnungsfaktoren ein" verwendet, so erfüllt nicht jede unerhebliche Veränderung der Bezugsgröße den Tatbestand. Nach Sinn und Zweck des Leistungsvorbehalts werden vielmehr nur Veränderungen erfaßt, die einen spürbaren Einfluß auf die Interessen des Unternehmensberaters ausüben.[88] Knüpft indessen der Leistungsvorbehalt an „wesentliche", „erhebliche" oder „grundlegende" Änderungen der Bezugsgröße an, so liegt es nahe, auf die Auslegung des Tatbestandsmerkmals „wesentliche Änderung"

83 Mit anderer Begründung *Bilda,* Rn. 49, der auf Treu und Glauben abstellt.

84 Zum Begriff vgl. oben § 6 B I 2.

85 So hat etwa für den Baubereich das OLG Hamm U 13. 2. 75 (17 U 278/74), BB 75, 489 = Betr 75, 683, als (wirksame) Anpassungsklausel angesehen: „Alle Preise gelten unter Voraussetzung ungehinderter Bauausführung und gleichbleibender Lohn- und Materialkosten."

86 BGH U 23. 10. 75 (III ZR 95/73), NJW 76, 892 = Betr 76, 669; *Palandt/Heinrichs,* § 245 Anm. 5 c cc (Rn. 28); MünchKomm/*Söllner,* § 316 Rn. 3; *Staudinger/Mayer-Maly,* § 316 Rn. 6; a. A. *Bilda,* Rn. 132, der nach Sinn und Zweck die Klausel dahingehend auslegen will, daß die Anpassung durch beide Parteien erfolgen soll.

87 *Bilda,* Rn. 94.

88 *Bilda,* Rn. 100.

in § 323 I ZPO (Abänderungsklage) zurückzugreifen.[89] Wesentlich ist die Änderung, wenn sie, ihre damalige Voraussehbarkeit unterstellt, nach dem Parteiwillen schon früher zu einem anderen Vertragsinhalt geführt hätte.[90] Als Richtschnur kann etwa eine Veränderung von 15% gelten.[91]

Die Vertragsänderung selbst hat sich im Einzelfall nach dem Umfang der eingetretenen Änderung, dem Zweck der Honorarzahlung und der Anpassungsklausel sowie dem Grundsatz der Billigkeit zu orientieren.[92] Daher kann das Ausmaß der tatbestandlichen Änderung nicht ohne weiteres auf die vertragliche Honorarleistung übertragen werden.[93] Vielmehr hat die Anpassung auch die Interessen des Klienten zu berücksichtigen, etwa wenn durch starke Gehaltserhöhungen die Kosten für ein sehr personalintensives Projekt so gravierend steigen, daß die Projektdurchführung mit Blick auf ihren wirtschaftlichen Nutzen nicht mehr vertretbar ist.

3. Die Anpassung bei Neuverhandlungsklauseln[94]

Für Neuverhandlungsklauseln zur Äquivalenzwahrung gelten grundsätzlich die Ausführungen über Neuverhandlungsklauseln bei Projektänderungen. Insoweit kann darauf verwiesen werden.[95]

4. Der Anpassungszeitpunkt

Streit kann zwischen den Vertragsparteien darüber entstehen, von welchem Zeitpunkt an die Vertragsänderung wirksam sein soll. Diese Frage spielt über die Dauerberatungsverträge hinaus auch bei einzelnen Beratungsprojekten eine Rolle, weil meist das pro geleistete Beratungsstunde (Beratungstag) zu entrichtende Honorar vereinbart wird und die Gesamtvergütung nach Abschluß der Beratung als Produkt aus Stundenpreis und Anzahl der geleisteten Beratungsstunden (Beratungstage) ermittelt wird.

89 *Bilda,* Rn. 105.

90 *Thomas/Putzo,* § 323 Anm. 4a.

91 BGH U 13. 7. 67 (VII ZR 128/65), WM 67, 1248 (14%); BGH U 4. 3. 64 (VIII ZR 214/62), WM 64, 491 (14,8%); *Palandt/Heinrichs,* § 245 Anm. 5c bb (Rn. 27, 10–15%).

92 *Bilda,* Rn. 120.

93 BGH U 20. 3. 64 (V ZR 46/63), WM 64, 561, Verdoppelung des Erbbauzinses bei Verzehnfachung des Bodenpreises; umgekehrt: BGH U 13. 7. 67 (VII ZR 128/65), WM 67, 1248, Rentenerhöhung um 73,75% bei Kaufkraftschwund von nur 14,8%; *Soergel/Wolf,* § 315 Rn. 38 m.w. RsprNachweisen.

94 Zum Begriff vgl. oben § 6 B I 3.

95 Vgl. oben § 6 B I 3.

Anknüpfungspunkte können das Anpassungsereignis, das Anpassungsbegehren oder der Anpassungsakt selbst sein. Entscheidend dürfte der Parteiwille sein.[96] Er wird bestimmt durch die Anpassungs- und Dispositionsinteressen der Vertragsparteien.[97] Solange der Klient nicht weiß, ob und in welcher Höhe eine Honoraränderung erfolgt, wird er davon ausgehen, daß er mit seiner Leistung die Verbindlichkeit erfüllt und dementsprechend keine anderweitigen Dispositionen treffen. Zwar muß beim Schutz des Dispositionsinteresses auch auf seine Informationsmöglichkeiten und die sich daraus ergebende Vorhersehbarkeit einer Anpassung abgestellt werden.[98] Doch wird der Klient kaum die Möglichkeit haben, die Kostenfaktoren des Personaleinsatzes festzustellen, schon weil die Berater außertariflich bezahlt werden. Daher überwiegen seine Interessen gegenüber denen des Unternehmensberaters an voller Rückwirkung auf den Zeitpunkt des Anpassungsereignisses, zumal der Unternehmensberater jederzeit die Änderungen mitteilen kann. Anpassungszeitpunkt wird bei Leistungsvorbehalten daher regelmäßig das erste berechtigte Anpassungsbegehren sein. Bei Neuverhandlungen, die sich unter Umständen länger hinziehen können, wird man ergänzend das Interesse beider Parteien an Gleichbehandlung bei der Festlegung des Anpassungszeitpunktes (Paritätsinteresse)[99] zu berücksichtigen haben. Hier kommen je nach Einzelfall entweder das erste Anpassungsbegehren oder der Einigungszeitpunkt in Betracht.

96 BGH U 6. 10. 78 (V ZR 132/76), Betr 79, 887, für den Fall des § 319 I 2 BGB.
97 *Köhler,* Steindorff-FS, S. 611 (633).
98 Dazu *Köhler,* Steindorff-FS, S. 611 (634).
99 *Köhler,* Steindorff-FS, S. 611 (635).

III. Klauseln zur Anpassung an veränderte äußere Umstände[100]

Sofern durch Auslegung keine Einschränkungen zu ermitteln sind, werden grundlegende Veränderungen von Umständen erfaßt, von deren Fortbestehen die Vertragsparteien ausgingen bzw. deren Vorliegen sie voraussetzten und die die Interessen der anpassungsbefugten Partei berühren. Neben Naturkatastrophen (Unwetter, Erdbeben, durch Witterung verursachte Unglücksfälle, Brand durch Blitzschlag) kommen grundsätzlich auch durch menschliches Verhalten verursachte Ereignisse (Verkehrsunfall eines kurzfristig nicht ersetzbaren Beraters, grundlegende Störungen der Märkte) oder von Menschen ergriffene Maßnahmen (gesetzgeberische, administrative Maßnahmen des Staates) in Betracht.[101] Praktisch relevant ist vor allem die Frage, ob Streik und Aussperrung im Klientenunternehmen unter solche Klauseln fallen.[102] Richtigerweise wird man Arbeitskämpfe dann als anpassungsrelevante Ereignisse anzusehen haben, wenn sie von keiner Partei beeinflußt oder beherrschbar sind, etwa wenn die Gewerkschaft einen Streik ausruft.[103] Anders wiederum ist es bei aggressiver Aussperrung durch den Klienten (Arbeitgeber).[104] Nicht vorausgesehen werden konnten solche Ereignisse, deren Eintritt den Parteien bei Vertragsschluß zwar als möglich vorhersehbar war, der aber den Umständen nach von den Parteien bei Vertragsschluß nicht in Betracht gezogen und mit deren Eintritt nicht gerech-

100 Darunter fallen Klauseln, die sich mit dem Eintritt von Umständen befassen, die in keinem Zusammenhang mit dem Beratungsprojekt stehen und für die Parteien unbeherrschbar sind. Man kann unterscheiden zwischen Abreden, die in den Fällen unverschuldeter Unmöglichkeit, Wegfall der Geschäftsgrundlage oder Zweckerreichung auf Vertragsbeendigung wegen grundlegender Änderungen vertragsrelevanter Umstände zielen (sog. force-majeure-Klauseln), und Vereinbarungen, die eine Anpassung des Vertrages, meist im Wege der Neuverhandlung, vorschreiben, wenn die Leistung oder zumindest eine naheliegende Alternativleistung noch möglich ist, die eingetretenen Umstände aber die unveränderte Leistungserbringung einer Partei unzumutbar machen (sog. hardship-Klauseln). Vgl. *Schlüter,* S. 94, und die Vertragsmuster im Textanhang, S. 215 ff.

101 *Horn,* Vertragsanpassung, S. 27 f.

102 Ablehnend: *Eberle,* Betr 79, 341; *Bartl,* NJW 79, 1386; offengelassen bei *Walde/Berlinghoff,* S. 299.

103 So beispielsweise auch der UNIDO-Modellvertrag.

104 *Walde/Berlinghoff,* S. 299.

net wurde.[105] Erfaßt werden indessen keinesfalls Ereignisse, deren Eintritt von einer Partei beeinflußt wurde oder vermieden werden konnte.[106]

C. Vertragsanpassung ohne Anpassungsklausel

I. Die Projektänderung

1. Die einvernehmliche Projektänderung

Zumeist werden aufgrund der engen Zusammenarbeit während des Beratungsprozesses Unternehmensberater und Klient ad hoc in Neuverhandlungen eintreten. Im Regelfall werden sie sich dann auf eine Änderung der vertraglichen Leistung einigen, sei es, daß der Klient einer Anregung des Unternehmensberaters auf Projektänderung zustimmt, sei es, daß er selbst nachträglich weitergehende Arbeiten in Auftrag gibt und der Unternehmensberater sich damit einverstanden erklärt bzw. die Arbeiten (ohne ausdrückliche Erklärung) ausführt.

Dann fragt sich, ob ein zusätzlicher Beratungsvertrag oder die Abänderung des ursprünglichen Vertrages gewollt ist. Fügt sich die zusätzliche Leistung in das Ausgangswerk in der Weise ein, daß dieses mit der Leistungsänderung nach Vollendung eine untrennbare Einheit bildet, etwa wenn über den ursprünglich vereinbarten Umfang hinaus Analysen oder Diagnosen vereinbart werden, so ist eine Vertragserweiterung anzunehmen. Andernfalls käme es nämlich zu einem unnötigen und wenig lebensnahen Zertrennen eines einheitlichen Lebensvorganges, der auch wirtschaftlich eine Einheit bildet. Bildet dagegen die zusätzliche Leistung eine selbständige wirtschaftliche Einheit, so ist ein gesonderter Beratungsvertrag anzunehmen, etwa wenn der Klient nachträglich die Umsetzung der Beratungsergebnisse in die Praxis und/oder die Ausbildung seiner Mitarbeiter in Auftrag gibt.

In jedem Fall kommt eine vertragliche Bindung zustande, die den Unternehmensberater zu zusätzlichen Beratungsleistungen, den Klienten zu zusätzlichem Honorar verpflichtet. Soll umgekehrt der Leistungsumfang ver-

105 Vgl. dazu RG U 21. 9. 20 (III ZR 143/20), RGZ 100, 129 (133); BGH U 8. 2. 78 (VIII ZR 221/76), LM § 242 (Bb) BGB Nr. 91; *Baur*, S. 22 f.; *Horn*, Vertragsanpassung, S. 30; *Palandt/Heinrichs*, § 203 Anm. 3a (Rn. 4).

106 BGH U 24. 9. 81 (IX ZR 93/80), BGHZ 81, 353 (355); BGH U 21. 2. 73 (VIII ZR 212/71), NJW 73, 698.

ringert werden, ist das Honorar entsprechend dem Wert der Verringerung der Beratungsleistung herabzusetzen.[107]

2. Die Projektänderung durch den Unternehmensberater

Ist dringend eine Entscheidung über eine Projektänderung geboten und ist der Klient – etwa aufgrund einer Dienstreise – nicht erreichbar, so kann es vorkommen, daß der Unternehmensberater zusätzliche Arbeiten vornimmt, ohne hierzu zuvor die Zustimmung des Klienten eingeholt zu haben.

Da Unternehmensberatungsverträge häufig in ergänzungsbedürftiger Form als „offene Verträge"[108] abgeschlossen werden, ist zunächst im Wege der Vertragsauslegung (§§ 133, 157 BGB) zu ermitteln, ob die „zusätzliche" Leistung nicht von dem bereits geschlossenen Beratungsvertrag mitumfaßt wird und lediglich als Präzisierung bzw. Spezifizierung der vertraglich geschuldeten Beratungsleistung aufzufassen ist.[109]

Hat der Unternehmensberater Leistungen erbracht, die vom Beratungsvertrag nicht umfaßt sind, sind Aufwendungsersatzansprüche aus Geschäftsführung ohne Auftrag (GoA) denkbar, § 683 S. 1 BGB. Dann muß die Ausführung der zusätzlichen Beratungsleistung dem Interesse und dem wirklichen oder mutmaßlichen Willen des Klienten entsprechen.[110] Ein solches Interesse des Klienten besteht stets dann, wenn ihm die Beratung objektiv nützlich ist.[111] Das ist anzunehmen bei Arbeiten, die ausgeführt werden, um die vom Klienten in Auftrag gegebenen überhaupt erst durchführen oder fortsetzen zu können. Seinem mutmaßlichen Willen entspricht die Beratung, wenn er unter Berücksichtigung aller Umstände der Geschäftsführung zugestimmt hätte. Dabei ist zunächst in Rechnung zu stellen, ob nicht der Klient in absehbarer Zeit erreichbar gewesen wäre und ob die Vornahme der zusätzlichen Arbeiten so eilbedürftig war, daß eine Entschließung nicht abgewartet werden konnte. Zum anderen ist zu berücksichtigen, daß bei der Erweiterung von Beratungsleistungen erhebliche Aufwendungsersatzansprüche auf den Klienten zukommen können. Dann kann zweifelhaft sein, ob selbst eine objektiv nützliche Beratung dem mut-

107 Ausführlich dazu *Grimme,* S. 230 ff.

108 Zum Begriff: *Horn,* Vertragsanpassung, S. 10.

109 Vgl. dazu oben § 6 B 1.

110 *Grimme,* S. 236.

111 MünchKomm/*Seiler,* § 683 Rn. 1; *Palandt/Thomas,* § 683 Anm. 2 (Rn. 4); *Jauernig/Vollkommer,* § 683 Rn. 2 a.

maßlichen Willen des Klienten entspricht oder ob er nicht lieber davon Abstand nehmen würde, selbst um den Preis, daß dann die Ausführung der gesamten Beratung scheitert. Maßgebend wird das Verhältnis der Aufwendungen im Verhältnis zu den Gesamtkosten der Beratung sein.[112]

Liegen die Voraussetzungen des § 683 S. 1 BGB vor, kann der Unternehmensberater als Aufwendungen gem. §§ 683 S. 1, 670 BGB Ersatz etwa für verbrauchte Materialien, Fahrtkosten, für den Einsatz seiner Mitarbeiter und Maschinen (Computeranlagen) verlangen. Da Arbeiten, die sich über den vorgesehenen Umfang hinaus als erforderlich erweisen, regelmäßig in den beruflichen oder gewerblichen Tätigkeitsbereich des Unternehmensberaters gehören, sind dem Unternehmensberater auch seine eigenen Arbeitsleistungen zu ersetzen.[113] Anzusetzen ist dann das übliche Honorar.[114] Dabei dürfen aber regelmäßig nur solche Aufwendungen für erforderlich gehalten werden, die in einem vernünftigen Verhältnis zur Bedeutung der Gesamtberatung und dem angestrebten Erfolg stehen.[115] Wesentlich ist dabei regelmäßig das Verhältnis der Aufwendungskosten zum Auftragsvolumen des ursprünglichen Auftrages.[116] Bei unverhältnismäßigen Aufwendungen ist die Zustimmung des Klienten einzuholen.[117] Daneben können auch andere Kriterien eine Rolle spielen, wie etwa die Bedeutung der Beratung für den Klienten, dessen erkennbare Vermögensverhältnisse – insbesondere bei Sanierungsberatungen – oder die Relation der Aufwendungen zum Gewinn/Umsatz des Klientenunternehmens.[118]

Liegen die Voraussetzungen des § 683 S. 1 BGB nicht vor, hat der Klient dem Unternehmensberater alles, was er durch die Geschäftsführung erlangt hat, aus ungerechtfertigter Bereicherung herauszugeben.[119] Da eine Rückgabe der Beratungsleistungen nicht in Betracht kommt, hat der Klient Wertersatz zu leisten, § 818 II BGB,[120] allerdings beschränkt auf dasjenige, was der Unternehmensberater im Falle einer berechtigten Geschäftsfüh-

---

112 *Grimme,* S. 235 ff.
113 *Köhler,* JZ 85, 359 (363).
114 Vgl. BGH U 7. 1. 71 (VII ZR 9/70), NJW 71, 609 (612).
115 *Soergel/Mühl,* § 670 Rn. 5; *Staudinger/Wittmann,* § 670 Rn. 9; RGRK/*Steffen,* § 670 Rn. 5.
116 MünchKomm/*Seiler,* § 670 Rn. 9.
117 BGH U 4. 2. 64 (VI ZR 79/63), VersR 64, 514 (515 f.).
118 *Grimme,* S. 240.
119 *Grimme,* S. 241.
120 Zur Wertberechnung vgl. oben § 3 C und § 4 B III 1. Vgl. auch *Koppensteiner,* NJW 71, 588.

rung ohne Auftrag hätte als Aufwendungsersatz fordern können.[121] Zu ersetzen hat er daher nur Beratungsleistungen, die der Unternehmensberater nach den Umständen für erforderlich halten durfte.[122]

3. Der Anspruch des Klienten auf Projektänderung

Gut vorstellbar ist aber auch der umgekehrte Fall, daß der Unternehmensberater zu einer vom Klienten gewünschten Auftragserweiterung nicht bereit ist. Dann kann Streit darüber entstehen, ob eine solche Projektänderung verlangt werden kann und wer die damit verbundenen finanziellen Risiken zu tragen hat.

Die Projektänderung kann sich inhaltlich als Konkretisierung der bereits vereinbarten Beratungsleistung erweisen. Das ist gegebenenfalls durch ergänzende Vertragsauslegung zu ermitteln.[123] Dadurch darf es allerdings nicht zu einer Erweiterung des Vertragsgegenstandes kommen.[124] Das ist dann jedenfalls nicht der Fall, wenn die Projektänderung zur Erreichung des Beratungsziels erforderlich gewesen wäre.[125]

Erst wenn der Vertrag keine Anhaltspunkte für eine Ergänzung in bestimmter Weise enthält, also die Auslegung ergibt, daß die Parteien den Vertrag unter diesen Umständen nicht oder nicht mit diesem Inhalt geschlossen hätten, ist die Frage nach weiteren Anspruchsgrundlagen zu stellen. Zweckmäßigerweise ist zur Beantwortung danach zu differenzieren, aus wessen Verantwortungsbereich das Änderungserfordernis entspringt.[126]

a) Störung der Geschäftsgrundlage

Erstens kann die Änderung bedingt sein durch eine Störung der Geschäftsgrundlage des Vertrages.[127] Ein solcher Fall wäre anzunehmen, wenn sich nach Vertragsschluß und für beide Parteien unvorhersehbar die Rechtslage ändert und diese bei der Beratung berücksichtigt werden muß.

---

121 *Wolf,* JZ 66, 467 (470); zustimmend: RGRK/*Steffen,* § 864 Rn. 9; *Jauernig/Vollkommer,* § 684 Anm. 1; a. A.: MünchKomm/*Seiler,* § 684 Rn. 9; *Koller,* Betr 74, 2385 (2388).

122 *Grimme,* S. 242.

123 BGH U 14. 10. 77 (V ZR 253/74), NJW 78, 695; *Erman/Sirp,* § 242 Rn. 169; *Köhler,* JA 79, 498 (500); *Nicklisch,* BB 80, 949 (950). Zu den Einzelheiten vgl. oben § 6 B I 1 (S. 164 ff.).

124 RG U 30. 3. 79 (V 121/38), RGZ 160, 166 (187).

125 Vgl. BGH U 22. 4. 53 (II ZR 143/52), BGHZ 9, 273 (277 f.).

126 *Köhler,* Software-Herstellung, Rn. 101.

127 *Köhler,* Software-Herstellung, Rn. 106.

Bei Projektänderungen hat die Störung der Geschäftsgrundlage zur Folge, daß der Vertrag an die geänderte Sach- und Rechtslage anzupassen ist.

Wirkt sich die Störung auf den Projektablauf aus, kann der Klient entsprechend den Erfordernissen im Einzelfall Beschleunigung oder Verzögerung der Abwicklung, Aufschub der Beratung oder Änderung der Arbeitsbedingungen, etwa die Beratung an einem anderen Ort oder zu einer anderen Zeit, verlangen. Allerdings muß er zusätzliche Aufwendungen und gegebenenfalls Schäden ausgleichen.[128] Im Einzelfall kann die Vertragserfüllung eine gewisse Zeit ausgesetzt werden,[129] etwa wenn es sich um ein kleineres Beratungsprojekt handelt und der Unternehmensberater ohne weiteres auf andere Aufträge ausweichen kann. Denkbar ist aber auch, unter Heranziehung des Rechtsgedankens in § 642 II BGB sofort oder nach Ablauf einer gewissen Frist für die Aufrechterhaltung der Beratungsbereitschaft Entschädigung zuzusprechen.

Zwingt die Störung zu einer Erweiterung des Beratungsgegenstandes, kann der Klient demgemäß auch Erweiterung der Aufgabenstellung vom Unternehmensberater verlangen, allerdings nur gegen entsprechende Erhöhung des Honorars.[130] Der Änderungsanspruch geht aber nur soweit, als die Änderung für den Unternehmensberater zumutbar ist. Diese wiederum hängt entscheidend davon ab, welche Auswirkungen das Änderungsverlangen auf die betrieblichen Dispositionen des Unternehmensberaters hat. Hierbei spielt eine gewichtige Rolle, ob er Beratungsverträge mit Dritten trotz Projekterweiterung noch ordnungsgemäß erfüllen kann, ob er über die erforderlichen Fachkräfte und technischen Möglichkeiten (z. B. über Computerprogramme zur Durchführung notwendiger Berechnungen u. ä.) verfügt und inwieweit ihm zusätzliche Kosten, etwa Leerlaufkosten, entstehen. Mitbestimmend können auch das Verhältnis von Projekterweiterung und ursprünglichem Beratungsauftrag sowie die Notwendigkeit zur Einarbeitung in unbekannte Sachgebiete bei Ausweitung der Beratung auf inhaltlich neue Fragestellungen sein, etwa wenn das betriebene Unternehmen seine Aktivitäten nicht wie geplant in den Chemiebereich, sondern in den elektronischen Sektor hineinverlagern muß.

Verweigert der Unternehmensberater die Anpassung, so darf sich nach allgemeiner Ansicht der Klient durch Kündigung vom Vertrag lösen.[131] Ange-

128 MünchKomm/*Roth*, § 242 Rn. 512.
129 OGH U 15. 7. 58 (ZS 52/48), OGHZ 1, 62 (69).
130 Vgl. *Köhler*, Software-Herstellung, Rn. 106.
131 BGH U 21. 11. 68 (VII ZR 89/66), MDR 69, 212 = NJW 69, 233 = LM § 242 (Bb) Nr. 57; *Erman/Sirp*, § 242 Rn. 180.

sichts des besonderen Interesses an der Fortsetzung der Beratung, vor allem bei umfangreicheren Beratungsprojekten, ist zu erwägen, dem von der Verweigerung betroffenen Klienten einen Ausgleich in Analogie zu § 904 S. 2 BGB zu geben.[132] Hinter dieser Vorschrift steht nämlich der Rechtsgedanke, daß zwar eine Rechtsausübung auf Kosten schutzwürdiger Interessen eines anderen gestattet ist, diese aber entschädigt werden muß.[133]

Aufgelöst werden muß der Beratungsvertrag, wenn eine Vertragsanpassung nicht möglich ist. Denkbar ist dies nur, wenn die Beratungsleistung aufgrund von Änderungen der Rechtslage oder in den Fällen höherer Gewalt ihren Sinn verliert[134] oder wenn die Anpassung einem Vertragsteil unzumutbar ist.[135] Um den Eingriff möglichst gering zu halten, ist stets zu prüfen, ob analog § 139 BGB eine teilweise Aufrechterhaltung des Beratungsvertrages möglich ist,[136] etwa wenn sich die Änderung der Rechtslage nur auf einen Bereich der gesamten Beratung auswirkt. Regelmäßig wirkt die Auflösung nur für die Zukunft.[137] Der Klient darf dann die erbrachten Beratungsleistungen behalten, der Unternehmensberater kann analog § 645 I BGB die anteilige Vergütung verlangen.[138] Bei Dauerberatungsverträgen kann im Einzelfall sogar zu erwägen sein, ob der betroffenen Partei, etwa wenn Loyalitätspflichten bestehen und die Gegenseite sich auf die veränderte Situation einstellen können muß, nur ein fristgebundenes Kündigungsrecht zuzuerkennen ist.[139] Ausnahmsweise kann eine rückwirkende Auflösung (Rücktritt) in Betracht kommen, wenn von Anfang an die Ge-

---

132 Dieser Gedanke wird bei Gesellschafternachfolge aufgrund von Erbschaften und bei arbeitgeberseitiger Druckkündigung vertreten. Dazu *Reuter,* ZGR 76, 88 (96).

133 *Reuter,* ZGR 76, 88 (96).

134 MünchKomm/*Roth,* § 242 Rn. 512.

135 BGH U 12. 6. 87 (II ZR 91/86), BGHZ 101, 143 (149); BGH U 7. 7. 71 (VIII ZR 10/70), MDR 71, 1002; OLG Hamm U 15. 1. 79 (2 U 235/78), JZ 79, 266 (267) m. krit. Anm. *Liebs,* JZ 79, 441; RG B 15. 11. 41 (II B 10/41); RGZ 168, 65 (73); RG U 13. 11. 40 (II 44/40), RGZ 165, 193 (199 f.); *Erman/Sirp,* § 242 Rn. 179.

136 BGH U 13. 11. 75 (III ZR 106/72), NJW 76, 565; RG U 5. 4. 39 (II 155/38), RGZ 160, 257 (267); MünchKomm/*Roth,* § 242 Rn. 12.

137 Vgl. dazu im einzelnen die Erwägungen oben in § 4 B II 2 und § 3 B V 3. Allgemein zur Auflösung für die Zukunft: BGH U 21. 11. 68 (VII ZR 89/66), NJW 69, 233 m. w. N. und *Bilda,* Rn. 5.

138 *Köhler,* Software Herstellung, Rn. 106 a. E.

139 Instruktiv dazu OLG Hamm U 6. 3. 86 (18 U 73/85), NJW-RR 88, 550 (551).

schäftsgrundlage nicht bestand und die Beratung noch nicht begonnen hatte.[140]

Zu beachten ist, daß der Beratungsvertrag nicht von selbst aufgelöst wird, sondern eine Kündigungserklärung erfordert.[141]

b) Veränderungen im Verantwortungsbereich des Klienten

Ist die Änderung durch Umstände im Verantwortungsbereich des Klienten bedingt, etwa daß er bei Vertragsabschluß versäumt hat, bestimmte Faktoren in die Planung einzubringen oder nachträglich umdisponiert hat, so tritt keine automatische Vertragsanpassung ein, sondern es bedarf einer gesonderten Änderungsvereinbarung. Im Hinblick auf die Vertragsfreiheit muß sich der Unternehmensberater an sich darauf nicht einlassen. Ausnahmen mögen denkbar sein, wenn er zur Projektänderung unschwer in der Lage ist, während die Vergabe an einen anderen Unternehmensberater, der sich erst neu einarbeiten müßte, unverhältnismäßig teuer käme. Unabhängig davon ist der Unternehmensberater aufgrund des vertraglichen Vertrauensverhältnisses verpflichtet, Vertragsverhandlungen über diesen Punkt zu führen.[142]

Weigert sich der Unternehmensberater ohne triftigen Grund oder nutzt er die Zwangslage des Klienten aus, um unangemessene Forderungen zu stellen, kann dies für den Klienten die Kündigung des bestehenden Vertrages aus wichtigem Grund rechtfertigen. Das hat für den Unternehmensberater den Nachteil, daß er für die noch ausstehenden Leistungen kein Honorar verlangen kann.[143]

c) Zusatzwünsche des Klienten

Die Änderung kann sich aber auch als bloßer Zusatzwunsch des Klienten erweisen, dessen Nichtrealisierung die Brauchbarkeit der Beratungsleistung nicht in Frage stellt. In der Ablehnung solcher, sachlich nicht gebotener

---

140 Soweit dann überhaupt eine Rückabwicklung nötig ist, würde diese sich nach Bereicherungsrecht (§§ 812 ff. BGB), nicht nach Rücktrittsvorschriften (§§ 346 ff. BGB) richten. Vgl. dazu *Köhler,* JA 79, 498 (505).

141 BGH U 12. 6. 87 (II ZR 91/86), BGHZ 101, 143, (150); *Esser/Schmidt,* SchR AT, § 24 III (S. 340); *Larenz,* SchR I, § 21 II 2 (S. 329); *Palandt/Heinrichs,* § 242 Anm. 6 B f (Rn. 130).

142 *Köhler,* Software Herstellung, Rn. 107.

143 *Köhler,* Software Herstellung, Rn. 107.

Projektänderungen ist der Unternehmensberater frei. Der Klient ist darauf beschränkt, den Vertrag nach § 649 BGB zu kündigen. Dann muß er das vereinbarte Honorar abzüglich etwaiger Ersparnisse des Unternehmensberaters entrichten.[144]

II. Die Äquivalenzwahrung

Entsteht infolge wesentlicher wirtschaftlicher Veränderungen ein offenbares Mißverhältnis zwischen Beratungsleistung und Honorar, kann es gerechtfertigt sein, den Vertrag veränderten Verhältnissen anzupassen oder aufzulösen. Im einzelnen gilt dann folgendes:

Ist die Äquivalenz zwischen Beratungsleistung und Honorar gestört, so treten bei der Anpassung keine Probleme auf, wenn die Parteien eine Stundenlohnvereinbarung getroffen haben. Haben die Parteien, was seltener ist, ein Pauschalhonorar vereinbart, so ist grundsätzlich auch hier eine Änderung zulässig.[145] Die nach Treu und Glauben vorzunehmende Anpassung kann dann nicht schlechthin zur „üblichen" Vergütung führen, sondern muß zusätzlich die Bemessungskriterien für die ursprüngliche Pauschalvereinbarung mitberücksichtigen. Das bedeutet, daß die nun festzusetzende Vergütung zu der unter Berücksichtigung der geänderten Verhältnisse üblichen etwa in demselben Verhältnis stehen muß wie die ursprüngliche Pauschale zu der unter der Voraussetzung der ursprünglichen Geschäftsgrundlage als üblich angesehenen Vergütung.[146] War der Klient etwa bereit, eine über vergleichbaren Honoraren liegende Vergütung zu zahlen, so ist dies auch bei der Anpassung zu berücksichtigen, soweit ihm dieses wirtschaftlich noch risikolos möglich ist.[147]

Bei grundlegender Veränderung des Äquivalenzverhältnisses kann es unter ganz besonderen Umständen gerechtfertigt sein, dem benachteiligten Unternehmensberater einen Ausgleichsanspruch zuzubilligen.[148] Er ist nach gegenständlichen Merkmalen zu bestimmen und führt regelmäßig dazu, daß der Klient gegenüber dem vertraglich festgelegten Honorar eine Mehr-

144 *Köhler,* Software-Herstellung, Rn. 108.
145 OLG Düsseldorf U 13. 5. 86 (12 U 165/85), BauR 86, 719 (722).
146 OLG Düsseldorf U 13. 5. 86 (12 U 165/85), BauR 86, 719 (722).
147 OLG Oldenburg U 24. 11. 88 (14 U 42/88), NJW-RR 90, 84 (84 f.).
148 *Erman/Sirp,* § 242 Rn. 180; RG U 21. 6. 33 (I ZR 54/33), RGZ 141, 212 (217 f.) m. w. N. und insbesondere RG U 20. 4. 40 (II 156/39), RGZ 163, 324 (333 f.); *Larenz,* Geschäftsgrundlage, S. 84 ff.

leistung zu erbringen hat.[149] Ein solcher Fall kann bei Dauerberatungsverträgen mit Stundenlohnvereinbarung vorkommen, wenn die Parteien von der Vertragserfüllung durch wenig vorgebildete Angestellte des Beraters ausgingen und der Berater dementsprechend die Kostenfaktoren kalkulierte, in Wirklichkeit aber hochqualifiziertes Personal eingesetzt werden mußte.

149 RG U 19. 6. 33 (VI 34/33), RGZ 141, 198 (202).

§ 7 Die vorzeitige Vertragsbeendigung

A. Die Vertragsdauer

Die Dauer der Zusammenarbeit ergibt sich grundsätzlich aus den Parteivereinbarungen. Ist eine ausdrückliche Regelung nicht getroffen worden, richtet sich der zeitliche Umfang der Zusammenarbeit bei Projektberatungen nach der vom Unternehmensberater übernommenen Aufgabe. Wird er etwa mit der Durchführung eines Ausschreibungsverfahrens beauftragt, so endet die Zusammenarbeit mit der Vertragsvergabe an die am Ausschreibungsverfahren beteiligten Unternehmen. Dauerberatungsverträge indessen enden durch Zeitablauf oder durch (ordentliche) Kündigung, soweit sie für unbestimmte Zeit geschlossen sind.

B. Die Kündigung von Projektberatungsverträgen

Auch wenn es wegen der mitunter langfristigen Planungen überwiegend den beiderseitigen Parteiinteressen widersprechen wird, die Zusammenarbeit vorzeitig zu beenden, kann es doch vorkommen, daß sich eine Seite vorzeitig vom Vertrag lösen will. Dann bleibt es den Parteien selbstverständlich überlassen, die Beendigung des Beratungsvertrages durch einverständliche Vertragsaufhebung (§ 305 BGB) oder durch vertraglich vereinbarte Kündigung herbeizuführen.[1] Ohne vertragliche Vereinbarung bestimmen sich die Kündigungsmöglichkeiten nach Werkvertragsrecht.

I. Kündigungsrecht nach § 649 S. 1 BGB

1. Voraussetzungen

Der Klient kann den Beratungsvertrag jederzeit ohne Fristsetzung[2] und ohne Angabe von Gründen[3] kündigen, sofern die Beratung noch nicht vollendet ist, § 649 S. 1 BGB. Er muß das gesamte Honorar (abzüglich der erspar-

---

1 Zu einzelnen vertraglichen Kündigungsklauseln in Beratungsverträgen vgl. *Schlüter*, S. 155 ff. und 215 ff. (Textanhang).

2 *Palandt/Thomas*, § 649 Anm. 1 (Rn. 1).

3 Vgl. RG U 9. 1. 15 (Rep. I 254/14), RGZ 86, 107 (110) = JW 15, 336; *Erman/Seiler*, § 649 Rn. 3; *Jauernig/Schlechtriem*, § 649 Anm. 1.

ten Aufwendungen des Unternehmensberaters) entrichten.[4] Die Kündigung ist erst ausgeschlossen, wenn der Unternehmensberater das Beratungsprojekt mängelfrei abgeschlossen hat, einerlei, ob eine Abnahme bereits erfolgte oder nicht.[5] Weist indessen die Beratungsleistung Mängel auf, so ist das vertraglich Geschuldete (noch) nicht erbracht und der Klient weiterhin zur Kündigung berechtigt.[6]

Häufig wird bei langfristigen und komplexen Beratungsprojekten, vielfach auch bei umfangreicher Zusammenarbeit mit Dritten, § 649 S. 1 BGB abweichend geregelt oder gar ausgeschlossen.[7] So kann die Ausübung des Kündigungsrechts ausdrücklich an bestimmte Fristen[8] oder Formen gebunden oder vom Eintritt gewisser Bedingungen abhängig gemacht werden.

Haben die Parteien keine ausdrückliche Vereinbarung getroffen, so muß aus dem Beratungsgegenstand und dem sonstigen Vertragsinhalt ermittelt werden, ob das Kündigungsrecht nach § 649 S. 1 BGB ausgeschlossen sein soll.[9] Das ist denkbar, wenn ein Beratungsprojekt dem Unternehmensberater erkennbar dazu dienen sollte, sein Know-how zu erweitern, etwa um praktische Erfahrungen mit bisher noch nicht angewandten betriebswirtschaftlichen Theorien, Herstellungstechniken, Implementierungsmethoden etc. sammeln zu können. Das Kündigungsrecht kann aber auch aufgrund von Rechtsbeziehungen zu Dritten[10] oder durch den Gesamtkontext der Beratung ausgeschlossen sein,[11] etwa wenn der Beratungsvertrag mit einer Konzerntochter in den Rahmen einer Gesamtplanung der Konzernmutter mit anderen Konzerntöchtern gestellt wird, um eine einheitliche Umstrukturierung des Konzerns zu gewährleisten.[12] Im Ausnahmefall kann die Kündigung sogar ausgeschlossen sein, wenn die Vertragsdurch-

---

4 Deshalb wird er vielfach von der Kündigung Abstand nehmen müssen, um nicht einen Schaden zu erleiden. Vgl. *Planck*, § 649 Anm. 1 a.

5 MünchKomm/*Soergel*, § 649 Rn. 2. Zum Normzweck ausführlich *Fikentscher*, § 80 II 6 (S. 559).

6 RGRK/*Glanzmann*, § 649 Rn. 22.

7 MünchKomm/*Soergel*, § 649 Rn. 5; *Planck*, § 649 Anm. 2.

8 *Planck*, § 649 Anm. 2.

9 RG U 9. 1. 15 (Rep I 254/14), RGZ 86, 107 (110); RG U 5. 2. 18 (Rep VII 391/17), RGZ 92, 168 (170 f.); OLG Celle U 1. 11. 60 (10 U 104/60), MDR 61, 318 (319); *Staudinger/Peters*, § 649 Rn. 10; *Palandt/Thomas*, § 649 Anm. 1 (Rn. 1); MünchKomm/*Soergel*, § 649 Rn. 5.

10 Dazu RG U 9. 1. 15 (I 254/14), RGZ 85, 107 (110).

11 Ähnlich RG U 5. 2. 18 (VII 391/17), RGZ 92, 168 (170 f.).

12 Vgl. OLG Celle U 1. 11. 60 (10 U 104/60), MDR 61, 318 (319), einheitliche Bebauung einer Reihenhaussiedlung durch einen Unternehmer.

führung für den Unternehmensberater erkennbar Basis für die Erlangung von Folgeaufträgen sein sollte (Werbeeffekt). Allerdings ist hier Zurückhaltung geboten. Die Erweiterung der Referenzliste oder die Erhöhung von Chancen bei Vergabeverfahren mögen (angenehme) Nebeneffekte jedes Beratungsauftrages sein, können aber allein den werkvertraglichen Grundsatz, daß sich das Interesse des Unternehmensberaters regelmäßig nur auf das ihm zustehende Honorar richtet, nicht durchbrechen. Das kann etwas anderes sein, wenn der in Rede stehende Beratungsvertrag schon mit Blick auf ein weiteres Projekt geschlossen wurde.

Da der Beratungsvertrag nach § 649 S. 1 BGB insgesamt kündbar ist, muß der Klient erst recht die Kündigung auf einen Teil des Beratungsvertrages beschränken können.[13] Dann muß aber aus der Kündigung eindeutig hervorgehen, auf welchen Teil des Vertrages sie sich bezieht. Um der praktischen Durchführbarkeit willen ist ferner erforderlich, daß die Teilkündigung auf solche Beratungsteile beschränkt wird, die sich sachlich von der Gesamtleistung trennen lassen.[14] Das gilt ohne weiteres für die einzelnen Phasen des Beratungsprozesses,[15] soweit diese nicht kalkulatorisch[16] oder beratungstechnisch untrennbar miteinander verbunden sind. Soweit die Beratungsphasen aufeinander aufbauen, können indessen einzelne Phasen nicht „zwischenheraus" gekündigt werden. Entsprechendes gilt für einzelne Beratungsleistungen innerhalb einer Beratungsphase.

2. Rechtsfolgen

Die Kündigung hebt den Beratungsvertrag nur für die Zukunft auf.[17] Das hat zur Folge, daß der Unternehmensberater nicht mehr zur Fertigstellung der bereits begonnenen Beratung[18] und der Klient nicht mehr zur Mitwirkung und Abnahme verpflichtet ist. Indessen läßt die Kündigung den Beratungsvertrag für Beratungsleistungen, die in der Vergangenheit erbracht wurden, bestehen. Der Klient hat daher einen Anspruch auf Herausgabe oder Überlassung des bisher erbrachten Teilerfolgs, und zwar in mangel-

13 BGH U 16. 6. 72 (V ZR 174/70), WM 72, 1025; *Grimme*, S. 245; *Tempel*, JuS 79, 492 (495).
14 Vgl. RGRK/*Glanzmann*, § 649 Rn. 3; *Werner/Pastor*, Rn. 905.
15 Vgl. dazu oben unter § 1 B II 1.
16 Vgl. dazu BGH U 21. 11. 85 (VII ZR 366/83), BGHZ 96, 275 (279).
17 BGH U 13. 11. 81 (I ZR 168/79), NJW 82, 2553 (2554).
18 LG Osnabrück U 13. 6. 77 (10 H 6/77), MDR 78, 50; *Soergel/Ballerstedt*, § 649 Rn. 1.

freiem Zustand.[19] Wandelung und Minderung (§ 634 BGB) sowie Schadensersatzansprüche (§ 635 BGB) werden durch die Kündigung nicht berührt.[20]

Der Unternehmensberater hat grundsätzlich einen Anspruch auf das volle vereinbarte Honorar, auch soweit der Vertrag durch den Klienten gekündigt wurde.[21] Für die in der Unternehmensberatungspraxis überwiegenden Stundenlohnvereinbarungen gilt dann folgendes: Ist die Beratung überhaupt nicht zur Ausführung gelangt, so ist allein die vertragliche Abmachung Grundlage für die Bemessung des Honorars. Maßgeblich ist daher die zum Endpreis aufaddierte Summe von Stundensätzen. Ist dagegen bereits ein Teil der Beratung in die Tat umgesetzt, ist zu unterscheiden: Für den noch nicht ausgeführten Teil gilt das soeben Gesagte sinngemäß. Für den bereits abgeschlossenen Teil dagegen ist das Honorar durch Bestimmung der erbrachten Beratungsstunden und deren Bewertung mit den vertraglichen Stundensätzen zu ermitteln.[22] Das geschuldete Gesamthonorar errechtet sich dann aus der Summe der aufgrund des Angebotes für den noch ausstehenden Teil der Leistung und der aufgrund der tatsächlich erbrachten Leistungen ermittelten Teilhonorare. Eine Besonderheit ergibt sich, wenn Kündigungszeitpunkt bereits erkennbar ist, daß für die Gesamtberatung oder den noch nicht ausgeführten Teil die vereinbarten Stundenzahlen überschritten werden. Dann wäre es unbillig, dem Unternehmensberater für den noch ausstehenden Teil des Werkes nur dasjenige Honorar zuzubilligen, das sich aufgrund der Vertragsvereinbarungen errechnet. Vielmehr ist aufgrund der bis zur Kündigung durchgeführten Beratung und der anderweitig erkennbar gewordenen Umstände die voraussichtlich anfallende Anzahl von Beratungsstunden zugrunde zu legen.[23]

Der Unternehmensberater muß sich auf sein Honorar dasjenige anrechnen lassen, was er infolge der Aufhebung des Vertrages an Aufwendungen erspart oder durch anderweitige Verwendung seiner Arbeitskraft erwirbt,

19 LG Osnabrück U 13. 6. 77 (10 H 6/77), MDR 78, 50.

20 Zuletzt OLG Hamm U 28. 1. 86 (24 U 98/85), NJW-RR 86, 764; BGH U 6. 2. 75 (VII ZR 244/73), NJW 75, 825; BGH U 20. 6. 66 (VII ZR 40/64), NJW 66, 1713 (1714).

21 Vgl. nur BGH U 20. 3. 75 (VII ZR 91/74), BGHZ 64, 145 (146); *Palandt/Thomas*, § 649 Anm. 2 (Rn. 2); *Staudinger/Peters*, § 649 Rn. 12; MünchKomm/*Soergel*, § 649 Rn. 11.

22 Vgl. BGH U 13. 11. 81 (I ZR 168/79), NJW 82, 2553 (2554) = MDR 82, 723 (724) = BauR 82, 387 (389) = ZfBR 82, 160 (165) m. w. N.

23 *Grimme*, S. 250 f.

§ 649 S. 2 HS. 2 BGB.[24] Hierbei muß es sich um konkrete Ersparnisse handeln, die direkt durch die Kündigung eingetreten sind. Nicht anzurechnen sind dagegen die durch den einzelnen Vertrag nicht berührten allgemeinen Geschäftsunkosten (Fixkosten), wie etwa Bürokosten, Kosten für Büropersonal, Büroräume (Mieten), allgemeinen Bürobetrieb, Kosten für Werbung, Versicherungen, Repräsentation oder vom Betriebsergebnis unabhängige Steuern sowie sämtliche allgemeinen Unkosten, die von der tatsächlichen Ausführung des Beratungsauftrages unberührt in gleicher Höhe entstehen würden.[25] Hat der Unternehmensberater für die Beratung Information, Daten etc. eingeholt, sie aber noch nicht einsetzen können, so zählen diese Kosten nur dann zu den ersparten Aufwendungen, wenn sie sich in absehbarer, zumutbarer Zeit anderweitig verwenden lassen.[26] In Anlehnung an § 649 S. 2 HS. 2 3. Alt. BGB muß sich der Unternehmensberater auch anrechnen lassen, was zu ersparen er böswillig unterläßt.[27] Ein solcher Fall ist etwa anzunehmen, wenn er es offenkundig vorzieht, nichts zu tun, um das volle Honorar für den gekündigten Vertrag zu erhalten, anstatt ihm mögliche andere Beratungsverträge abzuschließen.[28] Daneben ist ebenfalls zu berücksichtigen, was er durch anderweitige Verwendung seiner Arbeitskraft erwirbt, soweit dies nur infolge der Aufhebung des Vertrages (§ 649 S. 2 BGB) geschah.[29] Eine solche Verknüpfung ist nur zu bejahen, wenn der Unternehmensberater durch die Kündigung Kapazitäten freibekommt, die er für den anzurechnenden Erwerb nutzt. So kommt indessen eine Anrechnung nicht in Betracht, wenn er zusätzliche Aufträge auch bei Fortbestand des gekündigten Beratungsvertrages ausführen konnte oder wenn er nunmehr seine Arbeitskraft auf Beratungsprojekte konzentrieren kann, über

24 § 649 S. 2 2. HS BGB gewährt dem Klienten keine Einrede in materiellem Sinn, auch keine aufrechenbare Gegenforderung. Vielmehr hat der Unternehmensberater rechtlich nur einen Anspruch auf die um Ersparnis und anderweitigen Erwerb gekürzte Vertragsvergütung. Vgl. AG Giesen U 17. 11. 86 (44 C 1849/86), NJW-RR 87, 1502 (1503).

25 BGH U 11. 4. 57 (VII ZR 280/56), WM 57, 707 (709); OLG Stuttgart U 1. 11. 07 (U 428/07), Recht 07 Nr. 3488; AG Giesen U 17. 11. 86 (44 C 1849/86), NJW-RR 87, 1502 (1503); MünchKomm/*Soergel*, § 649 Rn. 13; RGRK/*Glanzmann*, § 649 Rn. 14; *Soergel/Mühl*, § 649 Rn. 5; *Jauernig/Schlechtriem*, § 649 Anm. 3c; *Planck*, § 649 Anm. 1c; *van Gelder*, NJW 75, 189 (190); *Tempel*, JuS 79, 492 (495).

26 OLG Hamm U 10. 2. 88 (12 U 163/87), BauR 88, 727 (730).

27 MünchKomm/*Soergel*, § 649 Rn. 13; RGRK/*Glanzmann*, § 649 Rn. 11; *Planck*, § 649 Anm. 1c; *Staudinger/Peters*, § 649 Rn. 27.

28 *Grimme*, S. 255.

29 *Tempel*, JuS 79, 189 (192).

die zum Zeitpunkt der Kündigung bereits ein Vertrag geschlossen oder deren Abschluß gewiß war.[30]

Hat der Unternehmensberater bereits Leistungen für die Zeit nach der nicht in Betracht gezogenen Kündigung erbracht und sollte er erst später sein Honorar dafür erhalten, so verliert diese noch nicht abgegoltene Vorleistung durch die Kündigung des Beratungsvertrages ihren Rechtsgrund, so daß ihm insoweit ein Bereicherungsanspruch wegen späteren Wegfalls des Rechtsgrundes zusteht (§ 812 I 2 1. Alt. BGB).[31]

II. Kündigung aus wichtigem Grund

1. Die analoge Anwendung des § 626 BGB

Da das Werkvertragsrecht eine außerordentliche Kündigung (aus wichtigem Grund) nicht vorsieht, stellt sich zunächst die Frage, ob § 626 I BGB analog auf Projektberatungsverträge anwendbar ist. Voraussetzung für eine Analogie ist eine unbewußte Regelungslücke und ein ähnlich gelagerter Sachverhalt.[32] Die erste Analogievoraussetzung ist zu bejahen, weil das Werkvertragsrecht den Vertragsparteien einerseits kein Kündigungsrecht aus wichtigem Grund einräumt, aber dennoch in §§ 643, 649 S. 1, 650 I BGB anerkennt, daß bei Verträgen, die über einen längeren Zeitraum abgewickelt werden, das Interesse einer Partei an vorzeitiger Beendigung des Werkvertrages anerkennenswert sein kann.[33] Schwieriger zu beantworten ist, ob ein ähnlich gelagerter Sachverhalt vorliegt. Dienstverträge haben nämlich eine während eines (befristeten oder unbefristeten) Zeitraums ständig zu erbringende Leistung zum Gegenstand, so daß im Zeitablauf ständig neue Leistungspflichten entstehen und einzelne Erfüllungshandlungen die Schuld nicht gänzlich tilgen (Dauerschuldverhältnis).[34] Davon unterscheiden sich die Projektberatungsverträge zwar dadurch, daß die Leistung nicht ständig wiederkehrend, sondern punktuell am Ende des Beratungsprozesses zu erbringen ist. Entscheidend ist aber, daß hier wie da zwischen Vertragsschluß und Leistungserbringung ein längerer Zeitraum (Projektplanung, Diagnose, Problemdefinition, Zielsetzung, Vorgehenspla-

30 *Grimme*, S. 254.
31 BGH U 15. 1. 59 (VII ZR 15/58), BGHZ 29, 171 (174).
32 Vgl. *Köhler*, AT, § 4 IV 1 a (S. 32).
33 Bei § 649 BGB ist es speziell das Interesse des Klienten, der das bestellte Werk wirtschaftlich nicht nutzen will.
34 *Larenz*, SchR I, § 2 VI (S. 29).

nung, Implementierung u. ä.) liegt und daß sich zwischen den Parteien eine enge Kooperation ergibt. Denn maßgeblich für die Unzumutbarkeit in § 626 I BGB sind in erster Linie die persönliche Zusammenarbeit und das damit verbundene Vertrauensverhältnis.[35] Ist für den Beratungsvertrag im Einzelfall demgegenüber weniger der Langzeit- und Kooperationscharakter kennzeichnend, sondern eine besondere Interessenverflechtung, so gelangt man zum gleichen Ergebnis über eine Gesamtanalogie aus den §§ 626, 723 BGB, 92, 133 HGB.[36] Demzufolge ist § 626 I BGB grundsätzlich auf Projektberatungsverträge analog anwendbar. Ausnahmen mögen denkbar sein, wenn der Unternehmensberater nur mit einer (kurzfristigen) Telefonberatung zu einem aktuell aufgetretenen Problem beauftragt wird oder wenn die Beratung sonst überhaupt keine nähere Zusammenarbeit erfordert.

Im übrigen dürften auch folgende Erwägungen für eine analoge Anwendung sprechen: Würde man bei schweren Vertragsverstößen des Unternehmensberaters den Klienten allein auf § 649 BGB verweisen, würde der Unternehmensberater aus seiner eigenen Vertragswidrigkeit noch Nutzen ziehen, weil er auf die vereinbarte Vergütung selbst für den noch ausstehenden Teil seiner Beratungsleistung – unter Abzug ersparter Aufwendungen – einen Anspruch hätte.[37] Hinzu kommt, daß Fallgestaltungen vorstellbar sind, in denen die allgemeinen Rechtsbehelfe (Verzug, Unmöglichkeit, Mängelgewährleistung) nicht eingreifen oder zur Wahrung der berechtigten Belange des Klienten nicht ausreichen, weil sie eine Nachfristsetzung mit Ablehnungsandrohung voraussetzen (§§ 326, 634 BGB).[38] Man denke etwa an ein völlig zerrüttetes Vertrauensverhältnis oder an eine Mängelgewährleistung im Klientenunternehmen, nachdem der Unternehmensberater bereits Betriebsgeheimnisse verraten hat und mit entsprechendem Verhalten weiterhin zu rechnen ist.

2. Voraussetzungen

Ein wichtiger Grund ist gegeben, wenn dem Kündigenden unter Berücksichtigung aller Umstände des Einzelfalles und unter Abwägung der Interessen beider Vertragsteile die Fortsetzung des Vertragsverhältnisses bis zur

35 Vgl. *Horn,* Vertragsdauer, S. 564.

36 So schon RG U 12. 6. 42 (I 119/41), RGZ 169, 203 (206 f.); BGH U 15. 6. 51 (V ZR 86/50), NJW 51, 836; BGH U 24. 1. 57 (VII ZR 49/56), WM 57, 658; BGH U 12. 5. 60 (VII ZR 65/59); BGH U 13. 1. 59 (I ZR 47/58), LM § 242 (Bc) Nr. 8.

37 BGH U 26. 11. 59 (VII ZR 120/58), BGHZ 31, 224 (229) = NJW 60, 431 (432 a. E.) = LM § 631 Nr. 13; BGH U 20. 3. 75 (VII ZR 91/74), BGHZ 64, 145 (146).

38 OLG Celle U 1. 11. 60 (10 U 104/60), MDR 61, 318 (319).

regulären Vertragsbeendigung nicht zugemutet werden kann (vgl. § 626 I BGB).[39]

Unter diesen Voraussetzungen kommt als Kündigungsgrund für den Unternehmensberater in Betracht: Die Nichtleistung vereinbarter Vorschüsse oder Teilzahlungen trotz Aufforderung,[40] Nichtüberlassung notwendiger Unterlagen,[41] beleidigende bzw. geschäftsschädigende Äußerungen über ihn gegenüber Dritten,[42] die hartnäckige Aufforderung des Klienten, ohne die erforderlichen Genehmigungen oder unter Gesetzesverstoß die Beratungsergebnisse in die Praxis umzusetzen[43] oder persönlich bzw. unsachlich Dritte (Konkurrenten) anzugreifen, jedenfalls, sofern sich der Klient davon nicht abbringen läßt.[44] Oder wenn der Klient etwa in Zeiten konjunktureller Rezession die weitere Beratung auf unbestimmte Zeit zurückstellt und dem Unternehmensberater weiteres Zuwarten unzumutbar ist, weil er neue Beratungsaufträge nur annehmen kann, wenn feststeht, daß die bisherige Beratung (jetzt) nicht weitergeführt wird. Schließlich können für eine Kündigung auch gesundheitliche Gründe ausreichen.[45] Ein wichtiger Kündigungsgrund kann auch vorliegen, wenn er während der Projektdurchführung die Aussichtslosigkeit der Beratung erkennt. Bei Fortsetzung der Beratung würde er nämlich dem Klienten u. U. aus positiver Vertragsverletzung haften und wäre daher ohne Kündigungsmöglichkeit letztlich verpflichtet, seine eigene Schadensersatzverpflichtung durch Weiterführung des aussichtslosen Projekts zu vergrößern.[46] Nicht zur Kündigung dagegen berechtigt die Abberufung von Vorstandsmitgliedern bzw. Geschäftsführern im Klientenunternehmen, selbst wenn der Unternehmensberater gerade zu ihnen ein persönliches Verhältnis hatte.[47]

39 BGH U 21. 11. 85 (VII ZR 366/83), BGHZ 96, 275 (282).
40 BGH U 29. 6. 89 (VII ZR 330/87), NJW-RR 89, 1248 (1249).
41 LAG Bremen U 10. 4. 63 (1 Sa 15/63), Betr 63, 834 (834).
42 OLG Köln U 28. 6. 67 (9 U 47/57), BBauBl. 68, 410.
43 Vgl. *Werner/Pastor*, Rn. 680, Architekt.
44 OLG München U 18. 9. 73 (5 U 1359/66), wiedergegeben in Hfr. in AnwBl 74, 43, Rechtsanwälte.
45 A. A. BGH B 24. 1. 85 (I ZR 113/84), VersR 85, 542 (543), Rechtsanwalt, weil er standesrechtlich für seine Vertretung zu sorgen habe.
46 *Borgmann/Haug*, § 15, 5 a (S. 73) und § 22, 4 (S. 126 f.).
47 OLG Düsseldorf U 11. 10. 84 (3 U 215/83), zit. nach *Borgmann/Haug*, § 15, 5 c (S. 74).

Der Klient hat einen wichtigen Grund zur Kündigung, wenn der Unternehmensberater den Vertragszweck gefährdet.[48] Das kann darin bestehen, daß der Unternehmensberater insbesondere bei der Implementierung grob fahrlässig[49] oder sehr unzuverlässig[50] arbeitet, Betriebsgeheimnisse verrät und dadurch dem Klienten schweren Schaden zufügt,[51] wesentlich die Beratungskosten überschreitet oder ein Beratungsergebnis anstrebt, das den Rahmen der vom Klienten genannten Umsetzungskosten sprengt.[52] Vertragszweckgefährdend kann aber auch die Entgegennahme von „Provisionen" anderer Unternehmer sein, die er im Namen des Klienten beauftragte,[53] die grob mangelhafte Herstellung der bis zur Kündigung erbrachten Teilleistungen,[54] das wiederholte säumige Arbeiten trotz Abmahnung, hartnäckige Nichtbeachtung von Klientenwünschen oder schwere Verletzungen von Beratungs- und Aufklärungspflichten,[55] u. U. die Nichtaushändigung von Ausschreibungsunterlagen trotz anders lautender Vereinbarung,[56] Ehrkränkung und geschäftsschädigende Äußerungen des Beraters sowie tiefgreifende Meinungsverschiedenheiten zwischen Unternehmensberater und Klient.[57] Für einen wichtigen Kündigungsgrund reichen auch mehrere solcher Verstöße aus, die zwar im Einzelfall nicht schwerwiegend sind, in der Fülle aber zu einer erheblichen Erschütterung des Vertrauens-

48 Vgl. BGH U 26. 11. 59 (VII ZR 120/58), BGHZ 31, 224 (229) = NJW 60, 431 (432); BGH U 20. 6. 66 (VII ZR 40/64), 45, 372 (375) = NJW 66, 1713 (1714); BGH U 5. 12. 68 (VII ZR 128/66), NJW 69, 419 (421); BGH U 18. 12. 75 (VII ZR 75/75), NJW 76, 518 (519); OLG Hamm U 10. 2. 88 (12 U 163/87), BauR 88, 727 (728).

49 OLG Düsseldorf, *Schäfer/Finnern*, Z 3.01 Bl. 73; LAG Düsseldorf U 14. 3. 62 (1 Sa 560/61), BB 63, 516; LAG Berlin U 25. 1. 88 (9 SA 108/87), Betr 88, 866.

50 Für den Aspekt dauernder Unpünktlichkeit: ArbG Marburg U 14. 1. 64 (Ca 516/63), Betr 64, 847.

51 BAG U 4. 4. 74 (2 AZR 452/73), BAGE 26, 116 (127 f.); LAG Düsseldorf U 13. 10. 81 (24 S 891/81), ZIP 82, 217 f.; LAG Hamm U 22. 7. 81 (14 SA 565/81), ZIP 81, 1259 (1259 f.); *Stegen*, Betr 77, Beil. 8/77; *Wochner*, BB 75, 1541 ff.; MünchKomm/*Schwerdtner*, § 626 Rn. 100 m. w. N.

52 OLG Hamm U 11. 6. 86 (25 U 237/85), NJW-RR 86, 1150 (1150).

53 BGH U 31. 3. 77 (VII ZR 186/74), NJW 77, 1915 = BB 77, 869.

54 BGH U 6. 2. 75 (VII ZRE 244/73), NJW 75, 825 (826).

55 Vgl. RGRK/*Glanzmann*, § 649 Rn. 17.

56 *Lewenton/Schnitzer*, S. 67; BGH, *Schäfer/Finnern*, Z 3.00, Bl. 155. Nach Ansicht des OLG Köln U 19. 3. 74 (15 U 157/73), OLGZ 74, 208, besteht dagegen kein wichtiger Kündigungsgrund, wenn der Unternehmensberater abredewidrig alleine über die Vergabe von Aufträgen verhandelt.

57 *Bindhardt/Jagenburg*, § 12 Rn. 7.

verhältnisses geführt haben.[58] Allerdings muß dann der Klient vor der Kündigung eine Abmahnung aussprechen.[59]

Zu beachten ist, daß die Kündigung nur innerhalb von zwei Wochen erfolgen kann (§ 626 II 1 BGB) und daß der Kündigende dem anderen Teil auf Verlangen den Kündigungsgrund unverzüglich (§ 121 I 1 BGB) schriftlich mitteilen muß, § 626 II 3 BGB. Andernfalls ist die Kündigung verwirkt.[60]

3. Rechtsfolgen

Durch die Kündigung wird das Beratungsverhältnis für die Zukunft beendet.[61] Es bestehen keine weiteren Leistungsverpflichtungen mehr zwischen den Parteien.[62] Dem Unternehmensberater steht auch kein Honoraranspruch gemäß § 649 S. 2 HS. 1 BGB für die Zeit nach der Kündigung zu.[63] Beruht die Kündigung auf einer erheblichen Überschreitung des Beratungsauftrages, so kann der Unternehmensberater nur Honorar verlangen, soweit seine Bemühungen dem Auftrag entsprachen.[64] Da die Kündigung keine Rückwirkung hat, bleiben entstandene Ansprüche bestehen.[65] So stehen dem Klienten auch hier Ansprüche auf Herausgabe bzw. Überlassung des bisher erbrachten Teilerfolgs, und zwar in mangelfreiem Zustand, auf Wandelung und Minderung (§ 634 BGB) sowie auf Schadensersatz (§ 635 BGB) zu.[66] Während der Vertragsdauer entstandene Schadensersatzansprüche werden selbst dann nicht von der Kündigung berührt, wenn gerade das schädigende Verhalten den Kündigungsgrund darstellt.

---

58 Vgl. *Werner/Pastor,* Rn. 682 unter Berufung auf *Hesse/Korbion/Mantscheff,* § 15 HOAI, Rn. 5.

59 *Bindhardt/Jagenburg,* § 12 Rn. 8.

60 BAG U 22. 6. 89 (8 AZR 164/88), NZA 90, 106.

61 BGH U 5. 4. 62 (VII ZR 56/61), Betr 62, 635 (635).

62 BGH U 15. 1. 59 (VII ZR 15/58), BGHZ 29, 171 (173); BGH U 29. 6. 89 (VII ZR 330/87), NJW-RR 89, 1248 (1250).

63 BGH U 5. 4. 62 (VII ZR 56/61), BB 62, 497; BGH U 20. 6. 66 (VII ZR 40/64), BGHZ 45, 372 (375); BGH U 20. 3. 75 (VII ZR 91/74), BGHZ 64, 145 (147); BGH U 20. 3. 81 (VII ZR 36/79), NJW 81, 1959; *Erman/Seiler,* § 649 Rn. 17.

64 OLG Hamm U 11. 6. 86 (25 U 237/85), NJW-RR 86, 1150.

65 BGH U 6. 2. 75 (VII ZR 244/73), NJW 75, 825 (826); *Esser/Schmidt,* SchR AT, § 20 III (S. 290); *Tempel,* JuS 79, 492 (495).

66 Vgl. dazu die Nachweise oben unter § 5 A 3.

C. Die Kündigung von Dauerberatungsverträgen

Eine außerordentliche unbefristete Kündigung von Dauerberatungsverträgen sieht das Gesetz in zwei Fällen vor.

I. Kündigung bei Vertrauensstellung

Auch ohne wichtigen Grund ist eine außerordentliche fristlose Kündigung eines Dauerberatungsvertrages zulässig bei Diensten höherer Art, wenn der Unternehmensberater in keinem dauernden Dienstverhältnis mit festen Bezügen steht und kein Arbeitsverhältnis i. S. d. § 622 BGB vorliegt, § 627 BGB.

Kein Zweifel besteht, daß die Dauerberatungen Dienste höherer Art darstellen und nur aufgrund besonderen Vertrauens übertragen werden.[67] Typisch für die Übertragung von Beratungsleistungen sind nämlich die hohen Anforderungen an ihre fachliche Qualität[68] und die Vorbildung des Unternehmensberaters sowie die besondere Stellung im Geschäftsverkehr,[69] die die Erfüllung von Beratungsaufgaben dem Unternehmensberater verleihen.[70] Auf die Umstände des konkreten Einzelfalles kommt es indessen nicht an.[71] Daher spielt es keine Rolle, wenn ein Teil der Beratungsleistungen, etwa die an den Unternehmensberater ausgegliederten Verwaltungsaufgaben (Verfassen von Mahn-, Bestätigungsschreiben, monatliche Gehaltsabrechnung etc.), keine Dienste höherer Art zum Inhalt haben und kein besonderes Vertrauensverhältnis voraussetzen.[72] Ebenso ist unerheblich, ob im Einzelfall die Beratung wirklich aus einem besonderen Vertrauen heraus übertragen wurde und in welchem Grad das Vertrauen vorhan-

---

67 BGH U 26. 11. 59 (VII ZR 120/58), BGHZ 31, 224 (228) = NJW 60, 432 (432), Wirtschaftsberater; BGH U 18. 10. 84 (IX ZR 14/84), NJW 86, 373; *Schneider*, S. 61.

68 Dazu BGH U 26. 11. 59 (VII ZR 120/58), BGHZ 31, 224 (228) = NJW 60, 432 (432). Zur Ausbildung von Unternehmensberatern o. V., WiWo, Nr. 7, 63.

69 Diese drückt sich nicht zuletzt in den hohen Honoraren aus.

70 MünchKomm/*Schwerdtner*, § 627 Rn. 5.

71 RG U 20. 5. 13 (Rep III 373/12), RGZ 82, 285; RG U 15. 4. 13 (III 373/12), Recht 13 Nr. 1863; *Soergel/Kraft*, § 627 Rn. 2; *Erman/Hanau*, § 627 Rn. 4 a. E.

72 Eine solche Differenzierung würde auf eine Aufspaltung der vom Unternehmensberater zu erbringenden Leistung in solche höherer Art und solche nicht der Regelung des § 627 I BGB unterfallender Art abzielen. Vgl. OLG Koblenz U 18. 5. 90 (2 U 1382/88), NJW 90, 3153 (3153).

den war.[73] Dabei kann persönliches Vertrauen nicht nur Einzelberatern,[74] sondern auch Beratungsgesellschaften entgegengebracht werden.[75] Entscheidend ist nämlich, daß die großen Beratungsgesellschaften durch ihren Bestand, ihr besonderes Renommee, ihre besonderen Erfahrungen einen (guten) Ruf erzeugen, auf den die Klienten vertrauen und Wert legen.

Allerdings wird eine Kündigung im Regelfall ausgeschlossen sein, weil ein dauerndes Dienstverhältnis mit festen Bezügen besteht.[76] Üblich sind nämlich unbefristete oder zunächst auf ein Jahr befristete Beratungsverträge, die sich dann jeweils um ein weiteres Jahr verlängern. Das genügt für die Annahme eines dauernden Dienstverhältnisses, sofern die Beratung ständige und kontinuierliche Aufgaben beinhaltet und beide Seiten von einer Verlängerung ausgehen.[77] Auch die festen Bezüge werden grundsätzlich vorliegen, weil meist ein Gesamtjahreshonorar, zahlbar in zwölf Monatsraten, vereinbart wird. Ausnahmen mögen denkbar sein, sei es, daß die übertragene Aufgabe, etwa Aushilfe bei Engpässen oder Mitwirkung bei einer einmaligen Veranstaltung,[78] auf ein nur vorübergehendes Dienstverhältnis hindeutet, sei es, daß das Honorar erst anhand der konkret abgerufenen Beratungsleistungen berechnet wird. Anwendbar ist § 627 BGB in den Ausnahmefällen schon dann, wenn alternativ eines der beiden Tatbestandsmerkmale nicht gegeben ist.[79]

---

73 BGH U 26. 11. 59 (VII ZR 120/58), BGHZ 31, 224 (228) = NJW 60, 432 (432); BGH U 18. 10. 84 (IX ZR 14/84), NJW 86, 373.

74 So aber OLG Karlsruhe U 16. 6. 81 (13 U 166/80), NJW 81, 1676; *Schlosser,* NJW 80, 273 (273).

75 OLG Schleswig U 8. 2. 77 (9 U 30/76), MDR 77, 753; *Dörner,* NJW 79, 241 (245); *Heinbuch,* MDR 80, 980 (981 f.); *ders.,* NJW 81, 2734 (2734).

76 RG U 2. 7. 12 (Rep III 534/11), RGZ 80, 29; BGH U 31. 3. 67 (VI ZR 288/64), BGHZ 47, 303 (305) = NJW 67, 1416 (1417); *Dörner,* NJW 79, 245; *Erman/Hanau,* § 627 Rn. 5; *Staudinger/Neumann,* § 627 Rn. 5.

77 BGH U 31. 3. 67 (VI ZR 288/64), BGHZ 47, 303 (307) = NJW 67, 1416 = LM § 627 BGB Nr. 1; BGH U 25. 2. 82 (II ZR 145/80), NJW 84, 1530 (1531) m. krit. Anm. v. *Heinbuch;* LG München I U 21. 3. 79 (15 S 38/79), NJW 80, 293; LG Bielefeld U 30. 4. 80 (2 S 51/80), NJW 81, 1678 (1679); *Dörner,* NJW 79, 241 (245); *Erman/Hanau,* § 627 Rn. 5; MünchKomm/*Schwerdtner,* § 627 Rn. 3. Anders ist die Situation bei Steuerberatungsverträgen. Vgl. dazu OLG Koblenz U 18. 5. 90 (2 U 1382/88), NJW 90, 3153.

78 Beispiele nach BGH U 31. 3. 67 (VI ZR 288/64), BGHZ 47, 303 (307) = NJW 67, 1416 = LM § 627 BGB Nr. 1.

79 RG U 2. 7. 12 (Rep III 534/11), RGZ 80, 29; BGH U 31. 3. 67 (VI ZR 288/64), RGZ 47, 303 (305) = NJW 67, 1416 (1417); *Dörner,* NJW 79, 245; *Staudinger/Neumann,* § 627 Rn. 5.

II. Kündigung aus wichtigem Grund

Ebenso wie bei Projektberatungsverträgen räumt auch bei Dauerberatungsverträgen § 626 BGB das Recht ein, aus wichtigem Grund fristlos zu kündigen. Auf die Ausführungen zu den Voraussetzungen einer außerordentlichen Kündigung bei Projektberatungen kann verwiesen werden.[80]

Auch bei Dauerberatungsverträgen wirkt die Kündigung nur in die Zukunft. Daher hat der Klient Ansprüche aus positiver Vertragsverletzung, wenn der Unternehmensberater nur mangelhafte Beratungsleistungen erbracht hat. Hinsichtlich der Honorargestaltung und weitergehender Schadensersatzansprüche enthält das Dienstvertragsrecht eine Sonderregelung in § 628 BGB.

III. Honorar, Schadensersatz bei Kündigung

Ist eine Kündigung durch §§ 626, 627 BGB gerechtfertigt und nicht nach § 626 II BGB verwirkt,[81] kann der Unternehmensberater einen seinen bisherigen Leistungen entsprechenden Teil des Honorars verlangen (§ 628 I 1 BGB), wenn er vorgeleistet hat (§ 614 BGB).[82] Ist ein Pauschalhonorar vereinbart, ist dieses auf den Teil herabzusetzen, der der bisherigen Tätigkeit des Unternehmensberaters entspricht.[83] Maßgebend ist das Zeitverhältnis.[84] Ist eine Stundenlohnvereinbarung getroffen, so kann er als Honorar die Anzahl der bereits geleisteten Beratungsstunden multipliziert mit dem Stundensatz verlangen.[85] Hat der Klient indessen das Honorar vorgeleistet, so hat der Unternehmensberater dies nach § 347 BGB oder, wenn er die Kündigung nicht zu vertreten hat, nach ungerechtfertigter Bereicherung (§§ 812 ff. BGB) zurückzuerstatten, § 628 I 3 BGB.

Kündigt der Unternehmensberater, ohne durch ein vertragswidriges Verhalten des Klienten dazu veranlaßt zu sein, oder veranlaßt er durch sein vertragswidriges Verhalten die Kündigung des Klienten, so steht ihm der Honoraranspruch nur insoweit zu, als seine bisherigen Beratungsleistungen für den Klienten noch von Interesse sind, § 628 I 2 BGB. Nicht von Interes-

80 Vgl. dazu oben § 7 B II 2.
81 BAG U 22. 6. 89 (8 AZR 164/88), NZA 90, 106; *Erman/Hanau,* § 628 Rn. 3.
82 *Staudinger/Neumann,* § 628 Rn. 20.
83 BGH U 16. 10. 86 (III ZR 67/85), NJW 87, 315 (315).
84 *Staudinger/Neumann,* § 628 Rn. 20.
85 MünchKomm/*Schwerdtner,* § 628 Rn. 9.

se ist die Beratungsleistung, soweit sie für den Klienten wirtschaftlich nutzlos ist.[86]

Hat eine schuldhafte Vertragsverletzung einer Vertragspartei, die freilich das Gewicht eines wichtigen Grundes haben muß,[87] zur außerordentlichen Kündigung geführt, so hat diese den durch die Aufhebung des Dauerberatungsvertrages entstandenen Schaden zu ersetzen (Beendigungsschäden).[88] Dann ist der Geschädigte so zu stellen, wie er bei vertragsgetreuer Fortsetzung des Beratungsvertrages gestanden hätte (§ 249 BGB).

Zu erfüllen ist das volle Interesse mit allen Haupt- und Nebenpflichten.[89] Je nach Fallgestaltung kann der Unternehmensberater als Schadensersatz vom Klienten das Honorar, die ihm darüber hinaus entstandenen Schäden einschließlich des entgangenen Gewinns[90] bzw. angemessenen Kosten für die Erlangung eines Ersatzauftrages verlangen, soweit sie bei ordnungsgemäßer Beendigung des Beratungsvertrages nicht entstanden wären.[91] Zum Schaden des Klienten können u. U. die durch die Einschaltung eines anderen Beraters zusätzlich entstandenen Kosten gehören.[92]

Begrenzt ist der Schadensersatzanspruch zum einen durch die Schadensminderung,[93] die in Betracht kommt, wenn die Vertragsverletzung durch vertragswidriges Verhalten des Kündigenden veranlaßt worden ist, und zum anderen in zeitlicher Hinsicht, weil der Geschädigte (nur) insoweit Schadensersatz verlangen kann, als der Vertrag auch ohne die Kündigung noch fortbestanden hätte.[94] Daher entfallen Schadensersatzansprüche nach § 628 II BGB, wenn beide Seiten ein Recht zur außerordentlichen Kündigung haben.[95] Im übrigen ist die Befristung des Beratungsvertrages oder die nächste ordentliche Kündigungsmöglichkeit des anderen Teils der Schadensberechnung zugrunde zu legen, gleich ob er tatsächlich kündigen wollte oder kündigte.[96]

86 *Staudinger/Neumann*, § 628 Rn. 26.
87 RG U 27. 10. 25 (III 552/24), RGZ 112, 34; ausführlich *Gessert*, S. 4 ff.
88 *Erman/Hanau*, § 628 Rn. 10; MünchKomm/*Schwerdtner*, § 628 Rn. 14.
89 LAG Hamm U 12. 6. 84 (7 Sa 2264/83), NZA 85, 159 (159).
90 MünchKomm/*Schwerdtner*, § 628 Rn. 20.
91 *Erman/Hanau*, § 628 Rn. 19.
92 OLG Köln U 17. 9. 87 (7 U 58/87), VersR 88, 1049 (1049).
93 *Erman/Hanau*, § 628 Rn. 23.
94 BAG U 14. 9. 84 (7 AZR 11/82), NZA 85 (25).
95 LAG Bremen U 3. 6. 53 (Sa 102/52), Betr 53, 555.
96 *Erman/Hanau*, § 628 Rn. 18; MünchKomm/*Schwerdtner*, § 628 Rn. 20.

§ 8 Zusammenfassung

Gegenstand der Darstellung war die zivilrechtliche Bewältigung von Vertragsstörungen bei Unternehmensberatungsverträgen. Dabei haben sich die Regelungen des Bürgerlichen Rechts, die an sich auf körperliche, kurzfristig und mit geringem Aufwand zu erbringende Leistungen zugeschnitten sind, auch bei komplexen und langfristigen Unternehmensberatungsverträgen insgesamt als leistungsfähig erwiesen. Als Ergebnis läßt sich festhalten:

(1) Rechtstatsächlich ist zu unterscheiden zwischen Projektberatungen und Dauerberatungen. Unternehmensberatungsverträge über Projektberatungen (Projektberatungsverträge) sind Werkverträge, solche über Dauerberatungen (Dauerberatungsverträge) hingegen Dienstverträge.

(2) In der vorvertraglichen Phase bestehen für den Unternehmensberater umfassende Aufklärungspflichten über die Beratungsdurchführung und für den Klienten über die Besonderheiten in seinem Unternehmen. Beratungspflichten bestehen indessen in dieser Phase (noch) nicht.

(3) Unternehmensberatungsverträge, die zur Gesetzesumgehung oder zur Beratung bei Gesetzesverstößen geschlossen werden, sind nach § 134 BGB nichtig. Zur Rechtsberatung sind Unternehmensberater nicht und zur Arbeitsvermittlung (Personalberatung) nur unter engen Voraussetzungen befugt. Indessen verletzen Verstöße gegen die Standesrichtlinien des Bundesverbandes Deutscher Unternehmensberater keine gesetzlichen Verbote.

(4) Gegen die guten Sitten verstoßen Unternehmensberatungsverträge, wenn bei einem auffälligen Mißverhältnis zwischen Beratungsleistung und Honorar der (intellektuell überlegene) Unternehmensberater die wirtschaftlichen Schwierigkeiten des Klienten ausnutzt oder wenn er den Inhalt seiner Ratschläge von Provisionen Dritter abhängig macht. Indessen begründen Verstöße gegen die Standesrichtlinien des Bundesverbandes Deutscher Unternehmensberater BDU sowie Honorarvereinbarungen, die der Klient aufgrund seiner wirtschaftlichen Lage in absehbarer Zeit nicht erüllen können wird, keine Sittenwidrigkeit.

(5) Eine Anfechtung wegen verkehrswesentlicher Eigenschaften des Unternehmensberaters kommt nur in Betracht, soweit deren Fehlen sich nicht in Fehlern der Beratungsleistung offenbart. Sofern der Klient bereits Beratungsleistungen erhalten hat, wirkt die Anfechtung nur für die Zukunft.

(6) Entscheidend für die Beurteilung der Fehlerhaftigkeit von Beratungsleistungen ist die Leistungsbeschreibung. Die Berufsgrundsätze des Bundesverbandes Deutscher Unternehmensberater können zur Konkretisierung

der geschuldeten Leistung nicht herangezogen werden. Die Gebrauchstauglichkeit ist an der Fähigkeit des Klienten, Probleme richtig einzuschätzen (Problemmündigkeit) und das Beratungsergebnis geeignet umzusetzen (Problemlösungsfähigkeit), zu messen.

(7) Für das Verschulden ist grundsätzlich auf den ordentlichen und gewissenhaften Durchschnittsberater abzustellen. Mitglieder des Bundesverbandes Deutscher Unternehmensberater BDU stellen sich selbst in den „Verkehrskreis" besonders qualifizierter Berater und schulden dementsprechend auch die erhöhte Sorgfalt. Bei Prognoseentscheidungen ist dem Unternehmensberater ein gewisser „Prognoserahmen" zuzubilligen, innerhalb dessen eine Bewertung als möglich und damit als „richtig" im Sinne von „nicht zu beanstanden" anzusehen ist.

(8) Unter die nach § 635 BGB zu ersetzenden engen Mangelfolgeschäden fallen vor allem Schäden, die unmittelbar durch die Umsetzung der Beratung entstehen (Realisierungsschäden). Daß zwischen Mangel und Schaden die Entscheidung des Klienten über die Umsetzung tritt, spielt keine Rolle. Der Ersatz entfernter Mangelfolgeschäden ist durch den Schutzumfang des Beratungsvertrages auf Gefahren beschränkt, zu deren Abwendung die Beratung gerade durchgeführt wurde.

(9) Fällt das Klientenunternehmen und damit das Leistungssubstrat etwa infolge Konkurses weg (Zweckvereitelung), so führt dies zur Unmöglichkeit der Beratung. Der Klient muß dann analog § 645 BGB einen der geleisteten Beratung entsprechenden Teil des Honorars zahlen. Keine Anweisungen i. S. d. § 645 BGB sind regelmäßig Angaben, die der Klient im Rahmen seiner Mitwirkung macht.

(10) Die wettbewerbsrechtlichen und deliktischen Normen (§§ 17, 18 1 UWG, §§ 823, 826 BGB) bieten einen umfassenden, aber nicht lückenlosen Geheimnisschutz. Nur wenn unter Anlegung strenger Maßstäbe das Geheimnis unmittelbare Bedeutung für die spezifische Berufsausübung des Unternehmensberaters hat, besteht ein schutzwürdiges Interesse des Unternehmensberaters an dessen Weitergabe oder Verwertung. Solche Geheimnisse können nur durch ausdrückliche Vereinbarung einer Geheimhaltungspflicht geschützt werden. Aus dem Beratungsvertrag ergibt sich weiterhin eine Geheimhaltungspflicht des Unternehmensberaters gegenüber dem Aufsichts- bzw. Betriebsrat des Klienten.

(11) Der Klient ist zur umfassenden Mitwirkung verpflichtet. Bei den Mitwirkungspflichten ist zwischen Informationspflichten (Überlassung von Geschäftsunterlagen, Bilanzen, Berichten, Dokumenten) und Unterstützungspflichten (Bereitstellen von Arbeitsmöglichkeiten, Koordination mit

anderen Beratern, Beschaffung erforderlicher Genehmigungen) zu unterscheiden. Rechtspflichten sind die Informationspflichten generell und die Unterstützungspflichten, soweit sie sich unmittelbar auf die Projektdurchführung auswirken. Nur mittelbar sich auswirkende Unterstützungspflichten sind Obliegenheiten.

(12) Beratungsleistungen sind trotz ihres immateriellen Charakters grundsätzlich abnahmefähig, soweit sie in Beratungsberichten etc. eine Verkörperung gefunden haben. In allen anderen Fällen (Telefonberatung, Beratungsgespräch) kommt es auf die Vollendung (§ 646 BGB) an.

(13) Urheberrechtliche Verwertungsrechte bzw. wettbewerbsrechtlicher Verwertungsschutz an der Beratungsleistung werden nur in eng begrenzten Ausnahmefällen in Betracht kommen. Vertraglich steht dem Klienten die Verwertung zu, soweit sie zur Realisierung des betreffenden Beratungsprojekts erforderlich ist. Das schließt Modifikationen ein, die durch Implementierungsschwierigkeiten bedingt sind.

(14) Vertragsanpassung (und nicht Konkretisierung einer nur rahmenmäßig festgelegten Projektberatung) liegt bei Änderungen der Projektdurchführung vor, wenn erhebliche Abweichungen vom Projektablauf erforderlich werden oder wenn der Klient einen anderen Projektablauf verlangt. Bei Änderungen des Beratungsgegenstandes ist Vertragsanpassung anzunehmen, wenn sich der Charakter der angestrebten Beratung ändert.

(15) Projektberatungsverträge können analog § 626 BGB aus wichtigem Grund gekündigt werden. Eine außerordentliche Kündigung von Dauerberatungsverträgen nach § 627 BGB (Kündigung bei Vertrauensstellung) scheitert jedenfalls bei Vereinbarung eines Gesamtjahreshonorars, zahlbar in 12 Monatsraten, daran, daß ein dauerndes Dienstverhältnis mit festen Bezügen besteht.

(16) Werden Rechtsanwälte, Steuerberater oder Wirtschaftsprüfer zur Unternehmensberatung herangezogen, gilt folgendes: Grundsätzlich ist Unternehmensberatung mit ihrer freiberuflichen Tätigkeit vereinbar. Werden die betreffenden Berufsgruppen in ihrer Eigenschaft als Unternehmensberater beauftragt, so kann eine Auftragserteilung als Anwalt, Steuerberater oder Wirtschaftsprüfer nicht ohne weiteres angenommen werden. Hinsichtlich der Rechts- und Steuerberatung bzw. der Wirtschaftsprüfung unterliegen sie dem Recht des jeweiligen Berufsstandes.

Anhang

Vertragsmuster
für Unternehmensberatungsverträge

1. Projektberatungsvertrag

Zwischen der

Name, Rechtsform, vertretungsberechtigte Person (Geschäftsführer, Vorstandsmitglied u. ä.), Straße, PLZ, Ort, Telefon, Telefax, Telex

– im folgenden Klient genannt –

und

Name, Rechtsform, vertretungsberechtigte Person (Geschäftsführer, Vorstandsmitglied u. ä.), Straße, PLZ, Ort, Telefon, Telefax, Telex

– im folgenden Unternehmensberater genannt –

wird folgender

Beratungsvertrag

geschlossen:

§ 1 Gegenstand der Beratung

Gegenstand des Beratungsprojektes ist

– genaue Beschreibung des Beratungszieles –

Beispiel: Der Unternehmensberater bereitet die Entscheidung des Klienten über eine mögliche Ausweitung seiner Schleifmaschinenproduktion vor, indem er ein Gutachten erstellt über die mit der Produktionsausweitung verbundene wirtschaftliche Belastung des Klientenunternehmens sowie über neue Absatzmärkte für Schleifmaschinen.

Das Gutachten umfaßt

a) eine betriebswirtschaftliche Analyse der Schleifmaschinenproduktion im Klientenunternehmen

b) Zusammenstellung der Schwachstellen in der Schleifmaschinenproduktion

c) Marktanalyse für Schleifmaschinen
d) Lösungsalternativen, d. h. Konzepte sowie deren Realisierungschancen und Implementierungskosten
e) Entscheidungsvorschlag

Der Unternehmensberater hat folgende Leistungen zu erbringen:

– genaue Beschreibung der einzelnen Beratungsschritte –

Beispiel: Der Unternehmensberater hat zunächst anhand der ihm übergebenen Unterlagen eine Grobdiagnose der Schleifmaschinenproduktion zu erarbeiten.

Er hat dem Klienten Lösungsansätze aufzuzeigen.

Er hat Angaben über die voraussichtliche Dauer des Beratungsprojektes und die mit der Beratung verbundenen Kosten zu machen.

. . . .

§ 2 Honorarvereinbarung

Der Unternehmensberater erhält ein Beratungshonorar in Höhe von . . . . .,. . DM pro Beratungsstunde zuzüglich der Auslagen bzw. der Auslagenpauschale und der gesetzlichen Mehrwertsteuer.

Die Vergütung für Fahrzeiten des Unternehmensberaters beträgt . . . . .,. . DM pro Stunde. Für den Einsatz qualifizierter Mitarbeiter erhält er . . . . .,. . DM pro Stunde.

§ 3 Abrechnung

Der Unternehmensberater rechnet monatlich ab.

Die Abrechnung ist dem Klienten bis spätestens zum 10. Werktag des darauf folgenden Kalendermonats vorzulegen. Widerspricht der Klient dieser Abrechnung nicht innerhalb von 14 Tagen nach Zugang, gilt sie als anerkannt.

Der Klient hat den Rechnungsbetrag so auf das Konto des Unternehmensberaters, Konto-Nr. . . . ., BLZ . . . ., Bank . . . . zu überweisen, daß dieser spätestens drei Wochen nach Zugang der Abrechnung dort gutgeschrieben ist.

Hat der Klient den Rechnungsbetrag nicht innerhalb von 30 Tagen nach Zugang der Abrechnung überwiesen, hat er den Rechnungsbetrag ab diesem Zeitpunkt mit . . % zu verzinsen. Das gilt auch dann, wenn der Klient zunächst die Abrechnung des Unternehmensberaters ganz oder zum Teil bestreitet und sich die Abrechnung nachher doch als berechtigt herausstellt.

§ 4 Vertragsdauer

Der Unternehmensberater hat mit der Vertragsdurchführung spätestens am .... zu beginnen.

Der Vertrag endet automatisch mit Vorlage des Gutachtens. Das Gutachten muß spätestens am .... fertiggestellt sein.

§ 5 Vertragsdurchführung

Der Unternehmensberater hat das Gutachten in eigener Person zu erstellen (vgl. aber § 7 dieses Vertrages).

Der Klient hat dem Unternehmensberater unaufgefordert und unverzüglich nach Beratungsbeginn alle sachdienlichen Angaben und Informationen, die ihm zugänglich sind, zur Verfügung zu stellen.

Der Klient hat den Unternehmensberater in jeder Phase des Beratungsprozesses zu unterstützen, insbesondere

- das erforderliche Personal zur Verfügung zu stellen
- ungehinderten Zugang zu allen Betriebseinrichtungen zu verschaffen
- die erforderlichen Genehmigungen und Erlaubnisse einzuholen
- dem Unternehmensberater folgende Ausrüstung, Materialien, und Einrichtungen (unentgeltlich) zur Verfügung zu stellen:

  ......

  ......

§ 6 Vertretung

Der Unternehmensberater ist nicht zur Vertretung des Klienten berechtigt.

§ 7 Unteraufträge

Will sich der Unternehmensberater der Hilfe Dritter (Wirtschaftsprüfer, Steuerberater, Rechtsanwälte, Sachverständige etc.) bedienen, muß er hierzu vorher die schriftliche Zustimmung des Klienten einholen.

Muß sich der Unternehmensberater zur ordnungsgemäßen Erfüllung dieses Vertrages der Hilfe Dritter bedienen, etwa bei Rechtsberatung, so hat er mit diesen – nach Absprache mit dem Klienten – eine angemessene Vergütung zu vereinbaren.

§ 8 Haftung und Haftungsausschluß

Der Unternehmensberater haftet für Schäden, die er, seine Mitarbeiter oder die von ihm beauftragten Dritten zu vertreten haben.

Der Unternehmensberater führt alle Arbeiten mit größter Sorgfalt und unter Beachtung allgemeiner branchenspezifischer Grundsätze sowie aller einschlägigen, allgemein anerkannten, betriebswirtschaftlichen, rechtlichen und fachlichen Grundsätze und Regeln durch.

Der Unternehmensberater haftet für den Einsatz gehörig ausgebildeter, mit der nötigen Sach- und Fachkenntnis in den zur Ausführung des Auftrages relevanten sonstigen Fachgebieten versehenen Mitarbeiter, außerdem für deren fortlaufende Betreuung und Kontrolle bei der Durchführung des Beratungsprojektes.

Die Haftung des Unternehmensberaters ist, soweit nicht in gesetzlichen Sondervorschriften eine höhere oder niedrigere Summe festgesetzt ist, auf 200.000 DM für den einzelnen Schadensfall beschränkt. Dies gilt auch dann, wenn ausnahmsweise eine Haftung gegenüber einer anderen Person als dem Klienten begründet sein sollte.

§ 9 Versicherungen

Der Klient hat zugunsten des Unternehmensberaters und seiner Mitarbeiter sowie der vom Unternehmensberater für die Beratung eingebrachten Gegenstände eine Haftpflichtversicherung mit einer angemessenen Versicherungssumme abzuschließen und während der Beratung auf eigene Kosten aufrechtzuerhalten. Auf Verlangen hat er gegenüber dem Unternehmensberater den Abschluß und die laufende Zahlung der Prämien durch Vorlage der Versicherungspolice und der Prämienquittungen nachzuweisen.

§ 10 Interessenkollision

Der Unternehmensberater verpflichtet sich, für die Dauer dieser Beratung in geschäftlicher Beziehung zu dem Klienten stehende Dritte, insbesondere Konkurrenten, nicht zu beraten.

Der Unternehmensberater verpflichtet sich, während der Dauer dieser Beratung weder für eigene noch für fremde Rechnung Geschäfte zu machen und sich nicht an Unternehmen zu beteiligen, die mit dem Klienten in Wettbewerb stehen. Dies gilt auch für Mitarbeiter des Unternehmensberaters.

§ 11 Verschwiegenheitspflicht

Der Unternehmensberater ist verpflichtet, über alle Tatsachen, die ihm im Zusammenhang mit seiner Tätigkeit für den Klienten bekannt werden, Stillschweigen zu bewahren.

Die Verschwiegenheitspflicht besteht auch über die Beendigung des Beratungsvertrages hinaus und erstreckt sich auf alle Partner und Mitarbeiter des Unternehmensberaters. In Verträgen mit Dritten (vgl. § 7) sind entsprechende Vereinbarungen zu treffen.

§ 12 Urheberrechte

Die Urheberrechte an den Beratungsergebnissen stehen alleine dem Unternehmensberater zu.

§ 13 Nachträgliche Projektänderungen

Der Unternehmensberater kann ohne vorherige Zustimmung des Klienten geringfügige Projektänderungen vornehmen, sofern diese dem mutmaßlichen Willen des Klienten entsprechen und die Zustimmung des Klienten nicht rechtzeitig eingeholt werden kann. Der Unternehmensberater muß den Klienten unverzüglich über die Projektänderung, insbesondere die damit verbundenen Mehrkosten, informieren.

Bei wesentlichen Projektänderungen verpflichten sich die Vertragsparteien, über eine Vertragsanpassung zu verhandeln. Kommt eine Einigung nicht zustande, entscheidet entsprechend einer gesonderten Vereinbarung das Schiedsgericht.

§ 14 Vorzeitige Vertragsbeendigung

Beide Vertragsparteien können den Beratungsvertrag jederzeit mit einer Frist von . . Wochen ganz oder teilweise kündigen. Die Kündigung bedarf der Schriftform.

Im Falle der Kündigung steht dem Unternehmensberater ein Honorar nur für die bis zur Kündigung erbrachten Leistungen zu. Weitergehende Ansprüche sind ausgeschlossen.

§ 15 Rückgabe von Unterlagen

Nach Beendigung der Beratung hat der Unternehmensberater alle in Erfüllung dieses Vertrages erlangten Unterlagen an den Klienten herauszugeben. Ein Zurückbehaltungsrecht, gleich aus welchem Rechtsgrund, steht dem Unternehmensberater nicht zu.

§ 16 Schlußbestimmungen

Sollten einzelne Bestimmungen dieses Vertrages unwirksam sein, so werden die übrigen Bestimmungen dieses Vertrages hiervon nicht berührt. Die unwirksame Bestimmung ist durch eine wirksame sinngemäß zu ersetzen. Dies gilt auch, wenn eine ergänzungsbedürftige Lücke vorliegt.

Änderungen und Ergänzungen dieses Vertrages bedürfen der Schriftform.

Ort, Datum

....	....
Klient	Unternehmensberater

2. Dauerberatungsvertrag

Die

Firma, gesetzlicher Vertreter, Straße, PLZ, Ort, Telefon, Telefax, Telex

– nachfolgend Klient –

und

Firma, gesetzlicher Vertreter, Straße, PLZ, Ort, Telefon, Telefax, Telex

– nachfolgend Unternehmensberater –

schließen folgenden Betreuungsvertrag:

1. Der Unternehmensberater ist zur laufenden betriebswirtschaftlichen Betreuung des Klienten im Rahmen eines Dauerberatungsverhältnisses verpflichtet:

   Er hat auf Anforderung des Klienten insbesondere folgende Leistungen zu erbringen:

   - betriebswirtschaftliche Kurzberatungen (Telefonberatung, Fax-Brief)
   - wöchentliches Briefing (telefonischer Kurzabruf von Aufträgen)
   - betriebswirtschaftliche Beratungsgespräche im Klientenunternehmen (monatliches check up im Rahmen des externen Controlling)

- kaufmännische Dienstleistungen (z. B. als Schriftverkehr mit Dritten, Gespräche/Verhandlungen mit Firmen, Banken, Behörden etc.)
- sonstige Dienstleistungen

2. Die Parteien vereinbarten ein Beratungshonorar in Höhe von DM ..... netto monatlich zuzüglich Auslagen bzw. Auslagenpauschale, Nebenkosten und Mehrwertsteuer.

   Der Stundensatz des Unternehmensberaters beträgt DM ...

3. Dieser Betreuungsvertrag wird zunächst auf die Dauer von sechs Monaten abgeschlossen. Gegen Ende dieses Zeitraumes werden die Parteien gemeinsam besprechen, ob der Betreuungsvertrag fortgesetzt wird und ob gegebenenfalls das Beratungshonorar in Anbetracht der in diesem Zeitraum erbrachten und für die Zukunft zu erwartenden Beratungsleistungen angemessen ist. Gegebenenfalls ist das monatliche Beratungshonorar dann anzupassen. Kommt keine Einigung zustande, endet der Betreuungsvertrag nach Ablauf von sechs Monaten, ohne daß es einer Kündigung bedarf.

4. Dieser Vertrag beginnt am .... Das Beratungshonorar nach Ziffer 2 ist jeweils im voraus am 1. eines jeden Monats für den jeweiligen Kalendermonat auf das Konto (Konto-Nr. ...., Bank ...., BLZ ....) zu überweisen.

Ort, Datum

....	....
Unternehmensberater	Klient

Literaturverzeichnis

Amann, Peter: Abgrenzung und Anwendungsbereich von Dienstvertrag, Werkvertrag und Auftrag in der Entstehungsgeschichte des Bürgerlichen Gesetzbuches, 1987; Bielefeld.

Assmann, Heinz-Dieter: Zur Haftung von Konsortien für das rechtsgeschäftliche Handeln ihrer Vertreter, zugl. Anmerkung zu BGH, Urt. v. 9. 7. 84 – II ZR 193/83, ZHR 152 (1988), 371.

Ballerstedt, Kurt: Zur Auslegung der §§ 623, 638 BGB bei den verschiedenen Werkvertragstypen, in: Festschrift für Karl Larenz zum 70. Geburtstag, S. 717, 1973; München.

ders.: Zur Haftung für culpa in contrahendo bei Geschäftsabschluß durch Stellvertreter, AcP 151 (1950/51), 501.

Bar, Christian v.: „Nachwirkende" Vertragspflichten, AcP 179 (1979), 452.

Bartl, Harald: Das neue Reisevertragsrecht, NJW 1979, 1384.

Basedow, Jügen: Preiskalkulation und culpa in contrahendo, NJW 1982, 1030.

Baumbach, Adolf / Duden, Konrad / Hopt, Klaus J.: Handelsgesetzbuch mit GmbH & Co., Recht der Allgemeinen Geschäftsbedingungen und Handelsklauseln, Bank- und Börsenrecht, Transportrecht (ohne Seerecht), 28. Aufl., 1989; München.

Baumbach, Adolf / Hefermehl, Wolfgang: Wettbewerbsrecht, 16. Aufl., 1990; München.

Baumbach, Adolf / Lauterbach, Wolfgang / Alberts, Jan / Hartmann, Peter: Zivilprozeßordnung – Kommentar, 49. Aufl., 1991; München.

Baumgärtel, Gottfried: Neue Tendenzen der Prozeßhandlungslehre, ZZP 87 (1974), 121.

Baur, Fritz: Vereinbarungen der Parteien über präjudizielle Rechtsverhältnisse im Zivilprozeß, in: Festschrift für Eduard Böttcher, S. 1, 1969; Berlin.

Baur, Jürgen F.: Vertragliche Anpassungsregelungen, 1983; Heidelberg.

Beitzke, Günther: Nichtigkeit, Auflösung und Umgestaltung von Dauerrechtsverhältnissen, 1948; Herford.

Berger, Göran: Rechtsberatung durch Unternehmensberater? NJW 1990, 2355.

Beuthien, Volker: Zweckerreichung und Zweckstörung im Schuldverhältnis, 1969; Tübingen.

Biallo, Horst: In die Lücke stoßen, WiWo 1989, Nr. 4, 42.

Bilda, Klaus: Anpassungsklauseln in Verträgen: Gleitklauseln, Preisvorbehalte und ähnliche Sicherungsmittel, 2. Aufl., 1973; Berlin.

Bindhardt, Walther / Jagenburg, Walter: Die Haftung des Architekten, 8. Aufl., 1981; Düsseldorf.

Bise, Wilhelm: Geld – das große Abenteuer, Betr 1982, 2045, 2096.

Böckenstiegel, Karl-Heinz: Besondere Aspekte der Wirtschaftsschiedsgerichtsbarkeit mit Parteien aus Entwicklungsländern, NJW 1981, 1862.

Böhme, Werner: Die Besteuerung des Know-how, 1967; München, Berlin.

Böhmer, Emil: Zum Begriff der „Umstände" i. S. des § 254 BGB, MDR 1962, 442.

Bönker, Johannes E. C.: Anmerkung zu LG-Flensburg, Urt. v. 11. 12. 86 – 1 S 69/86 AnwBl 1987, 492.

Borgmann, Brigitte / Haug, Karl H.: Anwaltshaftung – Systematische Darstellung der Rechtsgrundlagen für die anwaltliche Berufstätigkeit, 2. Aufl., 1986; Frankfurt.

Brammsen, Jörg: Schutz von Wirtschaftsgeheimnissen – Bedeutung, Definition und Strafschutz, in: Kragler, Peter / Otto, Harro (Hrsg.), Schützen Sie Ihr Unternehmen vor unlauterem Wettbewerb, vor Medienattacken, vor Wirtschaftsspionage, 1991; Landsberg.

Brandi-Dohrn, Matthias: Gewährleistung bei Hard- und Softwaremängeln, 1988; München.

Braun, Johann: Wegfall der Geschäftsgrundlage – BGH, Urt. v. 8. 2. 78 – VIII ZR 221/76, JuS 1979, 692.

Breidenbach, Stephan: Die Voraussetzungen von Informationspflichten bei Vertragsschluß, 1989; München.

ders.: Anmerkung zu OLG Stuttgart, Urt. v. 18. 10. 88 – 6 U 64/88, CR 89, 600.

Brox, Hans: Die Aufrechterhaltung von Dauerrechtsverhältnissen, BB 1964, 523.

Buchholz, Rainer: Steuer- und Unternehmensberatung aus einer Hand, StB 1987, 261.

Buchner, Herbert: Der Schutz von Computerprogrammen im Arbeitsverhältnis, in: Lehmann, Michael (Hrsg.), Rechtsschutz und Verwertung von Computerprogrammen, Teil XI, S. 266, 1988; Köln.

Bulla, Werner: Gerichtliche Nachprüfbarkeit von Schiedsgutachten, NJW 1978, 397.

von Caemmerer, Ernst: Das deutsche Schuldrecht und die Rechtsvergleichung, NJW 1956, 569.

Callmann, Rudolf: Der unlautere Wettbewerb – Kommentar zum Gesetz gegen den unlauteren Wettbewerb und zu den materiell-rechtlichen Vorschriften des Gesetzes zum Schutze der Warenbezeichnungen, 2. Aufl., 1932; Mannheim.

ders.: Bedarf das Betriebsgeheimnis eines verstärkten Schutzes? Referat zum 36. Deutschen Juristentag.

Canaris, Claus-Wilhelm: Bankvertragsrecht, 2. Aufl., 1981; Berlin.

Coing, Helmut: Grundzüge der Rechtsphilosophie, 4. Aufl., 1985; Berlin, New York.

Custodis, Hans: Architektenbindungsklauseln nach altem und neuem Recht, DNotZ 1973, 526.

Dahl, Edgar: Die Unternehmensberatung – Eine Untersuchung ausgewählter Aspekte beratender Tätigkeiten in der Bundesrepublik Deutschland, 1967; Meisenheim.

Dannecker, Gerhard: Der Schutz von Geschäfts- und Betriebsgeheimnissen, BB 1987, 1614.

Dernburg, Heinrich: Das bürgerliche Recht, 2. Band, Die Schuldverhältnisse, 2. Aufl., 1915; Halle.

Diederichsen, Uwe: „Schadensersatz wegen Nichterfüllung" und Ersatz von Mangelfolgeschäden, AcP 165 (1965), 150.

Dörner, Heinrich: Verbraucherschutz bei privatem Direktunterricht, NJW 1979, 241.

Döser, Wulf Henrich: Rechtliche Fragen der Personalberatung, Personal 80, 300.

Dürkes, Werner: Wertsicherungsklauseln, 9. Aufl., 1982; Heidelberg.

ders.: Zur Genehmigungsbedürftigkeit von Kostenelementeklauseln, BB 1979, 805.

Ebenroth, Carsten Thomas / Kräutter, Thomas: Die Eigenhaftung des GmbH-Geschäftsführers bei der Anlagevermittlung, BB 1990, 569.

Eberle, Rainer: Neuregelung des Reiserechts durch das Reisevertragsgesetz, Betr 1979, 341.

Eckert, Hans-Werner: Die Risikoverteilung im Pauschalreiserecht, 1988; Neuwied.

Elfgen, Ralph / Kanzow, Thomas / Klaile, Beatrice / Klein, Norbert: Dokumentation deutsch- und englischsprachiger Literatur zur Unternehmensberatung.

Emmerich, Volker: Das Recht der Leistungsstörungen, 2. Aufl., 1986; München.

ders.: Das Recht des unlauteren Wettbewerbs, 3. Aufl., 1990; München.

ders.: Kein Wegfall der Geschäftsgrundlage bei einer Bürgschaft, JuS 1987, 908.

Engisch, Karl: Die Idee der Konkretisierung in Recht und Rechtswissenschaft unserer Zeit, 1953; Heidelberg.

Enneccerus, Ludwig / Lehmann, Heinrich: Recht der Schuldverhältnisse, 14. Aufl., 1954; Tübingen.

Erman: Handkommentar zum Bürgerlichen Gesetzbuch, 1. Band, §§ 1–853 BGB, AbzG, HausTWG, AGBG, 8. Aufl., 1989; Münster.

Erbs, Georg / Kohlhaas, Max / Fuhrmann, Hans: Strafrechtliche Nebengesetze, 1990; München.

Ermann, Walter: Beiträge zur Haftung für das Verhalten bei Vertragsverhandlungen, AcP 139 (1934), 273.

ders.: Der Sphärengedanke als Gesichtspunkt für die Verteilung der Preisgefahr beim Werkvertrag, JZ 1965, 657.

Esser, Josef: Buchbesprechung zu Karl-Heinz Strache: „Das Denken in Standards. Zugleich ein Beitrag zur Typologik", AöR 96, 140.

Esser, Josef / Schmidt, Eike: Schuldrecht, Band I, Allgemeiner Teil, 6. Aufl., 1984; Heidelberg.

Esser, Josef / Weyers, Hans-Leo: Schuldrecht, Band II, Besonderer Teil, 6. Aufl., 1984; Heidelberg.

Fenn, Herbert: Arbeitsverhältnisse und sonstige Beschäftigungsverhältnisse, in: Festschrift für Friedrich Wilhelm Bosch zum 65. Geburtstag, S. 171, 1976; Bielefeld.

Fieten, Robert: Der Einsatz externer Berater bei der organisatorischen Gestaltung, ZO 1979, 395.

Fikentscher, Wolfgang: Die Geschäftsgrundlage als Frage des Vertragsrisikos – dargestellt unter besonderer Berücksichtigung des Baurechts, 1971; München.

ders.: Schuldrecht, 7. Aufl., 1985; Berlin, New York.

Fix, Dagmar / Schweer, Dieter: Die letzte Instanz, WiWo 1991, Nr. 13, 56.

Frielingsdorf, Elke: Zur Problematik der Wertsicherungsklauseln, Betr 1982, 789.

Fischer, Manfred: Zum neuen Selbstverständnis des Steuerberaters, Stbg 1979, 222.

Flach, Peter: Die VOB/B und das Leitbild des gesetzlichen Werkvertragsrechts, 1984; Spardorf.

Flume, Werner: Allgemeiner Teil des Bürgerlichen Rechts, Band 2, Das Rechtsgeschäft, 3. Aufl., 1979; Berlin, Heidelberg, New York.

Futter, Werner: Rechtsprobleme bei langfristigen Energieversorgungsverträgen, BB 1976, 1295.

ders.: Energieversorgungsverträge und Monopolmißbrauch, BB 78, 935.

Gamm, Otto-Friedrich Frhr. v.: Wettbewerbs- und Wettbewerbsverfahrensrecht, Band 1, Wettbewerbsrecht, 1. Halbband, 5. Aufl., 1987; Köln, Berlin, Bonn, München.

Gaul, Dieter: Die Abgrenzung nachvertraglicher Geheimhaltungsverpflichtungen gegenüber vertraglichen Wettbewerbsbeschränkungen – Zugleich Anmerkung zu BAG, Urt. v. 15. 12. 87 – 3 AZR 474/86, ZIP 1988, 689.

ders.: Die Durchsetzung des Schutzes eines betriebsgeheimen Know-how, WRP 1988, 215.

ders.: Die nachvertragliche Geheimhaltungspflicht eines ausgeschiedenen Arbeitnehmers, NZA 1988, 225.

Gelder, Alfons van: Der Anspruch nach §§ 649 S. 2 BGB bei Verlustgeschäften und seine Geltendmachung im Prozeß, NJW 1975, 189.

Gerlach, Johann W.: Das Urheberrecht des Architekten und die Einräumung von Nutzungsrechten nach dem Architektenvertrag, GRUR 1976, 613.

Gessert, Thomas: Schadensersatz nach Kündigung – Voraussetzungen, Inhalt, Reichweite und Konsequenzen des § 628 Abs. 2 BGB, 1987; Frankfurt, Bern, New York.

Giessmann, Rudolf: Die Abnahmepflicht des Werkbestellers, 1932; Marburg.

Godin, Hans Frhr. v.: Wettbewerbsrecht, 1974; Berlin.

Goldbeck, Klaus-Jürgen: Der Berufsstand, in: ders. (Hrsg.), Handbuch der Wirtschaftsberatung, Abteilung 1.1, 1983; Landsberg.

Greulich, H.: Nachwirkungen bei Lieferverträgen, BB 1955, 208.

Grimm, Dieter: Zur Abgrenzung der Schadensersatzansprüche aus § 635 BGB und aus positiver Vertragsverletzung, NJW 1968, 14.

Grimme, Rainer: Die Vergütung beim Werkvertrag, 1987; Berlin.

Grube, Georg: Zum Unternehmensberater als Freiberufler, StuW 1981, 34.

Grunewald, Barbara: Zur Haftung von Fachleuten im Zivilrechtsverkehr, JZ 1982, 627.

Gursky, Karl-Heinz: Ersparnisgedanke und Reserveursache im Bereicherungsrecht, JR 1972, 279.

Haberler, Gottfried: Prosperität und Depression: Eine theoretische Untersuchung der Konjunkturbewegungen, 1. Aufl., 1948; Bern.

Haberstumpf, Helmut: Der urheberrechtliche Schutz von Computerprogrammen, in: Lehmann, Michael (Hrsg.), Rechtsschutz und Verwertung von Computerprogrammen, Teil II, S. 7, 1988; Köln.

Hadding, Walther: Anmerkung zu BAG AP 2 zu § 306 BGB, in: Hueck/Nipperdey/Dietz: Nachschlagewerk des Bundesarbeitsgerichts – Arbeitsrechtliche Praxis – München.

Harms, Wolfgang: Zur Anwendung von Revisionsklauseln in langfristigen Energielieferungsverträgen, Betr 1983, 322.

Harrmann, Alfred: Zur Optimierung der Zusammenarbeit Unternehmung/Berater, Betr 1975, 1037.

Harte-Bavendamm, Henning: Schutz von Geschäfts- und Betriebsgeheimnissen, in: Gloy, Wolfgang (Hrsg.), Handbuch des Wettbewerbsrechts, 1986; München.

Hartkopf, Walfrid Otto: Abgrenzung der Leistungsstörungen von der Gewährleistung und dem Institut der Geschäftsgrundlage, 1982; Berlin.

Hauschild, Jürgen: Zur Rolle des externen Beraters im unternehmerischen Entscheidungsprozeß, Wpg 1969, 8.

Heck, Philipp: Grundriß des Schuldrechts, 1929; Tübingen.

Hehemann, Heinrich: Zur Abgrenzung von nächsten und entfernteren Mangelfolgeschäden im Werkvertragsrecht, NJW 1988, 801.

Heinbuch, Holger: Erleichterte Kündigung von Direktunterrichtsverträgen? MDR 1980, 980.

ders.: Kündigung von Direktunterrichtsverträgen nach sechs Monaten, NJW 1981, 2734.

Heinemann, Klaus: Baustein anwaltlicher Berufshaftung: die Beweislast, NJW 1990, 2345.

Henke, Hermann: Personalberatung, in: Führende Fachleute aus Wissenschaft und Praxis (Hrsg.), Management Enzyklopädie, Band 7, S. 543, 2. Aufl., 1984; München.

Herrmann, Harald: Die Sachwalterhaftung vermögenssorgender Berufe, JZ 1983, 422.

ders.: Kaufrechtliche Grenzen der Händlerwerbung, AcP 183 (1983), 248.

Hesse, Gerd / Korbion, Hermann / Mantscheff, Jack: Honorarordnung für Architekten und Ingenieure, 2. Aufl., 1983; München.

Heydt: Das Geschäfts- und Betriebsgeheimnis im Entwurf eines Gesetzes über das Arbeitsverhältnis, GRUR 39, 228.

Heymann, Ekkehardt: Die neuere Rechtsprechung zur Bankenhaftung bei Kapitalanlagen, NJW 1990, 1137.

Heymann, Ernst: Handelsgesetzbuch (ohne Seerecht) – Kommentar, Band 1 = Buch 1. Einleitung, §§ 1–109, 1. Aufl., 1989; Berlin, New York.

Hildebrandt, Rainer: Das Leitbild des gewählten Vertragstyps als Eingangsschranke für Allgemeine Geschäftsbedingungen, 1978; Dortmund.

Hommelhoff, Peter: Anmerkung zu BGH, Urt. v. 8. 2. 78 – VIII ZR 221/76, JR 1979, 60.

Honsell, Heinrich: Die positive Vertragsverletzung und ihr Verhältnis zur Sachmängelhaftung bei Kauf, Miete und Werkvertrag, Jura 1979, 184.

Horn, Norbert: Vertragsdauer – Die Vertragsdauer als schuldrechtliches Regelungsproblem, in: Bundesminister der Justiz (Hrsg.), Gutachten und Vorschläge zur Überarbeitung des Schuldrechts, Band I, S. 551, 1981; Köln.

ders.: Die Anpassung langfristiger Verträge im internationalen Wirtschaftsverkehr, in: Horn, Norbert / Fontaine, Marcel / Maskow, Dietrich / Schmitthoff, Clive M., Die Anpassung langfristiger Verträge, S. 9, 1984; Frankfurt.

ders.: Neuverhandlungspflicht, AcP 181 (1981), 255.

ders.: Vertragsbindung unter veränderten Umständen, NJW 1985, 1118.

Huang, Mao-zong: Umfang des Schadensersatzanspruchs bei culpa in contrahendo, 1974; Tübingen.

Huber, Martin O.: Rechtliche Aspekte der Personalberatung, 1989; Zürich.

Ibielski, Dieter: Unternehmensberatung in der Bundesrepublik Deutschland, Rationalisierung 1979, 135.

Ibielski, Dieter / Küster, Norbert: Handbuch der Unternehmensberatung – Ergänzbares Informationswerk für Unternehmen und Organisationen der Wirtschaft, für Berater und Beraterverbände, 21. Lieferung; Berlin.

Jacobi, Ernst: Die Abnahmepflicht des Käufers unter Berücksichtigung der Abnahmepflicht des Werkbestellers, JherJb 45, 259.

Jagenburg, Walter: Die Entwicklung des privaten Bauvertragsrechts seit 1984, NJW 1985, 2563.

ders.: Die Entwicklung des Architekten- und Ingenieurrechts seit 1987/88, NJW 1990, 93.

ders.: Die Entwicklung des privaten Bauvertragsrechts seit 1989: BGB-Werkvertrag und Verfahrensfragen, NJW 1990, 3119.

Jacobs, Horst Heinrich: Die Schadensersatzpflicht des Unternehmers wegen mangelhafter Werkleistung in ihrem Verhältnis zu Wandelung und Minderung, JuS 1974, 341.

ders.: Die Verjährung des Schadensersatzanspruchs wegen mangelhafter Werkleistung, JuS 1975, 76.

ders.: Die Abnahme beim Werkvertrag, AcP 183 (1983), 145.

Jauernig, Othmar / Schlechtriem, Peter / Stürner, Rolf / Teichmann, Arndt / Vollkommer, Max: Bürgerliches Gesetzbuch, 5. Aufl., 1990; München.

Junker, Abbo: Die Entwicklung des Computervertragsrechts in den Jahren 1988 und 1989, NJW 1990, 1575.

Juristentag: 55. Deutscher Juristentag: Der Tagungsverlauf, NJW 1984, 2671.

Karassis, Marianos D.: Das Verhältnis der Haftung aus culpa in contrahendo wegen Verletzung der Offenbarungspflicht zu der vertraglichen Haftung, 1974; Berlin.

Kayser, Peter: Lernprozeß auf beiden Seiten, WiWo 1983, 86.

Keill, Eckhard: Unternehmensberatung in der Bundesrepublick Deutschland – Eine statistische Untersuchung zu unternehmenspolitischem Einfluß, Interessenkonflikten im Betrieb und Legitimation von Unternehmensberatern in deren Meinungsbild, 1980; Bochum.

Kempermann, Michael: Unlautere Ausnutzung von Vertrauensverhältnissen im englischen, französischen und deutschen Recht, 1974; Bonn.

Kienbaum, Gerhard / Meissner, Dirk: Zur Problematik des Effizienznachweises von Beratung, BFuP 1979, 109.

Kirchhoff, Ferdinand: Private Rechtsetzung, 1987; Berlin.

Kirchner, Rolf: Rechtliche Probleme bei Ingenieurverträgen, BB 1971, 67.

Kirsch, Guy: Die Einigkeit der Gegner, WiWo 1990, Nr. 17, 154.

Klaile, Beatrice: Managementberatung in mittelständischen Unternehmen – Bessere Führung durch externe Unternehmensberatung, 1984; Berlin.

dies.: Probleme präzise abgrenzen, WiWo 1983, Nr. 36, 83.

Klauser, Karl-August: Abwägungsgrundsätze zur Schadensverteilung bei Mitverschulden und Mitverursachung, NJW 1962, 369.

Klebba, W.: Der Prüfer als Berater, Betr 1962, 877.

Knöpfle, Robert: Zum Verhältnis zwischen Gewährleistungsansprüchen und ansprüchen aus culpa in contrahendo oder positiver Vertragsverletzung, NJW 1990, 2497.

Köhler, Helmut: Bürgerliches Gesetzbuch – Allgemeiner Teil, 20. Aufl., 1989; München.

ders.: Unmöglichkeit und Geschäftsgrundlage bei Zweckstörungen im Schuldverhältnis, 1971; München.

ders.: Die Herstellung und Überlassung von Software im bürgerlichen Recht, in: Lehmann, Michael (Hrsg.), Rechtsschutz und Verwertung von Computerprogrammen, Teil XIII, S. 340, 1988; Köln.

ders.: Rückwirkende Vertragsanpassung bei Dauerschuldverhältnissen?, in: Festschrift für Ernst Steindorff zum 70. Geburtstag, S. 611, 1990; Berlin, New York.

ders.: Grundprobleme der Lehre von der Geschäftsgrundlage, JA 1979, 498.

ders.: Reform des Werkvertragsrechts – notwendig oder entbehrlich? NJW 1984, 1841.
ders.: Zur Nachbesserung beim Kauf, JZ 1984, 393.
ders.: Die haftungsrechtliche Bedeutung technischer Regeln, BB-Beilage 1985, 10.
ders.: Arbeitsleistungen als „Aufwendungen"?, JZ 1985, 359.
ders.: Juristentag und Reform des Werkvertragsrechts – eine kurze Bilanz, NJW 1985, 945.
ders.: Rechtsfragen zum Softwarevertrag – zugleich Anmerkung zu BGH, Urt. v. 25. 3. 1987 – VIII ZR 43/86, CR 1987, 827.
ders.: Herstellungsrisiken und Informationspflichten, CR 1988, 623.
ders.: Anmerkung zu BGH, Urt. v. 23. 9. 82 – VII ZR 183/80, JR 1983, 106.
ders.: Anmerkung zu BGH, Urt. v. 22. 9. 83 – VII ZR 43/83, JR 1984, 324.
ders.: Anmerkung zu BGH, Urt. v. 10. 10. 85 – VII ZR 303/84 (KG), JZ 1986, 294.
Kölner Kommentar: Kölner Kommentar zum Aktiengesetz, Band 1, 1. Aufl., 1985, 2. Aufl., 1988; Köln, Berlin, Bonn, München.
König, Michael: Der wettbewerbsrechtliche Schutz von Computerprogrammen vor Nachahmung, NJW 1990, 2233.
Könning, Angela: Zur Rechtsnatur des Zahnarztvertrages, VersR 1989, 223.
Kolbeck, Erich / Peter, Karl / Rawald, Ernst: Kommentar zum Steuerberatungsgesetz, 3. Aufl., Stand Juli 1990, Neue Wirtschafts-Briefe; Berlin.
Koller, Ingo: Die Risikozurechnung bei Vertragsstörungen in Austauschverträgen, 1979; München.
ders.: Aufgedrängte Bereicherung und Wertersatz bei der Wandlung im Werkvertrags- sowie Kaufrecht, Betr 1974, 2385.
Koppensteiner, Hans Georg: Wettbewerbsrecht, Band 2, Unlauterer Wettbewerb, 2. Aufl., 1987; Wien.
ders.: Probleme des bereicherungsrechtlichen Wertersatzes, NJW 1971, 588.
Kornblum, Udo: Die Rechtsnatur der Bestimmung der Leistung in den §§ 315–319 BGB, AcP 168 (1968), 450.
Kraßer, Rudolf: Grundlagen des zivilrechtlichen Schutzes von Geschäfts- und Betriebsgeheimnissen sowie von Know-how, GRUR 1977, 177.
Kress, Hugo: Lehrbuch des Allgemeinen Schuldrechts, 1929; München.
Kronke, Herbert: Zu Funktion und Dogmatik der Leistungsbestimmung nach § 315 BGB, AcP 183 (1983), 133.
ders.: Konkretisierung der Risikozurechnungskriterien im Leistungsstörungsrecht – zugleich Anmerkung zu BGH, Urt. v. 11. 3. 83 – VII ZR 357/80, JuS 1984, 758.
Kunth, Bernd: Die Anpassung von Preisen in langfristigen Lieferverträgen, BB 1978, 178.

Laager, Fritz: Erfolgreiche Zusammenarbeit mit Beratern, Management-Zeitschrift 49 (1980), 269.

Lachmann, Ulrike: Die Rechtsfolge unterlassener Mitwirkungshandlungen des Werkbestellers, BauR 1990, 409.

Lappe, Michael: Risikoverteilung bei Turn-Key-Projekten des Internationalen Industrieanlagenbaus – Zugleich ein Beitrag zur Typologie des Industrieanlagenvertrages, 1987; Bochum.

Larenz, Karl: Geschäftsgrundlage und Vertragserfüllung, 3. Aufl., 1963; München, Berlin.

ders.: Allgemeiner Teil des Deutschen Bürgerlichen Rechts, 7. Aufl., 1989; München.

ders.: Lehrbuch des Schuldrechts – Allgemeiner Teil (Band I), 14. Aufl., 1987; München.

ders.: Lehrbuch des Schuldrechts – Besonderer Teil (Band II/1), 13. Aufl., 1986; München.

ders.: Methodenlehre der Rechtswissenschaft, 5. Aufl., 1983; Berlin, Heidelberg, New York, Tokio.

Leenen, Detlef: Typus und Rechtsfindung, 1971; Berlin.

Lehmann, Michael: Die bürgerrechtliche Haftung für Werbeangaben, NJW 1981, 1233.

Lepp, Wolfgang F.: Die Grundstrukturen des Baurechts, 1988; Münster.

Lewenton, Michael / Schnitzer, Bernd: Verträge im Ingenieurbüro, 1974; Düsseldorf.

Lieberknecht, Otfried: Die Behandlung von Geschäftsgeheimnissen im deutschen und EG-Recht, WuW 1988, 833.

Liebs, Detlev: Anmerkung zu OLG Hamm, Urt. v. 15. 1. 1979 – 2 U 235/78, JZ 1979, 441.

Lindelaub, Horst: Organisationsberatung in ihrer Bedeutung für die Unternehmensleitung, Wpg 1969, 46.

Lippit, Gordon / Lippit, Ronald: Beratung als Prozeß – Was Berater und ihre Kunden wissen sollten, 1984; Goch.

Littmann, Eberhard / Grube, Georg: Das Einkommenssteuerrecht: Kommentar zum Einkommenssteuergesetz, 2. Band, 13. Aufl., 1982; Stuttgart.

Locher, Horst: Das private Baurecht, 4. Aufl., 1988; München.

Loewenheim, Ulrich: Der Schutz der kleinen Münze im Urheberrecht, GRUR 1987, 761.

Maass, Hans-Heinrich: Information und Geheimnis im Zivilrecht, 1970; München.

Malzer, Georg: Fragen der praktischen Rechtsanwendung bei der Lieferung von Elektrizität und Gas an Industriebetriebe, BB 1974, 908.

Marner, Bernd: Unternehmensführung und Berater – aus der Sicht der Praxis, Rationalisierung 1982, 215.

Mayer, Horst Johann: Die Erfassung von Risiken im Steuerrecht, 1970; Nürnberg.

Medicus, Dieter: Bürgerliches Recht – Eine nach Anspruchsgrundlagen geordnete Darstellung zur Examensvorbereitung, 14. Auflage, 1989; Köln, Berlin, Bonn, München.

ders.: Vertragsauslegung und Geschäftsgrundlage, in: Festschrift für Werner Flume zum 70. Geburtstag, Band 1, S. 629, 1978; Köln.

ders.: Voraussetzungen und Arten der Abnahme in BGB und VOB, in: Deutsche Gesellschaft für Baurecht e. V., Dieter Medicus (Hrsg.), Seminar Abnahme und Gewährleistung in VOB und BGB. Rechtliche Probleme, 1988; Wiesbaden, Berlin.

ders.: Leistungsfähigkeit und Rechtsgeschäft, ZIP 1989, 817.

ders.: Typen bei der Rückabwicklung von Leistungen, JuS 1990, 689.

Merz, Hans: Privatautonomie heute – Grundsatz und Rechtswirklichkeit, 1970; Karlsruhe.

Mes, Peter: Arbeitsplatzwechsel und Geheimnisschutz, GRUR 1979, 584.

C. W. Meyer: Consulting, in: Führende Fachleute aus Wissenschaft und Praxis (Hrsg.), Management Enzyklopädie, Band 2, S. 489, 2. Aufl., 1982; München.

Michalski, Lutz: Zur Rechtsnatur des Dauerschuldverhältnisses, JA 1979, 401.

ders.: Die Systemwidrigkeit der Differenzierung nach Mangel- und Mangelfolgeschäden im werkvertraglichen Sachmängelgewährleistungsrecht, NJW 1988, 793.

Monjau, H.: Nachwirkende Treuepflichten, BB 1962, 1439.

Motive: Motive zu dem Entwurfe eines Bürgerlichen Gesetzbuches für das Deutsche Reich, Band II, 2. Aufl., 1896; Berlin.

Müller, Gerd: Zur Beachtlichkeit des einseitigen Eigenschaftsirrtums beim Spezieskauf, JZ 1988, 381.

Müller, Gernot: Der Leistungsbegriff im Arbeitsverhältnis, 1974; Frankfurt, Bern.

Müller-Foell, Christoph: Die Mitwirkung des Bestellers beim Werkvertrag, 1982; Berlin.

MünchKomm: Münchener Kommentar zum Bürgerlichen Gesetzbuch, Rebmann, Kurt / Säcker, Franz Jürgen (Hrsg.), München, Band 1, Allgemeiner Teil, §§ 1–240, 2. Aufl., 1984; Band 2, Schuldrecht, Allgemeiner Teil, §§ 241–432, 2. Aufl., 1985; Band 3, 1. Halbband, Schuldrecht, Besonderer Teil, §§ 433–651 k, 2. Aufl., 1988; Band 3, 2. Halbband, Schuldrecht, Besonderer Teil, §§ 657–853, 2. Aufl., 1986.

Nastelski, Karl: Der Schutz des Betriebsgeheimnisses, GRUR 1957, 1.

Neumann-Duesberg, Horst: Gerichtliche Ermessensentscheidung nach §§ 315 ff. BGB, JZ 1952, 705.

Nicklisch, Fritz: Instrumente der Internationalen Handelsschiedsgerichtsbarkeit zur Konfliktregelung bei Langzeitverträgen, RIW/AWD 1978, 633.

ders.: Mitwirkungspflichten des Bestellers beim Werksvertrag, insbesondere beim Bau- und Industrieanlagenvertrag, BB 1979, 533.

ders.: Ergänzende Vertragsauslegung und Geschäftsgrundlagenlehre – ein einheitliches Rechtsinstitut zur Lückenausfüllung?, BB 1980, 949.

ders.: Empfiehlt sich eine Neukonzeption des Werkvertragsrechts? – unter besonderer Berücksichtigung komplexer Langzeitverträge –, JZ 1984, 757.

ders.: Rechtsfragen des Subunternehmervertrages bei Bau- und Anlageprojekten im In- und Auslandsgeschäft, NJW 1985, 2361.

Nicklisch, Fritz / Weick, Günter: VOB – Verdingungsordnung für Bauleistungen, Teil B, 1981; München.

Nirk, Rudolf: Der „Emissionsprospekt" einer sogenannten Publikums- (Abschreibungs-) Kommandit-Gesellschaft als Anspruchsgrundlage für geschädigte Kapitalzeichner, in: Festschrift für Wolfgang Hefermehl zum 70. Geburtstag, S. 189, 1976; München.

ders.: Vertrauenshaftung Dritter bei Vertragsdurchführung? Zugleich Anmerkung zu BGH, Urt. 5. 12. 77 – AnwSt (R) 5/77, S. 267, in: Festschrift für Fritz Hauß zum 70. Geburtstag, 1987; Karlsruhe.

ohne Verfasser: Der RKW-Beratungsdienst, Rationalisierung 1980, 324.

ohne Verfasser: Diener vieler Herren, WiWo 1974, 72.

ohne Verfasser: Der Unternehmens-Berater, WiWo 1977, Nr. 7, 63.

ohne Verfasser: Gemeinsam im Netz, WiWo 1983, Nr. 36, 72.

ohne Verfasser: Es darf gefeilscht werden, WiWo 1983, Nr. 36, 77.

ohne Verfasser: Mißtrauen abbauen, WiWo 1983, Nr. 36, 80.

ohne Verfasser: Boom mit Barrieren, WiWo 1987, Nr. 29, 34.

ohne Verfasser: Mythos der Stärke, WiWo 1990, 40.

Orth, Manfred: Art. 3 I GG und die Gewerbesteuerpflicht – Zugleich Anmerkung zu BVerfG, Beschl. v. 25. 10. 77 – 1 BvR 15/75, StuW 1979, 77.

Otto, Harro: Verrat von Betriebs- und Geschäftsgeheimnissen, § 17 UWG, wistra 1988, 125.

Pabst, Günter: Mitwirkungspflichten bei Klagen nach §§ 117, 127, 140 HGB und bei der Anpassung von Verträgen im Recht der Personenhandelsgesellschaften, BB 1977, 1524.

Palandt: Bürgerliches Gesetzbuch, 50. Aufl., 1991; München.

Pawlowsky, Hans-Martin: Methodenlehre für Juristen, 1981; Heidelberg, Karlsruhe.

Pestke, Axel: Die Zusammenarbeit von Steuerberatern und Rechtsanwälten bei Vertragsgestaltung, Stbg 89, 411.

Pfister, Bernhard: Das technische Geheimnis „Know how" als Vermögensrecht, 1974; München.

Picker, Eduard: Die Anfechtung von Arbeitsverträgen, ZfA 1981, 1.

Pickert, Gisela: Die steuerbilanzielle Behandlung unfertiger Beratungsleistungen beim Unternehmensberater, 1989; Berlin.

Piek, Johannes: Anmerkung zu OLG Karlsruhe, Urt. v. 8. 7. 1970 – 5 U 29/70, NJW 1970, 1977.

Planck's Kommentar zum Bürgerlichen Gesetzbuch: II. Band, 2. Hälfte, Recht der Schuldverhältnisse (Besonderer Teil), 4. Aufl., 1928; Berlin, Leipzig.

Potthoff, Erich: Unternehmensberatungsbetriebe, in: Grochla, Erwin / Wittmann, Waldemar (Hrsg.), Handwörterbuch der Betriebswirtschaft, Sp. 4055, 4. Aufl., 1984; Stuttgart.

ders.: Der Wirtschaftsprüfer als Gutachter und Berater, BFuP 1979, 117.

Pougin, Erwin / Wysocki, Klaus v.: Zum System der Unternehmensberatung, Wpg 1970, 149.

Rehmann, Wolfgang: Herstellung von Individualanwendersoftware – Folgen der Verletzung von Mitwirkungspflichten, CR 1989, 961.

Reimer, Dietrich: Das Recht des unlauteren Wettbewerbs in den Mitgliedstaaten der Europäischen Wirtschaftsgemeinschaft, Band 3, Deutschland, 1968; Köln, Berlin, Bonn, München.

Reimer, Eduard: Der Regierungsentwurf eines Gesetzes zum Schutz von Geschäfts- und Betriebsgeheimnissen, MuW 1931, 414.

Reimer, Eduard / Gamm, Otto-Friedrich Frhr. v.: Wettbewerbs- und Warenzeichenrecht – Systematischer Kommentar, Band 2, Wettbewerbsrecht, 4. Aufl., 1972; Köln, Berlin, Bonn, München.

Remele, H.: Schwerpunkte der RKW-Arbeit, Rationalisierung 1968, 19.

Reuter, Dieter: Besprechung der Entscheidung BGH, Urt. 18. 3. 74 – II ZR 80/72, ZGR 76, 88.

RGRK: Das Bürgerliche Gesetzbuch mit besonderer Berücksichtigung der Rechtsprechung des Reichsgerichts und des Bundesgerichtshofes – Kommentar, Mitglieder des Bundesgerichtshofs (Hrsg.), Berlin, New York; Band I, §§ 1–240, 12. Aufl., 1982; Band II, 1. Teil, §§ 241–432, 12. Aufl., 1976; Band II, 4. Teil, §§ 631–811, 12. Aufl., 1976; 65. Lieferung, §§ 626–630, 12. Aufl., 1991.

Richter, Martin: Der Einsatz von Beratern in Problemlösungsprozessen, BFuP 1979, 127.

Riezler, Erwin: Der Werkvertrag nach dem Bürgerlichen Gesetzbuche für das Deutsche Reich, 1890; Jena.

Rinsche, Franz-Josef: Die Haftung des Rechtsanwalts und des Notars – Ein Handbuch für die Praxis, 3. Aufl., 1989; Köln, Berlin, Bonn, München.

Ritzinger, Horst: Der Vorvertrag in der notariellen Praxis, NJW 1990, 1201.

Rosenberg, Leo: Der Verzug des Gläubigers, JherJb 43, 141.

Rosenberg, Leo / Schwab, Karl Heinz: Zivilprozeßrecht, 14. Aufl., 1986; München.

Rosenthal, Alfred / Leffmann, Ernst: Gesetz gegen den unlauteren Wettbewerb, 9. Aufl., 1969; Berlin, Frankfurt.

Ruppel, Wolfgang: Standeswidriges Verhalten des Anwalts im Zivilprozeß und seine prozessualen und materiellrechtlichen Folgen, 1984; Gießen.

Salinger: Rechtliche Aspekte von Preisänderungsklauseln in langfristigen Verträgen unter besonderer Berücksichtigung der in Erdgaslieferungsverträgen üblichen Regelungen, in: Institut für Energierecht an der Universität Köln

(Hrsg.), Preisänderungsklauseln in Erdgaslieferungsverträgen, S. 7, 1974; Köln.

Salje, Peter: Betriebsstillegung und Betriebsverlegung als Leistungsstörungen im Rahmen langfristiger Energielieferungsverträge, Betr 80, 1057.

Salzmann, Stephan: Die Neuverhandlungsklausel als ein Problem ergänzender Vertragsauslegung, 1986, München.

Schäfer, Hans / Finnern / Hochstein, Rainer: Rechtsprechung zum privaten Baurecht, 1984; Düsseldorf.

Schaub, Günter: Arbeitsrechts-Handbuch, 6. Aufl., 1987; München.

Scheffler, Friedrich: Anwaltspflichten – Anwaltsverschulden, NJW 1961, 577.

Scherer, Alfred / Wässerle, Günther Paul: Richtige Auswahl, vorteilhafter Einsatz und wirksame Kontrolle von freien Beratern, 1979; Kissing.

Schiemann, Gottfried: Der freie Dienstvertrag, JuS 1983, 649.

Schlegelberger: Handelsgesetzbuch – Kommentar, Geßler, Ernst / Hefermehl, Wolfgang / Hildebrand, Wolfgang / Schröder, Georg (Hrsg.), 2. Band, §§ 48–104 HGB, 5. Aufl., 1973; München.

Schlosser, Peter: Erleichterte Kündigung von Direktunterrichtungsverträgen?, NJW 1980, 273.

Schlüter, Andreas: Management- und Consulting-Verträge, 1987; Berlin, New York.

Schmalzl, Max: Die Haftung des Architekten und des Bauunternehmers, 4. Aufl., 1980; München.

Schmidt, Eberhard: Bedarf das Betriebsgeheimnis eines verstärkten Schutzes?, Gutachten zum 36. Deutschen Juristentag.

Schmitthoff, Clive M.: Hardship and Intervener Clauses, The Journal of Business Law 1980, 82.

Schneider, Klaus: Die Kündigung freier Dienstverträge, 1987; Frankfurt, Berlin, New York.

Schneider, Michael: Praxis zählt doppelt, WiWo 1989, Nr. 5, 54.

Schönefelder, Erwin / Kranz, Günter / Wanka, Richard: Kommentar zum Arbeitsförderungsgesetz, Stand: 1990; Stuttgart, Berlin, Köln, Mainz.

Scholz, Franz: Kann eine GmbH im Angehörigenverhältnis zu ihren Gesellschaftern stehen?, JW 1935, 1520.

Scholz, Peter: Die Prospekthaftung, Jura 1983, 1.

Schott, Gerhard: Unternehmensprobleme – Unternehmensberatung, 1969; Stuttgart.

ders.: Der Beruf des Unternehmensberaters, 1972; Herne, Berlin.

Schütz, Werner v.: Rechnungserstellung einer Beratungsgesellschaft, ZO 1967, 145.

Schulze, Gernot: Der Schutz der kleinen Münze im Urheberrecht, GRUR 1987, 769.

Schulze, Reiner: Grundprobleme der Dritthaftung bei Verletzung von Auskunfts- und Beratungspflichten in der neueren Rechtsprechung, JuS 1983, 81.

Schwarz, Arno: Die Abnahme des Werkes, 1988; Frankfurt, Bern, New York, Paris.

Sigulla, Stefan: Vertragstypologie und Gesetzesleitbilder im modernen Dienstleistungsrecht, 1987; Frankfurt, Bern, New York.

Söllner, Afred: „Ohne Arbeit kein Lohn", AcP 167 (1967), 132.

Soergel: Kommentar zum Bürgerlichen Gesetzbuch mit Einführungsgesetz und Nebengesetzen, Stuttgart, Berlin, Köln, Mainz; Band 1, Allgemeiner Teil, §§ 1–240, 12. Aufl., 1988; Band 2, Schuldrecht I, §§ 241–432, 12. Aufl., 1990; Band 3, Schuldrecht II, §§ 516–704, 11. Aufl., 1980.

Sonnenberger, Hans Jürgen: Grundfragen des technischen Normwesens, BB-Beilage 1985, 3.

Späth, Wolfgang, Anmerkung zu OLG Stuttgart, Urt. v. 26. 1. 78 – 6 U 163/77, DStR 1978, 376.

ders.: Die zivilrechtliche Haftung des Steuerberaters, 3. Aufl., 1987; Bonn.

Spieß, Primin: Zur Einschränkung der Irrtumsanfechtung, JZ 1985, 953.

Staub, Hermann / Brüggemann, Dieter: Handelsgesetzbuch – Großkommentar, 2. Lieferung, §§ 84–104 HGB, 4. Aufl., 1983; Berlin, New York.

Staudinger: Kommentar zum Bürgerlichen Gesetzbuch mit Einführungsgesetz und Nebengesetzen, Berlin; 1. Buch, §§ 90–240, 12. Aufl., 1979; 2. Buch, §§ 255–327, 12. Aufl., 1979; 2. Buch, §§ 433–580a, 12. Aufl., 1978; 2. Buch, §§ 611–615, 12. Aufl., 1989; 2. Buch, §§ 620–630, 12. Aufl., 1979; 2. Buch, §§ 631–651, 12. Aufl., 1990.

Stege, Dieter: Die Geheimhaltungspflicht für Arbeitnehmer, Betriebsräte und Arbeitnehmervertreter in Aufsichtsräten, Betr 1977, Beilage 8/77.

Steindorff, Ernst: Vorvertrag zur Vertragsänderung – Ein Beitrag zu Leistungsvorbehalten und Anpassungsklauseln, BB 1983, 1127.

ders.: Vertragliche Pflichten zur Vertragsanpassung, ZHR 148 (1984), 271.

Steininger, Uwe H.: Anmerkung zu BGH, Urt. v. 23. 10. 85 – VIII ZR 210/84, BB 1986, 1045.

Stolterfoht, Joachim N.: Die Selbständigkeit des Handelsvertreters, 1973; Düsseldorf.

Strätz, Wolfgang: Über sog. „Nachwirkungen" des Schuldverhältnisses und den Haftungsmaßstab bei Schuldpflichtverstößen, in: Festschrift für Friedrich Wilhelm Bosch zum 65. Geburtstag 1976; Bielefeld.

Streck, Michael / Schwedhelm, Rolf: Unerlaubte Rechtsberatung durch Steuerberater und ihre Folgen, Stbg 1989, 379.

Strobel, Wilhelm: Die ökonomische Zukunft der Rechtsberatung in Orientierung an der Steuerberatung/Wirtschaftsprüfung, BB 1987, 699.

Stütz, Manfred: Mangelhafte Werkherstellung und der Neuherstellungsanspruch, 1970; München.

Taeger, Jürgen: Die Offenbarung von Betriebs- und Geschäftsgeheimnissen, 1988; Baden-Baden.

Teichmann, Arndt: Nebenpflichten aus Treu und Glauben, JA 1984, 709.

Tempel, Otto: Der Architektenvertrag, in: Vahlens Rechtsbücher, Reihe Zivilrecht, Band III (Vertragsschuldverhältnisse ohne Kaufrecht), 1974; München.

ders.; Der Bauprozeß, JuS 1979, 347, 492.

Teubner, Gunther: Die Geschäftsgrundlage als Konflikt zwischen Vertrag und gesellschaftlichen Teilsystemen, ZHR 146 (1982), 625.

Thiele, Wolfgang: Anmerkung zu BGH, Urt. v. 30. 9. 1970 – V ZR 39/70, JZ1971, 292.

Thomas, Heinz / Putzo, Hans: Zivilprozeßordnung (mit Gerichtsverfassungsgesetz), 16. Aufl., 1990; München.

Tiedtke, Klaus: Der Inhalt des Schadensersatzanspruchs aus Verschulden beim Vertragsabschluß wegen fehlender Aufklärung, JZ 1989, 569.

ders.: Zur Rechtsprechung des Bundesgerichtshofes auf dem Gebiet des Kaufrechts seit dem 1. 1. 1987, JZ 1990, 75.

Ulmer, Peter: Wirtschaftslenkung und Vertragserfüllung, AcP 174 (1974), 167.

Unger, Brigitte: Anmerkung zu OLG Hamburg, Urt. v. 9. 8. 85 – 11 U 209/84, CR 86, 85.

UWG-Großkommentar: Großkommentar zum Gesetz gegen den unlauteren Wettbewerb, Jakobs, Rainer / Lindacher, Walter F. / Teplitzky, Otto (Hrsg.), 1991; Berlin, New York.

Veelken, Winfried: Zur Dogmatik der Gefahrtragung beim Werkvertrag, 1989; Baden-Baden.

Volmer, Dirk: Das Schiedsgutachtenrecht – Bestandsaufnahme und Fragen der Praxis, BB 84, 1010.

Vormbaum, Herbert: Unternehmensberatung durch den Steuerberaterberuf, Stbg 1982, 345.

Vortmann, Jürgen: Die neuere Rechtsprechung zu den Aufklärungs- und Beratungspflichten der Banken, WM 1989, 1557.

Voss: Anmerkung zu OLG Düsseldorf, Urt. v. 27. 2. 53 – 5 U 319/52, NJW 1953, 1553.

Wässerle, Günter: Planung und Kontrolle der externen Beratung im Unternehmen, in: Gesellschaft für Planung (AGPLAN) e.V., Grünewald, Hans-Günter / Kilger, Wolfgang / Seif, Wolfgang (Hrsg.), AGPLAN-Handbuch zur Unternehmensplanung, 2. Band, Abteilung 2871, 34. Lieferung; Berlin.

Walde, Hermann / Berlinghoff, Gerd: Das Auslandsgeschäft mit Industrieanlagen, 1967; München.

Weber, Gerald: Die Unterscheidung von Dienstvertrag und Werkvertrag, 1977; München.

Werner, Ulrich / Pastor, Walter: Der Bauprozeß, 6. Aufl., 1990; Düsseldorf.

Werner, Ursula: Die erfolglose Nachbesserung des Werkes – Eine Studie zur Rechtsnatur des Werkvertrages, 1955; Nürnberg.

Werp, Manfred: Die Grenzen der Abdingbarkeit dispositiven Gesetzesrechts insbesondere beim Kauf- und Werkvertrag, 1969; Heidelberg.

Westermann, Harm Peter: Gefahr und Gefahrübergang, JA 1978, 481, 551.
Westphalen, Friedrich Graf von: Anmerkung zu OLG Karlsruhe, Urt. v. 11. 3. 75 – 8 U 68/73, BB 1975, 1316.
Weyers, Hans-Leo: Welche Ergänzungen und Fortentwicklungen sind im Werkvertragsrecht auf die technischen, wirtschaftlichen und juristischen Weiterentwicklungen der Rechtswirklichkeit geboten?, in: Bundesminister der Justiz (Hrsg.), Gutachten und Vorschläge zur Überarbeitung des Schuldrechts, Band II, S. 1115, 1981; Köln.
Wieling, Hans: Venire contra factum proprium und Verschulden gegen sich selbst, AcP 176 (1976), 334.
ders.: Wegfall der Geschäftsgrundlage bei Revolutionen? Zugleich Anmerkung zu BGH, Urt. v. 8. 2. 84 – VIII ZR 254/82, JuS 1986, 272.
Wild, Gisela: Anmerkung zu BGH, Urt. v. 17. 3. 86 – I ZR 213/83, GRUR 86, 741.
Willemsen, Heinz-Josef: Zum Verhältnis von Sachmängelhaftung und culpa in contrahendo beim Unternehmenskauf, AcP 182 (1982), 515.
Winter, Jochen: Die Distinktion von Mangel- und Mangelfolgeschäden im Werkvertragsrecht, 1979; Tübingen.
Winters, Karl-Peter: Der Rechtsanwaltsmarkt – Chancen, Risiken und zukünftige Entwicklung, 1989; Köln.
Wittmann, Arno: Zivilrechtliche Prospekthaftung beim Vertrieb von steuerbegünstigten Kapitalanlagen, Betr 1980, 1579.
Wochner, Manfred: Die Geheimhaltungspflicht nach § 79 BetrVG und ihr Verhältnis zum Privatrecht, insbesondere Arbeitsvertragsrecht, BB 1975, 1541.
Wolf, Manfred: Rechtsgeschäftliche Entscheidungsfreiheit und vertraglicher Interessenausgleich, 1970; Tübingen.
ders.: Die aufgedrängte Bereicherung, JZ 1966, 467.
Worms, Alexander: Anlegerschutz durch Strafrecht, 1987; Köln.
Wüst, Günther: Präventiver und repressiver Rechtsschutz bei Anlegerwerbung und Anlagevermittlung, JZ 1989, 67.

Zander, Ernst / Ziehm, Otto: Die Zusammenarbeit mit Beratern in Klein- und Mittelbetrieben, 2. Aufl., 1983; Freiburg.
Zeiger, Sonja: Der Management-Vertrag als internationales Kooperationsinstrument, 1984; Konstanz.
Zöllner, Wolfgang: Arbeitsrecht, 3. Aufl., 1983; München.
Zuck, Rüdiger: Anmerkung zu BGH, Urt. v. 4. 11. 87 – IVa ZR 158/86, JZ 1988, 558.

Stichwortverzeichnis

Nach 4 Jahren wieder völlig neu und 200 Seiten mehr!

4. Auflage

Graf von Westphalen

Der Leasingvertrag

Von RA Dr. Friedrich Graf von Westphalen. 4. völlig neubearbeitete und erweiterte Auflage 1992, 727 Seiten DIN A 5, gbd. 195,– DM. ISBN 3 504 45023 1

Leasing ist eine Wachstumsbranche. Die rasche Entwicklung schlägt sich naturgemäß auch auf die Rechtsbeziehungen der Beteiligten nieder. Nach vier Jahren erscheint „Der Leasingvertrag" darum wieder völlig neu und um 200 Seiten stärker als zuvor. Das Standardwerk gibt wieder umfassend Antwort auf alle zivilrechtlichen Fragen, die üblicherweise beim Abschluß bzw. bei der Abwicklung von Leasingverträgen auftreten.

Die Darstellung umfaßt wesentliche Bereiche wie

Rechtsnatur – Vertragsabschluß – Lieferstörungen – Vertragsbeendigung – Zwangsvollstreckung – Konkurs – Refinanzierung – Sale-and-Lease-Back – PKW-Leasing – Software-Leasing – Immobilien-Leasing.

Unter Berücksichtigung der steuerlichen Prämissen der Leasingerlasse werden die unterschiedlichen Leasingformen mit den besonderen Problemen Tragung der Sach- und Preisgefahr, Haftungsausschluß, Abtretung der Gewährleistungsansprüche etc. erläutert. Im Anhang findet der Benutzer die Leasingerlasse der Finanzverwaltungen sowie ein ausführliches Fundstellenverzeichnis der wichtigen BGH-Entscheidungen.

Für alle, die am Leasinggeschäft beteiligt und interessiert sind – Leasinggesellschaften, Kreditinstitute, Unternehmen, Anwälte und Gerichte –, ist dieses Werk erneut ein unverzichtbarer Ratgeber. Es stellt zugleich einen Beitrag dar, an dem auch die rechtswissenschaftliche Diskussion nicht vorbeigehen kann.

...verdient voll und ganz den Ehrentitel „Standardwerk"...
RAin S. Klamroth in WRP 1/1988 zur 3. Auflage

Verlag Dr. Otto Schmidt KG · Köln

Rechtsfragen der Wirtschaft

Die neue praxisorientierte Schriftenreihe zu Problemkreisen aus allen Bereichen des Wirtschaftsrechts

König

Das Computerprogramm im Recht

Technische Grundlagen, Urheberrecht und Verwertung, Überlassung und Gewährleistung

Von RA Dr. Mark Michael König. Heft 1 der Schriftenreihe „Rechtsfragen der Wirtschaft", 326 Seiten DIN A 5, 1991, brosch. 66,– DM. ISBN 3 504 68000 8

Die rechtliche Bewertung von Computerprogrammen und ihrer Überlassung an Dritte ist trotz umfangreicher Rechtsprechung und Literatur noch weitgehend im Streit. Die richtige Behandlung setzt eine genaue Analyse der empirischen Eigenart von Computerprogrammen voraus. Mit viel technischem Sachverstand stellt der Autor deshalb die grundlegenden Informatikzusammenhänge dar. Aufbauend auf diesen Informationen lassen sich die rechtlichen Aspekte der verschiedenen Problemkreise sachgerecht erörtern: die Sacheigenschaft von Computerprogrammen, die Einräumung von Verwertungsrechten und die Qualifizierung einer Programmüberlassung.

Malzer

Der Softwarevertrag

Der Erwerb von Standardsoftware, Individualsoftware und Betriebssoftware, Erwerb von Hard- und Software

Von Dr. Hans Michael Malzer. Heft 2 der Schriftenreihe „Rechtsfragen der Wirtschaft". 418 Seiten DIN A 5, 1991, brosch. 84,– DM. ISBN 3 504 68001 6

Computerprogramme sind heute als selbständige Handelsgüter neben den einzelnen Hardwarekomponenten anzusehen. Ihr Erwerb durch DV-Anwender stellt ein alltägliches Rechtsgeschäft dar. Die zu diesem Zweck abgeschlossenen Überlassungsverträge werfen jedoch in rechtlicher Hinsicht noch zahlreiche Fragen auf. Zweck dieser Untersuchung ist es, für die unterschiedlichen typischen Erwerbverträge über Software eine schlüssige zivilrechtliche Systematik zu entwickeln. Einbezogen sind die in der Praxis üblichen Vertragsgestaltungen und Klauselwerke. Insbesondere werden auch die bisher vom BGH zum Softwarevertrag entwickelten Grundsätze berücksichtigt.

Verlag Dr. Otto Schmidt KG · Köln